Die neue echte italienische Küche

Die neue echte italienische Küche

Autoren: Reinhardt Hess, Cornelia Schinharl, Sabine Sälzer
Foodfotografie: FOODPHOTOGRAPHY EISING

Inhalt

7 VORWORT	
9 DIE KULINARISCHEN REGIONEN	

10 Ligurien und Toskana-Küste

- 12 Das Land und seine Produkte
- 14 Die Küche
- 16 Die Weine
- 17 Rezepte der Region

Reportagen
- 22 Emmer
- 32 Wildkräuter

44 Po-Ebene

- 46 Das Land und seine Produkte
- 48 Die Küche
- 50 Die Weine
- 51 Rezepte der Region

Reportagen
- 58 Reis
- 68 Würste
- 78 Radicchio

86 Alpengebiete

- 88 Das Land und seine Produkte
- 90 Die Küche
- 92 Die Weine
- 93 Rezepte der Region

Reportagen
- 98 Trüffel
- 104 Speck

124 Toskana, Umbrien und die Marken

- 126 Das Land und seine Produkte
- 128 Die Küche
- 130 Die Weine
- 131 Rezepte der Region

Reportagen
- 136 Hülsenfrüchte
- 142 Chianti
- 150 Pecorino

162	**Latium, Kampanien und Sardinien**	236	**Basilikata und Kalabrien**
164	Das Land und seine Produkte	238	Das Land und seine Produkte
166	Die Küche	240	Die Küche
168	Die Weine	242	Die Weine
169	Rezepte der Region	243	Rezepte der Region

310 REGISTER VON A BIS Z

317 REZEPTE VON ANTIPASTI BIS DOLCI

318 GLOSSAR

320 IMPRESSUM

Reportagen

- 174 Mozzarella
- 186 Bottarga
- 196 Olivenöl

Reportagen

- 248 Gemüse sott'olio
- 256 Getrocknete Schoten

Abruzzen, Molise und Apulien

- 202
- 204 Das Land und seine Produkte
- 206 Die Küche
- 208 Die Weine
- 209 Rezepte der Region

Sizilien

- 270
- 272 Das Land und seine Produkte
- 274 Die Küche
- 276 Die Weine
- 279 Rezepte der Region

Reportagen

- 212 Pasta
- 226 Safran
- 232 Gemüse

Reportagen

- 284 Tintenfisch
- 296 Kapern
- 308 Zitrusfrüchte

La bella cucina …

Italien beglückt uns. Immer noch und immer wieder. Auch wenn wir längst viel weiter reisen als an die Adria, weit Schärferes gegessen haben als Spaghetti arrabbiata, Weine vom anderen Ende der Welt genießen und mediterrane Lebensart, Latte macchiato und Ciabatta allgegenwärtig sind – nichts geht über die Sehnsucht nach dem Original und nichts über die Lust auf die »echte« italienische Küche.

Als wir vor 15 Jahren am Vorgänger zu diesem Buch arbeiteten, waren es vor allem die kulinarischen Besonderheiten der so unterschiedlichen Regionen, die wir würdigen wollten. Die Faszination der Details ließ uns nicht ruhen – wo kocht man welche Art von Pasta, wo mit Olivenöl oder Butter, mit Fleisch, mit Fisch oder wildem Gemüse …? Jenseits von Pasta, Pizza und Risotto gab es unendlich viele bemerkenswerte Entdeckungen zu machen, sodass wir schon damals ahnten, die Seiten eines Buches reichen dafür eigentlich nicht aus.

Inzwischen wird auch beim Italiener um die Ecke öfter mal authentisch gekocht, toskanische, sizilianische oder friulanische Küche gezaubert, wenn auch auf den Speisekarten insgesamt deutsche Leibspeisen wie Mozzarella mit Tomaten, Bruschetta und Spaghetti carbonara so tun, als ob sie für ganz Italien typisch wären. Dennoch – es hat sich viel getan. Unsere Urlaube verbringen wir nicht mehr nur an den Stränden und in den Kulturmetropolen, sondern auch in kleinsten Bergdörfern und hintersten Zipfeln des Stiefels. Unsere Ansprüche, unser Appetit auf Unverwechselbares sind stetig gewachsen. Damit ist nicht der Besuch im Nobelrestaurant gemeint, sondern eher die plötzlichen, unverhofften Momente – ein schlicht gedeckter, aber magisch anziehender Tisch unter schattigen Platanen, ein Teller mit der besten Pasta aller Zeiten, ein Gläschen Wein mit dem gewissen Etwas …

Und Italiens Köchinnen und Köche? Die machen ihren Vorfahren alle Ehre. Denn auch sie treibt der Sinn fürs Detail, auch sie tüfteln und probieren, verfeinern Altbewährtes, verbinden Traditionelles mit Neuem. Sie bereiten Ossobuco mit Lammhaxen, köcheln Oliven zu Saucen und Tomaten zu pikanter Konfitüre, braten Tunfisch in Sekunden und servieren Zucchini als raffinierte Rohkost. Packen alles mögliche in Meersalzkruste, gratinieren mit flüssiger Polenta, rühren Risotto aus Getreidekörnern und zaubern aus Brotkrümeln wahre Delikatessen. Auch bei den *dolci* bleibt die Zeit nicht bei Panna cotta stehen. Leicht, frisch und fruchtig lieben's die einen, kaffee- und schokoladenbetont die anderen und auch prachtvoll Dekoriertes aus Eis lässt das Menü ausklingen.

Nun also die »neue« echte italienische Küche … Auch jetzt werden Land, Leute, Produkte und Rezepte in ihrem harmonischen Zusammenspiel präsentiert, ganz aktuell, ganz unverwechselbar. Wieder möchten wir mit Ihnen die Faszination über diese inspirierende Küche teilen, mit 220 neuen Rezepten Ihre Kochlust wecken und Ihre Freude an guten Zutaten.

Und dann ist da noch eine grundlegende Veränderung zu den 90er Jahren des letzten Jahrhunderts: Heute können wir wirklich schon (fast!) alles auch bei uns kaufen, was man braucht, um echt italienisch zu genießen. Wobei: Eine Reise nach Italien lohnt sich trotzdem und allemal, bis in den hintersten Zipfel und die höchste Höhe.

Die Autoren und der Verlag

Die kulinarischen Regionen

Ligurien und Toskana-Küste
Die ligurischen Alpen schützen die Regionen vor kalten Nordwinden, so gedeihen Gemüse, Kräuter, Obst, Oliven und Wein bestens und prägen eine Küche, die sich sehr an den Jahreszeiten orientiert. Alte Getreidesorten werden ebenso geschätzt wie die Wildkräuter, die als Würze und Gemüse gesammelt werden. Allgegenwärtig ist Pesto, die Basilikumpaste, die hausgemachte Nudeln, Suppen und Eintöpfe würzt. Zum Kochen und Frittieren wird das feine, milde Öl der *taggiasca*-Oliven verwendet. Wild und Pilze, Fische und Kaninchen aus eigener Aufzucht bringen Abwechslung in die in ihrer Schlichtheit raffinierte Küche.

Po-Ebene
Schwelgerisch präsentiert sich die Küche aus dem fruchtbaren Teil Italiens auch heute: die verführerischen Wurst- und Käsespezialitäten – von der Mortadella bis zum Parmaschinken, vom Gorgonzola über den *asiago* bis zum Parmesan – laden dazu ein. Im Veneto und in der Lombardei kommt bei den *primi* häufig Reis in den Teller, die Emilia-Romagna stellt die Pasta – am liebsten gefüllt – in den Mittelpunkt. Gerne wird heute mit Gemüse & Co. kombiniert: Kürbis, Pilze, Spinat, Kräuter und Radicchio sind nur ein paar davon. Das Fleisch von Gans, Huhn, Lamm, Schwein und Rind ist von erster Güte, die Lagune von Venedig steuert zahlreiche Fische und Meeresfrüchte bei.

Alpengebiete
Der einfachen, deftigen und soliden Küche, die einst vor allem sättigen sollte, stehen moderne Zubereitungen gegenüber, die sich an klassischen Zutaten wie Schweinefleisch, Almkäse, Butter und Sahne orientieren, aber die Rezepte raffiniert verfeinern. Esskastanien, die geröstet zum jungen Wein gegessen werden, Waldpilze und Trüffel waren schon immer beliebt, aus Maismehl werden die unterschiedlichsten Polenta-Arten gekocht und die Kunst, die fetten Teile des Schweins zu köstlichem Speck zu veredeln, hat hier seinen Ursprung. Fische aus den Flüssen und Seen stehen häufiger auf den Speisekarten als Meeresfische.

Toskana, Umbrien und die Marken
Die ursprünglich bäuerliche Küche Mittelitaliens hat in den letzten Jahren ein neues Gesicht bekommen: Immer noch beste Zutaten wie Hülsenfrüchte, Gemüse, Kräuter und Fleisch von einheimischen Tieren kommen zum Einsatz, werden aber auf neue Weise miteinander kombiniert: Kichererbsen mit Meeresfrüchten, Fleisch mit aromatischem Gemüse und *antipasti* mit Zucchiniblüten. Crostini gibt es nicht mehr nur mit Lebercreme, Oliven lassen sich auch einmal in einer Sauce zum Käse finden und Kastanien verfeinern dieses oder jenes Dessert. Die Küste der Marken trägt mit ihrem Fischreichtum ganz entscheidend zur Abwechslung im Speiseplan bei, und zusammen mit Umbrien verwöhnt die Region den Feinschmecker mit köstlichen Trüffeln.

Latium, Kampanien und Sardinien
Eine Küche, die dem prallen Leben abgeschaut ist: feuerrote, aromatische Tomaten, schneeweiße Mozzarella und duftende Zitronen sind nur ein paar der hervorragenden Zutaten der Region Kampanien. Heute werden Mozzarella und Tomaten nicht mehr nur als Salat zubereitet, sondern auch mit Pasta, wird ein Risotto mit Zitrone frisch und der Salat aus butterweichem Oktopus durch saftige Äpfel aus Kampanien aufgepeppt. Sardinien steuert unbekanntere einfache und gerade dadurch köstliche Gerichte bei, die traditionellen Speisen des Latium wie Saltimbocca werden auch einmal auf neue Art mit Fisch abgewandelt.

Abruzzen, Molise und Kampanien
Die Bewohner der bergigen Regionen der Abruzzen und Molise lieben ihr köstliches Lamm und die natürlich aufgewachsenen Schweine, kochen mit eigenem Safran und machen mit die beste Pasta Italiens. Aus Apulien kommt nicht nur außergewöhnlich viel würziges Olivenöl, hier wissen die Menschen besonders gut mit unbekannteren Gemüsesorten wie etwa Dicken Bohnen, roten oder wilden kleinen Zwiebeln, Brokkoli und *cime di rapa* umzugehen und backen mit viel Fantasie immer wieder andere Brotsorten – besonders berühmt das Brot von Altamura. An der langen Küste ist der Fischreichtum nach wie vor groß und die Zubereitungsarten sind vielfältig.

Basilikata und Kalabrien
Fangfrischer Fisch und Meeresfrüchte auf der einen, Schweinefleisch auf der anderen Seite – das sind die Säulen dieser Küchen. Ergänzt werden sie durch Gemüse wie Auberginen und durch Hülsenfrüchte, die frisch wie getrocknet sehr beliebt sind, sowie die allgegenwärtigen scharfen Peperoncini. Berühmt sind die roten Zwiebeln von Tropea, die man roh isst oder in Saucen zu selbst gerollten Nudeln schmort. Da in Italiens Süden nur im Frühjahr und im Herbst das Gemüse in Hülle und Fülle gedeiht, wird es gerne in Olivenöl konserviert und ergibt so die typischen *antipasti*. Käse aus Schaf- und Ziegenmilch ergänzen diese würzige Küche, die in ihrer Einfachheit höchst modern ist.

Sizilien
Schwertfisch, Tunfisch und die kleinen Sardinen und Sardellen sind die Lieblingsfische der Inselbewohner, die farbenfrohe, herrlich duftende Gerichte bevorzugen. Statt Käse werden *bottarga* (getrockneter Fischrogen) oder Semmelbrösel über die Pasta gestreut und Auberginen tauchen in vielfältigster Form von Vorspeisen bis zu *contorni* auf. Tomaten, Paprikaschoten, Fenchel, Artischocken und Zucchini sind weitere Favoriten unter den Gemüsen. Zitrusfrüchte, Kapern und Rosinen würzen viele Gerichte, die mit ihrer süßsauren Note den Einfluss der Araber nicht verleugnen können, die auch das fruchtige Wassereis, das *sorbetto*, eingeführt haben.

Ligurien und Toskana-Küste
Offen zum Meer: Felsen, steile Küsten, schöne Strände und die Liebe zu frischem Grün

Ligurien und Toskana-Küste

Das Land und seine Produkte
Viel Meer und wenig flaches Land, aber mildes Klima und viele Kräuter

Im Nordwesten, von der französischen Grenze bis zum Golf von La Spezia, erstreckt sich wie eine Mondsichel Ligurien, die kleinste Region Italiens. Dafür hat sie mit der Riviera schöne Strände und blaues Meer zu bieten. Im Süden schließen von Carrara bis zur Maremma die Küstengebiete der Toskana an, vorgelagert die Isola d'Elba, die Insel Elba, mit ihren unzähligen kleinen Buchten.

Steile Hänge, kleine Felder. Da der Wind überwiegend aus südwestlicher Richtung vom Meer her weht, ist das Klima mild, sind die Sommer selten zu heiß und die Winter nicht zu kalt, was schon immer Urlauber angezogen hat. Und wo Gäste sind, lohnt sich noch der Fischfang, auch wenn das Meer nicht mehr so viel hergibt. Hinter den touristisch geprägten Küsten steigt an vielen Stellen das Land steil zu den Gebirgszügen des Apennins an. Am eindrucksvollsten sind die Dörfer der Cinque Terre westlich von La Spezia gelegen, die atemberaubend an den Felswänden emporklimmen. Großflächiger Ackerbau ist nur selten möglich, deshalb wurden über Jahrhunderte hinweg Terrassen an den Hängen angelegt, auf denen Gemüse und Kräuter – Basilikum für *pesto*, Borretsch und Majoran, Salbei und Rosmarin – gehegt und gepflegt werden. Wo Gemüse so mühevoll angebaut wird, weiß man es auch zu schätzen und es ist selbstverständlich, Wirsing, Mangold, Spinat und Tomaten frisch vom Feld oder vom Markt zu verwenden. Auch Blumen, Weinreben und Olivenbäume wachsen auf Terrassen. Vor allem die *taggiasche*-Oliven sind hoch geschätzt und liefern ein leichtes, zartes und feines Öl. Hinter den Küstengebieten verbergen sich stille Täler mit üppigem Grün und kleinen Bergdörfern, steinige und zerklüftete Gebiete, in die sich selten Touristen verirren. Hervorragend sind die weißen Bohnen aus Badalucco (nördlich von San Remo) und die Kartoffeln aus dem Aveto-Tal östlich von Rapallo. Die bescheidenen Weideflächen werden von Schafen, Ziegen und ein paar Kühen genutzt, die die Milch für kleine Käselaibe und den seltenen *bruzzu*, eine gereifte Ricotta-Art aus Ziegenmilch, liefern. Auch duftend-aromatische Honigsorten wie Thymian-, Kastanien- und Lavendelhonig kommen aus diesen Gebieten.

Immergrüne Macchia. Fast der ganze Küstenstreifen der Toskana zeigt einen Wechsel von Sandstränden und felsigen Vorsprüngen. Vor allem an den Flussmündungen erstrecken sich weite Ebenen aus feinem Sand. Die Pflanzenwelt besteht vorwiegend aus harten Ginster- und Zistrosenbüschen, die der Trockenheit im Sommer widerstehen können. Pinien und Steineichen überragen diese auch im Winter grüne Macchia, die – wie in der Maremma – so dicht sein kann, dass sie fast undurchdringlich ist. Wildschweine und Rehe, Rebhühner und Wildgänse finden hier beste Bedingungen vor. Andererseits sind die weiten Ebenen auch die Heimat der Maremma-Rinder, einer genügsamen einheimischen Rasse. Wo sich sanfte Hügel erheben, überwiegen Felder mit Getreide und Gemüse oder Weiden. Auch Wein gibt es hier und große Winzer haben sich Weinberge gesichert, auf denen nicht nur die klassischen Sangiovese-Trauben angebaut werden.

Die teilweise fast undurchdringliche Buschvegetation der Maremma wird überragt von Pinienbäumen, deren Zapfen die feinen aromatischen Pinienkerne enthalten. Das Naturschutzgebiet an der Toskana-Küste ist nur an drei Tagen in der Woche für Besucher zugänglich.

Die mächtigen grauen Rinder der Maremma leben das ganze Jahr über im Freien. Sie sind kräftig und robust, ihr Fleisch ist dunkel und fettarm und eignet sich vor allem für Schmorbraten und würzige Ragouts.

Bis 300 Meter hoch ragt die Steilküste der Cinque Terre, den fünf Orten an der ligurischen Riviera di Levante, aus dem Meer empor. Tausende von Kilometern sind die Trockenmauern, die *muri a secco*, die ohne Mörtel terrassenartig geschichtet werden, insgesamt lang. Sie gestalten die Landschaft und halten den Boden fest, auf dem vor allem Weinreben gezogen werden. Neben trockenem Weißwein wird hier der edelsüße *Sciacchetrà* erzeugt.

Obwohl das Meer so nah ist, spielt an den Küsten Liguriens und der Toskana der Stockfisch, *stoccafisso* aus getrocknetem Kabeljau, eine wichtige Rolle in der Küche. Auch der *baccalà*, getrockneter Salzfisch, ist beliebt. Beide müssen lange in Wasser weichen *(baccalà* etwas kürzer), bis sie gekocht werden können.

Die Blüten der Zucchini sind in Ligurien fast noch beliebter als die Früchte. Sie kommen in Pastasaucen, werden gefüllt oder in zarten Teig gehüllt und in Olivenöl ausgebacken.

Es kann lange dauern, bis ein Fisch an die Angel geht. Die Küsten Liguriens und der Toskana sind nicht sehr fischreich. Wer eine Brasse erwischt, kann sich glücklich schätzen. Weit häufiger beißen Sardinen und Sardellen an.

Ligurien und Toskana-Küste

Die Küche
Mildes Olivenöl und frisches Gemüse sind die wichtigsten Zutaten

Die Rezepte Liguriens und der Toskana-Küste sind einfach, fast bescheiden und eher gemüse- als fleischbetont, sie orientieren sich an den regionalen Produkten und den Jahreszeiten. Deshalb wirken auch die traditionellen Gerichte gerade heutzutage wieder so modern, dass sie nur behutsamer Erneuerung und Anpassung an unsere Möglichkeiten bedürfen.

Aus dem Meer. Neben den Mittelmeerfischen sind die Früchte des Meeres wie Tintenfische, Oktopusse und die vielen Muschelsorten sehr beliebt, ganz frisch werden sie auch roh gegessen. Ansonsten »schwimmen« sie in Fischsuppen, wandern mit Bohnen und Kräutern in einen Eintopf oder werden in Olivenöl knusprig ausgebacken.

Grün muss es sein. Die Ligurer sind schon immer gerne zur See gefahren und nach wochenlangen Entbehrungen auf dem Meer sehnten sie sich nach frischem Grün. So gibt es Vorspeisen, Suppen, Nudelfüllungen und sogar Torten – alles aus Gemüse und Kräutern zubereitet. Und etwas Grüneres als *pesto*, erfolgreichster Exportartikel Liguriens nach Christoph Kolumbus, kann man sich kaum vorstellen.

Um *pesto* herzustellen, nimmt man eine gute Hand voll zarter, aromaintensiver Basilikumblätter, zerreibt sie im Mörser mit etwas Meersalz, gibt Pinienkerne und jungen Knoblauch dazu, und wenn auch diese zu Püree geworden sind, mischt man gleiche Mengen geriebenen würzigen Pecorino- und Parmesankäse unter. Zum Schluss wird so viel mildes Olivenöl untergerührt, bis eine cremige Masse entstanden ist. *Pesto* kommt in Suppen, würzt Nudeln und Brot, Gemüse und Saucen.

An die üppigen Kastanienwälder, die einst die Hänge Liguriens überzogen, erinnern noch Nudeln und Nockerl, Kuchen und Eiscreme aus frischen Kastanien oder Kastanienmehl. Später nahmen Oliven- und Obstbäume, Weinstöcke und Gemüsegärten ihren Platz ein. Ackerbohnen und Schwarzkohl, Mangold, Wirsing und Kartoffeln für die Gnocchi und Kartoffeltörtchen, Tomaten und was man sonst noch braucht für einen Gemüsekorb, der Pasta bereichert, Ravioli füllt und die *contorni*, Gemüsebeilagen, bestimmt. Im Herbst kommen Pilze aus den Wäldern der Region auf den Speiseplan, vor allem Steinpilze und *ovuli*, Kaiserlinge, die den Pfifferlingen ähneln. Hülsenfrüchte, an erster Stelle die Kichererbsen, die hier so oft wie im Orient verwendet werden, tauchen in vielfältiger Form auf.

Von der Weide und aus dem Wald. Viehzucht spielt in den küstennahen Regionen keine so große Rolle. Lediglich für den eigenen Bedarf werden vor allem Kaninchen und Hühner gehalten. Dazu gibt es zu besonderen Gelegenheiten Lamm- und Ziegenfleisch, auch Kalbfleisch ist als Festtagsspeise sehr beliebt. Und natürlich Wild, allen voran das Fleisch vom Wildschwein, das in den Wäldern Liguriens und in der Maremma noch zu finden ist. Die Zubereitung mit Gewürzen, Rosinen und Schokolade rührt noch von den Sarazenen her, die über Jahrhunderte die Küsten beherrschten.

a

b

Ligurien und Toskana-Küste

a Tomaten, die in der Sonne gereift sind, waren früher mit Brot und Olivenöl die wichtigste Mahlzeit der Bauern bei der Feldarbeit.

b Die *taggiasche*-Oliven wurden von Benediktinermönchen im Mittelalter eingeführt und sind nicht nur zur Ölgewinnung, sondern auch zum Einlegen bestens geeignet.

c Zartblättriges Basilikum, vor allem das aus Pra bei Genua, ist die Grundlage des *pesto*, der klassisch im Mörser zubereitet wird. Da das Kraut hier in Gewächshäusern gezogen wird, fehlt ihm die sonst gängige derbe, minzähnliche Note.

d Hülsenfrüchte, Wurst und Trockenfisch – das sind auch für die Bewohner der Toskana-Küste wichtige und gern gegessene Zutaten.

e Vor allem die kleinen, lila angehauchten Artischocken, die *cimaroli*, die im Ganzen samt dem Stiel gegessen werden können, tauchen in vielen Gerichten wie Eintöpfen, Gemüsekuchen und Pastasaucen auf. Sie sind auch bei uns zu finden, müssen aber ganz frisch und knackig sein, sonst schmecken sie strohig.

Ligurien und Toskana-Küste

Die Weine
Von einfachen Weißweinen bis zu teuren Super-Rotweinen

Die fruchtigen Weißweine Liguriens wie der *Vermentino* von der Riviera Ligure di Ponente werden zwar im Land gern zu Fisch und Meeresfrüchten getrunken, sind aber außerhalb kaum zu finden. Auch die Weine der Cinque Terre sind echte Raritäten, ebenso die weißen und roten der Insel Elba. Weltberühmt dagegen die großartigen Rotweine der Maremma, die als *Super Tuscans*, als Super-Toskaner, in die Weingeschichte eingegangen sind.

Eigene Rebsorten. Liguriens Weißweine werden aus Rebsorten gekeltert, die Albarola, Bosca, Buzzetto und Pigato heißen und die es nur hier gibt. Sie schmecken frisch und trocken mit weicher Note, sind oft relativ kräftig und schimmern hellgelb mit grünlichen Reflexen. Die Vermentino-Rebe, die auch in der Maremma angebaut wird, liefert leuchtend strohgelbe, feinfruchtige und spritzige bis säurebetonte Weine mit einem zarten Mandelton, die besonders gut zu Vorspeisen und Fischgerichten passen. Eine Spezialität der Cinque Terre ist neben den trockenen Weißweinen aus Bosco-, Albarola- und Vermentino-Trauben der *Sciacchetrà*, ein edelsüßer, goldfarbener und alkoholreicher Wein aus Trauben, die vor der Vergärung an der Sonne getrocknet werden.

Der wichtigste Rotwein Liguriens ist der *Rossese di Dolceacqua*, der ganz im Westen an der Grenze zu Frankreich erzeugt wird. Die Rossese-Trauben ergeben dunkel-kirschrote Weine, die weich und aromatisch schmecken und vor allem zu Schmorgerichten, Geflügel und Braten getrunken werden.

Von der Maremma kommt der weiße *Bianco di Pitigliano*, hauptsächlich aus Trebbiano-Trauben, ein trockener Weißwein mit delikatem Duft, der jung am besten schmeckt. Vorwiegend aus roten Trauben, die zur Sangiovese-Familie gehören, wird der *Morellino di Scansano* gekeltert, der kräftig, warm und füllig schmeckt und gut lagerfähig ist.

Die Region Bolgheri zwischen Livorno und Grosseto wurde weniger durch ihre Weiß- und Roséweine als durch ihre Rotweine berühmt, die international als *Super Tuscans* bezeichnet werden. Bei der Erneuerung des Weinbaus in der Maremma wurde die traditionelle Rebsorte Sangiovese durch französische Rebsorten wie Cabernet Sauvignon und Merlot ergänzt und es entstanden, vor allem unter der Familie Antinori, monumentale Weine wie der *Ornellaia*, *Sassicaia*, *Guada al Tasso* und *Paleo*, die schlicht die Herkunftsbezeichnung *Bolgheri Superiore* tragen.

Links: Pitigliano ist nicht nur eine bezaubernde Stadt in der Maremma, sondern auch der Namensgeber des Weißweins *Bianco di Pitigliano*.
Oben: Berühmte Beispiele der Region (von links nach rechts) – *Il Bruciato, Insoglio del cinghiale, Scalabrone, Morellino di Scansano, Vermentino*.

Rezepte der Region
Grünes Gemüse und Kräuterduft begleiten orientalisch gewürzte Gerichte

ANTIPASTI

- 18 **Piccolo cappone magro**
  Fisch-Gemüse-Salat
- 20 **Insalatina di farro e legumi**
  Hülsenfrüchtesalat mit Emmer
- 21 **Tortino di patate e acciughe**
  Kartoffeltörtchen mit Sardellen auf Tomatenpüree

PRIMI PIATTI

- 24 **Ravioli con zucca e riso**
  Ravioli mit Kürbis und Reis
- 24 **Trenette con noci e arance**
  Trenette mit Nüssen und Orangen
- 25 **Trofie nere primavera**
  Schwarze Nudeln mit Gemüse
- 26 **Minestra d'orzo al basilico**
  Graupensuppe mit Basilikum
- 26 **Spezzatino di seppioline**
  Tintenfischeintopf
- 27 **Zuppa di fagioli e vongole**
  Bohnensuppe mit Muscheln

SECONDI PIATTI

- 28 **Sarde su bietole**
  Gebackene Sardinen auf Mangold
- 30 **Orata al sale**
  Goldbrasse in Salz
- 30 **Tonno alla contadina**
  Tunfisch auf Elba-Art
- 31 **Filetti di branzino in mantello di patate**
  Seebarschfilets in Kartoffelkruste
- 34 **Cima di coniglio**
  Gefülltes Kaninchen
- 36 **Petto di vitello au zemin**
  Kalbsbrust frittiert und geschmort
- 36 **Faraona alla ligure**
  Perlhuhn mit Rosinen
- 37 **Cinghiale in acrodolce**
  Wildschwein in süßsaurer Sauce
- 38 **Fritto misto mare e monti**
  Meeresfrüchte und Fleisch frittiert

CONTORNI

- 40 **Condiggion**
  Gemüsesalat
- 40 **Fagiolini e patate**
  Grüne Bohnen mit Kartoffeln
- 41 **Funghi alla paesana**
  Steinpilze nach Art der Bauern
- 41 **Pesce di montagna**
  Panierte Mangoldstiele

DOLCI

- 42 **Michetta**
  Kleine Hefeteilchen
- 42 **Crostatina alle mele**
  Warme Apfel-Blätterteig-Törtchen
- 43 **Sciumette**
  Schäumchen auf Pistaziensauce
- 43 **Pera cotta con salsa**
  Birnen in Wein mit Mandelsauce

Bodenständig die Zutaten, raffiniert die Zubereitung, so lassen sich die Küchen der nordwestlichen Küsten auf einen Nenner bringen. Ob gefülltes Kaninchen nach Art der klassischen Kalbsbrust oder ein »verschlankter« *cappone magro*, ein magerer Hahn, der eigentlich ein Fischsalat ist – die Gerichte sind stets überraschend wie frittierte Ravioli und originell wie panierter Mangold, der »Fisch der Berge« genannt wird.

Ligurien und Toskana-Küste

Piccolo cappone magro
Fisch-Gemüse-Salat (Ligurien)

ZUTATEN für 4 Personen:

Für das Gemüse:
- 1/2 kleiner Blumenkohl (400 g)
- 250 g grüne Bohnen
- 250 g fest kochende Kartoffeln
- 250 g Möhren
- 250 g weiße Rüben
- 3 Stangen Staudensellerie
- Salz

Für Fisch und Meeresfrüchte:
- 400 g Rotbarschfilet
- 200 g große geschälte gegarte oder rohe Garnelen
- 4 ausgelöste Jakobsmuscheln (ersatzweise 300 g Miesmuscheln)
- Salz
- 1 EL Olivenöl
- 1 EL Zitronensaft

Außerdem:
- 3 hart gekochte Eier (Größe M)
- 2 Sardellenfilets (in Salz)
- 1 TL Kapern (in Salz)
- 2 Stängel Petersilie
- 2 EL Pinienkerne
- 4 EL Weißweinessig
- 75 ml Olivenöl
- Salz | Pfeffer aus der Mühle
- 4–8 Scheiben altbackenes Weißbrot (vom Vortag)
- 1 kleine junge Knolle Knoblauch (ersatzweise 1 Knoblauchzehe)

ZUBEREITUNGSZEIT: 1 1/2 Std.
PRO PORTION: ca. 575 kcal

Der ligurische Name für diesen üppigen Salat aus Genua ist recht irritierend: Ein *cappone* ist ein Kapaun, ein Masthahn, und *magro* heißt mager. Und dabei ist in diesem Salat nicht einmal Hähnchenfleisch enthalten. Da die fetten Kapaune während der Fastenzeit verboten waren, wurde aus dem ursprünglichen Geflügelsalat ein richtig bunter Salat aus Fischfilet, Meeresfrüchten und Gemüse, allerdings auch nicht gerade bescheiden.

Für die Brotunterlage wurde anfänglich wohl *Carpasina*, ein Gersten-Zwieback aus Carpasio verwendet, der so hart ist, dass er erst in Wasser mit einem Schuss Essig aufweichen muss, ehe man ihn mit Knoblauch, Tomaten, Basilikum, Sardellen und Olivenöl essen kann.

1 Alle Gemüsesorten waschen und putzen. Den Blumenkohl in Röschen zerteilen und diese halbieren. Von den Bohnen die Enden abschneiden. Kartoffeln, Möhren und Rüben schälen und in etwa 1/2 cm dicke Scheiben schneiden. Eine große Schüssel mit Wasser und Eiswürfeln darin bereitstellen.

2 Sellerie mit dem Sparschäler entfädeln, dann schräg in 1 cm dicke Scheiben schneiden. Reichlich Wasser aufkochen, salzen und nach und nach die Gemüsesorten in 10–15 Min. bissfest kochen (mit den hellen beginnen). Gegartes Gemüse mit einer Schaumkelle herausheben und im Eiswasser abkühlen, dann abtropfen lassen.

3 Fischfilet und Meeresfrüchte kurz kalt abbrausen. Filet in etwa 5 cm große Stücke teilen, die Garnelen auf der Rückenseite längs einschneiden, Darm entfernen. Jakobsmuscheln halbieren. Alles in ein Dämpfsieb geben und über das siedende Gemüsewasser hängen. Fischfilet und Meeresfrüchte 3–5 Min. garen.

Ligurien und Toskana-Küste

4 Fischfilet und Meeresfrüchte aus dem Sieb nehmen, salzen, mit Olivenöl und Zitronensaft beträufeln. Für die Sauce 1 hart gekochtes Ei pellen, halbieren und das Eigelb herauslösen. Die Sardellen und Kapern abbrausen, trockentupfen und hacken. Die Petersilie waschen, trockenschütteln und hacken. Eigelb mit Sardellen, Kapern, Petersilie, Pinienkernen, 2 EL Essig und dem Olivenöl mit dem Pürierstab oder im Mixer pürieren. Bei Bedarf etwas Wasser zugeben, bis eine cremige Sauce entsteht. Die Sauce mit Salz und Pfeffer abschmecken.

5 Die Weißbrotscheiben ohne Fett in eine Pfanne geben. Den Knoblauch waschen, halbieren oder in Scheiben schneiden, zum Brot geben. Beides bei schwacher bis mittlerer Hitze goldbraun anrösten. Das Brot auf Teller verteilen und mit dem übrigen Essig beträufeln.

6 Gemüse, Fisch und Meeresfrüchte auf den Brotscheiben anrichten, mit der Sauce beträufeln. Die restlichen Eier pellen und in Scheiben schneiden, den Salat damit garnieren.

Insalatina di farro e legumi
Hülsenfrüchtesalat mit Emmer (Toskana-Küste)

ZUTATEN für 4 Personen:

50 g getrocknete kleine weiße Bohnen (Cannellini)
100 g Emmer (alte Weizenart; ersatzweise Dinkelkörner oder Dinkelreis bzw. -graupen, aus dem Bio-Laden)
50 g kleine Linsen (z. B. braune Berglinsen)
1 Möhre | 1 kleine Knolle Fenchel
1 kleine grüne Paprikaschote
1 kleiner Zucchino
1 rote Zwiebel
1/2 Stange Staudensellerie
5 1/2 EL Olivenöl
50 g entsteinte schwarze Oliven
Salz | Pfeffer aus der Mühle
1 EL Weißweinessig
40 g reifer Pecorino Toscano
20 g Maisgrieß (Polenta)

ZUBEREITUNGSZEIT: 45 Min.
EINWEICHZEIT: über Nacht
GARZEIT: 1 1/2 Std.
PRO PORTION: ca. 390 kcal

1 Bohnen in reichlich Wasser über Nacht einweichen. (Wenn Sie Dinkelkörner statt Emmer nehmen, diese ebenfalls über Nacht einweichen. Bei Dinkelreis bzw. -graupen ist das nicht nötig.)

2 Bohnen, Emmer und Linsen getrennt in frischem Wasser bissfest garen (die Bohnen und Dinkelkörner in 1–1 1/2 Std., Linsen in etwa 30 Min., Emmer in 20–45 Min. oder Dinkelreis bzw. -graupen in gut 20 Min.). Gegarte Hülsenfrüchte und Körner abschrecken, abtropfen lassen.

3 Möhre, Fenchel, Paprikaschote, Zucchino, Zwiebel und Staudensellerie waschen und putzen oder schälen und das Gemüse in winzig kleine Würfel schneiden (es soll von jeder Sorte eine etwa gleiche Menge ergeben).

4 Gemüsewürfel in 1 EL Olivenöl bei mittlerer Hitze ganz kurz andünsten, abkühlen lassen und mit Bohnen, Emmer und Linsen vermischen. Oliven in Streifen schneiden und zum Salat geben. Mit Salz, Pfeffer, Essig und 4 EL Olivenöl anmachen.

5 Zum Garnieren den Pecorino entrinden und raspeln, mit dem Maisgrieß gut vermischen. Eine beschichtete Pfanne mit dem restlichen Olivenöl ausreiben und stark erhitzen. Käse-Grieß-Mischung als dünne Schicht auf den Pfannenboden streuen, ganz kurz braten, bis der Käse schmilzt und golden bräunt. Die Käsekruste am Rand lösen und sofort aus der Pfanne nehmen. Abkühlen lassen, in große Stücke brechen und den Salat damit dekorieren.

Die Mischung verschiedener Hülsenfrüchte und Körner, die in Ligurien und in der Toskana oft zu finden ist, sollen die armen Frauen von La Spezia kreiert haben, die im Hafen alles vom Boden aufsammelten, was beim Verladen der Fracht aus den Säcken herausgerieselt war.

Tortino di patate e acciughe
Kartoffeltörtchen mit Sardellen auf Tomatenpüree (Ligurien)

ZUTATEN für 4 Personen:

500 g Tomaten (möglichst Flaschentomaten)
2 Stängel Basilikum
6 EL Olivenöl
400 g fest kochende Kartoffeln
2 Frühlingszwiebeln
4 Sardellen (in Salz)
2 Knoblauchzehen
Salz | Pfeffer aus der Mühle
5 Eier (Größe M)

ZUBEREITUNGSZEIT: 1 Std.
PRO PORTION: ca. 345 kcal

1 Von den Tomaten die Stielansätze herausschneiden. Tomaten kurz mit kochendem Wasser überbrühen, häuten, sorgfältig entkernen und in ganz kleine Würfel schneiden. In ein Sieb geben und etwa 30 Min. abtropfen lassen.

2 In der Zeit die Basilikumblättchen von den Stängeln zupfen, fein hacken und mit 2 EL Olivenöl vermischen. Kartoffeln schälen und in sehr dünne Scheiben, diese in feine Streifen schneiden. Die Frühlingszwiebeln waschen, putzen und in dünne Ringe schneiden. Sardellen abbrausen und in kleine Stücke schneiden.

3 Den Backofen auf 180° (Umluft 160°) vorheizen. Eine flache hitzebeständige Form mit 1 EL Olivenöl ausstreichen. Restliches Öl in einer Pfanne erhitzen. Den Knoblauch samt Schale mit der flachen Messerklinge leicht andrücken und im Olivenöl bei schwacher Hitze kurz ziehen lassen, dann herausnehmen und wegwerfen. Die Kartoffelstreifen im Öl bei mittlerer Hitze unter öfterem Wenden rundum in etwa 7 Min. goldgelb braten. Frühlingszwiebeln dazugeben, kurz durchrühren, dann die Sardellen untermischen. Alles leicht salzen (die Sardellen sind schon salzig) und in der Form gleichmäßig verteilen.

4 Die Eier mit 1 Prise Salz verquirlen und über die Gemüsemischung gießen. Den Tortino im Ofen (Mitte) etwa 25 Min. backen, bis die Eier gestockt sind. Aus der Form stürzen, etwas abkühlen lassen.

5 Inzwischen die abgetropften Tomatenstücke pürieren und das Basilikumöl unterrühren. Mit Salz und Pfeffer abschmecken. Den Tortino wie eine Torte in Stücke schneiden. Mit dem Tomatenpüree anrichten, mit Pfeffer bestreuen und servieren.

Tipp:
Ohne das Tomatenpüree können Sie den Tortino auch als Fingerfood zu einem *gotu*, einem Glas Wein, zum Beispiel einem Vermentino, servieren.

Reportage

Emmer – Urahn des Weizens
Diese alte Getreidesorte blickt auf eine 7000-jährige Geschichte zurück

Bis vor kurzem wurde *farro* immer mit Dinkel übersetzt, mittlerweile wissen wir aber, dass es eigentlich Emmer heißen muss. Die Wildform des Emmers war wohl ein so genanntes Einkorn (Triticum monococcum), das beiderseits der Ährenspindel nur jeweils ein Getreidekorn sitzen hatte. Was wir heute als Emmer kaufen, ist ein Zweikorn (Triticum dicoccum) – mit zwei Getreidekörnern auf jeder Seite. Damit gehört der Emmer mit dem Hartweizen zu einer gemeinsamen Weizenfamilie, der Zweikornreihe. Der Weichweizen und der Dinkel wiederum sind ebenfalls enge Verwandte (Dreikornreihe).

Anspruchsloses Getreide. Da der Emmer wenig Anforderungen an den Boden stellt, niedrige Temperaturen aushält und kaum anfällig für Krankheiten ist, konnte er auch in kargeren und raueren Gebieten angebaut werden. So diente er den Menschen Mitteleuropas – vor allem auch im Römischen Reich und bis ins Mittelalter hinein – als Hauptnahrungsmittel und Brotgetreide, bis er vom Weizen verdrängt wurde. Dieser versprach eine reichere Ernte und seine Ähren waren wesentlich stabiler.

Inzwischen weiß man den aromatischen Emmer-Geschmack wieder zu schätzen und baut das Getreide vermehrt an – in Italien vor allem in der Garfagnana an der Toskana-Küste, wo er auch durch eine Ursprungsbezeichnung IGP (Indicazione geografica protetta) als *farro della Garfagnana* geschützt wird.

Inhalt und Geschmack. Zwei unterschiedliche Arten von Emmer werden in Italien angeboten. Der *farro* (das entspelzte ganze Korn) und der *farro perlato*, dessen Außenschicht in der Mühle komplett abgeschliffen wird. Letzterer ist heller und hat eine etwas kürzere Garzeit (bei der im Vergleich zur ohnehin kurzen Zubereitungszeit der ganzen Körner von um die 45 Minuten kaum ein Vorteil), dafür aber weniger Vitamine und Geschmack als das unbehandelte Emmer-Korn.

Obwohl das Mehl aus dem ganzen Emmer-Korn genauso viele Pflanzenfasern hat wie Vollkornweizenmehl, fehlt ihm dessen feiner rustikaler Geschmack. Sowohl Nudeln als auch Brot aus Emmer-Mehl sind daher zwar dunkel und reich an wertvollen Inhaltsstoffen, im Geschmack und in der Textur aber wesentlich feiner. Ingesamt hat Emmer gegenüber Weizen ein paar Vorteile: Er enthält mehr Eiweiß und besitzt einen höheren Anteil an Mineralstoffen und weist dabei einen Kaloriengehalt von nur etwa 335 pro 100 Gramm auf.

Einfach zu verarbeiten. Das ganze Emmer-Korn muss vor dem Kochen nicht eingeweicht werden. Es hat eine Garzeit von etwa 45 Minuten und benötigt dafür etwa die zweieinhalbfache Menge an Flüssigkeit. So wird *farro* in Italien gerne in der Suppe gekocht, gegart und mit Gemüse gemischt als *primo* serviert oder abgekühlt als Salat angemacht. Ebenfalls beliebt: mit Kräutern und eventuell etwas Gemüse geschmort und als Beilage zu Fleisch oder Fisch gereicht. Aus dem Mehl bäckt man *focaccia*, Pizza und Brot oder verarbeitet es zu einer aromatischen, eher dunklen Pasta, die besonders gut mit einfachen Zutaten, etwa Kräutern, Olivenöl und kleinen Pecorinostücken, hamoniert. Kaufen können Sie *farro* im italienischen Feinkosthandel oder im Bio-Laden. Noch besser: Bringen Sie sich einen exquisiten Vorrat aus der Garfagnana mit!

a   Für *farro in insalata* (Emmer-Salat) 200 g Emmer mit 1/2 l Wasser bei schwacher Hitze zugedeckt in 45 Min. weich kochen. 300 g Cocktailtomaten halbieren, mit 1/2 Bund gehacktem Oregano, 1/2 EL Puderzucker, 2 EL Olivenöl, Salz und Chilipulver bedecken und 10 Min. im Ofen grillen. Mit 1/4 Bund gehacktem Oregano, 1 EL Weißweinessig und 2 EL Olivenöl unter den Emmer mischen. Nach Belieben mit Pecorinospänen bestreuen.

Reportage

b Die Ernte von Emmer *(farro)* fällt zwar nicht so reich aus wie die von Hart- und Weichweizen, dafür stellt diese alte Getreidesorte aber kaum Ansprüche an den Boden und gedeiht auch bei kälteren Temperaturen, kann somit genauso in höheren Lagen angebaut werden. c Der *farro* zählt wie der Dinkel zu den so genannten Spelzgetreiden. Seine Körner sind also nach dem Dreschen von einem harten Spelz umgeben, der in der Mühle in einem weiteren Arbeitsgang entfernt werden muss. Bei *farro perlato* ist es zudem nötig, die Außenhaut abzuschleifen. d–f Ob als ganzes Getreidekorn oder zu feinem Mehl vermahlen – *farro* findet in der Küche Italiens dank seines aromatischen Geschmacks und seiner guten Backeigenschaften wieder vermehrte Aufmerksamkeit.

23

Ravioli con zucca e riso
Ravioli mit Kürbis und Reis (Ligurien)

ZUTATEN für 4 Personen:
Für die Füllung:
250 g Kürbisfleisch (möglichst Butternusskürbis oder Hokaido)
70 g Langkornreis
Salz | Pfeffer aus der Mühle
100 g Ricotta
50 g frisch geriebener Parmesan und Pecorino | 1 Ei (Größe M)
1 TL getrockneter Majoran
Für den Nudelteig:
350 g Mehl (Type 550) + Mehl zum Arbeiten
3 Eier (Größe S) | Salz
4–6 EL Weißwein
Außerdem:
Olivenöl zum Braten

ZUBEREITUNGSZEIT: 1 1/2 Std.
PRO PORTION: ca. 670 kcal

1 Backofen auf 175° vorheizen. Kürbisfleisch in Alufolie wickeln, im Ofen (Mitte, Umluft 150°) etwa 40 Min. garen. Reis in Salzwasser etwa 15 Min. garen, im Sieb abtropfen und abkühlen lassen. Kürbisfleisch in einer Schüssel ausdampfen lassen, zerdrücken. Mit Reis, Ricotta, geriebenem Käse, dem Ei, Majoran, Salz, Pfeffer würzen. Kühl stellen.

2 Mehl, Eier, Salz und Wein zu einem geschmeidigen Teig verkneten. Dann portionsweise auf einer leicht bemehlten Arbeitsfläche dünn ausrollen und in etwa 8 x 6 cm große Rechtecke schneiden. Jeweils etwas Kürbismasse darauf geben, zu Rechtecken zusammenfalten, die Ränder gut andrücken.

3 In einer tiefen Pfanne 2 cm hoch Öl erhitzen, die Barbagiuai auf beiden Seiten hellbraun und knusprig braten. Auf Küchenpapier entfetten, sofort servieren.

Trenette con noci e arance
Trenette mit Nüssen und Orangen (Ligurien)

ZUTATEN für 4 Personen:
30 g Pinienkerne
30 g Walnusskerne
1 Bio-Orange
3–4 Stängel Petersilie
1 kleiner Zweig Rosmarin
2 EL Olivenöl
3 Knoblauchzehen
Salz | Pfeffer aus der Mühle
400 g Trenette (flache Spaghetti)
200 g Sahne
100 g Gorgonzola
frisch geriebene Muskatnuss
50 g frisch geriebener Parmesan

ZUBEREITUNGSZEIT: 30 Min.
PRO PORTION: ca. 825 kcal

1 Die Pinien- und die Walnusskerne grob hacken und ohne Fett bei schwacher Hitze in einem kleinen Topf kurz anrösten. Die Orange heiß waschen und die Schale hauchdünn abschälen. Petersilie und Rosmarin waschen, trockenschütteln und die Blättchen und Nadeln mit der Orangenschale fein hacken. Mit dem Öl zu den Pinienkernen und den Walnüssen geben. Knoblauch schälen und durch die Presse dazudrücken.

2 Reichlich Wasser aufkochen, salzen und die Nudeln darin nach Packungsangabe al dente kochen, dabei öfter umrühren. In dieser Zeit die Nussmischung leicht erhitzen, bis das Öl sanft brutzelt. Dann die Sahne zugießen und etwa 5 Min. bei schwacher Hitze leise kochen lassen, dabei ab und zu umrühren.

Trofie nere primavera
Schwarze Nudeln mit Gemüse (Ligurien)

ZUTATEN für 4 Personen:
Für den Nudelteig:
350 g Dinkelmehl (Type 1050) + Mehl zum Arbeiten
35 g schwarze Olivencreme (aus dem (italienischen Feinkostgeschäft) | Salz
Für das Gemüse:
200 g grüner Spargel
4 ganz kleine Zucchini (möglichst mit Blüten daran)
2 Frühlingszwiebeln | 75 g Butter
100 g gepalte grüne TK-Erbsen (ersatzweise 300 g Erbsen in den Hülsen)
100 ml Gemüsebrühe
2 EL geschnittenes Basilikum
je 1 TL gehackter Thymian, Rosmarin und Bohnenkraut
Pfeffer aus der Mühle
50 g frisch geriebener Parmesan

ZUBEREITUNGSZEIT: 1 Std.
RUHEZEIT: 20 Min.
PRO PORTION: ca. 535 kcal

1 Mehl mit Olivencreme und knapp 175 ml kaltem Wasser zu einem glatten Teig verkneten. In Folie wickeln, 20 Min. ruhen lassen.

2 Teig nochmals durchkneten, bohnengroße Stücke abreißen und mit der Hand auf der Arbeitsfläche rollen, sodass 3–4 cm lange, an den Enden dünner zulaufende Nudeln (ähnlich kleinen Schupfnudeln) entstehen. Auf ein bemehltes Tuch legen und bis zum Kochen leicht antrocknen lassen.

3 Spargel waschen und am unteren Ende schälen, Spargelköpfe abschneiden und beiseite legen. Die Spargelstangen längs vierteln und in 3 cm lange Stücke schneiden. Die Zucchini waschen und wie den Spargel in Stifte schneiden, Blüten beiseite legen. Reichlich Wasser für die Nudeln aufsetzen.

4 Frühlingszwiebeln waschen, putzen und den hellen Teil fein hacken. 1 EL Butter erhitzen, gehackte Zwiebeln bei mittlerer Hitze andünsten. Übriges vorbereitetes Gemüse (mit den Spargelköpfen, aber ohne die Zucchiniblüten) und die Erbsen dazugeben, kurz dünsten, die Brühe aufgießen, offen etwa 7 Min. garen, dabei öfter rühren.

5 In dieser Zeit das kochende Wasser salzen, Nudeln hineingeben, einmal aufwallen lassen. Wenn die Trofie an die Oberfläche steigen, mit einem Schaumlöffel herausheben, auf Teller verteilen.

6 Kräuter, Zucchiniblüten und die restliche Butter unter die Sauce rühren, pfeffern. Die Sauce über die Nudeln verteilen und mit Parmesan bestreuen.

3 Den Gorgonzola mit einer Gabel zerdrücken, in die Sauce rühren und schmelzen lassen. Die Sauce mit Salz, Pfeffer und Muskat abschmecken.

4 Die Nudeln abgießen, nur kurz abtropfen lassen und mit der nussigen Orangen-Knoblauch-Sauce vermischen. Mit Parmesan bestreuen und servieren.

Der Edelpilzkäse Gorgonzola, einst *stracchino* genannt, ist ein uralter Käse aus dem Piemont und der Lombardei, kam aber sehr früh ins angrenzende Ligurien. *Stracchino verde* wurde die Edelpilzvariante wegen ihrer grünblauen Äderung genannt.

Ligurien und Toskana-Küste

Minestra d'orzo al basilico
Graupensuppe mit Basilikum (Ligurien)

ZUTATEN für 4 Personen:

200 g Perlgraupen

2 l kräftige Gemüsebrühe

700 g grüne Erbsen in den Hülsen (ersatzweise 250 g gepalte TK-Erbsen)

700 g Dicke Bohnen in den Hülsen (ersatzweise 200 g gepalte TK-Dicke-Bohnen)

2 Bund Basilikum

2 Knoblauchzehen

2 EL Pinienkerne

Salz | Pfeffer aus der Mühle

2 EL Olivenöl

ZUBEREITUNGSZEIT: 1 Std.
PRO PORTION: ca. 625 kcal

1 Graupen in einem Sieb so lange heiß abbrausen, bis das Wasser klar abfließt. Mit Brühe in einen Topf geben und aufkochen. Dann zugedeckt bei schwacher Hitze etwa 40 Min. garen.

2 In dieser Zeit Erbsen und Bohnen aus den Hülsen palen. Von den Bohnenkernen die helle, ledrige Haut abziehen – das geht am besten, wenn Sie sie mit dem Daumennagel an der Beuge »anstechen« und dann die Haut von den grünen Kernen abpulen.

3 Die Basilikumblätter von den Stängeln abzupfen. Knoblauch schälen und in grobe Stücke schneiden. Beides mit den Pinienkernen und 1 guten Prise Salz in den Mörser oder einen Blitzhacker geben und zu einem glatten Püree zerkleinern.

4 Erbsen und Bohnen zu den Graupen geben und alles noch 5 Min. garen. Das Basilikumpüree unter die Suppe rühren, mit Salz und Pfeffer abschmecken und auf Teller verteilen. Mit dem Olivenöl beträufeln und servieren.

Spezzatino di seppioline
Tintenfischeintopf (Ligurien)

ZUTATEN für 4 Personen:

500 g sehr kleine Tintenfische (Mini-Sepien, Seppioline, eventuell tiefgekühlt)

500 g breite grüne Bohnen

400 g Tomaten

2 Zwiebeln

3 Knoblauchzehen

1 Stange Staudensellerie

4 EL Olivenöl

500 g fest kochende Kartoffeln

Salz | Pfeffer aus der Mühle

700 ml Fischfond oder Gemüsebrühe

1 Lorbeerblatt

je 2 Stängel Petersilie und Basilikum

je 1 Zweig Thymian und Oregano

ZUBEREITUNGSZEIT: 30 Min.
GARZEIT: 1 Std.
PRO PORTION: ca. 360 kcal

1 Tintenfische abbrausen und trockentupfen (tiefgekühlte auftauen lassen). Bohnen waschen, falls notwendig entfädeln, schräg in 3 cm lange Stücke schneiden.

2 Reichlich Wasser aufkochen. Von den Tomaten die Stielansätze herausschneiden, Tomaten im Wasser kurz überbrühen, herausheben. Die Tintenfische 1 Min. im Wasser überbrühen, in ein Sieb abgießen und abtropfen lassen. Die Tintenfische längs halbieren.

3 Zwiebeln und Knoblauch schälen, ganz fein schneiden. Den Sellerie waschen, entfädeln und winzig klein würfeln. In einem Schmortopf Olivenöl erhitzen und Zwiebeln, Knoblauch und Sellerie bei schwacher bis mittlerer Hitze sachte etwa 10 Min. andünsten, bis alles hellbraun ist.

Ligurien und Toskana-Küste

Zuppa di fagioli e vongole
Bohnensuppe mit Muscheln (Toskana-Küste)

ZUTATEN für 4 Personen:
- 250 g getrocknete kleine weiße Bohnen (Cannellini)
- 1 Zwiebel | 2 Knoblauchzehen
- 1 Stange Staudensellerie
- je 1 Zweig Rosmarin, Thymian, Minze, Myrte (aus der Gärtnerei, ersatzweise Currykraut oder Lorbeerblätter) und Lavendel
- 3 EL Olivenöl
- Salz | Pfeffer aus der Mühle
- 750 g Venusmuscheln (Vongole, ersatzweise Miesmuscheln)
- 300 g Tomaten
- 2 Stängel Petersilie

ZUBEREITUNGSZEIT: 20 Min.
EINWEICHZEIT: über Nacht
GARZEIT: 1 1/2 Std.
PRO PORTION: ca. 275 kcal

1 Die weißen Bohnen mit reichlich kaltem Wasser bedecken und über Nacht einweichen.

2 Dann die Zwiebel und den Knoblauch schälen, fein hacken. Sellerie waschen, entfädeln und klein würfeln. Rosmarin, Thymian, Minze, Myrte und den Lavendel waschen, trockenschütteln und mit Küchengarn zu einem Bündel schnüren.

3 In einem Suppentopf 2 EL Olivenöl erhitzen. Die Gemüsewürfelchen bei schwacher bis mittlerer Hitze anschmoren, bis sie honigfarben sind. Die Bohnen abgießen, zugeben und gut 1 l frisches Wasser aufgießen, das Kräuterbündel einlegen. Aufkochen und bei schwacher Hitze etwa 1 1/2 Std. garen, bis die Bohnen weich sind.

4 Nach 1 Std. Bohnen salzen. Die Muscheln unter fließendem Wasser waschen, geöffnete oder beschädigte wegwerfen.

5 Die Stielansätze der Tomaten entfernen. Tomaten überbrühen, häuten, halbieren, entkernen und würfeln. Die Petersilie waschen, trockenschütteln und hacken. In einem breiten Topf übriges Öl erhitzen, Tomaten und Petersilie kurz andünsten, Muscheln zugeben und zugedeckt bei starker Hitze 3–5 Min. kochen, bis sich die Muscheln geöffnet haben.

6 Geschlossene Muscheln aussortieren und wegwerfen, sie können verdorben sein. Kräuterbündel aus der Suppe fischen, die Muscheln mit der Sauce unter die Suppe rühren, salzen, pfeffern.

Typisch für diesen Suppentopf:
Es wird verwendet, was gerade da ist. Auf Elba sind das immer wilde Kräuter aus der Macchia, die dem Gericht die raffinierte Note geben.

Ligurien und Toskana-Küste

Sarde su bietole
Gebackene Sardinen auf Mangold (Ligurien)

ZUTATEN für 4 Personen:
750 g Sardinen (mit Kopf, unausgenommen)
4 EL grobkörniges Meersalz
750 g Mangold
Salz
6 EL Olivenöl
frisch geriebene Muskatnuss
4 große Bögen dickes Pergamentpapier (ersatzweise Backpapier oder Alufolie)

ZUBEREITUNGSZEIT: 45 Min.
KÜHLZEIT: 1 Std.
BACKZEIT: 20 Min.
PRO PORTION: ca. 315 kcal

Weinempfehlung:
würziger Weißwein oder sogar ein hellroter Pinot Nero aus dem Friaul.

Die silberfarbenen Sardinen mit ihrem lang gestreckten Körper sind an der Küste Liguriens weitaus beliebter als bei uns. Vielleicht greifen wir nur selten zu den Fischchen, weil wir im Ausnehmen und Entgräten keine Übung haben. Hat man aber erst einmal den Dreh heraus, geht es schneller als gedacht.

Kaufen Sie möglichst kleine, ganz frische Sardinen, die schmecken am besten. Notfalls auf tiefgekühlte zurückgreifen und im Kühlschrank langsam auftauen lassen.

Das Einsalzen ist eine raffinierte Methode, das Fischfleisch fester und würziger zu machen. Das funktioniert aber nur mit grobkörnigem Meersalz, sonst werden die Sardinen zu salzig.

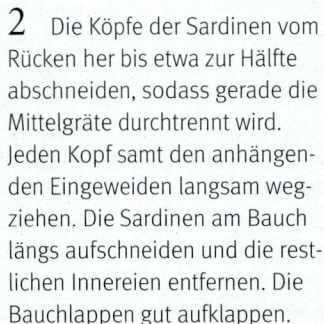

1 Von den Sardinen unter fließendem kaltem Wasser die Schuppen gegen den Strich (also vom Schwanz zum Kopf) mit der Hand abreiben, festsitzende Schuppen mit dem Messerrücken vorsichtig abschaben.

2 Die Köpfe der Sardinen vom Rücken her bis etwa zur Hälfte abschneiden, sodass gerade die Mittelgräte durchtrennt wird. Jeden Kopf samt den anhängenden Eingeweiden langsam wegziehen. Die Sardinen am Bauch längs aufschneiden und die restlichen Innereien entfernen. Die Bauchlappen gut aufklappen.

3 Mit dem Daumen links und rechts unter der Rückengräte vom Kopfteil zum Schwanz entlangfahren, die dicke Gräte am Kopfteil packen, anheben und langsam herausziehen. Vor der Schwanzflosse mit einer Schere abschneiden. Die Fische kurz waschen, trockentupfen und wieder zusammenklappen.

Ligurien und Toskana-Küste

4 Eine flache Schale mit der Hälfte des groben Meersalzes ausstreuen. Die Sardinen nebeneinander darauf legen und mit dem übrigen Meersalz bestreuen. Zugedeckt für etwa 1 Std. in den Kühlschrank stellen.

5 Mangold waschen, putzen und in etwa 1 cm breite Streifen schneiden. Reichlich Salzwasser aufkochen und Mangold darin in 5–7 Min. bissfest garen. In ein Sieb gießen, kalt abbrausen und gut abtropfen lassen. Backofen auf 225° (Umluft 200°) vorheizen, dabei das Backblech mit erhitzen.

6 Die Pergamentpapierbögen mit wenig Olivenöl bestreichen. Mangold darauf verteilen und mit etwas Muskat bestreuen. Die Sardinen aus der Schale nehmen und das Salz gut abwischen, Fische auf den Mangold legen. Mit dem restlichen Olivenöl beträufeln.

7 Jeden Pergamentpapierbogen zu einem Päckchen verschließen, auf das Backblech legen und die Sardinen im Ofen (Mitte) gut 20 Min. backen, bis das Papier leicht gebräunt ist. Die Päckchen geschlossen auf Teller legen und servieren. Erst am Tisch das Papier öffnen.

Orata al sale
Goldbrasse in Salz (Ligurien)

ZUTATEN für 4 Personen:
1 große Goldbrasse (1,2 kg; küchenfertig)
Salz | Pfeffer aus der Mühle
1 Stängel Basilikum
2 kg grobes Meersalz
5 EL Olivenöl | 1 kleine Zitrone
2–3 Stängel Petersilie

ZUBEREITUNGSZEIT: 1 Std.
PRO PORTION: ca. 310 kcal

1 Von der Brasse die scharfen Flossenstachel mit einer Schere abschneiden. Fisch unter fließendem Wasser gründlich waschen, trockentupfen. Die Bauchhöhle leicht salzen und pfeffern, den Basilikumstängel hineinlegen.

2 Den Backofen auf 250° (Umluft 220°) vorheizen. Eine längliche Gratinform mit Alufolie auslegen, eine knapp 1 cm dicke Schicht Meersalz in Größe des Fisches darauf streuen. Fisch darauf legen, Bauchhöhle fest zudrücken. Die Haut mit 1 EL Olivenöl bestreichen. Den Fisch rundum mit dem restlichen Meersalz bedecken, die Salzschicht gut andrücken. Den Fisch im Ofen (Mitte) 20–30 Min. backen. Dann den Ofen ausschalten, die Ofentür ein wenig öffnen und den Fisch noch 10 Min. nachziehen lassen.

3 Saft der Zitrone auspressen. Die Petersilie waschen, trockenschütteln und hacken. Beides mit 1 guten Prise Salz vermischen, nach und nach das übrige Olivenöl unterschlagen.

4 Zum Servieren die Salzkruste leicht anklopfen und abheben. Den Fisch in der Form auf den Tisch stellen und die Sauce extra dazu reichen.

Tonno alla contadina
Tunfisch auf Elba-Art (Toskana-Küste)

ZUTATEN für 4 Personen:
500 g Tunfisch
500 g Tomaten
1 große Zwiebel
2 Knoblauchzehen
50 g entsteinte schwarze Oliven
50 g zarte Stängel vom Gewürzfenchel (ersatzweise das Grün vom Gemüsefenchel, am besten italienischer wilder Fenchel)
je 1 Zweig Rosmarin, Minze und Salbei
750 g fest kochende Kartoffeln
4 EL Olivenöl
200 ml Fisch- oder Gemüsebrühe
Salz | Pfeffer aus der Mühle
2 Stängel Petersilie

ZUBEREITUNGSZEIT: 1 1/4 Std.
PRO PORTION: ca. 545 kcal

1 Den Tunfisch trockentupfen und in etwa 3 cm große Würfel schneiden, zugedeckt kühl stellen. Von den Tomaten die Stielansätze entfernen. Die Tomaten kurz überbrühen, häuten, entkernen und in grobe Würfel schneiden.

2 Zwiebel und Knoblauch schälen, fein schneiden. Oliven grob hacken. Fenchel, Rosmarin, Minze und Salbei waschen und trockenschütteln, Blätter und zarte Stängel fein schneiden. Die Kartoffeln schälen, waschen und 2–3 cm groß würfeln.

3 In einem Schmortopf das Öl erhitzen. Zwiebel, Knoblauch, Fenchel und Kräuter etwa 7 Min. bei schwacher Hitze andünsten, ohne dass sie bräunen. Tomaten und Oliven zugeben, offen 5 Min. schmoren. Kartoffelwürfel untermischen, die Brühe und so viel

Filetti di branzino in mantello di patate
Seebarschfilets in Kartoffelkruste (Toskana-Küste)

ZUTATEN für 4 Personen:
- 2 große fest kochende Kartoffeln
- Salz | Pfeffer aus der Mühle
- 50 g Lardo di Colonnata (würziger fetter Speck, siehe Tipp)
- 2 EL Olivenöl
- 8 kleine Seebarschfilets (auch Wolfsbarsch oder Loup de mer)
- 2 TL Zitronensaft
- 2 Schalotten | 2 Knoblauchzehen
- 4 EL kalte Butter
- 200 ml Weißwein
- 100 ml Fischfond
- 1/2 Bund Thymian

ZUBEREITUNGSZEIT: 45 Min.
PRO PORTION: ca. 455 kcal

1 Die Kartoffeln schälen und waschen, in ganz dünne Scheiben hobeln (oder schneiden), die Endabschnitte beiseite legen. Salzwasser aufkochen, die Kartoffelscheiben darin 1 Min. überbrühen. Abgießen, auf einem Küchentuch auslegen und abkühlen lassen.

2 Den Backofen auf 200° (Umluft 180°) vorheizen. Den Speck in hauchdünne Scheiben schneiden.

3 Ein Backblech mit Olivenöl gut einfetten. Die Fischfilets mit Küchenpapier trockentupfen, mit Zitronensaft, Salz und Pfeffer würzen, auf das Backblech legen. Abwechselnd mit den Speck- und Kartoffelscheiben schuppenartig belegen, leicht salzen. Fischfilets im Ofen (oben) in etwa 20 Min. goldbraun backen.

4 Inzwischen Schalotten und Knoblauch schälen, fein würfeln und in 1 EL Butter bei schwacher Hitze andünsten. 2 EL Kartoffelabschnitte winzig klein würfeln, dazugeben. Wein und Fond aufgießen und bei starker Hitze in etwa 7 Min. auf die Hälfte der Menge einkochen. Durch ein Sieb streichen, nochmals kräftig aufkochen, restliche Butter in kleinen Stückchen mit dem Schneebesen unter die Sauce schlagen.

5 Thymian waschen, trockenschütteln und von 1 Zweig die Blättchen abstreifen. Die Sauce mit Salz, Pfeffer und Thymianblättchen würzen. Die Filets auf Teller geben und mit den übrigen Thymianzweigen garnieren. Die Sauce dazu servieren.

Wenn Sie keinen Colonnata-Speck bekommen, nehmen Sie milden fetten Speck und legen Sie ihn so lange in den Tiefkühler, bis er sich besser schneiden lässt. Fisch und die Kartoffelkruste nur sparsam salzen, der Speck würzt schon genug.

Wasser angießen, dass die Kartoffeln gerade bedeckt sind. Salzen und pfeffern. Bei mittlerer Hitze zugedeckt 30 Min. kochen, bis die Kartoffeln gerade gar sind.

4 Fisch vorsichtig untermengen, salzen, noch 5 Min. ziehen lassen. Topf vom Herd nehmen, weitere 2–3 Min. ruhen lassen. Die Petersilie waschen, trockenschütteln, hacken und darüber streuen.

Reportage

Neue Akzente mit wilden Kräutern
Eine alte Tradition wird wieder entdeckt: das Kochen mit dem Grün der Natur

Früher war es eine Selbstverständlichkeit, Wildpflanzen zu sammeln und als Würze für Fleisch und Fisch, als eigenständige Beilagen oder als Füllungen für pikante Kuchen und Ravioli zu verwenden. Mit der Wiederentdeckung des natürlichen Geschmacks kommen auch die kostenlosen Gaben der Natur erneut zur Geltung.

Starker Duft. Wilde Kräuter wie Oregano, Thymian, Lorbeer und Bergminze, die schon immer in der Küche Liguriens und der Insel Elba eine wichtige Rolle gespielt haben, besitzen ein weit kräftigeres Aroma als die kultivierten Formen. Vor allem das herbe Grün der Macchia – Rosmarin, Wacholder, Wiesen-Salbei, Weinraute und Myrte – lässt ein einfaches Gericht zum kulinarischen Highlight werden.

Besonders im Frühjahr, wenn auch bei uns die ersten Blättchen zu sprießen beginnen, bieten gerade Wildkräuter Vitamine und Vitalstoffe in höchster Konzentration. Zum Beispiel die Brennnesseln, italienisch *ortiche*, deren feine zarte Blätter wie Spinat zu verwenden sind. Beim Sammeln Handschuhe anziehen und das Grün kurz überbrühen, dann brennt es nicht mehr. Brennnesseln werden in Ligurien für herrliche Ravioli-Füllungen und im Aosta-Tal für würzige Pastasaucen verwendet. In Südtirol bereitet man daraus aromatische grüne Suppen, in Rom sind Pfannkuchen und Gnocchi mit diesem Kraut eine Spezialität.

Auch knoblauchduftender Bärlauch (*erba orsina*), die Brunnenkresse (*crescione*) und der Borretsch (*borragine*) mit seinem frisch-säuerlichen Geschmack, der gut zu Fisch und Meeresfrüchten passt, werden immer mehr geschätzt.

Kein Allerweltsgrün. Vom wilden Fenchel (*finocchio selvatico* oder *finocchietto*), der in Ligurien ebenso wie in ganz Süditalien und auf den Inseln massenhaft vorkommt, werden die zarten Sprossen im Frühjahr geerntet und kurz gekocht mit Zitronensaft als Vorspeise gegessen. Oder sie werden zum Würzen von Pastasaucen, Bohnen, Fisch, Meeresfrüchten, Lamm und Kaninchen verwendet, mit Rühreiern gebraten und in Olivenöl als Vorrat eingelegt. Die Fenchelsamen würzen Oliven, Brote und Gebäck, Würste und Schweinebraten.

Wilde Sprossen. Holzig und stachelbewehrt ist der wilde Spargel (*asparagi selvatici*), dessen fleischige Sprossen zwar sehr mühsam zu sammeln sind, der aber so intensiv und kräftig schmeckt, dass er eher als würzende Zutat denn als Gemüse zu gebrauchen ist. Leider ist er bei uns kaum erhältlich und grüner Spargel ist nur ein dürftiger Ersatz.

Genauso ist der wilde Rucola (*ruchetta* oder *rughetta*) wesentlich würziger als die großblättrigere Zuchtform, er wuchs früher auch bei uns als Unkraut in den Gärten und wurde erst in letzter Zeit als italienisches Salatkraut neu entdeckt. Ähnlich ging es dem Löwenzahn, die Wildform heißt *dente di leone*, die Zuchtform wird *catalogna* genannt, ist aber eigentlich eine Abart der Salat-Zichorie, deren Urform, die Wegwarte mit ihren zartblauen Blüten, nun ebenfalls wieder in der Basilikata und Kalabrien als Würzkraut geschätzt wird. Die Schafgarbe (*achillea*) mit ihrem zartbitteren Geschmack wird in Ligurien traditionell im Frühjahr zum Lammfleisch gegeben. Der Acker-Hederich, eine Wildform des Rettichs, würzt in Süditalien als *rafano* die Bohnengerichte, wächst aber auch bei uns an Wegrändern und auf Äckern.

a   Der wilde Fenchel wächst von Ligurien bis Süditalien wie Unkraut. Vor allem die zarten, saftigen und intensiv würzigen Stängel werden zum Würzen verwendet und behalten auch beim Einlegen in Olivenöl ihr Aroma. Die dillähnlichen Blätter sind zwar auch aromatisch, aber etwas strohig und weniger beliebt. Erst die Fenchelsamen finden wieder Verwendung in der Küche. Als Ersatz für Fencheltriebe ist der bei uns gedeihende Gewürzfenchel geeignet.

b   Ein blühender Myrtenbusch auf Sardinien. Die Blätter würzen, ähnlich wie Lorbeer, nicht nur Suppen und Schmorgerichte mit Fleisch, aus den Beeren wird auch der herbsüße Likör *Mirto* und Eiscreme hergestellt.   c   Auf kargsten Böden und unter extremer Trockenheit im Sommer gedeihen Wildkräuter wie Thymian und Salbei. Dabei entwickeln sie intensive Aromen, die auch bei getrockneten Kräutern erhalten bleiben. Ein bisschen zu viel davon, und schon übertönen sie den Geschmack eines Gerichtes.   d   Rosmarin wird auch gern als Zierstrauch angepflanzt, nicht nur seiner schönen Blüten wegen, sondern weil er ein ideales Grillgewürz ist.   e   Die *ruchetta* oder auch *rughetta*, wilder Rucola, wuchs einst auch bei uns in den Gärten. Diese spitzblättrige Art schmeckt wesentlich würziger und schärfer als die Zuchtformen. Hier gedeiht er in Gesellschaft des violett blühenden Natternkopfs.

Cima di coniglio
Gefülltes Kaninchen (Ligurien)

ZUTATEN für 4 Personen:
1 Kaninchenrücken (mit den Bauchlappen, etwa 750 g)
1 Zweig Thymian
1 Mini-Romanasalat (Salatherz)
Salz | Pfeffer aus der Mühle
1 dicke Scheibe altbackenes Weißbrot (vom Vortag, ohne die Rinde)
2–3 EL Milch
30 g gekochter Schinken
6 entsteinte schwarze Oliven
1 Ei (Größe S)
90 g kalte Butter (1 EL davon weich werden lassen)
2 EL frisch geriebener Parmesan
frisch geriebene Muskatnuss
2 EL Olivenöl
1 Bund Suppengrün
1 Knoblauchzehe
1/4 l Weißwein
200 g Tomaten

ZUBEREITUNGSZEIT: 1 3/4 Std.
PRO PORTION: ca. 540 kcal

Weinempfehlung:
frisch-fruchtiger Weißwein, etwa ein Vermentino.

Das gefüllte Kaninchen ist eine raffinierte Neuinterpretation der Kalbsbrust nach Art der Riviera di Ponente (um Savona), die zusammen mit Gemüse gerollt wird.

Leider gibt es bei uns kaum ausgelösten Kaninchenrücken zu kaufen, deshalb müssen Sie das selbst machen: Kaninchenrücken mit der Brustseite nach oben auf die Arbeitsfläche legen, die Bauchlappen vorsichtig nach unten drücken und mit dem Daumennagel die Rippen freischaben, bis sie sich vom Fleisch lösen lassen. Das Rückgrat vom Schwanzteil beginnend anheben und mit kleinen Schnitten vom Fleisch abtrennen, bis es vollständig abgehoben werden kann. Den entbeinten Kaninchenrücken ausbreiten und Fett und Knorpelreste entfernen. Falls die dünne Haut am Rückgrat reißen sollte, einfach mit einer dünnen Scheibe Parmaschinken »flicken«.

1 Den Kaninchenrücken so von den Knochen lösen, dass eine große Fleischscheibe entsteht (siehe Beschreibung oben). Mit der Fleischseite nach oben und der Hautseite nach unten auf die Arbeitsfläche legen. Knochen beiseite legen. Den Thymian abbrausen und trockenschütteln.

2 Romanasalat mit kochendem Salzwasser 1 Min. überbrühen, abschrecken, abtropfen lassen. Salat fest ausdrücken und fein hacken. Das Weißbrot mit der Milch beträufeln und kurz einweichen lassen, dann ausdrücken und zerpflücken. Schinken, Oliven und Thymian fein hacken.

3 Salat mit Brot, Schinken, Oliven, Thymian, Ei, 1 EL weicher Butter und Käse vermischen. Mit Salz, Pfeffer und Muskat kräftig würzen. Masse in die Mitte des Kaninchenrückens füllen, die Bauchlappen von beiden Seiten darüber schlagen. Kaninchen außen salzen und pfeffern.

Ligurien und Toskana-Küste

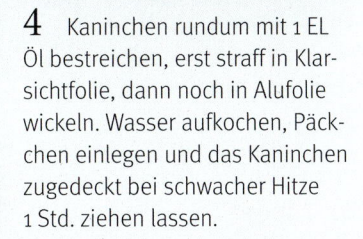

4 Kaninchen rundum mit 1 EL Öl bestreichen, erst straff in Klarsichtfolie, dann noch in Alufolie wickeln. Wasser aufkochen, Päckchen einlegen und das Kaninchen zugedeckt bei schwacher Hitze 1 Std. ziehen lassen.

5 Für die Sauce Kaninchenknochen und das Suppengrün zerkleinern, bei mittlerer Hitze im übrigen Öl hellbraun anrösten. Knoblauch zugeben, mit Wasser bedecken, offen in etwa 15 Min. auf die Hälfte der Menge einkochen. Wein angießen, den Fond wieder auf die Hälfte einkochen.

6 Die Stielansätze der Tomaten entfernen. Die Tomaten kurz mit kochendem Wasser überbrühen, häuten, halbieren und entkernen. Das Fruchtfleisch in ganz kleine Würfel schneiden. Den eingekochten Fond durch ein feines Sieb gießen, beiseite stellen.

7 Kaninchenrücken auspacken und etwas abkühlen lassen. Sud aus der Folie zum Fond gießen, aufkochen, übrige Butter in Flöckchen mit dem Schneebesen unterschlagen, Tomaten einstreuen. Sauce mit Salz und Pfeffer würzen. Fleisch in Scheiben aufschneiden und mit der Sauce servieren.

Ligurien und Toskana-Küste

Petto di vitello au zemin
Kalbsbrust frittiert und geschmort (Ligurien)

ZUTATEN für 4 Personen:
750 g Kalbsbrust (ohne Knochen, vom Metzger in etwa 2 cm dicke Scheiben schneiden lassen)
350 g Tomaten
250 g Schalotten oder kleine Zwiebeln | 4 Knoblauchzehen
etwa 1/4 l Olivenöl zum Frittieren
1 Zweig Thymian
200 ml Weißwein
Salz | Pfeffer aus der Mühle
50 g entsteinte schwarze Oliven

ZUBEREITUNGSZEIT: 30 Min.
SCHMORZEIT: 1 1/2–2 Std.
PRO PORTION: ca. 470 kcal

1 Fleischscheiben mit Küchenpapier gut trockentupfen. Aus den Tomaten die Stielansätze herausschneiden. Tomaten überbrühen, häuten, entkernen, klein würfeln. Schalotten oder Zwiebeln und Knoblauch schälen, klein würfeln.

2 In einer tiefen Pfanne gut 1 cm hoch Olivenöl stark erhitzen. Kalbsbrustscheiben einlegen und auf jeder Seite 3–4 Min. frittieren, bis sie knusprig braun sind. Aus dem Öl heben und abtropfen lassen. Den Thymian abbrausen und trockenschütteln.

3 Öl bis auf einen kleinen Rest aus der Pfanne abgießen. Die Schalotten oder Zwiebeln und den Knoblauch bei mittlerer Hitze goldgelb anbraten. Tomatenwürfel unterrühren und schmoren, bis sie zerfallen. Fleisch wieder in die Pfanne legen, den Wein angießen, Thymian zugeben, alles mit Salz und Pfeffer würzen. Aufkochen, dann zugedeckt 1 1/2–2 Std. bei schwacher Hitze schmoren lassen, bis die Kalbsknorpel weich sind. Thymianzweig entfernen, Oliven zugeben und heiß werden lassen, abschmecken.

Faraona alla ligure
Perlhuhn mit Rosinen (Ligurien)

ZUTATEN für 4 Personen:
1 großes Perlhuhn (1,3 kg; ersatzweise großes Hähnchen)
2 Zwiebeln
3 Knoblauchzehen
2 EL Rosinen
3 EL Olivenöl + Olivenöl zum Frittieren
Salz | Pfeffer aus der Mühle
1/2 l Weißwein
1 große fest kochende Kartoffel
2 Möhren | 1 großer Zucchino
1 Stängel Salbei
2 EL Pinienkerne

ZUBEREITUNGSZEIT: 1 1/4 Std.
PRO PORTION: ca. 535 kcal

1 Das Perlhuhn in sechs Stücke zerteilen, waschen und trockentupfen. Zwiebeln und Knoblauch schälen, fein würfeln. Rosinen waschen und abtropfen lassen.

2 In einem Schmortopf 3 EL Öl erhitzen. Perlhuhn bei mittlerer Hitze rundum kräftig anbraten, aus dem Topf heben. Zwiebeln und Knoblauch anbraten, Huhn und Rosinen zugeben, mit Salz und Pfeffer würzen. Hälfte vom Wein angießen, alles zugedeckt etwa 45 Min. schmoren lassen, ab und zu Wein nachgießen.

3 Die Kartoffel und die Möhren schälen und in streichholzdicke, lange Streifen schneiden. Den Zucchino waschen, grüne Schale abschälen und in feine Streifen schneiden. Salbeiblätter trocken abreiben und längs in Streifen schneiden. Alles auf Küchenpapier ausbreiten. Pinienkerne ohne Fett hell anrösten, beiseite stellen.

4 Sauce offen etwas einkochen lassen. Öl zum Frittieren erhitzen. Gemüse- und Salbeistreifen darin

Cinghiale in agrodolce
Wildschwein in süßsaurer Sauce (Toskana-Küste)

ZUTATEN für 4 Personen:
- 800 g Wildschweinfleisch (z. B. Keule, ohne Knochen)
- 1 Bund Suppengrün
- 5 Knoblauchzehen
- je 2 Zweige Rosmarin, Salbei und Thymian
- 3/4 l Rotwein | 2 Möhren
- 2 Stangen Staudensellerie
- 2 rote Zwiebeln
- 4 EL Olivenöl | 100 g Rosinen
- 1 Lorbeerblatt
- Salz | Pfeffer aus der Mühle
- 100 g Senffrüchte (Mostarda, aus dem italienischen Feinkostgeschäft)
- 2 EL Zucker
- 2–3 EL Rotweinessig
- 50 g Zartbitter-Schokolade
- frisch geriebene Muskatnuss

ZUBEREITUNGSZEIT: 45 Min.
MARINIERZEIT: über Nacht
SCHMORZEIT: 1 1/2–1 3/4 Std.
PRO PORTION: ca. 730 kcal

1 Das Wildschweinfleisch mit Küchenpapier trockentupfen und in 4 cm große Würfel schneiden, in eine Schüssel geben. Suppengrün sehr klein würfeln, 2 Knoblauchzehen schälen und fein hacken. Rosmarin, Salbei und Thymian waschen und trockenschütteln. Die Hälfte der Zweige mit Suppengrün und Knoblauch zum Fleisch geben, mit 1/4 l Rotwein übergießen und über Nacht im Kühlschrank marinieren.

2 Am nächsten Tag das Fleisch aus der Marinade heben, trockentupfen (die Marinade weggießen). Möhren, Sellerie, Zwiebeln und restlichen Knoblauch schälen bzw. putzen, klein würfeln. Im großen Schmortopf 3 EL Öl erhitzen. Die Fleischwürfel portionsweise bei mittlerer Hitze rundum leicht anbräunen, aus dem Topf heben, auf Küchenpapier abtropfen lassen.

3 Rosinen in 1/2 Tasse Rotwein einweichen. Das Öl aus dem Topf abgießen. Übriges frisches Olivenöl im Topf erhitzen, Gemüsewürfel anschmoren. Übrigen Rosmarin, Salbei und Thymian hacken und mit Lorbeerblatt und Fleisch zugeben. Mit etwas Wein ablöschen, salzen und bei schwacher Hitze zugedeckt etwa 1 Std. schmoren. Immer wieder etwas Wein nachgießen, bis dieser verbraucht ist.

4 Senffrüchte in kleine Würfel schneiden. Zucker in ein Pfännchen streuen, hellbraun karamellisieren lassen. Mit Essig und Rotwein-Rosinen ablöschen, Senffrüchte zugeben, alles zum Fleisch geben. Schokolade hacken und auch unterrühren. Alles noch 30–45 Min. schmoren, bis das Fleisch weich ist. Ragout mit Salz, Pfeffer und Muskat abschmecken.

knusprig frittieren, mit einem Schaumlöffel herausheben und auf Küchenpapier entfetten.

5 Sauce mit Salz und Pfeffer abschmecken, mit dem Perlhuhn anrichten. Mit Pinienkernen und frittiertem Gemüse garnieren.

Fritto misto mare e monti
Meeresfrüchte und Fleisch frittiert (Ligurien)

ZUTATEN für 4 Personen:
350 g kleine Tintenfische
250 g große ungeschälte rohe Garnelen
300 g mageres Lammfleisch (z. B. Lende oder Keule)
300 g Kaninchenfleisch (z. B. ausgelöster Rücken, ohne Knochen; ersatzweise Hähnchenbrustfilet)
4 kleine feste Zucchini
150 g kleine Champignons
etwa 7 EL Kichererbsenmehl
Salz | Pfeffer aus der Mühle
2 Knoblauchzehen
etwa 1 l Olivenöl zum Frittieren
2 Zitronen

ZUBEREITUNGSZEIT: 1 Std.
PRO PORTION: ca. 715 kcal

Frittierte Meeresfrüchte werden in allen Küstenregionen Italiens heiß geliebt (mit der Betonung auf »heiß« – sie müssen wirklich sehr heiß serviert werden, sonst schmecken sie nicht). In Ligurien allerdings gehören auch Fleisch- und Gemüsestückchen zum *fritto misto*. Oft gesellen sich noch Schinken, Käse oder Muscheln dazu, die auf Spießen stecken. Das sieht nicht nur hübsch aus, sondern die leckeren Kleinigkeiten lassen sich so besonders gut »anpacken« und essen.

In Ligurien kocht man sehr gerne und häufig mit Kichererbsenmehl. Beim Frittieren saugt es nur wenig Fett auf. Wird mit diesem Mehl ein Ausbackteig zubereitet, in den man Meeresfrüchte & Co. taucht, geraten diese besonders knusprig.

Richtig üppig macht das Frittierte eine Tartarensauce: Mayonnaise, am besten frisch gerührt, mit fein gehackten Gewürzgürkchen, Kapern, Petersilie und Basilikum vermischen und als Dip dazu servieren.

1 Tintenfische waschen, falls nötig aus den Köpfen das Kauwerkzeug und aus den Tuben das Fischbein entfernen. Die Tintenfische in 1–2 cm breite Stücke schneiden. Garnelen schälen (das Schwanzende dranlassen), auf der Rückenseite längs einschneiden und den Darm entfernen.

2 Das Lammfleisch und das Kaninchenfleisch in gut walnussgroße Stücke schneiden, mit Küchenpapier sehr gut trockentupfen.

3 Die Zucchini waschen, putzen und längs vierteln. Quer in etwa 5 cm lange Stücke schneiden. Die Pilze trocken mit Küchenpapier oder einer kleinen Bürst abreiben, Stielenden abschneiden und die Pilze halbieren.

Ligurien und Toskana-Küste

4 Kichererbsenmehl mit Salz und Pfeffer vermischen. Backofen auf 150° (Umluft 130°) vorheizen. Den Knoblauch schälen und mit reichlich Olivenöl in einen weiten hohen Topf geben, erhitzen. Sobald der Knoblauch zu bräunen beginnt, herausheben. Jetzt kann man mit dem Frittieren beginnen.

5 Tintenfische und Garnelen dünn mit dem gewürzten Kichererbsenmehl bestäuben, portionsweise ins heiße Öl geben und goldbraun frittieren. Mit einem Schaumlöffel herausheben, auf einer dicken Lage Küchenpapier abtropfen lassen. Auf einer Platte im Ofen (Mitte) warm stellen.

6 Die Fleischstücke ebenfalls dünn mit Kichererbsenmehl bestäuben und ausbacken, bis sie leicht gebräunt sind. Ebenso abtropfen lassen und warm stellen. Zuletzt die Zucchinistücke und die Champignons mehlen und hellbraun frittieren.

7 Alles auf vorgewärmten, mit weißen Papierservietten oder Pergamentpapier ausgelegten Tellern anrichten. Die Zitronen in dünne Spalten schneiden und zum Beträufeln dazulegen.

Condiggion
Gemüsesalat (Ligurien)

ZUTATEN für 4 Personen:
3 rote Paprikaschoten
2 kleine dünne Zucchini
4 sehr aromatische Tomaten
10 entsteinte schwarze Oliven
3 Sardellenfilets (in Salz)
2 EL Kapern
2 Stängel Oregano
Salz | Pfeffer aus der Mühle
3 EL Olivenöl
2 hart gekochte Eier (Größe M)

ZUBEREITUNGSZEIT: 45 Min.
PRO PORTION: ca. 185 kcal

1 Backofengrill auf höchster Stufe 5 Min. vorheizen. Die Paprikaschoten waschen, längs halbieren und putzen, an den Enden jeweils ein wenig einschneiden. Die Schoten mit der Schnittfläche nach unten auf ein Backblech mit Alufolie legen, flach drücken.

2 Paprikaschoten im Ofen (oben) 7–10 Min. grillen, bis die Haut fast schwarz ist und Blasen wirft. Aus dem Ofen nehmen und etwas abkühlen lassen. Noch warm die Haut abziehen und die Schoten in Streifen schneiden.

3 Zucchini waschen, putzen, in dünne Scheiben schneiden. Die Tomaten waschen und achteln, dabei Stielansätze entfernen. Oliven in Streifen schneiden. Sardellen abbrausen, trockentupfen und mit den Kapern fein hacken. Den Oregano waschen, trockenschütteln, grob schneiden.

4 Alles vermischen, mit Salz und Pfeffer würzen, mit dem Olivenöl beträufeln. Die Eier pellen und vierteln, auf dem Gemüse anrichten.

Fagiolini e patate
Grüne Bohnen mit Kartoffeln (Ligurien)

ZUTATEN für 4 Personen:
350 g fest kochende Kartoffeln
500 g zarte grüne Bohnen
Salz | Pfeffer aus der Mühle
250 g Tomaten
1 Knoblauchzehe
2 Stängel Petersilie
2 EL Olivenöl
1–2 TL Zitronensaft

ZUBEREITUNGSZEIT: 45 Min.
PRO PORTION: ca. 145 kcal

1 Die Kartoffeln waschen und als Pellkartoffeln in etwa 25 Min. gar kochen. Die Bohnen waschen, die Enden abschneiden. Bohnen in reichlich sprudelnd kochendem Salzwasser in 8–10 Min. knackig gar kochen. In der Zeit Tomaten waschen, Stielansätze herausschneiden und die Tomaten mit einem Schaumlöffel kurz ins kochende Bohnenwasser halten.

2 Die Bohnen in ein Sieb abgießen, abschrecken, abtropfen lassen. Tomaten quer halbieren und entkernen, das Fruchtfleisch klein würfeln. Kartoffeln abgießen, ausdampfen lassen und pellen, dann in etwa 2 cm große Würfel schneiden. Knoblauch schälen, Petersilie waschen und trockenschütteln, beides fein hacken.

3 In einer Pfanne Öl erhitzen, Knoblauch und Petersilie kurz andünsten. Bohnen und Kartoffeln dazugeben und unter Rühren erhitzen. Tomaten untermischen, das Gemüse mit Salz, Pfeffer und Zitronensaft würzen, servieren.

Passt zu Fisch und Fleisch, gebraten oder geschmort. Versäumen Sie nicht, die Bohnen in eiskaltem Wasser abzuschrecken, so behalten sie ihre grüne Farbe.

Funghi alla paesana
Steinpilze nach Art der Bauern (Ligurien)

ZUTATEN für 4 Personen:
500 g kleine Steinpilze
700 g vorwiegend fest kochende Kartoffeln | Salz
5 EL Olivenöl + Öl für die Form
je 2 Stängel Petersilie und Oregano

ZUBEREITUNGSZEIT: 25 Min.
GARZEIT: 20–25 Min.
PRO PORTION: ca. 270 kcal

1 Die Steinpilze putzen, dabei nur waschen, wenn sie sehr verschmutzt sind.

2 Kartoffeln schälen, waschen und in 1/2 cm dicke Scheiben schneiden. Backofen auf 200° (Umluft 180°) vorheizen. Reichlich Salzwasser aufkochen, Kartoffelscheiben darin 5 Min. garen. Abgießen, abtropfen lassen und in eine geölte hitzebeständige Form schichten.

3 Die Pilze längs halbieren (größere in Scheiben schneiden) und auf die Kartoffeln in der Form legen. Salzen und mit dem Olivenöl beträufeln. Im Ofen (Mitte) 20–25 Min. backen. Kräuter waschen, trockenschütteln und hacken, über die Pilze streuen.

Die Pilze als eigenen Gang nach einem leichten Fisch- oder Fleischgericht servieren. Statt der Steinpilze können Sie auch braune Champignons nehmen. Und wer Knoblauch mag, reibt die Form vor dem Befüllen damit aus.

Pesce di montagna
Panierte Mangoldstiele (Ligurien)

Zutaten für 4 Personen:
1 kg breitstieliger Mangold
Salz | 2 Eier (Größe M)
50 g frisch geriebener Parmesan
100 g Semmelbrösel
Olivenöl zum Frittieren
2 Zitronen

Zubereitungszeit: 30 Min.
Pro Portion: ca. 435 kcal

1 Vom Mangold die Stiele abschneiden (Blätter anderweitig verwenden), waschen und in etwa 10 cm lange und 2 cm breite Stifte teilen. Reichlich Salzwasser aufkochen und die Mangoldstiele in 3–5 Min. bissfest garen. In ein Sieb abgießen, abschrecken, abtropfen lassen und trockentupfen.

2 In einem tiefen Teller die Eier mit dem Parmesan vermischen. In einen zweiten Teller die Semmelbrösel streuen.

3 In einer großen Pfanne etwa 3 cm hoch Olivenöl erhitzen, bis an einem eingetauchten Holzstäbchen kleine Bläschen aufsteigen. Die Zitronen in Spalten schneiden.

4 Die Mangoldstiele in der Eiermischung wenden, dann in den Semmelbröseln. Portionsweise im Öl auf beiden Seiten in etwa 1 Min. goldgelb ausbacken, aus dem Öl heben und auf Küchenpapier abtropfen lassen. Sofort mit den Zitronenspalten servieren.

Das Gemüsegericht aus West-Ligurien heißt wörtlich übersetzt »Fisch aus den Bergen« – weil die ausgebackenen Mangoldstiele ähnlich aussehen wie die kleinen Fische, die an der Küste zubereitet werden und die für die Bergbevölkerung eine seltene Delikatesse darstellten.

Ligurien und Toskana-Küste

Michetta
Kleine Hefeteilchen (Ligurien)

ZUTATEN für 6 Personen:
- 400 g Mehl + Mehl zum Arbeiten
- 1/2 Würfel frische Hefe (21 g)
- 100 ml lauwarme Milch + Milch zum Bestreichen
- 50 g Zucker + Zucker zum Bestreuen
- 100 ml Olivenöl + Öl fürs Blech
- 2 Eier (Größe L)
- 1/2 TL fein abgeriebene Bio-Zitronenschale
- 1 Prise Salz

ZUBEREITUNGSZEIT: 35 Min.
GEHZEIT: 1 3/4 Std.
BACKZEIT: 20 Min.
PRO PORTION: ca. 465 kcal

1 Mehl in eine Schüssel füllen, eine Mulde eindrücken, Hefe einbröckeln. Milch mit Zucker verrühren, in die Mulde gießen, mit Hefe und etwas Mehl anrühren. Zugedeckt 15 Min. gehen lassen.

2 Olivenöl mit Eiern, Zitronenschale und Salz zum Mehl geben, alles zu einem glatten Teig verkneten. Zugedeckt etwa 1 Std. an einem warmen Ort gehen lassen, bis der Teig doppelt so groß ist.

3 Teig nochmals durchkneten und in eigroße Stücke teilen. Auf wenig Mehl mit der Hand zu dicken Würsten ausrollen. Dann mit drei leicht gespreizten Fingern nochmals fest darüber rollen, so dass die Rollen fast geteilt werden. Weitere 30 Min. gehen lassen.

4 Backofen auf 200° (Umluft 180°) vorheizen. Ein Backblech mit Öl bestreichen, Hefeteilchen darauf legen und mit Milch bestreichen. Im Ofen (Mitte) in etwa 20 Min. goldbraun backen. Aus dem Ofen nehmen und sofort mit viel Zucker bestreuen, warm servieren.

Crostatina alle mele
Warme Apfel-Blätterteig-Törtchen (Ligurien)

ZUTATEN für 4 Personen:
- 2 rechteckige Scheiben TK-Blätterteig (150 g)
- Mehl zum Ausrollen
- 2 aromatische Äpfel (z. B. Braeburn oder Cox Orange)
- 1 EL Zitronensaft
- 50 g brauner Rohrzucker
- 1/2 TL Zimtpulver
- 2 EL Butter
- kleine Erdbeeren und Schlagsahne zum Garnieren

ZUBEREITUNGSZEIT: 25 Min.
BACKZEIT: 20 Min.
PRO PORTION: ca. 325 kcal

1 Blätterteigscheiben auslegen und kurz auftauen lassen, dann quer halbieren und auf wenig Mehl etwas ausrollen. Zu Kreisen von etwa 12 cm Ø ausschneiden oder -stechen. Auf ein Backblech mit Backpapier legen.

2 Den Backofen auf 200° (Umluft 180°) vorheizen. Äpfel schälen, vierteln und die Kerngehäuse herausschneiden. Die Viertel der Länge nach in dünne Spalten schneiden, mit dem Zitronensaft beträufeln.

3 Den Rohrzucker mit dem Zimtpulver vermischen, ein wenig davon über die Blätterteigkreise streuen. Die Apfelspalten leicht überlappend auf dem Teig auslegen und mit dem übrigen Zimtzucker bestreuen.

4 Die Butter in kleinen Flöckchen auf den Äpfeln verteilen und die Törtchen im Ofen (Mitte) etwa 20 Min. backen, bis die Teigränder gebräunt und der Zucker leicht karamellisiert ist. Warm auf Dessertteller setzen, mit Erdbeeren und Schlagsahne garniert servieren.

Ligurien und Toskana-Küste

Sciumette
Schäumchen auf Pistaziensauce (Ligurien)

ZUTATEN für 4 Personen:
50 g Pistazienkerne
2 Eier (Größe M)
70 g Zucker
1 TL Zitronensaft
1/2 l Milch | 1 EL Speisestärke
2 TL brauner Zucker (möglichst fein, siehe Tipp)

ZUBEREITUNGSZEIT: 30 Min.
PRO PORTION: ca. 290 kcal

1 Die Pistazienkerne verlesen und in einem Mörser fein zerstampfen.

2 Eier trennen. Die Eiweiße steif schlagen, dabei 30 g Zucker und den Zitronensaft dazugeben. Von der Milch 50 ml abnehmen und mit den Eigelben und der Stärke verquirlen.

3 In einem breiten Topf die übrige Milch mit den Pistazien erhitzen. Aus dem Eischnee mit zwei Esslöffeln Nocken formen und auf die heiße (nicht kochende!) Milch setzen. Den Deckel halb auflegen und die Klößchen etwa 5 Min. garen. Mit einer Schaumkelle herausheben, auf Teller verteilen.

4 Restlichen Zucker und die Eigelb-Stärke-Mischung unter die Milch quirlen und unter Rühren erhitzen, bis die Sauce bindet. Über die Schaumklößchen gießen und mit dem braunen Zucker bestreut servieren.

Feinen braunen Zucker erhalten Sie im Reformhaus oder im Bio-Laden, sonst können Sie einfach auch Rohrzucker im Mörser fein zerreiben.

Pera cotta con salsa
Birnen in Wein mit Mandelsauce (Ligurien)

ZUTATEN für 4 Personen:
4 reife feste Birnen (z. B. Williams)
1/2 l trockener Weißwein
1 Stück dünn abgeschälte Bio-Zitronenschale (etwa 5 cm)
2 EL Zucker
4 EL Mandelstifte
1 EL Speisestärke
1 EL gehackte Pistazienkerne

ZUBEREITUNGSZEIT: 40 Min.
GARZEIT: 20 Min.
PRO PORTION: ca. 280 kcal

1 Die Birnen waschen und so schälen, dass dabei die Stiele daran bleiben.

2 Die Birnen in einen Topf, in dem sie gerade Platz haben, stellen und den Wein dazugießen. Zitronenschale und Zucker hinzufügen. Aufkochen und zugedeckt bei schwacher Hitze etwa 20 Min. leise köcheln lassen. Die Birnen aus dem Weinsud heben und abkühlen lassen.

3 Den Weinsud bei starker Hitze auf die Hälfte einkochen lassen, Zitronenschale entfernen. Die Mandelstifte in einem Pfännchen ohne Fett unter Rühren hellbraun rösten, zum Weinsud geben. Stärke mit 1–2 EL kaltem Wasser glatt anrühren, zum Sud gießen und unter Rühren aufkochen, bis die Sauce gebunden ist. Die Sauce mit dem Pürierstab oder im Mixer glatt pürieren.

4 Die warme Mandelsauce auf Dessertteller gießen, jeweils eine gedünstete Birne in die Mitte setzen, mit Pistazien bestreuen.

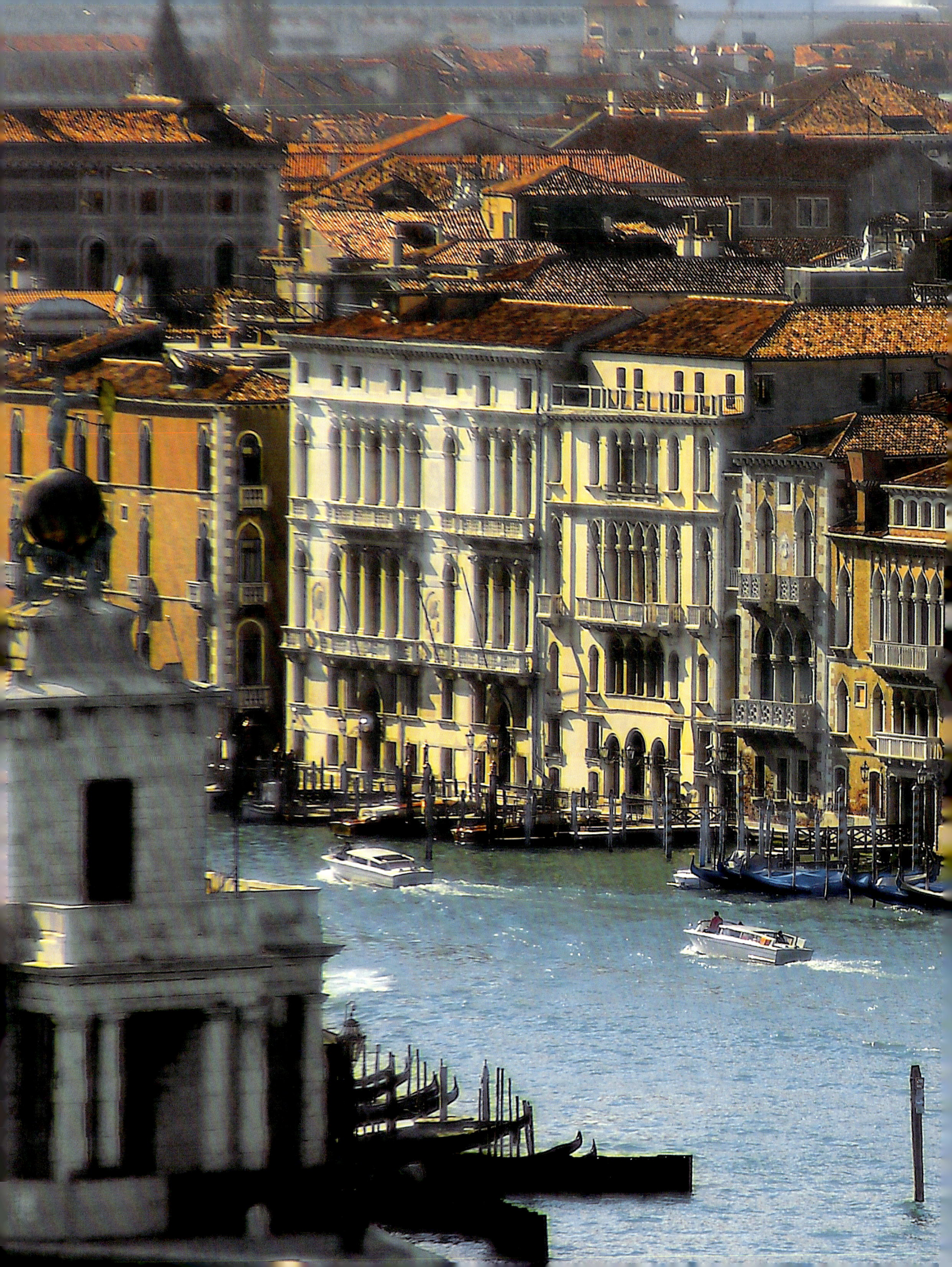

Po-Ebene

Die Lagune von Venedig, Berge und Hügel, Seen und eine fruchtbare Ebene

Po-Ebene

Das Land und seine Produkte
Fruchtbar und üppig: Reis, Gemüse, Fisch, berühmte Käse- und Schinkenspezialitäten

Veneto, Emilia-Romagna und der südliche Teil der Lombardei haben viel zu bieten: Meeresfrüchte und Fische aus der Lagune von Venedig, Süßwasserfische aus dem Gardasee und zahlreichen Flüssen, Reis aus der Po-Ebene, auf deren fruchtbare Böden zudem Gemüse und Früchte üppig gedeihen und auf deren Weiden die Kühe und Schweine leben, die für die berühmtesten Spezialitäten der Region stehen: Parmesan aus Kuhmilch und Parmaschinken.

Geschmack aus der Erde. Überall dort, wo viel Wasser ist, wächst Gemüse besonders gut. Das gilt für die Lagune von Venedig und die »Gemüseinsel« Sant'Erasmo ebenso wie für die Ebene des Po. Berühmt in der Region sind die schmackhaften kleinen Artischocken (besonders die *castraure* genannten von Sant'Erasmo, die den Frühling anzeigen), kräftig orangefarbene Kürbisse und natürlich der Radicchio aus der Gegend von Treviso. Aus ihnen macht man *antipasti* (gebraten, gegrillt oder eingelegt) ebenso wie *primi* (etwa feine Kürbis-Gnocchi, die man mit Butter und Parmesan serviert, oder Risotto mit Radicchio) oder *contorni*. Eine rare Besonderheit in Italien: weißer Spargel aus Bassano del Grappa.

Schätze aus dem Wasser. Die Lagune von Venedig ist zwar nicht mehr ganz so reich bestückt, doch noch immer findet man auf dem lebhaften Fischmarkt in der Nähe der Rialto-Brücke zahlreiche Meerestiere, die sonst nicht überall zu haben sind. Allen voran die *granseola,* die Seespinne aus der Familie der Kurzschwanzkrebse mit dem besonders wohlschmeckenden Fleisch, die auf venezianische Art gekocht, gezupft und mit einer schlichten Salatsauce serviert wird. Ebenfalls köstlich: *schie,* junge Scampi. Sie isst man meist in einer Nudelsauce mit Tomaten. Doch auch das Festland hat seine besonderen Spezialitäten: Schleien aus dem Gardasee, die man dort gerne in einem Risotto verarbeitet, ebenso wie Saiblinge und Aal aus der Emilia. Dieser Fischreichtum kommt der modernen italienischen Küche unglaublich zugute: Leichtes und Schmackhaftes ist angesagt.

Es muss nicht immer deftig sein. Polenta und Reis, gefüllte und überbackene Nudeln, Borlotti-Bohnen in vielen Variationen – das klingt nach einer schweren Bauernküche. Doch die Polenta ist im Veneto besonders raffiniert, vor allem die weiße Polenta aus der Maissorte *biancoperla,* einer lokalen Spezialität, die außergewöhnlich aromatisch und delikat schmeckt. Man isst den feinen Grieß aus den weißen Maiskörnern zu Stockfischpüree ebenso wie zur *soppressa,* der heimischen Wurst, oder zum Fleischragout – mal als cremigen Brei, mal abgekühlt in Scheiben geschnitten und gebraten. Der Risotto-Reis aus der Po-Ebene, der *riso vialone,* ist einer der besten und wird im Veneto und in der Lombardei inzwischen gerne mit Gemüse oder auch mit Fisch zubereitet. Und die feinsten Bohnen Italiens, die Borlotti-Bohnen, gibt es hier groß und klein, im Winter mit Nudeln und Radicchio zu einer würzigen Mahlzeit vereint, im restlichen Jahr auch gerne als Salat mit frischem Gemüse genossen.

Elegante schwarze Gondeln und singende Gondolieri sind die beliebtesten Motive der Lagunenstadt Venedig. Wer gut essen oder trinken möchte, probiert die köstlichen Fischspezialitäten oder besucht die kleinen Weinschänken – *bacari* genannt – in den engen Gassen.

Frutta e verdura kauft die italienische Hausfrau bis heute möglichst täglich frisch. In Vendig gibt es beliebte Gemüsespezialitäten wie Artischocken und Kürbis auf vielen Märkten sogar schon fertig geputzt – Fast food der edlen Art.

Dolce far niente – das süße Nichtstun macht vor einer historischen Kulisse wie einer Kirchenmauer noch mehr Vergnügen. Besonders, wenn man sich dabei ganz entspannt einen Cappuccino oder ein Gläschen Campari gönnen und in aller Ruhe das Treiben rundherum betrachten kann.

Ganz in der Nähe der hübschen Holzbrücke Ponte degli Alpini, Wahrzeichen des pittoresken Städtchens Bassano del Grappa, ist der Laden von Nardini, deren Grappe den Ort mit berühmt gemacht haben. Den Branntwein aus Trester bekommt man dort wie in über 100 anderen Brennereien in unterschiedlichen Varianten.

Das Stadtbild Bolognas ist von Arkaden geprägt. *La Grassa* – die Dicke – wird die Stadt auch genannt. Das weist vor allem auf ihr Angebot an kulinarischen Köstlichkeiten hin.

In der Emilia-Romagna, vor allem in Bologna, kann sich der Feinschmecker wahrlich fühlen wie im Schlaraffenland. Tortellini, Parmaschinken und Parmesan sind nur die bekanntesten Spezialitäten der Region.

Po-Ebene

Die Küche
Hier darf geschwelgt werden – von Parmesan über frische Nudeln bis zum Schinken

Der »Bauch« von Italien wird die Emilia-Romagna auch genannt, mit der Hauptstadt Bologna als Nabel. Genau dem – mit der Venus als Vorbild – sollen auch die Tortellini nachempfunden sein. Venedig und das Veneto stehen der Emilia aber in nichts nach: Radicchio, Reis, Polenta und die zahlreichen Fische und Meeresfrüchte der Lagune sorgen hier für kulinarische Highligts. Und die Lombardei ist ohnehin die reichste Region Italiens.

Alla bolognese. Gleich hinter Bologna verläuft die Butter-Öl-Grenze Italiens. In der Hauptstadt der Emilia wird auch heute noch schwelgerisch mit Butter und Sahne gekocht und üppig mit frisch geriebenem Parmesan verfeinert. Jenseits des Appenin, in der Toskana, gedeihen Olivenbäume und die Küche ändert sich.

Die Küche der Emilia ist trotz aller Üppigkeit eine einfache geblieben: gekochte Gemüse mit Butter und Parmesan, frisch gemachte Pasta (hier immer mit Ei im Teig) mit Butter und Parmesan oder mit einer feinen Füllung, in Brühe gegartes Fleisch mit verschiedenen Saucen oder der würzig gefüllte Schweinefuß *zampone* aus Modena, den man in Wasser gart und mit Linsen serviert – alles im Grunde simple Gerichte, die durch die Güte der Zutaten zu kulinarischer Höchstform auflaufen. Das Neue an der Küche: das berühmte *ragù alla bolognese* zu den hausgemachten Tagliatelle wird heute auch einmal durch eine Gemüsesauce ersetzt, und die ebenso beliebte Lasagne aus dem Ofen schmeckt mit Spinat und Kürbis nicht weniger köstlich.

Parmesan könnte man fast als Gewürz der Emilia-Romagna bezeichnen. Kaum ein pikantes Gericht, über das nicht ein Löffelchen davon gestreut wird. Und auch in den anderen Regionen spielt Käse eine wichtige Rolle. Aus der Lombardei stammt der aromatische Gorgonzola, mit dem man Saucen verfeinert oder auch den Abschluss eines Menüs gestaltet. Aus dem Veneto kommen neben den würzigen Käsesorten aus den hügeligen bis bergigen Regionen (vor allem *Asiago*-Käse) bei uns noch unbekanntere Spezialitäten wie die *casatella*, ein frischer Kuhmilch-Käse. Ersetzen lässt er sich am besten durch *stracchino* aus der Lombardei, den man auch bei uns in gut sortierten Geschäften kaufen kann. Der ebenfalls berühmte Mascarpone aus der Lombardei, ein sahniger Frischkäse, wird nicht nur für bekannte Süßspeisen wie Tiramisù, sondern auch für pikante Gerichte verwendet.

Kein Mangel an Vitaminen. Doch keine Sorge, bei all der Schlemmerei kommt die Gesundheit auch in der Po-Ebene nicht zu kurz. Gemüse in Hülle und Fülle gedeiht hier nicht nur extrem gut, sondern wird zudem in immer wieder neuen Varianten auf den Teller gebracht. Kaum ein *antipasto* ohne Gemüse, sei es nun vom Grill oder aus dem Ofen, *in saor*, also in einer sauren Marinade, oder als Salat serviert. Kaum ein *primo*, das nicht mit mindestens einem Gemüse angereichert wird oder es sogar zur Hauptsache erklärt, und sicher kein Hauptgericht, das ohne Gemüsebeilage auf den Tisch kommt. Im Winter stehen Kürbis und Radicchio auf Platz eins, im Frühling Artischocken und der erste Spargel, im Sommer wie überall in Italien Tomaten, Zucchini & Co.

Po-Ebene

a Der Unterschied zwischen einem eleganten *ristorante*, einer eher einfachen *trattoria* und einer *osteria*, in der früher nur Wein ausgeschenkt wurde, ist heutzutage kaum mehr vorhanden. Achten Sie vor allem darauf, ob auch Italiener das Lokal besuchen.

b Sogar zu einer Torte lassen sich Tagliatelle phantasievoll verarbeiten. Ob man diese oder eine der anderen saftigen Dolci mit Mascarpone, Schokolade oder Nüssen wählt, fällt immer wieder schwer.

c Selbst in der Touristenmetropole Venedig findet man noch beschauliche *ristoranti*. Wer kleine Gassen fern der San-Marco- und Rialto-Route besucht, wird sicher fündig.

d Mit einer würzigen Fleischfüllung, mit Spinat und Ricotta, mit Kürbisfleisch und Amarettini gefüllt – frisch gemachte Tortellini sind nach wie vor eine der berühmtesten Spezialitäten der Emilia-Romagna.

e Unter der Bezeichnung *romagnola* gibt es in der Emilia-Romagna sowohl Rindfleisch wie auch Schweinefleisch von besonders guter Qualität.

Po-Ebene

Die Weine
Erfrischende Perlweine, fruchtig-leichte Weiße und junge bis charaktervolle Rotweine

Veneto, Emilia-Romagna und der Süden der Lombardei – wer denkt da nicht zwangsläufig an *Prosecco*, *Bardolino*, *Soave* und *Valpolicella*? Doch es gibt noch mehr zu entdecken.

Auf grünen Hügeln im Veneto. Bedeutend sind die Gebiete um Verona, wo *Bardolino*, *Valpolicella* und *Amarone*, aber auch *Soave*, *Bianco di Custoza* und wie in der angrenzenden Lombardei *Lugana* produziert werden. *Bardolino* aus den Reben Corvina, Rondinella und Molinara ist der hellste und leichteste Rotwein der Region, als *Classico* oder *Superiore* kann er frisch und traubig mit einem feinen Kirscharoma sein (auch als *Rosé*, *Chiaretto* erhältlich). Aus den gleichen Rebsorten, allerdings in anderer Mischung und aus einer anderen Gegend, den Hügeln eines erloschenen Vulkans, kommen *Valpolicella* und *Amarone*. Der *Valpolicella* – unbedingt *Classico* oder *Superiore* kaufen – ist ebenfalls ein leichter Rotwein mit erfrischender Säure und dem Aroma von Kirschen, Himbeeren und Mandeln. Für den *Amarone* (gleiche Reben und gleiche Gegend) werden die Trauben vor dem Pressen einige Monate getrocknet. Er ist somit ein schwerer und tiefroter Wein mit samtigem Geschmack und reichem Duft. Bei den Weißen ist der *Soave* – wieder vorausgesetzt man kauft einen *Soave Classico Superiore* –, der hauptsächlich aus Garganega hergestellt wird, ein mittelschwerer fruchtiger Wein mit weicher Säure. *Bianco di Custoza* wird aus Tocai, Trebbiano und Garganega gekeltert, ist frisch und fruchtig und wird jung getrunken. *Lugana* aus Trebbiano di Lugana (wohl ein Verdicchio-Klon) ist trocken und blumig und gilt bei vielen als einer der besten Weißweine der Po-Ebene. Auf steilen Hängen zwischen Conegliano und Valdobbiadene gedeiht die Prosecco-Rebe für den gleichnamigen Wein, den es als Still- wie auch als Perlwein gibt. Der Perlwein – er kann trocken bis lieblich sein – wird nach der Tankgärmethode hergestellt. Dafür wird zunächst aus der Prosecco-Rebe ganz normaler Wein gekeltert. Dem fertigen Wein setzt man Zucker und Hefe zu und füllt ihn in einen Stahltank. Eine zweite Gärung setzt ein, die die Perlen in den Wein treibt, die Hefe sinkt zu Boden und der fertige Schaumwein wird in Flaschen abgefüllt. *Prosecco* aus Conegliano ist meist milder und fruchtiger als der aus Valdobbiadene, als der beste gilt aber *Cartizze* im Valdobbiadene.

Aus der südlichen Lombardei kommen der oben schon erwähnte *Lugana* sowie weiße und rote Weine der *DOC Colli Garda Mantovani*. Die Emilia ist für *Lambrusco* berühmt und verschrieen gleichermaßen. Der Wein aus der gleichnamigen Rebe ist rot oder rosé und von Natur aus *frizzante*, also perlend. Gerade dadurch passt er besonders gut zur gehaltvollen Küche der Region. Wenig bekannte, aber gute Weine: *Albana di Romagna*, *Pagadebit* und *Sangiovese di Romagna*.

Links: Venedigs »Straßen« sind nur mit dem Boot zu nutzen. Auch der Wein wird so transportiert, für den Alltag auch mal ein einfacher Tropfen in der großen Glasflasche.
Oben: Berühmte Beispiele der Region (von links nach rechts) – *Lambrusco*, *Amarone*, *Prosecco*, *Valpolicella*, *Lugana*.

Rezepte der Region
Von der Küste und aus der Ebene – Reis, Nudeln, Gemüse und sahnige Desserts

ANTIPASTI

52 **Baccalà mantecato con verdure**
Stockfischpüree mit Gemüse

54 **Pesce su un letto di insalata**
Fisch auf Rotkohl

54 **Zucca con capesante**
Kürbispüree mit Jakobsmuscheln

55 **Terrina di fegatini con asparagi**
Hühnerleberterrine mit Spargel

56 **Piadina ripiena**
Gefüllter Fladen

57 **Torta di radicchio**
Radicchiokuchen

PRIMI PIATTI

60 **Risotto alla tinca**
Risotto mit Schleie

60 **Risotto gorgonzola e mele**
Apfel-Risotto mit Gorgonzola

61 **Risotto alla pilota**
Wurst-Käse-Risotto

62 **Tortelloni alle patate e speck**
Tortelloni mit Kartoffel-Speck-Füllung

64 **Bigoli in salsa d'acciughe**
Nudeln mit Sardellensauce

64 **Tagliatelle con ragù**
Bandnudeln mit Ragout

65 **Strichetti agli asparagi**
Nudeln mit Spargel

66 **Lasagne verdi**
Rucola-Gemüse-Lasagne

67 **Gnocchi mortadella e ricotta con spinaci**
Ricotta-Mortadella-Gnocchi mit Spinat

SECONDI PIATTI

70 **Seppie al nero**
Schwarze Tintenfische

70 **Salmerino in padella**
Gebratener Saibling

71 **Luccio in salsa**
Hecht in Sauce

72 **Tacchino all'uva**
Truthahn mit Trauben

73 **Ossobuco di agnello**
Geschmorte Lammhaxenscheiben

74 **Bollito misto**
Gekochtes Fleisch

CONTORNI

76 **Radicchio allo speck**
Radicchiosalat mit Speck

76 **Radicchio al forno**
Gebackener Radicchio

77 **Insalata con melagrana**
Salat mit Fenchel und Granatapfel

77 **Pomodori al balsamico**
Essigtomaten

80 **Cipolle fritte al balsamico**
Zwiebeln in Balsamico

80 **Polenta al gorgonzola**
Käse-Polenta

81 **Fagioli ai porcini**
Geschmorte Bohnen mit Steinpilzen

DOLCI

82 **Crostata di mele alla crema di mascarpone**
Lauwarme Apfeltorte mit Mascarponecreme

84 **Semifreddo al torrone**
Nuss-Honig-Halbgefrorenes

84 **Tiramisù alle pesche**
Pfirsich-Tiramisu

85 **Semifreddo al mascarpone**
Mascarpone-Halbgefrorenes mit Kirschen

Die Po-Ebene hat kulinarisch eine ganze Menge zu bieten. Heute kombinieren Hausfrauen und Profi-Köche auch einmal Zutaten, die früher nicht vereint wurden. Die köstlichen Jakobsmuscheln der Lagune schmecken mit zartem Kürbispüree noch mal so gut, zu den Nudeln mit Sardellen kommen zusätzlich frische Paprika und in den traditionellen Fleischtopf *bollito misto* wandern auch einmal Fleisch vom Wildschwein und Lamm.

Baccalà mantecato con verdure

Stockfischpüree mit Gemüse (Veneto)

ZUTATEN für 4–6 Personen:

Für das Püree:

500 g Baccalà (getrockneter und gesalzener Kabeljau, beim Fischhändler vorbestellen)

1/2 l Milch | 2 Knoblauchzehen

100 ml Olivenöl

Salz | Pfeffer aus der Mühle

Für das Gemüse:

je 1/2 rote und gelbe Paprikaschote

200 g kleine Zucchini

200 g größere Cocktailtomaten

4 Zweige Thymian

1/4 Bund Petersilie

1 Stück Bio-Zitronenschale

4 EL Olivenöl

Salz | Pfeffer aus der Mühle

Außerdem:

8–12 Scheiben italienisches Weißbrot

ZUBEREITUNGSZEIT: 40 Min.
EINWEICHZEIT: 1 Tag
PRO PORTION (BEI 6 PERSONEN): ca. 620 kcal

Erstaunlich, dass in einer Stadt, die direkt am Meer liegt, ein Gericht aus konserviertem Fisch besonders berühmt geworden ist. Kein bisschen erstaunlich, wenn man bedenkt, wie groß Venedig als Handelsmacht auf der ganzen Welt war. Segelschiffe lieferten Salz nach Norwegen und in andere nördliche Länder, die Besatzung lernte dort getrockneten wie auch eingesalzenen Fisch kennen und nahmen ihn mit zurück in die Heimat. Noch heute sind diese Fischprodukte sehr beliebt und werden auf dem Markt bereits eingeweicht und küchenfertig verkauft. Übrigens war es ursprünglich *stoccafisso,* also Kabeljau, der nur durch Trocknen konserviert wurde, mit dem man das Püree zubereitete. Heute wird es genauso gerne mit *baccalà* (getrockneter und gesalzener Kabeljau) gemacht. Dieser braucht weniger Quellzeit und ist leichter zu verarbeiten.

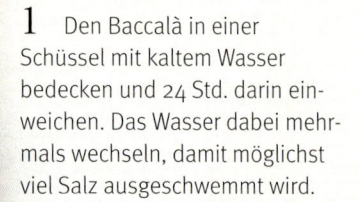

1 Den Baccalà in einer Schüssel mit kaltem Wasser bedecken und 24 Std. darin einweichen. Das Wasser dabei mehrmals wechseln, damit möglichst viel Salz ausgeschwemmt wird.

2 Am nächsten Tag für das Gemüse die Paprikaschoten, die Zucchini und die Tomaten waschen. Die Paprika halbieren, putzen und achteln. Die Zucchini der Länge nach in etwa 1 cm dicke Scheiben, diese in ebenso breite Streifen schneiden. Die Tomaten halbieren. Den Thymian und die Petersilie waschen und trockenschütteln, die Blättchen abzupfen und mit der Zitronenschale fein hacken. Die Kräutermischung mit dem Öl mischen, salzen und pfeffern und unter das Gemüse mengen.

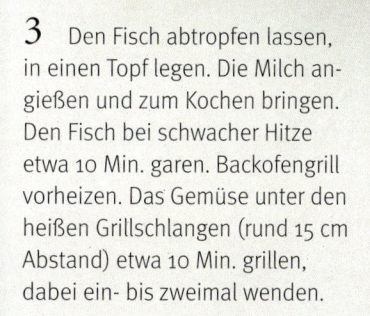

3 Den Fisch abtropfen lassen, in einen Topf legen. Die Milch angießen und zum Kochen bringen. Den Fisch bei schwacher Hitze etwa 10 Min. garen. Backofengrill vorheizen. Das Gemüse unter den heißen Grillschlangen (rund 15 cm Abstand) etwa 10 Min. grillen, dabei ein- bis zweimal wenden.

4 Den Baccalà aus der Milch heben, abtropfen und kurz abkühlen lassen. Dann mit den Händen von der Haut und den Gräten befreien und in kleine Stücke zupfen. Von der warmen Milch etwa 150 ml abmessen. Den Knoblauch schälen.

5 Den Fisch mit dem Olivenöl und der abgemessenen Milch mit dem Pürierstab fein zerkleinern. Das Püree soll schön cremig und streichfähig sein. Den Knoblauch durch die Presse dazudrücken. Das Püree mit Salz und Pfeffer abschmecken. Die Brotscheiben im Toaster oder im Backofen unter den Grillschlangen knusprig rösten und mit dem Püree bestreichen. Das Gemüse getrennt dazu servieren. Oder das Brot mit dem Gemüse belegen und das Püree darauf verteilen.

Pesce su un letto di insalata

Fisch auf Rotkohl (Veneto)

ZUTATEN für 4 Personen:
1 Stange Staudensellerie
1 Zwiebel | 1 Stängel Salbei
1 Bio-Zitrone | 1 Bio-Orange
Salz | Pfeffer aus der Mühle
1/2 TL Zucker | 6 EL Olivenöl
1/2 kleiner Rotkohl (etwa 350 g)
1/2 l Fischfond
2 Wolfsbarschfilets (ohne Haut, etwa 200 g)
4 Rotbarbenfilets (etwa 200 g)
8 geschälte rohe Garnelen

ZUBEREITUNGSZEIT: 45 Min.
PRO PORTION: ca. 390 kcal

1 Sellerie waschen, putzen und grob schneiden. Zwiebel schälen und achteln, den Salbei waschen. Zitrone und Orange heiß waschen, Schale abreiben, Zitronensaft auspressen. Orange halbieren, eine Hälfte schälen und filetieren, die andere Hälfte auspressen. 3 EL Zitronensaft mit 2 EL Orangensaft, Zitronen- und Orangenschale, Salz, Pfeffer und Zucker verrühren. 5 EL Öl darunter schlagen.

2 Den Rotkohl waschen und in schmale Streifen hobeln. Kohl im restlichen Öl bei mittlerer Hitze in etwa 10 Min. unter Rühren bissfest braten. Salzen und pfeffern.

3 Fond mit Sellerie, Zwiebel, Salbei und übrigem Zitrussaft in einem Topf zum Kochen bringen, die Hitze zurückschalten. Wolfsbarschfilets jeweils halbieren, Rotbarbenfilets ganz lassen. Fisch und Garnelen in den leise siedenden Sud legen, etwa 5 Min. darin gar ziehen lassen.

4 Rotkohl auf Tellern verteilen. Fischfilets und Garnelen aus dem Sud heben und mit Orangenfilets auf den Kohl legen, mit Marinade beschöpfen. Gleich servieren.

Zucca con capesante

Kürbispüree mit Jakobsmuscheln (Veneto)

ZUTATEN für 4 Personen:
1 Stück Kürbis mit orangem Fruchtfleisch (z. B. Muskatkürbis, etwa 900 g)
1 Zwiebel
2 Knoblauchzehen
4 Zweige Thymian
4 EL Butter
80 ml trockener Weißwein, Prosecco oder Gemüsebrühe
50 ml Aceto balsamico
1 TL Zucker
4 ausgelöste Jakobsmuscheln (nur das weiße Fleisch)
Salz | Pfeffer aus der Mühle
Olivenöl zum Beträufeln

ZUBEREITUNGSZEIT: 40 Min.
PRO PORTION: ca. 170 kcal

1 Den Kürbis von den Kernen samt dem faserigen Fruchtfleisch befreien, schälen und in kleine Würfel schneiden. Zwiebel und Knoblauch schälen und fein hacken. Den Thymian waschen, trockenschütteln und die Blättchen abstreifen. Zwiebel, Knoblauch und Thymian in 1 EL Butter bei mittlerer Hitze andünsten. Kürbis dazugeben und kurz mitgaren, dann mit Wein, Prosecco oder der Brühe aufgießen. Zugedeckt bei schwacher Hitze in etwa 15 Min. weich garen.

2 Inzwischen den Essig mit dem Zucker im kleinen Topf bei starker Hitze auf die Hälfte einkochen lassen.

3 Die Jakobsmuscheln leicht salzen und pfeffern. Den Kürbis mit der Flüssigkeit fein pürieren, die Hälfte der übrigen Butter in kleinen Stücke unterschlagen. Das Püree mit Salz und Pfeffer abschmecken.

Terrina di fegatini con asparagi
Hühnerleberterrine mit Spargel (Veneto)

4 Restliche Butter in einer Pfanne zerlaufen lassen. Jakobsmuscheln darin bei mittlerer Hitze pro Seite 1 Min. braten.

5 Das Kürbispüree auf vorgewärmte tiefe Teller geben. Die Jakobsmuscheln in die Mitte setzen. Die Balsamicosauce und etwas Olivenöl darüber träufeln.

Wenn der Kürbis Saison hat, sind die unterschiedlichsten Sorten auf Venedigs Märkten zu finden. Der *suca baruca* (eine regionale Kürbisart) hat ein besonders würziges Fleisch, weil er auf salzhaltigen Böden – vor allem bei Chioggia – gedeiht. So wird er auch nicht nur für eher moderne Gerichte wie dieses Püree verwendet, sondern genauso für Risotto und feine kleine Kürbis-Gnocchi, die man mit zerlassener Butter und Käse genießt.

ZUTATEN für 8–10 Personen:
2 Knoblauchzehen
1/2 Bio-Zitrone
je 2 Zweige Rosmarin und Salbei
1/2 l Prosecco oder trockener Weißwein
Salz | Pfeffer aus der Mühle
350 g weiße Spargelspitzen
500 g Hühnerlebern
3 Blatt weiße Gelatine
100 g weiche Butter
150 g Sahne

ZUBEREITUNGSZEIT: 1 Std.
KÜHLZEIT: 4 Std.
PRO PORTION (BEI 10 PERSONEN): ca. 235 kcal

1 Den Knoblauch schälen und halbieren. Zitrone heiß waschen und die Schale hauchdünn abschneiden, den Saft auspressen. Die Kräuter waschen und trockenschütteln.

2 Prosecco oder Weißwein mit Knoblauch, Zitronenschale und Kräutern zum Kochen bringen, salzen. Spargelspitzen waschen und im Sud bei mittlerer Hitze in etwa 10 Min. bissfest garen. Mit dem Schaumlöffel herausheben, in einem Sieb abschrecken und abtropfen lassen.

3 Hühnerlebern von Häutchen und Blutgefäßen befreien und im Sud bei schwacher Hitze in etwa 10 Min. gar ziehen lassen. Herausheben und abkühlen lassen.

4 Die Gelatine etwa 10 Min. in kaltem Wasser einweichen. Den Sud im Topf bei starker Hitze auf etwa 1/8 l einkochen lassen, dann durch ein feines Sieb gießen.

5 Die Hühnerlebern und die Butter würfeln und portionsweise im Blitzhacker fein zerkleinern.

Die Gelatine aus dem Wasser nehmen, tropfnass in einen Topf geben und bei mittlerer Hitze schmelzen lassen. Die Sahne steif schlagen.

6 Sud und Gelatine unter die Leberbutter rühren, Sahne unterheben. Die Masse mit Salz, Pfeffer und 2 TL Zitronensaft würzen. Eine Terrinenform (Glas oder Porzellan) kalt ausspülen. Die Hälfte der Lebermasse einfüllen, mit den Spargelspitzen belegen und mit der übrigen Lebermasse gleichmäßig bedecken.

7 Die Hühnerleberterrine im Kühlschrank in mindestens 4 Std. fest werden lassen. Mit einem scharfen Messer in Scheiben schneiden, vorsichtig aus der Form lösen und auf kleinen Tellern anrichten – am besten mit geröstetem Weißbrot.

Piadina ripiena
Gefüllter Fladen (Emilia-Romagna)

ZUTATEN für 6 Personen:

Für den Teig:
500 g Mehl + Mehl zum Arbeiten
1 TL Salz
1 TL Natron oder Backpulver
100 g Schweineschmalz

Für die Füllung:
1 Stück Kürbis (etwa 700 g, z. B. Muskat- oder Hokkaido-Kürbis)
Schale von 1/2 Bio-Zitrone
Salz | Pfeffer aus der Mühle
2 EL Olivenöl
je 1/4 Bund Basilikum, Petersilie und Rucola
6–12 Blätter Romanasalat
250 g Ravaggiolo Romagnolo oder Casatella Romagnola (Kuhmilch-Frischkäse aus der Emilia, ersatzweise Stracchino aus der Lombardei oder Mozzarella)

ZUBEREITUNGSZEIT: 1 Std.
PRO PORTION: ca. 585 kcal

1 Für den Teig Mehl mit dem Salz und Natron oder Backpulver in einer Schüssel mischen. Das Schmalz in kleine Stücke schneiden und mit 150 ml lauwarmem Wasser zum Mehl geben. Alles gründlich zu einem weichen, aber nicht klebrigen Teig verkneten.

2 Vom Teig 6 etwa tennisballgroße Stücke abnehmen und jeweils zu einer Kugel formen. Auf der bemehlten Arbeitsfläche rund und gut 1/2 cm dick ausrollen. Mit einer Gabel mehrmals einstechen. Eine gusseiserne Pfanne auf dem Herd heiß werden lassen. Fladen darin nacheinander pro Seite etwa 2 Min. bei starker Hitze backen.

3 Für die Füllung Kürbis von den Kernen samt faserigem Fruchtfleisch befreien, schälen. Kürbis in etwa 1/2 cm dicke Scheiben schneiden. Zitronenschale fein hacken, mit Salz, Pfeffer und Öl verrühren. Die Kürbisscheiben nebeneinander auf das mit Backpapier belegte Backblech legen und mit dem Zitronenöl bestreichen.

4 Den Backofengrill vorheizen. Kürbisscheiben mit gut 10 cm Abstand zu den Grillschlangen einschieben und etwa 8 Min. garen, bis sie schön gebräunt sind. Dabei einmal wenden. Kürbis aus dem Ofen nehmen.

5 Die Kräuter waschen, trockenschütteln, fein hacken und über den Kürbis streuen. Salatblätter waschen und trockenschütteln, dicke Blattrippen flach schneiden. Fladen aufschneiden, die Unterseiten mit Salat belegen. Kürbis darauf verteilen. Käse in dünne Scheiben schneiden und auflegen, die Fladenoberseite darauf geben.

6 Backofen auf 220° (Umluft 200°) runterschalten. Piadine nebeneinander auf den Rost legen und im Ofen (Mitte) in etwa 5 Min. heiß werden lassen. Sofort essen.

Die piadina ist das Fladenbrot der Romagna – man serviert es als Beilage, belegt es wie ein *panino*, mischt die unterschiedlichsten Zutaten unter den Teig und lässt es sich warm und kalt schmecken. In der Region wird der Fladen auf speziellen runden Backplatten aus Edelstahl oder Terracotta im Ofen gebacken. Stattdessen am besten eine gusseiserne Pfanne nehmen. Nur aus Weizenmehl, Wasser und Salz besteht die *tigella,* das Fladenbrot aus der Gegend von Modena, das auf die gleiche Art gebacken und verwendet wird.

Torta di radicchio
Radicchiokuchen (Veneto)

ZUTATEN für 6–8 Personen:
Für den Teig:
250 g Mehl | 1 TL Salz
125 g Butter | Öl für die Form
Für den Belag:
400 g Radicchio (am besten die Sorte Tardivo)
Salz | Pfeffer aus der Mühle
2 EL Olivenöl
100 g gereifter Asiago (Kuhmilch-Hartkäse aus dem Veneto)
300 g Ricotta
2 Eier (Größe M)

ZUBEREITUNGSZEIT: 1 Std.
BACKZEIT: 40 Min.
PRO PORTION (BEI 8 PERSONEN): ca. 395 kcal

1 Für den Teig das Mehl mit dem Salz mischen. Die Butter in kleine Würfel schneiden und mit etwa 4 EL kaltem Wasser unter das Mehl kneten.

2 Teig zu einer Kugel formen, in ein Küchentuch gewickelt bei Zimmertemperatur ruhen lassen, bis die Füllung vorbereitet ist.

3 Den Backofen auf 180° (Umluft 160°) vorheizen. Für den Belag den Radicchio waschen, putzen und je nach Größe längs vierteln oder achteln. Radicchio in eine hitzebeständige Form legen, salzen, pfeffern und mit Öl beträufeln. Im Ofen (Mitte) etwa 15 Min. backen, bis die Blätter zusammenfallen, dabei einmal umrühren.

4 Den Radicchio aus dem Ofen nehmen und etwas abkühlen lassen. Asiago von der Rinde befreien und fein reiben oder grob raspeln. Mit Ricotta und Eiern verrühren und mit Salz und Pfeffer abschmecken.

5 Eine Tarteform (30 cm Ø) mit etwas Öl ausstreichen. Den Teig noch einmal durchkneten und zu einer Kugel formen. Teig zwischen zwei Lagen Klarsichtfolie rund in Größe der Form ausrollen und die Form mit dem Teig auskleiden. Dabei rundherum einen Rand hochziehen.

6 Den Radicchio auf dem Teigboden verteilen, Ricottacreme darüber löffeln. Den Kuchen im Ofen (Mitte) in etwa 40 Min. goldbraun backen. Die Torta schmeckt lauwarm am allerbesten.

Versuchen Sie auch einmal Spargel statt Radicchio. Die weißen Stangen schälen oder die grünen nur von den Enden befreien. Spargel in Salzwasser mit 1 Prise Zucker etwa 5 Min. vorgaren, dann auf den Teigboden legen und mit Ricottacreme bedecken. Ebenfalls köstlich: blanchierter Mangold, mit gemischten Kräutern vermengt.

Reportage

Reis, das spanische Vermächtnis
In Italien wird nicht nur Risotto gegessen, sondern auch der Reis dafür angebaut

Vor allem im feuchten Schwemmland der Po-Ebene wird seit dem 15. Jahrhundert Reis angebaut. Auch das Piemont, die Lombardei, die Emilia-Romagna, Venetien und sogar Sardinien sind wichtige Anbaugebiete. In Italien wird so viel Reis produziert, dass mehr als die Hälfte davon exportiert werden kann. So ist es mittlerweile auch bei uns kein Problem mehr, echten Risotto-Reis zu bekommen.

Wasser und Wärme. Das Getreidegras aus Asien kam mit den Arabern zunächst nach Spanien. Und da die Spanier lange Zeit in der Lombardei saßen, brachten sie auch den Reis mit und seine spezielle Zubereitungsart, die Paella. Bei einer Paella wird eine rundkörnige Reissorte mit würzenden Zutaten und reichlich Brühe in der offenen Pfanne unter Rühren gegart – und genau so wird ein Risotto gekocht. Aber Reis braucht nicht nur zum Garen, sondern auch zum Wachsen viel Flüssigkeit. Die vorgekeimten Reiskörner werden auf überfluteten Feldern eingesetzt und müssen während der ganzen Wachstumszeit genügend Wasser bekommen, bis die Körner an den Rispen reif sind. Deshalb sind vor allem das Piemont und Venetien, wo viele Karstquellen sprudeln, geeignete Anbaugebiete. Erst wenn die Körner an den Rispen reif werden, lässt man die Felder austrocknen. Die Ernte, einst mühevolle Handarbeit, übernehmen heute riesige Mähdrescher. Nach dem Trocknen werden die Reiskörner von den äußeren Spelzen befreit und geschliffen, bis nur der weiße Kern übrig bleibt. Für braunen Naturreis werden die Körner auch entspelzt, aber nicht bis zum Kern abgeschliffen.

Rund muss er sein. Die Unterscheidung der Reissorten erfolgt zunächst nach der Form ihrer Körner: Lang-, Mittel- oder Rundkornreis. In Italien werden Mittel- und Rundkornsorten bevorzugt, die sich am besten für einen Risotto eignen. Im Gegensatz zu unserem Milchreis, ebenfalls eine Sorte mit rundlichen Körnern, wird italienischer Risotto-Reis nicht extra poliert, sodass er auf der Oberfläche noch eine feine Stärkeschicht behält, die dem Risotto dann beim Garen seine herrlich cremige Konsistenz verleiht.

Arborio bis vialone. Beliebtester Risotto-Reis ist der *arborio* mit großen, bauchigen Körnern. Bei guten Sorten schimmert in der Mitte ein heller Kern wie eine Perle. Garzeit: 25 bis 30 Minuten. Der Name der Sorte ist leicht mit dem *avorio* zu verwechseln, einem dampfbehandelten Parboiled-Reis mit etwas kleineren Körnern, der bei Risotto-Puristen nicht so begehrt ist. Der *aaldo*-Reis aus dem Piemont ist eine relativ neue Sorte mit großen Körnern, die bissfest und leicht klebrig kocht und für Risotto besonders geschätzt wird. Garzeit: wie der *arborio*. *Carnaroli* hat eher längliche, große Körner und kocht extra bissfest, aber weniger klebrig als der *aaldo*. Da er seltener angebaut wird, ist er meist teurer als die anderen Sorten. Die Garzeit ist etwas kürzer: 20 bis 25 Minuten. Den *vialone nano* bereitet man in Venetien besonders gerne zu, wo der Risotto lockerer und flüssiger gegart wird. Diese perlige Sorte kocht bissfest und wenig klebrig. Garzeit hier: etwa 20 Minuten. Da es innerhalb dieser Hauptsorten beträchtliche Unterschiede gibt, können die Garzeiten nur grobe Anhaltspunkte bieten. Wie bei Nudeln hilft nur die Garprobe: Wenn ein Reiskorn beim Durchbeißen noch einen leichten Widerstand bietet, also etwas Biss hat, aber nicht mehr nach rohem Reis schmeckt, sind die Körner gar.

a Für *risotto alla milanese* 1 gehackte Zwiebel und 400 g Risotto-Reis in 2 EL Butter andünsten. 100 ml Weißwein angießen und verdampfen lassen. Von etwa 1 l heißer Brühe eine Suppenkelle voll angießen, fast einkochen lassen. Nun immer wieder Brühe angießen, Reis unter Rühren in 20–30 Min. al dente garen. Mit dem letzten Schöpfer 1 Döschen Safranfäden, dann 2 EL Butter und 4 EL geriebenen Parmesan unterrühren, salzen und pfeffern.

Reportage

b Um Pavia in der Ebene zwischen Po und den Unterläufen der Flüsse Ticino und Sesia werden die beliebtesten Risotto-Reissorten angebaut, vor allem der *carnaroli*-Reis. Die Pflänzchen brauchen sehr viel Nässe, deshalb werden die Felder mit Dämmen aus Lehm abgegrenzt und mit Wasser überflutet.
c Beim Rohreis sind die Körner von strohartig harten Hülsen, den Spelzen, umgeben, die auf jeden Fall in den Mühlen entfernt werden. Ergebnis ist der Naturreis, der jetzt noch eine feine Schale besitzt. Wird diese abgeschliffen, erhält man den für Risotto beliebten Weißreis. **d** Unüberschaubar ist die Vielfalt der Risotto-Reissorten. Die erste Unterteilung orientiert sich an der Korngröße: *riso commune* hat die kleinsten und rundesten Körner, *semifino* mittelgroße und *fino* die größten. *Superfino* bezeichnet dann einen großkörnigen Reis erster Güteklasse wie *arborio* und *carnaroli*.

Po-Ebene

Risotto alla tinca
Risotto mit Schleie (Lombardei)

ZUTATEN für 4 Personen:
2 Schleien (vom Händler filetieren und häuten lassen; ersatzweise Renken, Forellen oder Saiblinge)
1 Bund Petersilie
1 Bund Borretsch
1 gute Hand voll Blattspinat
2 Knoblauchzehen
70 g Butter | 400 g Risotto-Reis
1/8 l trockener Weißwein
etwa 1 l heiße Fisch- oder Gemüsebrühe
Salz | Pfeffer aus der Mühle

ZUBEREITUNGSZEIT: 40 Min.
PRO PORTION: ca. 620 kcal

1 Das Fischfilet entgräten und klein würfeln. Kräuter und Spinat waschen, trockenschütteln, ohne die groben Stiele fein hacken. Den Knoblauch schälen. In einem Topf 20 g Butter bei mittlerer Hitze schmelzen, aber nicht braun werden lassen. Darin Fischfilet mit den Kräutern (bis auf einen kleinen Rest) und dem Spinat andünsten, den Knoblauch dazupressen. Ungewaschenen Reis dazugeben und so lange unterrühren, bis alle Körner von einem feinen Fettfilm überzogen sind.

2 Wein angießen, unter Rühren verdampfen lassen. 2 Schöpfkellen Brühe dazugeben und den Reis unter Rühren offen garen, bis die Flüssigkeit aufgesogen ist. Dann Reis offen köcheln lassen, bis er bissfest ist (etwa 20 Min.). Dabei nach und nach restliche Brühe angießen und oft durchrühren, damit der Risotto sämig wird.

3 Übrige Butter in kleine Stücke schneiden und mit den restlichen Kräutern unter den Reis heben. Den Risotto mit Salz und Pfeffer abschmecken, sofort servieren.

Risotto gorgonzola e mele
Apfel-Risotto mit Gorgonzola (Lombardei)

ZUTATEN für 4 Personen:
75 g Pancetta (geräucherter gewürzter Bauchspeck) | 1 Zwiebel
2 säuerliche große Äpfel
60 g Butter | 400 g Risotto-Reis
1/8 l trockener Weißwein
etwa 1 l heiße Gemüsebrühe
2 Stängel Petersilie
150 g pikanter Gorgonzola (siehe Tipp)
Salz | Pfeffer aus der Mühle

ZUBEREITUNGSZEIT: 40 Min.
PRO PORTION: ca. 835 kcal

1 Die Pancetta in kleine Würfel schneiden. Die Zwiebel schälen und fein hacken. 1 Apfel vierteln, schälen, entkernen, klein würfeln.

2 In einem Topf 20 g Butter bei mittlerer Hitze schmelzen, aber nicht braun werden lassen. Speck und Zwiebel darin unter Rühren leicht andünsten. Die Apfelwürfel und den ungewaschenen Reis dazugeben und so lange unterrühren, bis alle Körner von einem feinen Fettfilm überzogen sind.

3 Wein angießen und unter Rühren verdampfen lassen. 2 Schöpfkellen Brühe dazugeben und den Reis unter ständigem Rühren offen garen, bis die Flüssigkeit aufgesogen ist. Dann den Reis offen köcheln lassen, bis er bissfest ist (etwa 20 Min.). Dabei nach und nach restliche Brühe angießen und oft durchrühren, damit der Risotto sämig wird.

4 Die Petersilie waschen und trockenschütteln, die Blättchen fein hacken. Den Gorgonzola in kleine Würfel schneiden. Den übrigen Apfel vierteln, schälen, entkernen und in dünne Spalten schneiden. 20 g Butter in kleine

Risotto alla pilota
Wurst-Käse-Risotto (Lombardei)

Stücke schneiden und mit dem Gorgonzola und der Petersilie unter den Reis rühren, bis der Käse geschmolzen ist.

5 Übrige Butter in einer Pfanne schmelzen, die Apfelspalten darin leicht braun braten, salzen und pfeffern. Den Risotto mit Salz und Pfeffer abschmecken und mit den Apfelschnitzen garniert servieren.

In der Lombardei wie auch im Piemont unterscheidet man zwischen dem sehr würzigen *gorgonzola piccante* und *gorgonzola dolce,* der milderen Variante. Bei uns bekommen sie beide in italienischen Feinkostgeschäften. Falls nicht, fragen Sie nach einer würzigen Sorte und wählen eventuell sogar einen anderen Blauschimmelkäse. In keinem Fall Gorgonzola mit Mascarpone nehmen.

ZUTATEN für 4 Personen:
800 ml milde Fleischbrühe
350 g Risotto-Reis
250 g gewürzte rohe Würste (siehe Tipp, z. B. Salsicce; ersatzweise rheinische Mettwürste)
1 kleine Zwiebel | 50 g Butter
75 ml trockener Rotwein
75 g frisch geriebener Parmesan
Salz | Pfeffer aus der Mühle

ZUBEREITUNGSZEIT: 30 Min.
PRO PORTION: ca. 710 kcal

1 Brühe im Topf zum Kochen bringen. Den Reis dazugeben, zugedeckt bei schwacher Hitze 10–12 Min. köcheln lassen. Reis auf der abgeschalteten Herdplatte zugedeckt noch einmal so lange stehen und nachziehen lassen.

2 Inzwischen Würste häuten und die Wurstmasse in kleine Stücke zupfen. Zwiebel schälen und sehr fein hacken. In einer Pfanne 1 EL Butter schmelzen, die Zwiebel darin mit der Wurst unter Rühren etwa 5 Min. bei schwacher Hitze dünsten. Mit dem Rotwein ablöschen.

3 Die übrige Butter in kleine Würfel schneiden und mit der Wurst und dem Käse unter den Reis rühren. Mit Salz und Pfeffer abschmecken und servieren.

Ein Risotto aus Mantova, wo er traditionell zur Feier der Reisernte gekocht wurde. *Pilota* hieß der Vorarbeiter, dem es auch zukam, die Teller seiner Helfer zu füllen. Die *salamelle di Mantova,* also die frischen Würste aus Mantova, werden seit vielen Jahrhunderten zubereitet. Obgleich oder vielleicht auch gerade weil das Fleisch für die Würste eher zweite Wahl war, gab man sich beim Zerkleinern und Würzen besonders viel Mühe. Das fein Gehackte wurde vor dem Einfüllen in die Därme mit Salz, frisch gemahlenem Pfeffer, Knoblauch und Wein verfeinert. Übrigens ist der *risotto alla pilota* der einzige Risotto, für den Reis getrennt in Brühe zubereitet und erst dann mit der Wurst vermischt wird.

Po-Ebene

Tortelloni alle patate e speck
Tortelloni mit Kartoffel-Speck-Füllung (Emilia-Romagna)

ZUTATEN für 6 Personen:

Für den Nudelteig:

350 g Hartweizenmehl (aus dem italienischen Lebensmittelladen, ersatzweise Mehl Type 405) + Mehl zum Arbeiten

2 Eier (Größe M)

1 EL Olivenöl | Salz

Für die Füllung:

400 g vorwiegend fest kochende Kartoffeln

150 g Pancetta (geräucherter gewürzter Bauchspeck)

2 Knoblauchzehen

6 Salbeiblättchen

2 Zweige Thymian

1 Hand voll Rucola

1 EL Butter | 1 Ei (Größe M)

Salz | Pfeffer aus der Mühle

frisch geriebene Muskatnuss

Außerdem:

400 g kleine Steinpilze (ersatzweise Egerlinge oder Austernpilze)

16 kleine Salbeiblättchen

Salz | Pfeffer aus der Mühle

4 EL Butter

ZUBEREITUNGSZEIT: 2 Std.
RUHEZEIT: 1–2 Std.
PRO PORTION: ca. 425 kcal

Die Tortelloni sind die etwas größere Version der berühmten Tortellini, die meist mit einer Füllung aus Fleisch angeboten werden. In den Tortelloni kann neben gegarten Kartoffeln auch ein Teil Kürbis stecken. Manchmal ist dieses feine Gemüse sogar die einzige Füllungsgrundlage, die dann außer mit Käse und Eiern oft mit ein paar zerbröselten Amarettini angereichert wird, die die zarte Süße des Kürbis auf angenehme Weise unterstreichen.

Eine Variante sind die *tortelli sulla diastra*. Der Teig wird nur aus Mehl, Wasser und Salz zubereitet, die Füllung wie beschrieben gemacht, manchmal ebenfalls mit einem Teil Kürbis. Teig dünn ausrollen, zu Rechtecken (10 x 15 cm) schneiden, mit Füllung belegen, zusammenklappen, Ränder gut andrücken. In einer Gusseisenpfanne (*diastra* heißt das heiße Eisen, auf dem auch die *piadina* gebacken wird) unter häufigem Wenden etwa 5 Min. braten.

1 Für die Füllung die Kartoffeln in der Schale in Wasser in etwa 20 Min. weich kochen, abgießen und ausdampfen lassen. Für den Nudelteig Mehl mit Eiern, 80 ml Wasser, Olivenöl und 1 TL Salz in eine Schüssel füllen und zu einem glatten geschmeidigen Teig verkneten. Zu einer Kugel formen, in ein Küchentuch hüllen und bei Zimmertemperatur gut 30 Min. ruhen lassen.

2 Inzwischen die Pancetta in kleine Würfel schneiden. Knoblauch schälen und sehr fein hacken. Die Kräuter waschen und trockenschütteln, den Salbei fein hacken. Die Thymianblättchen von den Zweigen streifen und mit dem Salbei mischen. Den Rucola etwas grober hacken.

3 Die Butter in einem Topf zerlassen, Pancetta mit Knoblauch, Salbei und Thymian darin bei mittlerer Hitze unter Rühren braten, bis der Speck glasig wird. Rucola untermischen und nur zusammenfallen lassen. Die Kartoffeln pellen und durch die Kartoffelpresse drücken. Die Pancetta-Mischung mit dem Ei untermengen, die Füllung mit Salz (vorsichtig, weil die Pancetta schon gut salzig ist), Pfeffer und Muskat abschmecken.

Po-Ebene

4 Den Teig portionsweise mit dem Nudelholz auf der bemehlten Arbeitsfläche oder in der Nudelmaschine so dünn wie möglich ausrollen. Aus den Teigplatten Kreise (etwa 8 cm Ø) ausstechen oder -schneiden. Dazu am besten ein Glas nehmen, auf die Teigplatte legen und rundherum ausschneiden. Oder einen Kreisausstecher in den Teig drücken. Jeweils 1 gehäuften TL Füllung auf jeden Teigkreis geben.

5 Die Kreise zu Halbmonden zusammenklappen, die Ränder gut andrücken. Die Teigtaschen an den beiden spitzen Enden anfassen und vorsichtig etwas in die Länge ziehen. Die beiden Enden über einem Daumen zusammenlegen, gut zusammendrücken. Die Tortelloni auf einem bemehlten Küchentuch 1–2 Std. ruhen lassen.

6 Dann die Steinpilze trocken mit Küchenpapier sauber abreiben und die schlechte Stellen mit einem kleinen Messer wegschneiden. Pilze je nach Größe halbieren, vierteln oder in nicht zu dünne Scheiben schneiden. Die Salbeiblättchen waschen und trockenschütteln.

7 Für die Tortelloni in einem großen Topf gut 4 l Wasser zum Kochen bringen, salzen. Tortelloni darin etwa 4 Min. kochen lassen. Inzwischen in einer Pfanne 3 EL Butter schmelzen. Die Steinpilze darin mit dem Salbei etwa 5 Min. braten. Die übrige Butter untermischen, alles mit Salz und Pfeffer abschmecken. Die Tortelloni in ein Sieb abgießen und auf vorgewärmte Teller verteilen. Die Pilze mit Salbei und Butter darüber verteilen, gleich servieren.

Po-Ebene

Bigoli in salsa d'acciughe
Nudeln mit Sardellensauce (Veneto)

ZUTATEN für 4 Personen:

100 g Sardellenfilets (in Salz)
2 Zwiebeln | 1 rote Paprikaschote
4 EL Olivenöl
50 ml trockener Weißwein oder Prosecco
400 g Bigoli (Nudeln aus dem Norden Italiens, ohne Ei, mit weißem Mehl oder Vollkornmehl; ersatzweise Spaghetti)
Salz | Pfeffer aus der Mühle
1/2 Bund Petersilie

ZUBEREITUNGSZEIT: 30 Min.
EINWEICHZEIT: 1 Std.
PRO PORTION: 555 kcal

1 Sardellenfilets etwa 1 Std. wässern, dabei ab und zu das Wasser wechseln. Die Zwiebeln schälen und halbieren, in feine Streifen schneiden. Paprikaschote waschen, vierteln, putzen und ebenfalls in Streifen schneiden.

2 Öl in einem Topf erwärmen, Zwiebeln darin bei schwacher Hitze etwa 10 Min. garen, dabei häufig umrühren. Paprika und Wein oder Prosecco untermischen, alles weitere 10 Min. zugedeckt schmoren.

3 Für die Nudeln reichlich Wasser zum Kochen bringen und salzen. Die Bigoli darin nach Packungsaufschrift al dente garen.

4 Sardellen aus dem Wasser nehmen, eventuell von der Mittelgräte befreien und mit einer Gabel fein zerdrücken. Die Petersilie waschen, trockenschütteln und die Blättchen fein hacken.

5 Sardellen und die Petersilie unters Zwiebel-Paprika-Gemüse rühren, salzen, pfeffern. Nudeln abgießen, abtropfen lassen und unter die Sardellensauce mischen.

Tagliatelle con ragù
Bandnudeln mit Ragout (Emilia-Romagna)

ZUTATEN für 6 Personen:
Für den Nudelteig:
1/2 TL Safranfäden
400 g Hartweizenmehl (aus dem italienischen Lebensmittelladen, ersatzweise Mehl Type 405) + Mehl zum Arbeiten | Salz
4 Eier (Größe M) | 1 EL Olivenöl

Für das Ragout:
15 g getrocknete Steinpilze
1 Stück Kürbis (etwa 150 g, z. B. Muskatkürbis) | 1 Zwiebel
100 g Mortadella | 30 g Butter
400 g Schweinehackfleisch
1/8 l Rotwein | 1/8 l Fleischbrühe
2 TL Tomatenmark
Salz | Pfeffer aus der Mühle
frisch geriebene Muskatnuss
50 ml Milch

ZUBEREITUNGSZEIT: 50 Min.
RUHE- + TROCKENZEIT: 3–7 Std.
SCHMORZEIT: 1 1/4 Std.
PRO PORTION: ca. 555 kcal

1 Für den Teig Safran zerreiben und in 1 EL warmes Wasser rühren. Stehen lassen, bis das Wasser kräftig gelb ist. Dann mit Mehl, 1 TL Salz, Eiern und Öl zu einem glatten geschmeidigen Teig verkneten. Zur Kugel formen, in ein Küchentuch wickeln, etwa 30 Min. bei Raumtemperatur ruhen lassen.

2 Teig nun portionsweise mit der Nudelmaschine oder mit dem Nudelholz zu dünnen Platten ausrollen. Kurz ruhen lassen, dann zu Bandnudeln schneiden. Auf bemehlten Küchentüchern ausbreiten, 2–6 Std. trocknen lassen. Zwischendurch wenden.

3 Für das Ragout die Steinpilze in 150 ml lauwarmem Wasser etwa 30 Min. einweichen. Herausnehmen und klein schneiden, die Einweichflüssigkeit durch eine Kaffeefiltertüte laufen lassen.

Strichetti agli asparagi
Nudeln mit Spargel (Emilia-Romagna)

ZUTATEN für 4 Personen:
Für den Nudelteig:
300 g Mehl + Mehl zum Arbeiten
50 g frisch geriebener Parmesan
3 Eier + 1 Eigelb (Größe M) | Salz
Für die Sauce:
400 g grüner Spargel
100 g gekochter Schinken oder Parmaschinken
1 Zwiebel | 2 EL Butter
100 ml trockener Weißwein
150 g Mascarpone
Salz | Pfeffer aus der Mühle
frisch geriebene Muskatnuss

ZUBEREITUNGSZEIT: 1 Std.
RUHE- + TROCKENZEIT: 2 1/2 Std.
PRO PORTION: ca. 715 kcal

1 Für den Teig das Mehl mit Parmesan, Eiern, Eigelb und 1/2 TL Salz zu einem glatten Teig verkneten. Zur Kugel formen, in ein Küchentuch wickeln und etwa 30 Min. ruhen lassen.

2 Den Teig noch einmal durchkneten und auf der bemehlten Arbeitsfläche etwa 2 mm dünn ausrollen. In Rechtecke (2 x 4 cm) schneiden. Die Stücke einzeln in die Hand nehmen und in der Mitte leicht zusammen drücken, so dass die Nudeln wie Schmetterlinge aussehen. Auf bemehlten Küchentüchern 2 Std. antrocknen lassen. Zwischendurch umdrehen.

3 Für die Sauce den Spargel waschen, Enden wegschneiden. Spargelspitzen abschneiden, die Stangen leicht schräg in etwa 1 cm dicke Stücke schneiden. Den Schinken ohne Fettrand in feine Streifen schneiden. Die Zwiebel schälen und klein würfeln.

4 Für die Nudeln reichlich Wasser zum Kochen bringen und salzen. Die Nudeln darin in etwa 4 Min. al dente garen.

5 Schon während das Wasser heiß wird, Butter in einem Topf schmelzen. Spargel mit Zwiebel und Schinken darin andünsten. Mit Wein aufgießen und zugedeckt bei schwacher Hitze etwa 5 Min. schmoren. Mascarpone unterrühren, den Sugo mit Salz, Pfeffer und Muskat abschmecken. Nudeln abgießen, mit dem *sugo* mischen und in vorgewärmten Tellern servieren. Frisch geriebenen Parmesan dazu reichen.

Auch wenn die Nudeln ähnlich aussehen wie die fertig gekauften Farfalle – es lohnt sich in jedem Fall, sie frisch zuzubereiten. Getrocknete Schmetterlingsnudeln werden nämlich oft an der zusammengedrückten Stelle später gar als an den dünnen Seiten. Bei den frischen Nudeln kommt das nicht vor.

Lasagne verdi
Rucola-Gemüse-Lasagne (Emilia-Romagna)

ZUTATEN für 4–6 Personen:

250 g grüner Spargel
400 g junger Blattspinat
250 g Blumenkohl | 3 Zucchini
1 großes Bund Rucola
100 g Butter + Butter für die Form
40 g Mehl | 3/4 l Milch
2 TL Tomatenmark
Salz | Pfeffer aus der Mühle
frisch geriebene Muskatnuss
1 Kugel Mozzarella (125 g)
150 g Gorgonzola
150 g Stracchino (Kuhmilch-Frischkäse aus der Lombardei, ersatzweise entsprechend mehr Mozzarella)
250 g Lasagne-Teigblätter (zum Vorkochen, aus dem italienischen Lebensmittelgeschäft)
50 g frisch geriebener Parmesan

ZUBEREITUNGSZEIT: 1 Std.
BACKZEIT: 40 Min.
PRO PORTION (BEI 6 PERSONEN):
ca. 620 kcal

1 Den Spargel waschen und die Enden abschneiden. Spargel in 3 cm lange Stücke schneiden. Spinat von allen welken Blättern und den dicken Stielen befreien. Gründlich waschen und abtropfen lassen. Den Blumenkohl in kleine Röschen teilen, waschen. Zucchini waschen, putzen und in dünne Scheiben schneiden. Den Rucola verlesen, waschen und trockenschleudern, grob hacken.

2 Für die Béchamel 60 g Butter in einem Topf schmelzen lassen, das Mehl unter ständigem Rühren einrieseln lassen und andünsten, bis es goldgelb ist. Die Milch unter ständigem Rühren dazugießen. Die Sauce offen bei schwacher Hitze 5–10 Min. köcheln lassen, bis sie dickflüssig wird. Ab und zu umrühren, damit nichts anbrennt. Mit Tomatenmark, Salz, Pfeffer und Muskat abschmecken.

3 Inzwischen Mozzarella, Gorgonzola und Stracchino mit einem angefeuchteten Messer in kleine Würfel schneiden und mischen. In einem Topf reichlich Wasser zum Kochen bringen, salzen. Spargel darin etwa 3 Min. vorgaren und herausheben. Blumenkohl 2 Min. garen, ebenfalls herausheben. Spinat im Wasser zusammenfallen lassen, herausheben, abschrecken.

4 Zum Schluss die Nudelteigblätter im Wasser nach Packungsangabe vorkochen. In einem Sieb abschrecken, abtropfen lassen. Die Blätter voneinander lösen, damit sie nicht zusammenkleben.

5 Den Backofen auf 180° vorheizen. Eine eckige Auflaufform gut mit Butter ausfetten und mit etwas Béchamelsauce ausgießen. Nudelteigblätter, Gemüse, Rucola, Käsewürfel und Sauce lagenweise einschichten. Die letzte Schicht soll aus Nudelteigblättern und Béchamel bestehen. Parmesan darüber streuen und mit der übrigen Butter in kleinen Flöckchen belegen. Die Lasagne im Ofen (Mitte, Umluft 160°) etwa 40 Min. backen, bis die Oberfläche schön gebräunt ist. Vor dem Servieren ganz kurz stehen lassen, dann in Stücke schneiden und in tiefen Tellern anrichten.

Die Küche der Emilia ist berühmt für ihre hausgemachten Nudelspezialitäten, die *lasagne alla bolognese* ist wohl auf der ganzen Welt bekannt. Doch es muss nicht immer Fleisch im Spiel sein, wie diese gemüsige Variante beweist. Zudem sorgt hier eine raffinierte Käsemischung – darunter natürlich auch der heimische Parmesan – für ein ganz besonderes Geschmackserlebnis.

Po-Ebene

Gnocchi mortadella e ricotta con spinaci

Ricotta-Mortadella-Gnocchi mit Spinat (Emilia-Romagna)

ZUTATEN für 4 Personen:
100 g Mortadella
1 Hand voll Borretschblätter (ersatzweise Basilikum oder Rucola)
500 g Ricotta
2 Eier (Größe M)
Salz | Pfeffer aus der Mühle
100 g frisch geriebener Parmesan
100 g Mehl
500 g junger Blattspinat
2 Knoblauchzehen
2 EL Butter
fein abgeriebene Schale von 1/2 Bio-Zitrone
frisch geriebene Muskatnuss

ZUBEREITUNGSZEIT: 45 Min.
PRO PORTION: ca. 580 kcal

1 Die Mortadella in sehr kleine Würfel schneiden. Den Borretsch waschen und trockenschütteln, die Blättchen fein hacken. Ricotta mit Eiern, Mortadella, Borretsch, 1 TL Salz, Pfeffer, Parmesan und Mehl gut verrühren, abschmecken.

2 Reichlich Wasser zum Kochen bringen, salzen. Den Spinat von welken Blättern und dicken Stielen befreien, gründlich waschen, abtropfen lassen und grob hacken. Den Knoblauch schälen und in feine Scheiben schneiden.

3 Von der Ricottamasse mit zwei großen Teelöffeln längliche Gnocchi abstechen und ins leise siedende Salzwasser gleiten lassen. Gnocchi darin offen in etwa 10 Min. gar ziehen lassen.

4 Butter in einem großen Topf erhitzen, Knoblauch andünsten. Spinat dazugeben und bei starker Hitze unter Rühren zusammenfallen lassen. Mit Salz, Pfeffer, Zitronenschale, Muskat würzen.

5 Spinat abtropfen lassen und in tiefe vorgewärmte Teller verteilen. Gnocchi mit dem Schaumlöffel aus dem Wasser heben und darauf setzen. Die Butter (vom Spinat) über die Gnocchi laufen lassen. Am besten mit geriebenem Parmesan bestreut servieren.

Gnudi di ricotta – von *nudi* für nackt – nennt man die feinen Klößchen auch, weil sie ganz ohne eine Hülle aus dünnem Pastateig auskommen.

Weil die Ricotta unterschiedlich feucht sein kann, sollte man einen Probekloß kochen, bevor man alle Gnocchi ins Wasser gibt. Bleibt er 1–2 Min. in Form, auch die anderen Klößchen in den Topf geben, zerfällt er dagegen, muss noch mehr Mehl an den Teig.

Reportage

Salsicce – Würste zum Schwelgen
Von der wagenradgroßen Mortadella bis zur schlanken Salami

Die meisten Würste werden aus Schweinefleisch zubereitet, lokale Spezialitäten auch aus Wildschwein, Esel, Gans oder Pferd. Bei der Zubereitung unterscheidet man vor allem nach Würsten aus rohem Fleisch – frisch oder gereift im Handel – und so genannten Brühwürsten wie der Mortadella aus ganz fein zerkleinertem Fleisch, das mit den verschiedensten Aromen gemischt und gegart wird.

Frische Würste. Schweinefleisch oder andere Sorten wie Kalb-, Wildschwein- oder Eselfleisch mit mehr oder weniger Fettanteil werden maschinell – für viele traditionell hergestellte Würste allerdings auch heute noch per Hand mit dem großen Messer – in kleine Stücke geschnitten, mit Gewürzen wie Salz, Pfeffer und Knoblauch, manchmal auch zusätzlichen Aromen wie Fenchelsamen oder sogar Weiß- oder Rotwein zu einem »Teig« vermischt, in Naturdarm gefüllt und zu unterschiedlich großen Würsten gedreht. Diese werden dann frisch verkauft und roh gegessen, auf dem Grill oder in der Pfanne gegart sowie in unterschiedlichen Gerichten, etwa einer pikanten Sauce mit Zwiebel, Knoblauch, Peperoncino, Kräutern und Tomaten, verarbeitet und zu Pasta oder Polenta gereicht. Eine einfache rohe *salsicca* ist die *salamella di Mantova* aus Schweinefleisch, Salz, Pfeffer, Knoblauch und Wein. Raffiniert dagegen die *salsiccia di Bra* aus dem Piemont. Sie wird aus sehr fein zerkleinertem Kalbfleisch und Schweinefett hergestellt und mit Salz, Pfeffer, Muskat, Zimt und Muskatblüte gewürzt. Je nach Hersteller kommen Knoblauch, Fenchel(samen), Lauch, Käse (Parmesan, *toma* oder reifer *robiola*), Weißwein oder Schaumwein dazu. Als klassisches *antipasto* isst man sie nicht nur frisch, sondern auch roh.

Gereifte Würste. Aus den eben beschriebenen frischen Würsten kann der Metzger auch haltbare herstellen. Dafür werden die frischen Würste einige Tage getrocknet (die Temperatur wird dabei in der Regel nach und nach gesenkt) und anschließend in temperierten Räumen einige Wochen bis Monate zum Reifen aufgehängt. Im Veneto berühmt ist die *soppressa*, eine relativ große und weiche Wurst aus Schweinefleisch. Das Fleisch wird hierfür in eher größere Stücke geschnitten, mit Pfeffer, Salz und Muskat (manchmal auch Knoblauch, Zimt, Nelken und Rosmarin) gemischt und in Naturdärme gefüllt. Die weiche Wurst isst man in Scheiben als Antipasto oder als Hauptgericht mit Polenta und Gemüse. In der Toskana ist die *finocchiona* sehr bekannt, eine ebenfalls eher dicke Wurst aus fein geschnittenem Schweinefleisch, Salz, Pfeffer und Fenchelsamen. Man schneidet sie in nicht zu dünne Scheiben und serviert sie als Antipasto.

Würste aus gegartem Fleisch. Ganz anders ist die Herstellung bei den Brühwürsten. Beispiel *mortadella di Bologna*: Sie wird aus einer Mischung aus Fleisch- und Fettwürfeln produziert, die man überbrüht und in kaltem Wasser abkühlen lässt. Das Ganze wird fein zerkleinert, mit Salz, Pfefferkörnern, Pistazien, Zucker, Wasser und größeren Fettstücken gemischt. Dann verpackt der Metzger die Mischung in natürliche oder synthetische Hüllen und gart die Würste mehrere Stunden in speziellen Öfen in trockener Luft und bei niedriger Temperatur. Danach müssen sie schnell abgekühlt werden. Die *mortadella classica* hat im Gegensatz zur industriell hergestellten weniger Pökelsalz im »Teig«, wird mit gemahlenem und ganzem Pfeffer, Macis, Koriander und Knoblauch abgeschmeckt und besonders schonend zubereitet. Die Temperatur darf 75° nicht überschreiten, die Wurst wird 24–48 Stunden gegart.

a   Frische Würste werden im Ganzen auf dem Grill zubereitet, zerkleinert zur Pastasauce verarbeitet oder auch einmal als pikantes *antipasto* gereicht: dafür die *salsicce*-Wurstmasse in Stücken aus der Haut drücken und mit etwas Olivenöl und zerkrümelten Peperoncini in einer Pfanne braten. Mit Rotwein ablöschen und diesen verdampfen lassen. Mit Weißbrot genießen.

Reportage

b »Tritt ein, lieber Freund, in dieses Königreich aller Feinschmecker, wähle und singe: Das Leben ist noch schön!« Wer so liebevoll begrüßt wird, muss einfach zugreifen!   c Kalabrien hat in Sachen Wurst eine Menge zu bieten: von der *salsiccia di Calabria DOP* aus heimischem Schweinefleisch, Speck und Gewürzen wie Pfeffer oder Peperoncino über die *soppressata di Calabria DOP*, einer flachen Wurst aus mittelgroßen Schweinefleischstücken mit Pfeffer oder Peperoncino und einer Lagerzeit von mindestens 45 Tagen, bis zur *soppressata* aus Decollatura oder aus Presilia, die mit einem scharfen Peperoncinimus zubereitet wird.   d In Kampanien kann der Wurstfreund ebenfalls zwischen verschieden gewürzten Würsten (die Spezialität *salsiccia di polmone* oder *polmonata* wird mit Lunge und anderen Innereien hergestellt), aber auch einem berühmten Schinken (aus dem Bergdörfchen Pietraroja) wählen.

69

Po-Ebene

Seppie al nero
Schwarze Tintenfische (Veneto)

ZUTATEN für 4 Personen:

700 g küchenfertige Tintenfischbeutel
1 Zwiebel | 2 Knoblauchzehen
4 EL Olivenöl | 1 Lorbeerblatt
1 Prise gemahlene Nelken
1/8 l trockener Weißwein
2 Beutel Tintenfischtinte (je 4 g, aus dem Fischgeschäft; falls es dort keine Beutel gibt, die Tinte im Glas kaufen und die entsprechende Menge entnehmen)
1 Bund Petersilie
Saft von 1 Zitrone
Salz | Pfeffer aus der Mühle

ZUBEREITUNGSZEIT: 20 Min.
SCHMORZEIT: 50–60 Min.
PRO PORTION: ca. 260 kcal

1 Tintenfischbeutel waschen und in feine Ringe oder Streifen schneiden. Zwiebel und Knoblauch schälen und fein hacken.

2 Das Öl in einem Topf erhitzen, Zwiebel und Knoblauch darin mit dem Lorbeerblatt bei mittlerer Hitze andünsten. Tintenfisch kurz mitdünsten, mit Nelkenpulver würzen, mit Wein begießen und zugedeckt bei schwacher Hitze etwa 20 Min. schmoren.

3 Die Tintenfischtinte in einer Tasse mit 1–2 EL lauwarmem Wasser verrühren, zu den Tintenfischen geben und alles weitere 30–40 Min. schmoren, bis der Tintenfisch weich ist.

4 Die Petersilie waschen und trockenschütteln, die Blättchen fein hacken. Mit dem Zitronensaft unter die Tintenfische rühren, mit Salz und Pfeffer abschmecken und servieren. Dazu unbedingt eine Polenta reichen.

Salmerino in padella
Gebratener Saibling (Emilia-Romagna)

ZUTATEN für 4 Personen:

4 Knoblauchzehen
1/2 Bund Petersilie
2 Zweige Rosmarin
4 Zweige Thymian
8 Stängel Oregano
1 frisches Lorbeerblatt
4 Wacholderbeeren
1 Bio-Zitrone
4 Saiblinge (je etwa 300 g)
Salz | Pfeffer aus der Mühle
80 g Butter

ZUBEREITUNGSZEIT: 25 Min.
PRO PORTION: ca. 460 kcal

1 Knoblauch schälen und fein schneiden. Kräuter waschen und trockenschütteln, die Blättchen mit Lorbeerblatt und Wacholderbeeren fein hacken. Die Zitrone waschen, Schale dünn abschälen und fein hacken, Saft auspressen.

2 Fische waschen und trockentupfen, innen und außen mit Salz und Pfeffer würzen. Knoblauch mit Zitronenschale und gehackter Kräutermischung vermengen, etwa die Hälfte davon in den Fischbäuchen verteilen.

3 Die Butter in zwei großen Pfannen zerlaufen lassen. Jeweils 2 Fische in die Pfanne legen und auf der einen Seite bei mittlerer Hitze etwa 5 Min. braten.

4 Die Fische kurz aus der Pfanne nehmen und die übrige Kräuter-Knoblauch-Mischung in die Butter rühren. Die Fische gewendet wieder in die Pfanne legen und weitere 5 Min. braten. Den Zitronensaft über die Fische träufeln. Sofort servieren – am besten mit einem gemischten Salat und ofenfrischem Brot.

Po-Ebene

Luccio in salsa
Hecht in Sauce (Lombardei)

Weinempfehlung:
aromatischer Weißwein, etwa ein Lugana

Im Park del Como alle Scale im Appenin gibt es zwei Arten von besonders wohlschmeckenden Saiblingen. Der *salmerino alpino* ist ein einheimischer Fisch, der *salmerino fontinalis* wurde Ende des 19. Jahrhunderts aus Nordamerika in die Emilia gebracht. Letzterer hat ein etwas farbigeres Fleisch und kommt aus kühleren Gewässern.
Und auch in der Lombardei gibt es eine ganze Reihe von Flüssen und Seen, weswegen man dort ebenso zahlreiche Rezepte für Süßwasserfisch kennt. Ganz ähnlich werden hier Forellen und Felchen, aber auch Äschen zubereitet. Eine andere sehr beliebte Variante: Die Fische panieren und im Ganzen in Butter braten.

ZUTATEN für 4 Personen:
1 Hecht (etwa 1,2 kg)
1 Stange Staudensellerie
1 Möhre | 1 Knolle Fenchel
1 Zwiebel | 1/4 l Weißwein
1 TL schwarze Pfefferkörner
Salz | 1 Bio-Zitrone
2 Knoblauchzehen
1/4 Bund Petersilie
4 Sardellenfilets (in Öl)
1 TL Fenchelsamen
100 ml Olivenöl
150 g kleine Kapern
50 ml Weißweinessig

ZUBEREITUNGSZEIT: 1 Std. (ohne Abkühlzeit)
MARINIERZEIT: über Nacht
PRO PORTION: ca. 385 kcal

1 Hecht waschen und trockentupfen. Das Gemüse waschen oder schälen und putzen. Dann in grobe Stücke schneiden und mit dem Wein und 3/4 l Wasser in einen (Fisch-)Topf geben. Den Sud erhitzen, die Pfefferkörner und Salz untermischen.

2 Hecht in den leise siedenden, aber nicht kochenden Sud legen – er soll damit bedeckt sein. Bei halb aufgelegtem Deckel in etwa 30 Min. gar ziehen lassen, dann im Sud erkalten lassen.

3 Zitrone heiß waschen, Schale fein abreiben, Saft auspressen. Knoblauch schälen, fein hacken. Die Petersilie waschen, trockenschütteln und fein hacken. Die Sardellenfilets klein würfeln, die Fenchelsamen fein hacken.

4 Hecht aus dem Sud heben, in die Filets teilen, häuten und die Gräten mit einer Pinzette gründlich aus dem Fischfleisch zupfen.

5 Das Öl erhitzen, Knoblauch, Zitronenschale, Petersilie und Fenchelsamen mit den Sardellen dazugeben und bei mittlerer Hitze kurz andünsten. Kapern mit dem Zitronensaft und dem Essig untermischen und die Sauce erwärmen, bis sie dicklich wird.

6 Das Fischfleisch und die Sauce lagenweise in eine Form füllen und mindestens über Nacht marinieren. Vor dem Servieren in etwa 1 Std. Zimmertemperatur annehmen lassen.

Diese Spezialität aus der Gegend von Mantova schmeckt im Sommer besonders gut. Dazu gibt es in den traditionellen *ristoranti* Polenta, in Scheiben geschnitten und gebraten oder gegrillt. Wer mag, kann den Fisch auch als *antipasto* mit Brot servieren.

Po-Ebene

Tacchino all'uva
Truthahn mit Trauben (Veneto)

ZUTATEN für 6–8 Personen:
1 junge Pute (etwa 4 kg)
1 Bio-Zitrone | 1 Zwiebel
2 Knoblauchzehen
2 Zweige Rosmarin
2 frische Lorbeerblätter
Salz | Pfeffer aus der Mühle
2 EL Olivenöl
100 g dünne Scheiben Pancetta (geräucherter gewürzter Bauchspeck)
2 EL Butter | 1/2 l Weißwein
300 g Weintrauben
2 Granatäpfel
Zahnstocher zum Verschließen

ZUBEREITUNGSZEIT: 30 Min.
BRATZEIT: 3 Std.
PRO PORTION (BEI 8 PERSONEN):
ca. 710 kcal

1 Die Pute innen und außen waschen und trockentupfen. Die Zitrone heiß waschen, etwa die Hälfte der Schale sehr dünn abschneiden und grob hacken. Den Saft auspressen und die Pute damit einpinseln.

2 Die Zwiebel und den Knoblauch schälen und grob hacken. Rosmarin und Lorbeerblätter waschen und trockenschütteln, Rosmarinnadeln abzupfen. Alles mit der Zitronenschale mischen. Die Bauchhöhle der Pute salzen und pfeffern und mit der Zwiebelmischung füllen, die Öffnung mit Zahnstochern verschließen.

3 Den Backofen auf 170° vorheizen. Die Pute außen mit Salz und Pfeffer einreiben, mit dem Olivenöl einpinseln und mit der Brust nach oben auf das tiefe Backblech legen. Die Brust mit Pancetta-Scheiben und der Butter in kleinen Flöckchen belegen. Die Pute mit Alufolie abdecken.

4 Die Hälfte des Weißweins angießen und die Pute im Ofen (unten, Umluft 150°) zugedeckt 2 Std. braten. Dabei zwischendurch den übrigen Wein angießen und die Pute ab und zu mit dem Bratfond beschöpfen.

5 Die Trauben waschen und halbieren, die Kerne mit der Messerspitze herauslösen. Die Granatäpfel halbieren und den Saft auspressen. Die Pute mit dem Saft begießen, die Trauben neben dem Geflügel verteilen und die Pute offen noch einmal etwa 1 Std. braten. Mit einer dicken Nadel in die dickste Stelle einer Keule stechen, tritt klarer Saft aus, ist die Pute fertig.

6 Die Pute vom Blech heben, Garsud und Bratensatz in einen Topf umfüllen. Pute auf dem Blech im abgeschalteten Backofen warm halten. Den Sud und Bratsatz aufkochen lassen und mit Salz und Pfeffer abschmecken. Die Pute in Stücke schneiden und mit dem Bratfond servieren.

Christoph Kolumbus brachte von seiner vierten und letzten großen Reise den Truthahn aus Amerika mit nach Italien. Schnell verdrängte das Tier in der Zeit nach der Renaissance im Veneto wie in der Emilia den Pfau von den Tafeln der Reichen. Damals wie heute kombiniert man das würzige Fleisch gerne mit fruchtigen Aromen. Manche Köche bereiten das Geflügel nur mit Granatapfelsaft und -kernen zu, andere garen es mit Zitronen und Ingwer.

Kleine ganze Puten sind nicht immer im Angebot – besser vorbestellen.

Ossobuco di agnello

Geschmorte Lammhaxenscheiben (Lombardei)

ZUTATEN für 4 Personen:

4 Stangen Staudensellerie
1 große rote Paprikaschote
2 rote Zwiebeln
4 Stängel Salbei
400 g Cocktailtomaten
4 Scheiben Lammhaxe (je etwa 3 cm dick und 250 g schwer)
Salz | Pfeffer aus der Mühle
1 Prise frisch geriebene Muskatnuss
2 EL Butter
1/8 l trockener Weißwein
2 frische Lorbeerblätter
2 Gewürznelken
2 Wacholderbeeren
1 Bio-Orange | 2 Knoblauchzehen
1 Bund Basilikum oder Rucola
1 Apfel- oder Birnenviertel oder dünne Melonenspalte
1 EL Kapern

ZUBEREITUNGSZEIT: 35 Min.
SCHMORZEIT: 1 1/2 Std.
PRO PORTION: ca. 465 kcal

1 Den Sellerie waschen, putzen und in feine Scheiben schneiden, zartes Selleriegrün beiseite legen. Paprikaschote waschen, putzen und klein würfeln. Die Zwiebeln schälen, vierteln und in feine Streifen schneiden. Den Salbei waschen und trockenschütteln, die Blättchen in feine Streifen schneiden. Die Tomaten waschen und ganz lassen.

2 Die Lammhaxenscheiben mit einem feuchten Tuch abwischen und dabei alle Knochensplitter entfernen. Von beiden Seiten mit Salz, Pfeffer und Muskat würzen.

3 Die Butter in einem Schmortopf zerlassen, die Lammscheiben darin bei starker Hitze auf beiden Seiten gut anbraten und wieder herausnehmen. Sellerie, Paprika, Zwiebeln und Salbei im Bratfett andünsten. Den Wein und die Tomaten untermischen. Die Lorbeerblätter waschen und mit den Gewürznelken und den Wacholderbeeren unterrühren. Die Sauce salzen und pfeffern, Lammhaxenscheiben einlegen und zugedeckt bei schwacher Hitze etwa 1 1/2 Std. schmoren.

4 Vorm Servieren die Orange heiß waschen und die Schale dünn abschneiden. Den Knoblauch schälen, Basilikumblätter von den Stängeln zupfen oder den Rucola waschen und trockenschleudern. Apfel, Birne oder Melone schälen und entkernen. Orangenschale, Knoblauch, Basilikum oder Rucola, Apfel, Birne oder Melone und Kapern sehr fein hacken. Diese Mischung leicht salzen und zum Ossobuco servieren. Bei Tisch über das Fleisch streuen. Dazu am besten Risotto oder Polenta reichen.

Weinempfehlung:
ein leichterer Rotwein, etwa ein Valpolicella, oder ein in Holz ausgebauter Weißer, etwa ein Soave Sueriore

In der Lombardei kennt man mindestens seit dem 18. Jahrhundert *ossobuco,* geschmorte Kalbshaxenscheiben, die mit Gremolata, einer Mischung aus gehackter Petersilie mit Zitronenschale und Knoblauch, bestreut wird. Kein Wunder, dass seither zahlreiche Abwandlungen erfunden wurden. Die meisten nehmen andere Fleischsorten oder variieren bei der frischen Würze. So mischt mal ein Koch Sardellenfilets mit unter die Gremolata, ein anderer ersetzt Zitronenschale und Petersilie durch Orange und Basilikum. Hier machen Apfel, Birne oder Melone die Gremolata noch frischer.

Bollito misto
Gekochtes Fleisch (Emilia-Romagna | Lombardei)

ZUTATEN für 6 Personen:

Für den Fleischtopf:

2 Möhren

2 Stangen Staudensellerie

1 große Zwiebel

4 Knoblauchzehen

je 2 Zweige Rosmarin, Thymian und Salbei

1/2 Bund Petersilie

1/2 EL schwarze Pfefferkörner

Salz

1 Stück Wildschweinkeule (etwa 500 g)

1 Stück Lammkeule (etwa 500 g)

2 Kaninchenkeulen

3–6 gewürzte rohe Würste (z. B. Salsicce, Menge je nach Größe)

Für die Tomatensauce:

800 g Tomaten

1 Zwiebel | 1 Möhre

2 Knoblauchzehen

1 Stange Staudensellerie

1 Zweig Rosmarin

1/4 l trockener Rotwein

Salz | Pfeffer aus der Mühle

1 TL Zucker oder Honig

1/2 Bund Petersilie

1 Bund Basilikum

1 roter Peperoncino

5 EL Olivenöl

Für die *mostarda*:

600 g helle Weintrauben

1 Bio-Zitrone oder -Orange

75 ml trockener Weißwein

4 gehäufter EL Senfpulver (in gut sortierten Supermärkten)

100 g Zucker

ZUBEREITUNGSZEIT: 1 Std.
GARZEIT: 2 3/4 Std.
PRO PORTION: ca. 695 kcal

Gekochtes Fleisch – *bollito misto* – gibt es fast überall im Norden Italiens. Im Piemont wird es mit grüner Sauce serviert, in der Emilia am liebsten mit der klassischen *mostarda*, einer scharfen Sauce auf der Basis von Früchten und Zucker, die mit Senfextrakt (gibt es dort in der Apotheke) gewürzt wird. Allerdings ist es inzwischen selbst in Italien nicht mehr ganz einfach, echtes Senfextrakt zu bekommen. Meist ist ein synthetisch hergestelltes im Handel, das an den Geschmack des natürlichen nicht ganz heranreicht. Wir müssen uns leider mit dem weniger aromatischen Senfpulver behelfen, außer wir bringen uns Senfextrakt von der Italienreise mit.
Ein *bollito* schmeckt umso besser, je mehr verschiedene Fleischsorten in den Topf wandern und je mehr unterschiedliche Saucen es dazu gibt. Greifen Sie ruhig auch einmal beim italienischen Feinkostladen zu und kaufen Sie eine *mostarda* aus anderen Früchten oder aus Gemüse. Und wer mag, gart mit dem Fleisch gleich die Beilagen: Gemüse nach Wahl und eventuell auch Kartoffeln – kommt alles zusammen mit der letzten Fuhre Fleisch, also dem Kaninchen, in den Topf.

1 Für den Fleischtopf Möhren schälen, den Sellerie waschen und putzen. Die Zwiebel und den Knoblauch schälen, die Kräuter waschen. Alles grob schneiden und mit den Pfefferkörnern in einen Topf geben. Mit 2 1/2–3 l Wasser auffüllen, zum Kochen bringen und mit Salz würzen.

2 Zuerst die Wildschwein- und die Lammkeule in die Brühe geben und bei schwacher Hitze darin etwa 2 Std. sanft köcheln lassen. Dann die Kaninchenkeulen hinzufügen und alles weitere 30 Min. garen. Die Würste einlegen und etwa 15 Min. garen.

3 Für die Sauce Tomaten mit kochendem Wasser überbrühen, abschrecken und häuten. Die Tomaten klein würfeln, dabei entkernen und die Stielansätze entfernen. Zwiebel, Möhre und Knoblauch schälen und fein hacken. Den Sellerie waschen, putzen und ebenfalls fein schneiden. Rosmarin waschen, trockenschütteln und die Nadeln fein schneiden.

Po-Ebene

4 Tomaten mit Zwiebel, Möhre, Knoblauch, Sellerie, Rosmarin und Wein in einen Topf geben. Mit Salz, Pfeffer und Zucker oder Honig würzen und erhitzen. Die Mischung offen etwa 1 Std. bei sehr schwacher Hitze kochen lassen. Dabei immer mal wieder durchrühren.

5 Petersilie waschen, trockenschütteln und mit dem Basilikum fein hacken. Den Peperoncino waschen, putzen und sehr fein hacken. Die Tomatensauce durch ein Sieb streichen. Peperoncino mit den Kräutern und dem Öl unter die Tomatensauce rühren, noch einmal kurz aufkochen und abkühlen lassen.

6 Für die *mostarda* Trauben waschen und vierteln, eventuell die Kerne herauslösen. Zitrone oder Orange heiß waschen, die Schale fein abreiben. Den Wein mit dem Senfpulver verrühren. Trauben, Zitrusschale und angerührten Wein mit dem Zucker in einem Topf aufkochen. Alles offen bei schwacher Hitze etwa 45 Min. köcheln, dann abkühlen lassen.

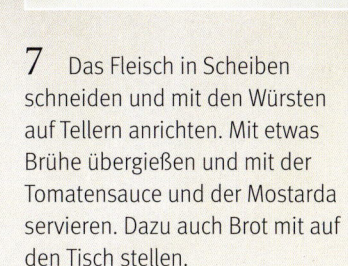

7 Das Fleisch in Scheiben schneiden und mit den Würsten auf Tellern anrichten. Mit etwas Brühe übergießen und mit der Tomatensauce und der Mostarda servieren. Dazu auch Brot mit auf den Tisch stellen.

Radicchio allo speck
Radicchiosalat mit Speck (Veneto)

ZUTATEN für 4 Personen:
- 300 g Radicchio (am besten verschiedene Sorten, z. B. *radicchio di Castelfranco, tardivo* und *precoce,* siehe Reportage auf Seite 78)
- 125 g fetter Räucherspeck oder Pancetta (geräucherter gewürzter Bauchspeck)
- Salz | Pfeffer aus der Mühle
- etwa 1 EL Aceto balsamico zum Beträufeln
- 1 EL Walnusskerne

ZUBEREITUNGSZEIT: 15 Min.
PRO PORTION: ca. 90 kcal

1 Den Radicchio putzen, waschen und trockenschleudern. Den *radicchio di Castelfranco* in kleine Stücke zupfen, *radicchio tardivo* oder *precoce* in 2–3 cm breite Streifen schneiden. Die Salate in einer Schüssel mischen.

2 Räucherspeck oder Pancetta in kleine Würfel oder in Streifen schneiden und in einer Pfanne bei schwacher Hitze erwärmen, bis das Speckfett austritt. Der Speck soll nicht knusprig werden.

3 Den Speck mit wenig Salz und etwas mehr Pfeffer würzen und unter den Radicchio heben. Auf Teller verteilen und vor dem Essen mit Balsamico beträufeln. Walnusskerne in Stücke brechen und darüber streuen.

Im Veneto wie auch im Rest von Oberitalien war Schweinespeck das einzige Fett, mit dem die Armen kochten. Man briet damit und machte auch den Salat mit ausgelassenem Speckfett an. Denn Olivenöl war in der Gegend sehr rar und kostbar.

Radicchio al forno
Gebackener Radicchio (Veneto)

ZUTATEN für 4 Personen:
- 400 g länglicher Radicchio (tardivo oder precoce)
- Salz | Pfeffer aus der Mühle
- 2 EL Olivenöl oder Butter
- 100 g Asiago dolce (junger Asiago, Kuhmilch-Hartkäse aus dem Veneto; ersatzweise Montasio)

ZUBEREITUNGSZEIT: 20 Min.
BACKZEIT: 10 Min.
PRO PORTION: ca. 155 kcal

1 Den Backofen auf 180° (Umluft 160°) vorheizen. Den Radicchio waschen, beim *tardivo* das Wurzelende schälen und spitz zuschneiden. *Tardivo* der Länge nach vierteln, *precoce* achteln. Die Stücke nebeneinander in eine hitzebeständige Form legen, mit Salz und Pfeffer bestreuen und mit dem Öl beträufeln oder mit kleinen Butterstückchen belegen.

2 Den Radicchio in den Ofen (Mitte) schieben und etwa 10 Min. backen. Inzwischen den Käse von der Rinde befreien und in feine Scheiben schneiden.

3 Die Form etwas aus dem Ofen ziehen und den Radicchio gut durchrühren. Käsescheiben darauf verteilen und alles weitere 10 Min. backen, bis der Käse schmilzt. Sofort servieren.

Radicchio wird im Veneto gerne nicht roh, sondern gegart gegessen, er bekommt dabei einen besonders intensiven Geschmack. Auch ohne Käse im Ofen gebacken kann man ihn als Beilage oder *antipasto* essen, er schmeckt dann warm oder abgekühlt. In diesem Fall aber mit Olivenöl zubereiten.

Insalata con melagrana
Salat mit Fenchel und Granatapfel (Veneto)

ZUTATEN für 4 Personen:
200 g gemischte Blattsalate (z. B. Romana, Radicchio, Rucola)
1 große Knolle Fenchel
1 Granatapfel
2 1/2 EL Weinessig
Salz | Pfeffer aus der Mühle
1 TL Honig
5 EL Olivenöl
2 EL Pinienkerne

ZUBEREITUNGSZEIT: 20 Min.
PRO PORTION: ca. 215 kcal

1 Die Salate putzen, waschen, trockenschleudern und in mundgerechte Stücke zupfen oder schneiden. Den Fenchel waschen und putzen, zartes Grün beiseite legen. Fenchel der Länge nach vierteln, vom harten Strunk befreien und quer in sehr feine Scheiben hobeln.

2 Den Granatapfel über einer Schüssel aufschneiden und in Stücke brechen, Kerne zwischen den Trennwänden herauslösen. Den dabei abtropfenden Saft in der Schüssel auffangen. Essig, Salz, Pfeffer und den Honig zum Granatapfelsaft geben. Öl nach und nach mit Gabel oder Schneebesen unterschlagen.

3 Pinienkerne in einer Pfanne ohne Fett unter Rühren etwa 1 Min. rösten, bis sie würzig duften. Die Blattsalate und den Fenchel mit der Salatsauce mischen. Granatapfelkerne und Pinienkerne mit dem Fenchelgrün darauf streuen.

Wer durchs Veneto reist, sieht immer mal wieder einen Granatapfelbaum. Die roten Kerne der Früchte werden gerne im Salat gegessen oder aber mit Truthahn oder Ente geschmort.

Pomodori al balsamico
Essigtomaten (Emilia-Romagna)

ZUTATEN für 4 Personen:
100 ml Aceto balsamico
1 EL Zucker
Salz | Pfeffer aus der Mühle
2 rote Zwiebeln
600 g Tomaten
2 EL Butter | 1 EL Olivenöl
1/2 Bund Basilikum

ZUBEREITUNGSZEIT: 30 Min.
PRO PORTION: ca. 95 kcal

1 Den Balsamico mit dem Zucker erhitzen und etwa 5 Min. offen bei starker Hitze kochen lassen, bis er dickflüssig wird. Mit Salz und Pfeffer abschmecken.

2 Zwiebeln schälen, halbieren und in feine Streifen schneiden. Die Tomaten mit kochendem Wasser überbrühen, abschrecken, häuten und achteln, dabei die Stielansätze entfernen.

3 Die Butter mit dem Öl in einem Topf erhitzen. Die Zwiebelstreifen darin bei schwacher Hitze etwa 8 Min. dünsten, bis sie bissfest sind. Dabei häufig umrühren. Dann die Tomaten dazugeben und alles weitere 5 Min. schmoren, ohne zu rühren.

4 Die Basilikumblättchen von den Stängeln abzupfen und in Streifen schneiden. Mit dem eingekochten Balsamico vorsichtig unter die Tomaten mischen und mit Salz und Pfeffer würzen.

Die Tomaten schmecken als Beilage zu gebratenem Rindfleisch oder Lamm, aber auch zu *bollito misto*.

Reportage

Radicchio – rote Blume des Winters
Der echte Radicchio kommt aus Treviso und den Nachbarprovinzen

In vielen anderen Regionen Italiens baut man Radicchio an, doch der echte und ursprüngliche – der *radicchio tardivo* mit den schlanken und locker gewachsenen Blättern – gedeiht nur in der Gegend von Treviso im Veneto wirklich gut. Hier wie in den angrenzenden Nachbarprovinzen Padova und Venezia findet er das beste Wasser und die nötigen klimatischen Bedingungen vor, um wunderschön rot, aromatisch und dabei nicht zu herb und bitter zu werden.

Eine Pflanze aus der Ebene. Im Dreieck zwischen Castelfranco, Mogliano und Roncade wächst Radicchio in der lehmigen Erde ganz besonders gut. Im Juli wird ausgesät, doch die eigentliche Arbeit findet zwischen November und Ostern statt. Mindestens zweimal muss die Pflanze morgens von Rauhreif überzogen sein, denn ohne diese tiefen Temperaturen blieben die Blätter der Salat- und Gemüsepflanze grün. Hat der Radicchio die nötige Kälte (aber keinen strengen Frost) abbekommen, kann man ihn mitsamt der Wurzel ernten. Die äußeren Blätter werden gleich auf dem Feld entfernt. Nun verstaut der Bauer die Pflanzen mit der Wurzel nach unten in einer durchlässigen Plastikkiste.

Darin werden sie in dunklen Räumen für 10 bis 20 Tage in fließendes Wasser gestellt, so tief, dass die Wurzeln, aber nicht die Blätter im Nass stehen. 12 bis 14° kalt muss das Wasser dafür sein, und genau diese Temperatur herrschen in der Region. Während des Bades treiben die Pflanzen weiter – vor allem das Herz –, die Blätter werden rot und die Adern dazwischen rein weiß. Die konstant niedrige Temperatur sorgt zusammen mit der Güte des Wassers dafür, dass der Radicchio nicht zu stark wächst und sein Geschmack ausgewogen und aromatisch wird. Nach dem Bad ruhen die Pflanzen eine Nacht im Schuppen, dann werden wiederum die äußeren Blätter entfernt und die Wurzel geschält. Den *radicchio rosso tardivo di Treviso* – wie er offiziell heißt – isst man sehr gerne roh als Salat, etwa mit einer Sauce aus gekochten Borlotti-Bohnen, aber auch gegart. Vom Braten, Backen und Grillen bis zur Risotto-Zutat sind der Zubereitungsvielfalt da kaum Grenzen gesetzt.

Gut geschützt. Nun sollen aber nicht alle Pflanzen gleichzeitig in den Verkauf gelangen, denn nicht nur im Veneto möchte man das hoch aromatische Gemüse möglichst lange genießen. Zum Lagern fasst der Bauer 20 bis 25 Pflanzen (nach dem ersten Putzen) zu einem Bündel und bindet sie mit einer Schnur zusammen. So verstaut er den Radicchio mit den Wurzeln locker in Erde, deckt ihn mit Folie ab und lagert ihn bis zum März. Zu feucht dürfen die Pflanzen dabei allerdings nicht werden, sonst wachsen sie weiter. Erst wenn sie in den Handel kommen sollen, werden auch diese Pflanzen gewässert und ausgereift.

Radicchio-Varianten. Der ebenfalls längliche Radicchio mit den breiteren Blättern, die einen geschlossenen Kopf bilden, heißt *radicchio rosso precoce di Treviso* (und wird bei uns auf den Märkten oft schlicht als *trevisano* bezeichnet). Seine Hauptsaison beginnt schon im September, er wird als Salat gegessen, aber auch gebraten, gegrillt oder als Gemüse gedünstet. Der gelbe bis grünliche Radicchio mit den locker sitzenden, von roten Adern durchzogenen Blättern, heißt *radicchio variegato di Castelfranco* (ebenfalls ein Städtchen in der Provinz Treviso). Er ist ab Oktober zu haben, der mildeste unter den Radicchio-Sorten und wird hauptsächlich als Salat genossen. Diese beiden wie auch der »Vater« aller Radicchio-Sorten – der *tardivo* – werden durch die Ursprungsbezeichnung IGP (*indicazione geografica protetta*) geschützt. Radicchio mit runden Köpfen kann von überall her kommen.

a   Eine Radicchio-Pflanze hat lange dicke Wurzeln, die man mit dem Gemüse ernten muss, da sie für die Aufbewahrung und »Reifung« benötigt werden. Wird der Radicchio per Hand geerntet, muss der Bauer tief graben, um ihn aus der Erde zu bekommen. Maschinen schneiden heutzutage die Erde auf beiden Seiten der Pflanzenreihen auf und erleichtern die Arbeit.

Reportage

b Der Radicchio-Anbau macht viel Arbeit – siebenmal nimmt der Bauer die Pflanze von der Aussaat bis zum letzten Putzen in die Hand, bevor sie in den Verkauf gelangt – und ist deshalb in den kleinen Betrieben in der Provinz Treviso nach wie vor Familienarbeit. Spaß muss sie machen, denn reich wird man vom Radicchio nicht. **c** Schon auf dem Feld werden die äußeren Blätter entfernt, bevor die Pflanze zum Ausreifen ins Wasser kommt oder aber unter dem Folientunnel locker in Erde verpackt aufbewahrt wird. **d** Kurz bevor der Radicchio in den Handel gelangt, wird die Wurzel gewaschen und geschält – spitz zulaufend und großzügig, sonst macht sie einen Hauptteil des Gewichtes aus. Übrigens kann man die Wurzel, vor allem, wenn der Radicchio gebraten oder gegrillt wird, mitessen. Sie schmeckt noch ein bisschen würziger als die Blätter.

Po-Ebene

Cipolle fritte al balsamico
Zwiebeln in Balsamico (Emilia-Romagna)

ZUTATEN für 4 Personen:
500 g möglichst kleine Zwiebeln
1/2 l Olivenöl
1/4 l Aceto balsamico
1 1/2 EL Zucker
Salz | Pfeffer aus der Mühle

ZUBEREITUNGSZEIT: 35 Min.
PRO PORTION: ca. 180 kcal

1 Die Zwiebeln schälen und ganz lassen. Olivenöl in einem Topf erhitzen und die Zwiebeln darin portionsweise bei mittlerer Hitze in jeweils etwa 4 Min. goldgelb frittieren. Mit dem Schaumlöffel aus dem Fett heben und auf einer dicken Lage Küchenpapier abtropfen lassen.

2 Den Balsamico mit dem Zucker in einem Topf erhitzen und etwa 5 Min. bei starker Hitze kochen lassen, bis er leicht dickflüssig wird. Mit Salz und Pfeffer abschmecken. Die Zwiebeln untermischen und 1–2 Min. darin erhitzen.

Die Zwiebeln schmecken warm oder kalt als Beilage, kalt genauso als *antipasto*. Sehr fein sind die heißen Zwiebeln auch ohne die Sauce, auf einem Bett aus Rucola und Romana oder anderen Blattsalaten angerichtet.

Polenta al gorgonzola
Käse-Polenta (Emilia-Romagna | Veneto)

ZUTATEN für 4 Personen:
1/2 l Milch
Salz | Pfeffer aus der Mühle
250 g feiner Maisgrieß (Polenta)
125 g pikanter Gorgonzola
1 EL Butter
2 TL Honig

ZUBEREITUNGSZEIT: 35 Min.
PRO PORTION: ca. 430 kcal

Die würzige Polenta schmeckt als Beilage zu geschmortem Fleisch, wie etwa zum *ossobuco*. Etwas flüssiger zubereitet kann man sie auch als *primo* servieren.

1 Die Milch mit 400 ml Wasser und Salz zum Kochen bringen. Den Maisgrieß nach und nach mit dem Kochlöffel einrühren und die Polenta bei schwacher Hitze etwa 30 Min. garen, dabei häufig umrühren. Falls nötig, noch etwas Wasser untermischen.

2 Gorgonzola und die Butter in kleine Würfel schneiden. Mit dem Honig unter die Polenta rühren. Mit Salz und Pfeffer abschmecken.

Fagioli ai porcini
Geschmorte Bohnen mit Steinpilzen (Veneto)

ZUTATEN für 4 Personen:

250 g getrocknete Borlotti-Bohnen

1 Stange Staudensellerie

1 Möhre | 2 Zwiebeln

2 Stängel Salbei | 1 Lorbeerblatt

40 g getrocknete Steinpilze

50 g Butter

Salz | Pfeffer aus der Mühle

EINWEICHZEIT: über Nacht
ZUBEREITUNGSZEIT: 20 Min.
GARZEIT: 1 Std.
PRO PORTION: ca. 285 kcal

1 Die Bohnen in einer Schüssel mit Wasser bedecken und über Nacht einweichen.

2 Am nächsten Tag die Bohnen abtropfen lassen und in einen Topf geben. Sellerie waschen und putzen, die Möhre und 1 Zwiebel schälen, Gemüse grob würfeln. 1 Stängel Salbei waschen und mit dem Lorbeerblatt zu den Bohnen geben. Dann so viel Wasser dazugießen, dass die Bohnen davon bedeckt sind und erhitzen. Die Bohnen bei halb aufgelegtem Deckel etwa 1 Std. garen, dabei nicht zu weich werden lassen.

3 Inzwischen die Steinpilze in 1/4 l lauwarmem Wasser etwa 30 Min. einweichen lassen.

4 Übrigen Salbei waschen und trockenschütteln, die Blättchen in feine Streifen schneiden. Übrige Zwiebel schälen, in feine Ringe schneiden. Pilze abtropfen lassen, dabei Einweichwasser auffangen. Pilze in nicht zu dünne Streifen schneiden oder grob hacken.

5 Die Butter in einem Topf zerlassen. Die Zwiebelringe darin bei mittlerer Hitze goldgelb andünsten, aber nicht braun werden lassen. Die Pilze mit dem Salbei dazugeben und anbraten.

6 Pilzeinweichwasser durch eine Kaffeefiltertüte zu den Zwiebeln und den Pilzen gießen. Bohnen in ein Sieb abgießen, abtropfen lassen, Gemüse und Kräuter entfernen. Die Bohnen unter die Steinpilze mischen. Alles weitere 10 Min. zugedeckt schmoren lassen. Mit Salz und Pfeffer abschmecken.

Die rot gesprenkelten Borlotti-Bohnen, die beim Garen etwas Farbe verlieren, gelten als die besten ganz Italiens. Und vor allem im Veneto kennt man eine ganze Reihe verschiedener Sorten. Die dicken *pavoni* etwa verwendet man für Salate, die kleineren *stregoni* oder *lamon* besonders häufig für *pasta e fagioli*. *Lamon*-Bohnen aus der Gegend um die gleichnamige Stadt sind so fein und begehrt, dass sie eine geschützte Ursprungsbezeichnung bekommen haben und gut das Doppelte kosten wie normale Borlottis.

Crostata di mele alla crema di mascarpone
Lauwarme Apfeltorte mit Mascarponecreme (Lombardei)

ZUTATEN für 8–10 Personen:

Für den Teig:

300 g Mehl +
  Mehl zum Arbeiten
1 Prise Salz
60 g Zucker
1 Päckchen Vanillezucker
125 g kalte Butter +
  1 EL zerlassene Butter
  zum Bestreichen
1 Ei (Größe M)
1 Eigelb (Größe M)

Für den Belag:

800 g säuerliche Äpfel
100 g Zucker
1 TL fein abgeriebene
  Bio-Zitronenschale
1 Prise Zimtpulver

Für die Mascarponecreme:

2 sehr frische Eier (Größe M)
3 EL Zucker
1 EL Zitronensaft
250 g Mascarpone

ZUBEREITUNGSZEIT: 40 Min.
KÜHLZEIT: 1 Std.
BACKZEIT: 45 Min.
PRO PORTION (BEI 10 PERSONEN): ca. 470 kcal

Weinempfehlung:
trockener Prosecco.

Crostate – die knusprigen flachen Torten – erhalten am am liebsten eine Füllung aus frischen Früchten oder einer Creme. Diese fruchtige Variante bekommt ihr gewisses Etwas durch die zarte Mascarponecreme, die man dazu isst.

Bei uns berühmt geworden ist Mascarpone, der fettreiche cremige Frischkäse, mit dem Tiramisù. Auch wenn dieses Dessert im Veneto, genauer gesagt in Treviso, erfunden wurde, kommt der beliebte Käse doch ursprünglich aus der Lombardei, aus der Gegend von Lodi und Abbiategrasso. Schon Alexandre Dumas schwärmte vom Mascarpone, der eher an eine sahnige Creme, denn an einen Käse denken lässt. Kein Wunder, wird er doch aus Sahne hergestellt.

Heute ist der Mascarpone nicht nur mehr in der Lombardei, sondern in der gesamten Po-Ebene eine beliebte Zutat – sei es als Grundlage einer Nachspeise oder einer Nudelsauce.

1 Für den Teig das Mehl mit Salz, Zucker und Vanillezucker mischen. Butter in kleine Würfel schneiden und mit dem Ei und dem Eigelb dazugeben. Alles zu einem glatten Teig verkneten, zur Kugel formen und in Folie gewickelt etwa 1 Std. kühl stellen.

2 Für den Belag Äpfel vierteln, schälen, vom Kerngehäuse befreien und in Spalten schneiden. Mit dem Zucker, der Zitronenschale und dem Zimt in einem Topf erwärmen und etwa 5 Min. bei schwacher Hitze zugedeckt garen, abkühlen lassen.

3 Backofen auf 180° vorheizen. Teig auf der bemehlten Arbeitsfläche noch einmal durchkneten. Zwei Drittel davon abnehmen und zu einer runden Teigplatte (etwa 34 cm Ø) ausrollen. Eine Tarteform (30 cm Ø) mit dem Teig auskleiden, dabei einen Rand hochziehen. Den übrigen Teig dünn ausrollen und in gut 1 cm breite Streifen schneiden.

4 Die Apfelspalten auf dem Teigboden verteilen. Die Teigstreifen gitterartig darauf legen. Teigstreifen mit der zerlassenen Butter bestreichen. Die Crostata im Ofen (Mitte, Umluft 160°) etwa 45 Min. backen, bis sie schön gebräunt ist. Lauwarm abkühlen lassen.

5 Inzwischen für die Creme die Eier trennen. Die Eigelbe mit dem Zucker schön schaumig schlagen. Zitronensaft und Mascarpone unterrühren. Eiweiße zu steifem Schnee schlagen und unterheben.

6 Die *crostata* in Tortenstücke schneiden, auf Tellern anrichten und jeweils mit 1 kräftigen Klecks Mascarponecreme garnieren. Wer mag, kann den Kuchen vorher noch hauchdünn mit Puderzucker bestäuben.

Semifreddo al torrone
Nuss-Honig-Halbgefrorenes (Lombardei)

ZUTATEN für 6 Personen:
je 50 g gehäutete Mandeln und Haselnusskerne
100 g Honig
2 sehr frische Eier (Größe M)
2 EL Zucker
200 g Sahne
100 g Zartbitter-Schokolade
2 EL Milch
1 Prise Zimtpulver

ZUBEREITUNGSZEIT: 30 Min.
GEFRIERZEIT: 1 Std.
PRO PORTION: ca. 395 kcal

1 Die Mandeln und Haselnüsse fein hacken. Honig in eine Metallschüssel geben und über dem heißen Wasserbad 10–15 Min. rühren, bis er etwas dunkler wird. Die Nüsse unterheben und die Masse abkühlen lassen, dabei immer wieder durchrühren.

2 Die Eier trennen. Die Eigelbe mit dem Zucker schaumig rühren, die Honigmischung untermengen. Eiweiße und Sahne getrennt steif schlagen und unterheben. Sechs Förmchen oder Gläser (200 ml Inhalt) mit der Masse füllen und etwa 1 Std. ins Gefrierfach stellen.

3 Dann Schokolade in Stücke brechen, mit der Milch in eine Schüssel geben, im heißen Wasserbad schmelzen. Mit Zimt würzen. Etwas heiße Schokosauce über die Spume (eventuell gestürzt) laufen lassen, Rest getrennt dazu reichen. Rasch servieren.

Torrone ist eine Süßigkeit aus Eiweiß, Zucker, Honig, Mandeln oder Nusskernen. Dieses Dessert wird zwar nicht aus *torrone*, sondern einfach aus sehr ähnlichen Zutaten zubereitet.

Tiramisù alle pesche
Pfirsich-Tiramisu (Veneto)

ZUTATEN für 8–10 Personen:
1 kg Pfirsiche
1 Vanilleschote | 140 g Zucker
4 EL Zitronensaft
4 sehr frische Eier (Größe M)
500 g Mascarpone
etwa 150 g Löffelbiskuits (am besten vom Bäcker)
80 g gemischte Nusskerne (z. B. Mandeln, Haselnüsse und Pinienkerne)
2 EL Butter
Kakaopulver zum Bestäuben

ZUBEREITUNGSZEIT: 30 Min.
KÜHLZEIT: 8 Std.
PRO PORTION (BEI 10 PERSONEN): ca. 480 kcal

1 Die Pfirsiche mit kochendem Wasser überbrühen, abschrecken und die Haut abziehen. Pfirsiche halbieren, vom Stein befreien und in Spalten schneiden. Die Vanilleschote längs aufschlitzen und das Mark mit dem Messerrücken herausschaben. Mit den Pfirsichspalten, 50 g Zucker und dem Zitronensaft in einem Topf erwärmen und offen bei mittlerer Hitze etwa 5 Min. dünsten. Abkühlen lassen.

2 Die Eier trennen, die Eiweiße steif schlagen. Eigelbe mit 50 g Zucker schaumig schlagen, dann nach und nach den Mascarpone unterrühren. Eischnee unterheben.

3 Eine eckige Form mit einer Lage Löffelbiskuits auslegen und mit Pfirsichspalten bedecken. Etwas Mascarpone-Creme darauf verteilen, mit einer neuen Lage Löffelbiskuits belegen und mit Pfirsichen bedecken. Auf diese Weise die Zutaten in die Form schichten, mit Mascarpone-Creme abschließen.

Semifreddo al mascarpone
Mascarpone-Halbgefrorenes mit Kirschen (Emilia-Romagna)

ZUTATEN für 6–8 Personen:
Für das Eis:
200 g Amarettini
6 EL kalter Espresso
3 sehr frische Eier (Größe M)
80 g Zucker
1 Päckchen Vanillezucker
500 g Mascarpone
Kakaopulver und Puderzucker zum Bestäuben
Für die Kirschen:
500 g süße Kirschen
1/8 l trockener Rotwein
75 ml Aceto balsamico
3 EL Honig

ZUBEREITUNGSZEIT: 45 Min.
GEFRIERZEIT: 4 Std.
ANTAUZEIT: 2 Std.
PRO PORTION (BEI 8 PERSONEN): ca. 535 kcal

1 Die Amarettini in einen Gefrierbeutel füllen und mit dem Nudelholz darüber rollen, bis mittelgrobe Brösel entstanden sind. Die Amarettini-Brösel mit dem Espresso mischen.

2 Die Eier trennen. Die Eigelbe mit dem Zucker und dem Vanillezucker schaumig schlagen, den Mascarpone unterrühren. Die Eiweiße steif schlagen und mit den Amarettini-Bröseln unter die Mascarpone-Masse heben. Die Masse in eine kleine Kastenform (etwa 1 l Inhalt) füllen und für etwa 4 Std. ins Gefrierfach stellen. Semifreddo etwa 2 Std. vor dem Servieren aus dem Gefrierfach nehmen und in den Kühlschrank stellen, antauen lassen.

3 Inzwischen die Kirschen waschen und entsteinen. Den Rotwein mit dem Balsamico und dem Honig in einem Topf zum Kochen bringen und in etwa 10 Min. bei starker Hitze cremig einkochen lassen. Die Kirschen untermischen und 3–4 Min. bei mittlerer Hitze in der Flüssigkeit köcheln lassen. Die Kirschen im Sud erkalten lassen.

4 Die Form mit der Mascarpone-Masse ganz kurz in heißes Wasser tauchen. Das Semifreddo aus der Form stürzen und in Stücke schneiden. Auf kleinen Tellern anrichten und die Kirschen daneben verteilen. Semifreddo mit Kakaopulver und Puderzucker nach Geschmack bestäuben. Rasch servieren.

4 Das Tiramisù in den Kühlschrank stellen und etwa 8 Std. durchziehen lassen.

5 Vor dem Servieren die Nusskerne fein hacken. Butter mit dem übrigen Zucker in einer Pfanne bei mittlerer Hitze schmelzen lassen, bis sie leicht braun ist. Die Nüsse untermischen und unter Rühren 2–3 Min. anrösten, aber nicht zu dunkel werden lassen. Lauwarm abkühlen lassen, dann auf dem Tiramisù verteilen. Nach Belieben leicht mit Kakaopulver bestäuben und servieren.

Im echten Tiramisù aus Treviso werden die Biskuits mit *caffè*, also mit Espresso, getränkt. Zu dieser modernen fruchtigen Variante servieren Sie ihn einfach im kleinen Tässchen extra dazu.

Alpengebiete

Abwechslungsreicher Norden: Berge, Almwiesen und eine Fülle neuer Kochideen

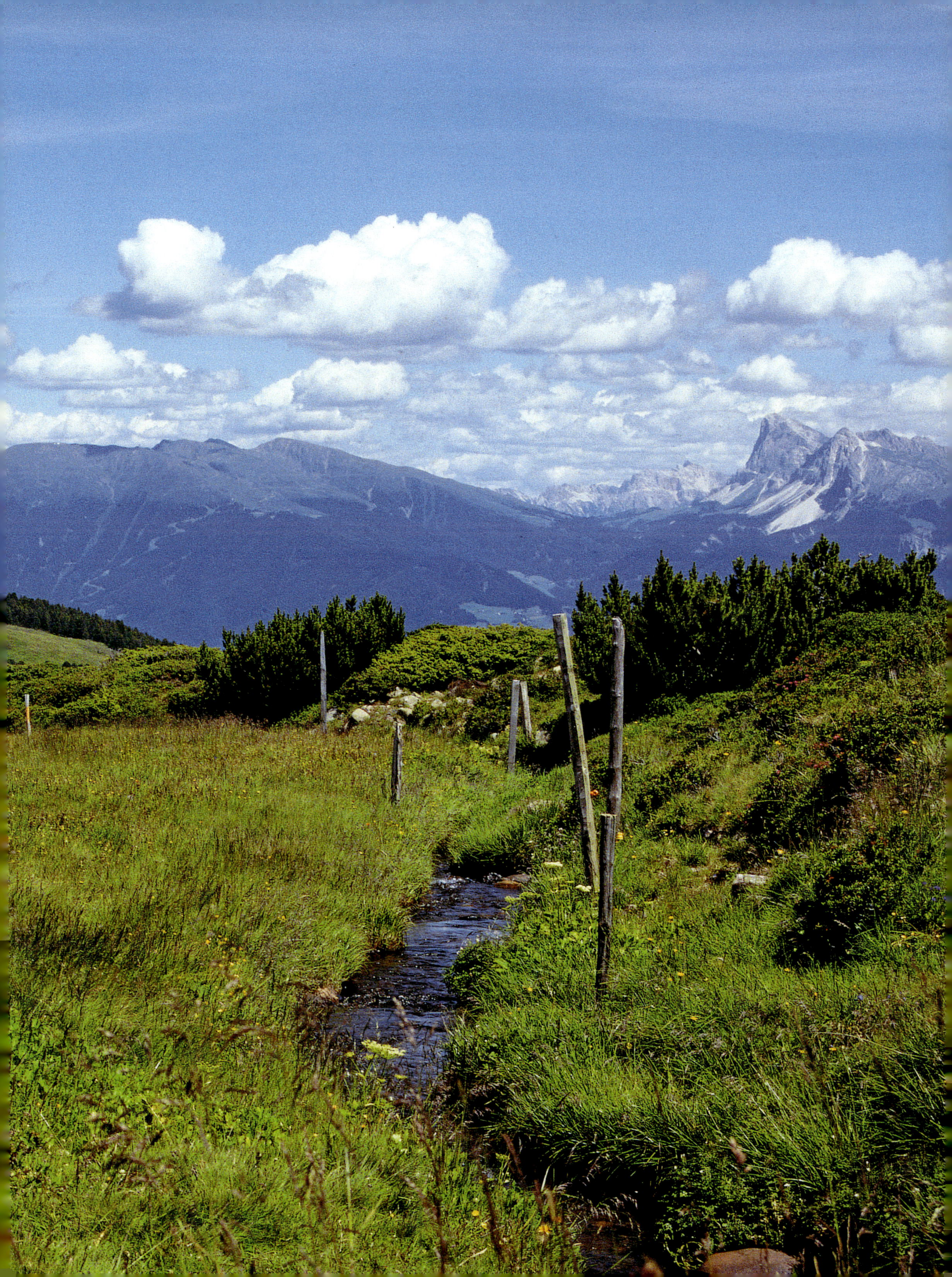

Alpengebiete

Das Land und seine Produkte
Im Schutz der hohen Berge gedeihen auch Äpfel und Wein

Wie eine riesige Burgmauer umgeben die Alpengipfel die nördlichen Regionen Italiens: Aosta-Tal und Piemont, den nördlichen Teil der Lombardei, Südtirol, Trentino und das kleine Land mit dem langen Namen Friaul-Julisch Venetien, das an Österreich und den Balkan grenzt. Der traditionellen Almwirtschaft in den Bergen steht der Anbau von Obst, Gemüse und Wein in den Ebenen gegenüber.

Lange Winter. In den Bergen dauert es seine Zeit, bis im Frühjahr die letzten Schneereste verschwunden sind und das Gras wieder sprießt. Ungünstige Bedingungen für den Anbau von Gemüse oder Obst. So bleibt den Bauern hier nur die Viehwirtschaft auf den Almen. Und wo es Kühe gibt, ist die Käseherstellung nicht weit. Milch wird mit Hilfe des Labferments zu einer bröckeligen Masse, die abgetropft und in Formen gepresst schließlich Käse ergibt. Käse ist eine »lager- und transportierbare Milch«, die nur ab und zu ins Tal gebracht werden muss. Jede der Bergregionen, oft auch jedes Tal hat seine eigenen Käsesorten: das Aosta-Tal die *fontina*, das Piemont *castelmagno* und *gorgonzola*, die Lombardei *bitto* und *casera*, Südtirol und Trentino ihre Alpkäse und den *grana del Trentino*, die Julischen Alpen den *montasio*.

Vorrat geht vor. Die abgeschiedene Lage der Gebirgstäler machte es früher notwendig, lange von Vorräten leben zu können. Die uns heute so raffiniert erscheinenden Methoden, Milch, Fleisch und Brot haltbar zu machen, haben hier ihren Ursprung: Die Herstellung von hartem Käse, geräuchertem oder luftgetrocknetem Schinken und Speck, geräucherter Gänsebrust und Gänsesalami im Friaul oder auch das harte Südtiroler Schüttelbrot dienten dazu, die Zeit bis zur nächsten Einkaufsmöglichkeit zu überbrücken.

Üppiges Grün. In den großen Tälern und Ebenen am Ausgang der Alpen sieht das Bild ganz anders aus. Hier überwiegt das Grün von Weinbergen und Apfelplantagen, von Gemüsefeldern und Eichenwäldern, in denen die begehrten Trüffeln und andere Pilze zu finden sind, aber auch Hirsche und Rehe, aus deren Fleisch feine Wildgerichte und Rehsalami entstehen. Hier liegen die großen Seen wie der Lago Maggiore, Lago di Como und Lago di Garda, die Forellen und andere Süßwasserfische liefern. Die Haselnüsse aus dem Piemont sind ebenso bekannt wie die Esskastanien aus Südtirol, die geröstet als *keschde* zum Törggelen im Herbst gegessen werden. Das Friaul steuert Spargel und vor allem Mais für die Polenta bei, die früher im Bergland aus Buchweizenmehl gekocht wurde. Alle diese Regionen profitieren vom Gebirge, aus dem der Sand für die fruchtbaren Böden angeschwemmt wurde, von den sonnigen Tagen und den kühlen Nächten, die Obst, Gemüse, Kartoffeln, Kohl, Radicchio und andere Salate besonders aromatisch gedeihen lassen. Süße Beeren, Pilze, Fische und Wild kommen aus der nächsten Umgebung, und so kann man eigentlich nur neidisch sein auf diese Gebiete, die alle Produkte in greifbarer Nähe haben.

Die Seen im Moränengebiet des Piemont wie der Lago Maggiore und der Lago d'Orta mit der Isola Santa Giulia sind nicht nur touristische Anziehungspunkte, sondern liefern auch Süßwasserfische wie Forellen, Felchen und Karpfen.

Die bäuerliche Aufzucht von Schweinen spielt für die Herstellung von ausgezeichneten Schinken, Speck und Wurstwaren eine große Rolle. Die artgerechte Haltung sorgt für festes, aromatisches Fleisch und einen hohen Fettgehalt.

In der Hügellandschaft von Serralunga d'Alba, im Herzen des Barolo-Gebietes im Piemont, bringen die Nebbiolo-Reben grandiose und besonders langlebige Rotweine hervor. Wenn es sich nicht um die Prestigeweine aus einer einzelnen Lage handelt, nennen viele Erzeuger in diesem Gebiet ihren Wein nach der Ursprungsgemeinde *Barolo Serralunga*.

Etwa 8 000 Südtiroler Familien leben vom Obstbau und bearbeiten relativ kleine Flächen naturnah oder biologisch, im Vinschgau bis auf 1 000 Meter Höhe. Das Klima ist ideal für das Gedeihen der Äpfel: mild mit genügend Sonnenstunden, aber kühlen Nächten im Herbst, die das Aroma und die Qualität fördern.

Steinpilze, *funghi porcini*, sind im Herbst in allen Alpenregionen die begehrtesten Pilze, die roh als Salat, gebraten, geschmort oder frittiert gegessen oder für den Vorrat getrocknet werden.

Esskastanien oder Maroni sind günstigerweise gerade dann reif, wenn der neue Wein probiert werden muss. So gehören zum »Törggelen«, der herbstlichen Weinprobe in Südtirol, immer auch geröstete *keschde* dazu.

Alpengebiete

Die Küche
Von der deftigen Alpenküche zur mediterranen Leichtigkeit

Schwere Arbeit und hartes Brot, so sah früher das Leben in den Bergregionen aus. Entsprechend deftig und sättigend waren die Mahlzeiten, die vor allem aus dicken Suppen, Eintöpfen und Fettgebackenem bestanden. Mit dem Tourismus kamen nicht nur bessere Lebensbedingungen ins Land, sondern auch raffiniertere Rezepte in die Küchen.

Alles in Butter. Die Alpen sind keine unüberwindbare Barriere zwischen Nord und Süd, sie werden von Tälern durchschnitten, durch die schon immer Menschen aus anderen Regionen und Ländern zogen. Im Westen grenzen Frankreich und die Schweiz an, im Osten sind es Österreich und Slowenien, und alle haben ihre Spuren hinterlassen. So vielfältig die Einflüsse sind, einige Grundzüge sind in allen Alpengebieten gleich. Zum Beispiel die Verwendung von Butter statt Olivenöl, Sahne und Käse sowie die Vorliebe für Polenta, Kartoffeln und Reis. Die Zubereitungen sind vorwiegend sanft und gemütlich, Fleisch und Gemüse werden eher leise gekocht und gedünstet als geröstet und gebraten. Traditionelle Gerichte werden fantasievoll und modern variiert, die regionalen Zutaten neu zusammengestellt. Insgesamt also eine eher innovative als revolutionäre neue Küche.

Brotzeiten. Aus dem Imbiss mit Brot und Speck, der die harte Tagesarbeit zu früheren Zeiten angenehm unterbrach, sind die heutigen Vorspeisen entstanden – mit Schinken, Speck (vor allem dem köstlichen aus Südtirol und Arnad) und würzig mariniertem Rindfleisch, dem *carne salada*. Die Hauptrolle unter den Pastagerichten spielen immer noch hausgemachte Nudeln und *gnocchi,* die zarten Kartoffelklößchen, aber bei den Hauptgerichten laufen Seefische, Wachteln und Spanferkel dem traditionellen *bollito misto* (verschiedene Fleischsorten in einem Topf gegart), den *wompen* (Kutteln) und anderen deftigen Fleischgerichten den Rang ab.

Bodenschätze. Eines lässt sich bei uns leider nur sehr kostspielig nachempfinden: die Vorliebe für den Trüffel, jenen widerspenstigen, unterirdisch wachsenden Pilz, der zur Saison von Vorspeise bis Hauptgericht fast jedes Gericht aufs Feinste begleitet. Überhaupt scheint die Begeisterung für »duftende« Spezialitäten ein Charakteristikum aller alpinen Regionen zu sein, nirgendwo sonst gibt es so aromatische Käsesorten wie hier.

Süßes. Bei den Desserts wird es wieder klassisch: heimische Früchte, Äpfel, Pfirsiche, Nüsse und Waldbeeren kommen fast immer darin vor, nicht nur ein Erbe der Donaumonarchie. Die Vorliebe für Süßigkeiten stammt noch aus der Zeit, als hart gearbeitet wurde. Damals war Zucker ein wichtiger Energielieferant, der leicht im Vorrat zu halten war. Ergänzt werden Desserts gern mit edelsüßen Weinen oder mit Grappa, dem Tresterbrand, der sich vom einfachen Bauernschnaps zum teuren Edeldigestif gemausert hat.

Alpengebiete

a Das Mähen der steilen Almwiesen ist auch heute noch mühevolle Handarbeit. Im Winter wird das Heu als Viehfutter mit Schlitten ins Tal befördert.

b Durch den Gebirgszug der Alpen vor kalten Nordwinden geschützt, gedeihen im Piemont Salat, Gewürzkräuter und Frühlingszwiebeln schon zeitig im Jahr.

c Um Castelmagno im piemontesischen Grana-Tal wird der gleichnamige Kuhmilch-Hartkäse hergestellt. Die Kühe erhalten nur Futter von den mageren Sandböden der Umgebung, was der Milch und dem Käse den unverkennbar pikanten Geschmack verleiht.

d Im Piemont und im Aosta-Tal werden würzige Käse aus Kuhmilch oder einer Mischung aus Kuh- und Ziegen- oder Schafmilch produziert, die *toma* oder auch *tuma* genannt werden. *Tomini* heißen die kleinen Exemplare, die mit Olivenöl, Peperoncino und Petersilie mariniert werden.

e Tradition und Gastfreundschaft waren früher besonders in den armen Alpenregionen wichtig fürs Überleben. Diese Tugenden findet man auch heute noch, doch in den Küchen weht oft ein erstaunlich frischer Wind.

Alpengebiete

Die Weine
Leichte Weißweine, herausragende Sekte und die großartigsten Rotweine

Die Regionen vor den Alpen bergen etliche Geheimnisse. Zum Beispiel eine Rebsorte, den Nebbiolo, der in vielen Rotweinen steckt und doch immer wieder anders schmeckt: im *Barolo* und *Barbaresco*, *Donnas* (auch *Donnaz*) und *Gattinara*, *Sassella* und *Grumello*.

Dicke Haut und lange Reife. Nebbiolo-Trauben reifen langsam und gedeihen am besten im Piemont auf Bergkämmen, die über die Nebel hinausragen, die im Oktober durch die Täler ziehen. Ihre dicken Schalen verhindern, dass die Beeren faulen, ergeben aber sehr hohe Gerbstoffgehalte, sodass die Weine einen langen Reifeprozess im Fass und in der Flasche benötigen, bis sie trinkreif sind. Also keine Weine für Anfänger oder Ungeduldige. Leichter zugänglich sind einfachere Rotweine der Rebsorte wie ein *Langhe Nebbiolo*, ein *Nebbiolo d'Alba* oder der *Donnaz*, ein Nebbiolo-Wein aus dem Aosta-Tal.

Oft deftig-ländlich sind viele Rotweine, die die Rebsorte Barbera im Namen tragen: *Barbera d'Asti*, *Barbera d'Alba*, *Barbera del Monferrato* und viele mehr. Aus dieser anpassungsfähigen, ertragreichen Sorte kann sehr viel einfacher Wein, aber auch wenig sehr guter Wein gekeltert werden. Hier kommt es vor allem darauf an, dass der Winzer den Ertrag reduziert. Eine Spezialität des Friauls ist ein Rotwein mit schwierigem Namen: der *Refosco del Peduncolo Rosso*, herb-fruchtig mit eigenwillig würziger Note. Der *Teroldego* aus der Rotaliano-Ebene des Trentins und die Südtiroler Weine aus Vernatsch-Trauben wie etwa *St. Magdalener*, *Meraner* und *Kalterersee* gehören zu den beliebtesten Rotweinen aus Norditalien.

Weißweine sind nicht ganz so prominent vertreten, außer dem *Gavi* aus der Provinz Alessandria, der sich, so er aus den Lagen um das gleichnamige Städtchen stammt, *Gavi di Gavi* nennen darf, und dem *Roero Arneis*, ein frisch-würziger Wein aus der Barolo-Gegend, der in letzter Zeit immer beliebter geworden ist. Neben einer Reihe von Weinen aus Chardonnay-Trauben lohnt es sich, die echten Südtiroler *Gewürztraminer*, die dezent-aromatisch schmecken, zu probieren.

Schäumendes. Außer den stillen Weinen gibt es eine Anzahl von Schaumweinen wie den *Asti Spumante* oder den ähnlichen *Moscato d'Asti*, fruchtig-blumige süße Sekte, die gut zu Desserts passen. Absolutes Highlight sind die Schaumweine aus der Franciacorta im Norden der Lombardei, die einfach nur *Franciacorta DOCG* heißen. Sie sind nach traditioneller Art im Flaschengärverfahren hergestellt und schmecken auch in der »Brut«-Version (heißt: absolut trocken) cremig, frisch und rund. Daneben kommen aus diesem Gebiet aber auch stille Rot- und Weißweine, die beachtenswert sind.

Links: Trotz mediterranen Klimas kann es im Winter in den Weinbergen am Fuß der Alpen empfindlich kalt werden.
Oben: Berühmte Beispiele der Region (von links nach rechts) – *Teroldego Rotaliano*, *Refosco*, *Barolo*, *Südtiroler St. Magdalener*, *Barbera d'Alba*.

Alpengebiete

Rezepte der Region
Frischer Alpenwind weht in den Töpfen

ANTIPASTI

94 **Polpo con fagioli**
Oktopus mit Bohnenpüree

96 **Vinschger tostato**
Traminer Vinschgerl-Toast

96 **Crostini con tartufo**
Trüffel-Crostini

97 **Liptauer**
Gorgonzola-Mascarpone-Creme

97 **Involtini di bresàola**
Bündner-Fleisch-Röllchen

100 **Carne salada**
Roher Rindfleischsalat mit Pilzen

102 **Insalata di fagioli con prugne valligiane**
Bohnensalat mit Speckpflaumen

103 **Zucchini fritti con noci**
Frittierte Zucchini mit Nüssen

PRIMI PIATTI

106 **Gnocchi ripieni con ragù di finferli**
Gefüllte rote Gnocchi mit Pfifferlingsragout

108 **Zuppa d'oca**
Gänsesuppe

109 **Minestra aglio ed erbette**
Knoblauchsuppe mit Kräutern

110 **Tagliatelle con speck**
Bandnudeln mit Speck

110 **Maltagliati alle ortiche**
Nudeln mit Brennnesseln

111 **Porcini gratinati con crema di polenta**
Steinpilze mit cremiger Polenta überbacken

SECONDI PIATTI

112 **Trote con salsa verde**
Forellen mit grüner Sauce

112 **Quaglie al vignaiolo**
Wachteln auf Winzerart

113 **Stinco di porchetta glassato**
Spanferkelhaxen mit Honig glasiert

114 **Lombatina di vitello al finocchio**
Kalbslende mit Fenchel

CONTORNI

116 **Orzotto allo zafferano**
Graupen-Risotto mit Safran

116 **Asparagi con midollo**
Spargel mit Mark

117 **Cavolini di bruxelles con castagne**
Meraner Rosenkohl mit Kastanien

118 **Polenta**
Maisgrießbrei

DOLCI

120 **Latte di neve**
Schnalstaler »Schneemilch«

122 **Toma con cugnà**
Käse mit nussiger Obstsauce

122 **Gratin di zabaione**
Weinschaum-Gratin

123 **Gelatina di pesche su salsa al moscato**
Pfirsichgelee auf Moscato-Sauce

Vielleicht liegt es an der gewissen Schwerfälligkeit der traditionellen alpenländischen Küchen, dass gerade hier erst in den letzten Jahren besonders viele originelle neue Gerichte zu finden sind. Doch alle haben die Produkte der eigenen Umgebung, die eine beneidenswerte Vielfalt bietet, als Grundlage.

Alpengebiete

Polpo con fagioli
Oktopus mit Bohnenpüree (Friaul)

ZUTATEN für 4 Personen:
1 kg kleine Oktopusse (Kraken)
grobes Meersalz zum Bestreuen
1 Eiweiß (Größe M)
Salz | Pfeffer aus der Mühle
5 EL Olivenöl
500 g frische Dicke Bohnen in der Hülse (ersatzweise 350 g TK-Bohnenkerne)
1 Bund Basilikum
1 Knoblauchzehe
1 TL Zitronensaft

ZUBEREITUNGSZEIT: 40 Min.
GARZEIT: 30 Min.
KÜHLZEIT: 2 1/2 Std.
PRO PORTION: ca. 575 kcal

Paradebeispiel der neuen Küche des Friauls: einfache, frische Zutaten, »gewürzt« mit einer genialen Idee – die Fangarme der Oktopusse verbinden sich zu einer festen »Wurst«.

Die Köpfe der Kraken werden für dieses Gericht nicht benötigt. Einfach sauber putzen, in Streifen schneiden und mit gehackten Zwiebeln dünsten – so wird eine simple Pastasauce daraus.

Das Püree aus den dicken grünen Bohnenkernen (gibt es ab Mai vor allem in italienischen und türkischen Gemüseläden) erinnert im Aussehen an das ligurische Pesto, schmeckt aber ganz anders. Ein ähnliches Püree wie dieses bereiten auch die Umbrier zu, würzen es aber mit frischem wildem Fenchel.

Weinempfehlung:
würziger, eleganter Weißwein, etwa ein Chardonnay aus dem Friaul.

1 Die Fangarme der Oktopusse auf dem Arbeitsbrett auslegen und knapp unterhalb des Kopfes abschneiden. Die Fangarme mit grobem Meersalz bestreuen und kräftig damit reiben, dabei die dunkle Haut so weit wie möglich entfernen. Fangarme in kochendem Salzwasser etwa 1 Min. überbrühen, abtropfen lassen.

2 Eiweiß mit 1 Prise Salz leicht schaumig schlagen, Fangarme darin wenden. Eine Klarsichtfolie mit 1 EL Öl bestreichen, dabei die Ränder frei lassen. Fangarme so auf die Folie legen, dass abwechselnd dicke und dünne Enden nebeneinander liegen und eine Rolle (etwa 7 cm Ø) entsteht, pfeffern. Die Folie ganz fest aufrollen, die Enden gut zusammendrehen, festdrücken.

3 Die Rolle noch in Alufolie wickeln. Enden gut zusammendrehen, damit die Rolle ihre Form besser behält. Das Paket in einen Topf mit kaltem Wasser legen. Das Wasser erhitzen und die Rolle zugedeckt 30 Min. bei schwacher Hitze garen. Dann die Herdplatte abschalten und die Wurst im Wasser 2 Std. abkühlen lassen. Herausheben, in 30 Min. im Tiefkühler leicht anfrieren lassen.

Alpengebiete

4 Die Bohnenkerne aus den Hülsen palen, mit kochendem Wasser überbrühen und die lederartigen weißen Häute entfernen. Dazu an der Beuge der Kerne mit dem Daumennagel die Haut einritzen und abziehen. Die Bohnen in kochendem Salzwasser 5 Min. garen.

5 Die Basilikumblätter von den Stängeln zupfen, die Spitzen beiseite legen. Bohnenkerne abgießen, abschrecken und mit dem Basilikum in einen Mixer geben. Knoblauch schälen und durch die Presse dazudrücken.

6 Die Bohnenkerne sehr fein pürieren, dabei langsam das restliche Olivenöl dazulaufen lassen. Die Sauce soll ganz glatt sein, sonst noch durch ein feines Sieb streichen. Mit Salz, Pfeffer und dem Zitronensaft abschmecken.

7 Die Oktopus-Wurst aus den Folien packen und mit einem sehr scharfen Messer in dünne Scheiben schneiden. Scheiben auf Tellern anrichten und Zimmertemperatur annehmen lassen. Jeweils etwas Bohnenpüree darüber geben, mit den Basilikumspitzen garnieren.

Alpengebiete

Vinschger tostato
Traminer Vinschgerl-Toast (Südtirol)

ZUTATEN für 4 Personen:
- 4 kleine Vinschgerl Brote (etwa 14 cm Ø, siehe auch Tipp)
- 80 g Südtiroler Speck (in sehr dünnen Scheiben)
- 80 g Mortadella (in Scheiben)
- 80 g Salami (in Scheiben)
- 8 Scheiben Südtiroler Bergkäse
- 4 Gewürzgurken

ZUBEREITUNGSZEIT: 10 Min.
BACKZEIT: 10 Min.
PRO PORTION: ca. 635 kcal

1 Den Backofen auf 200° (Umluft 180°) vorheizen. Die Vinschgerl quer durchschneiden, die unteren Hälften mit Speck, Mortadella und Salami belegen.

2 Den Bergkäse entrinden und Speck und Wurst damit bedecken, die oberen Vinschgerlhälften auflegen und andrücken. Im Ofen (Mitte) etwa 10 Min. backen, bis die Brote heiß und knusprig sind und der Käse zu schmelzen beginnt.

3 Die Gewürzgurken längs in dünne Scheiben schneiden und die Toasts damit garnieren. Heiß servieren.

Im Vinschgau gibt es diese knusprigen Toasts beim Törggelen in den Buschenschanken. Original werden sie mit großen Vinschger Fladenbroten zubereitet, die ein bisschen dünner sind als die Vinschger »Paarl« (zwei kleinere zusammenhängende rundliche Fladen), die wir bei uns kaufen können. Falls Sie mal die großen Brote bekommen, zugreifen und statt der kleinen nehmen.

Crostini con tartufo
Trüffel-Crostini (Piemont)

ZUTATEN für 4 Personen:
- 25 g weiße Trüffeln
- 1 Knoblauchzehe
- 50 g Butter
- 2 EL frisch geriebener Grana Padano (ersatzweise Parmesan)
- etwas Gemüsebrühe (bei Bedarf)
- 2 TL Zitronensaft
- 1 Msp. fein abgeriebene Bio-Zitronenschale
- Salz | Pfeffer aus der Mühle
- 4 dicke Scheiben Weißbrot

ZUBEREITUNGSZEIT: 20 Min.
PRO PORTION: ca. 210 kcal

1 Die Trüffeln unter fließendem Wasser mit einer weichen Bürste säubern, dann mit Küchenpapier trockentupfen und hauchdünn schälen. Ein paar feine Scheiben abhobeln, übrige Knollen fein raspeln. Den Knoblauch schälen und sehr fein hacken.

2 Butter zerlassen, Knoblauch bei schwacher Hitze andünsten. Trüffelraspel zugeben und ganz kurz erwärmen. Käse einrühren und schmelzen lassen, eventuell mit so viel Brühe verdünnen, bis eine cremige Paste entstanden ist.

3 Topf vom Herd nehmen und Zitronensaft und -schale unterrühren, salzen und pfeffern. Brotscheiben unterm Backofengrill, im Toaster oder in einer Pfanne hell rösten. Mit der Trüffelpaste bestreichen, mit Trüffelscheiben garnieren und heiß servieren.

Neben den teuren weißen Trüffeln aus Alba, die im Winter Saison haben, gibt es vom Frühjahr bis in den Sommer die preiswerteren Märztrüffel *bianchetto* aus Italien. Die Schalen nicht wegwerfen, sondern trocknen und mildes Olivenöl damit aromatisieren.

Alpengebiete

Liptauer
Gorgonzola-Mascarpone-Creme (Friaul)

ZUTATEN für 4 Personen:
200 g Gorgonzola
100 g Mascarpone
1 kleine Zwiebel
1 Frühlingszwiebel
2 Sardellenfilets (in Salz)
1 EL Kapern (in Salz)
1/2 TL Kümmelsamen
1 TL Paprikapulver
1/2 TL mittelscharfer Senf
Salz | Pfeffer aus der Mühle

ZUBEREITUNGSZEIT: 20 Min.
PRO PORTION: ca. 310 kcal

1 Den Gorgonzola in eine Schüssel geben und mit einer Gabel zerdrücken. Den Mascarpone unterrühren. Die Zwiebel schälen, die Frühlingszwiebel waschen und putzen. Beides sehr klein würfeln und unter die Käsecreme mischen.

2 Sardellen und Kapern abbrausen, trockentupfen und fein hacken. Kümmel im Mörser zerdrücken. Alles mit Paprika und Senf zum Käse geben, mit wenig Salz und Pfeffer würzen und glatt verrühren. Bis zum Servieren kühl stellen. Am besten mit Radieschen und knusprigem Weißbrot auf den Tisch stellen.

Mit Käse angemachte Cremes kannten schon die alten Römer. Der Name dieser Zubereitung zeigt aber, dass die Ursprünge in Ungarn liegen, wo ein Schafkäse *liptauer* heißt. Das Rezept ist einerseits über Österreich nach Norditalien gewandert, andererseits auch über die Sudeten in Deutschland bekannt geworden.

Involtini di bresàola
Bündner-Fleisch-Röllchen (Lombardei)

ZUTATEN für 4 Personen:
75 g Bresàola (in hauchdünnen Scheiben, siehe Tipp)
100 g Strachitund (lange gereifter Edelpilzkäse aus der Lombardei, ersatzweise Gorgonzola)
100 g Caprino (fester Ziegenfrischkäse) oder Robiola (sahniger Frischkäse aus Vollmilch, Schaf- oder Ziegenmilch)
2 EL weiche Butter | etwas Sahne
Salz | Pfeffer aus der Mühle
2 Stängel Petersilie
1 EL Zitronensaft | 3 EL Olivenöl

ZUBEREITUNGSZEIT: 20 Min.
PRO PORTION: ca. 350 kcal

1 Bresàola-Scheiben auf der Arbeitsfläche auslegen. Die Käse zerdrücken oder fein zerkrümeln. Mit der Butter mischen und cremig rühren, bei Bedarf mit der Sahne streichfähig machen. Mit Salz und Pfeffer abschmecken.

2 Petersilie waschen, trockenschütteln und fein hacken. Käsecreme auf die Bresàola-Scheiben streichen, aufrollen und die Enden in die Petersilie tauchen. Die Röllchen auf Tellern anrichten.

3 Zitronensaft mit etwas Salz und Pfeffer verquirlen, das Olivenöl unterschlagen und die Zitronensauce über die Röllchen träufeln. Gleich servieren – am besten mit ofenfrischem Weißbrot.

Bresàola della Valtellina ist eine luftgetrocknete Rinderlende (ähnlich dem Bündner Fleisch), sozusagen ein roher Rinderschinken, der hauchdünn aufgeschnitten in ganz Italien als Vorspeise beliebt ist. Einfach pur mit Zitronensaft und Olivenöl beträufelt oder mit Käse gefüllt, wie es typisch für die Lombardei ist.

Reportage

Luxusknollen aus dem Eichenwald
Ohne Spürhund kaum zu finden: die Trüffeln im Waldboden

Nur gut ausgebildete Hundenasen (Trüffelschweine werden in Frankreich eingesetzt) können die Delikatessen unter der Erde erschnüffeln: die Trüffeln, die für die Tiere verlockend duften. Uns ist das intensive Aroma in starker Dosierung schon fast unangenehm animalisch. Doch in homöopathischen Dosen (mehr kann man sich kaum leisten) entwickeln die edlen Pilze ein unvergleichliches Aroma.

Schwarz oder weiß. Frische Trüffeln sind die teuersten Pilze überhaupt. Nicht nur ihr Versteckspiel unter der Erde, auch ihre anspruchsvollen Anforderungen an ihre Umwelt machen sie zu einzigartigen Gesellen, die sich künstlichen Zuchtversuchen meist erfolgreich widersetzen. Und auch der Umgang mit ihnen ist nicht ganz so einfach wie bei den gewöhnlichen Pilzen. Zunächst ist zwischen weißen und schwarzen Trüffeln zu unterscheiden. Kultstatus hat die weiße Trüffel von Alba (Piemont) erreicht, italienisch *tartufo bianco pregiato*, deren Aroma zwischen November und Februar am intensivsten ist. Auf dem Trüffelmarkt von Alba (samstags von Ende Oktober bis Anfang Dezember) drängeln sich vor allem Touristen, der Profihandel geht andere Wege (vorzugsweise solche, die am Finanzamt vorbei führen). Das Aroma weißer Trüffeln ist kräftiger als das der schwarzen, und besonders gut sind solche, die unter Eichenbäumen wachsen. Aber erst beim Zerschneiden sind diese mit ihrem karamellfarbenen Inneren von den unter Weidenbäumen gewachsenen zu unterscheiden, die rosafarbener sind. Von außen sehen alle gleich aus. Weiße Trüffeln entfalten ihren Wohlgeschmack am besten, wenn sie roh – hauchdünn frisch mit dem Trüffelhobel zu Spänen geraspelt – über die heißen Gerichte gegeben werden. Anders die schwarzen Trüffeln und die Sommertrüffeln, die man am besten kurz in heißer Butter oder in Olivenöl schwenkt, damit sie sich entfalten können.

Schwarze Trüffeln. Von Dezember bis Mitte März reicht die Saison der schwarzen Trüffeln *(tartufo nero pregiato)* in Norcia und Spoleto (Umbrien) und in den Marken. Sie entspricht der der nicht minder berühmten Périgord-Trüffeln aus Frankreich. Sie gedeihen unter Eichen- und Nussbäumen, haben eine schwarze, warzige Haut und ein violett-schwarzes Fruchtfleisch mit weißen Äderchen. Für Trüffelliebhaber ist die schwarze Trüffel die Vielseitigere, weil sie auch als würzende Beigabe in Saucen oder Pasteten noch ihr Aroma behält. Die *bagnoli*-Trüffel, eine Variante aus Kampanien, hat graues Fruchtfleisch mit weißen Adern, aber ihr Aroma erinnert etwas an Teer, weshalb sie weniger geschätzt wird.

Noch mehr Trüffeln. Ab Mitte November gibt es aus Umbrien die schwarze Wintertrüffel *(uncinato)* mit harter, schwarz geperlter Schale und karamellbraunem, hell geädertem Fruchtfleisch, die zwar stark duftet, aber erst beim Dünsten in Butter ihren Geschmack entwickelt. Von Mai bis November reicht die Saison der schwarzen Sommertrüffel *(scorzone)*, die ebenfalls erst beim Erhitzen ihr feines Aroma freigibt. Und die weiße Märztrüffel *(bianchetto)* kann man im Frühjahr bekommen. Für alle gilt: möglichst frisch und sofort verwenden, Trüffeln schimmeln leicht. Zur kurzfristigen Lagerung in Küchenpapier wickeln oder mit Reiskörnern bedecken (der Reis nimmt so sogar noch etwas Aroma auf). Zur Verwendung kurz unter fließendem Wasser bürsten, harte Schalen dünn abschälen (zum Würzen von Reis oder Brühen verwenden), dann die Knollen mit einem Trüffelhobel in feine Späne hobeln.

a Das einfachste aller Trüffelgerichte: 400 g schmale Eier-Bandnudeln in reichlich Salzwasser al dente kochen. 100 g Butter zerlassen, 1 schwarzen Wintertrüffel *(tartufo d'inverno)* waschen, hauchdünn schälen, dünn hobeln und kurz in der heißen Butter ziehen lassen. Die Nudeln abgießen und rasch mit der Trüffelbutter mischen. Sofort servieren.

Reportage

b Schwarze Trüffeln haben eine harte, tiefschwarze geperlte Schale, in der sich feine Sandreste verbergen können. Vor der Zubereitung mit einer Bürste säubern, dann hauchdünn abschälen. Die Schalen gut getrocknet in Olivenöl einlegen, das nimmt dann das Aroma auf.   c Die schwarze Wintertrüffel, *tartufo nero pregiato*, findet man von Mitte November bis Mitte März auf den Märkten. Ihr Duft ist angenehm aromatisch, der Geschmack entwickelt sich am besten, wenn der Pilz nicht zu dünn gehobelt und kurz in Fett gedünstet wird.   d Die schwarze Sommertrüffel, *scorzone*, die es von Mai bis Ende November gibt, hat ebenfalls eine geperlte, aber pyramidenartig warzige Schale. Das Fruchtfleisch, die Gleba, ist haselnussbraun bis gelblich. Im Geschmack ähnelt sie einem Steinpilz.

Alpengebiete

Carne salada
Roher Rindfleischsalat mit Pilzen (Trentino)

ZUTATEN für 8 Personen:

Für den Salat:

750 g mageres Rindfleisch (z. B. Tafelspitz oder obere Keule)

3 Knoblauchzehen

3 Lorbeerblätter

1 TL getrocknete Rosmarinnadeln

1 TL getrocknete Salbeiblätter

45 g Salz

2 TL grob gemahlener schwarzer Pfeffer

Für die Pilze:

500 g möglichst kleine Steinpilze (ersatzweise Egerlinge)

2 Knoblauchzehen

3–4 Stängel Petersilie

Salz

100 ml Walnussöl

Außerdem:

150 g zarte Salatblätter (z. B. Frisée, Radicchio, Rucola)

Salz | Pfeffer aus der Mühle

3 EL Weißweinessig

8 EL Olivenöl

1/2 kleines Bund Kräuter (z. B. Petersilie, Schnittlauch, Thymian)

ZUBEREITUNGSZEIT: 45 Min.
MARINIERZEIT: 1 Woche
PRO PORTION: ca. 355 kcal

Weinempfehlung:
fruchtig-milder Weißwein, etwa ein Pinot Bianco aus dem Trentino.

Früher wurde vor allem in der Gegend um Arco und am oberen Gardasee das Rindfleisch mit viel Salz und Gewürzen als Wintervorrat haltbar gemacht. Mit dem Einzug moderner Kühlmethoden geriet diese Zubereitung ziemlich in Vergessenheit, bis sie als würzige Vorspeise neu entdeckt wurde. In hauchdünne Scheiben geschnitten, mit etwas Essig, Olivenöl und schwarzem Pfeffer angemacht, ist das *carne salada*, das gesalzene Fleisch, einfach köstlich und praktisch obendrein: Es hält sich im Kühlschrank etwa 3 Wochen lang. Als Hauptgericht werden die Scheiben dicker geschnitten und kurz gegrillt, dazu gibt es gekochte braune Bohnen, mit Zwiebeln und Olivenöl geschmort.

1 Für den Salat von dem Rindfleisch das Fett und alle Sehnenreste wegschneiden, das Fleisch mit Küchenpapier trockentupfen. Den Knoblauch schälen und in Scheibchen schneiden. Lorbeerblätter, Rosmarinnadeln und Salbeiblätter zerbröseln. Alles mit dem Salz und Pfeffer mischen.

2 Das Fleisch in eine passende Schüssel legen, Salzmischung darüber streuen und das Fleisch darin wenden. Die Schüssel gut mit Folie abdecken und das Fleisch im Kühlschrank (Gemüsefach) 1 Woche marinieren lassen, dabei ab und zu umdrehen.

3 Dann bei den Steinpilzen unschöne Stellen an Hüten und Stielen mit einem kleinen Messer abschaben. Die Pilze mit einem leicht angefeuchteten Küchenpapier oder einer kleinen Bürste abreiben. Pilze je nach Größe halbieren, vierteln oder in Scheiben schneiden, in eine Pfanne geben.

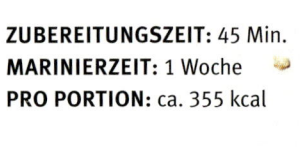

Alpengebiete

4 Knoblauchzehen schälen und fein hacken. Petersilie waschen, trockenschütteln und hacken. Beides über die Pilze streuen. Das Ganze salzen und mit Walnussöl übergießen. Langsam erhitzen und sanft 20 Min. bei schwacher Hitze dünsten. In der Pfanne abkühlen lassen.

5 Inzwischen das Fleisch aus der Salzmischung heben, mit Küchenpapier gut abwischen und mit einem scharfen Messer quer zur Faser in möglichst dünne Scheiben schneiden. (Einfacher geht das Schneiden, wenn das Fleisch vorher etwa 30 Min. ganz leicht angefroren wird.)

6 Die Salatblätter waschen, trockenschleudern, etwas kleiner zupfen und Teller damit auslegen. Die marinierten Steinpilze aus dem Öl heben und daneben anrichten. Die hauchdünnen Fleischscheiben locker auf den Salatblättern verteilen.

7 Die Fleischscheiben mit wenig Salz und reichlich Pfeffer bestreuen, mit dem Essig und Olivenöl beträufeln. Die Kräuter waschen, trockenschütteln, fein schneiden und darüber streuen. Am besten mit knusprigem Weißbrot reichen.

Alpengebiete

Insalata di fagioli con prugne valligiane
Bohnensalat mit Speckpflaumen (Aosta-Tal)

ZUTATEN für 4 Personen:

250 g getrocknete weiße Bohnen
1 Stängel Salbei (am besten Wiesen-Salbei pflücken, der auf trockenen Wiesen wächst)
Salz | Pfeffer aus der Mühle
1 weiße Zwiebel
2 Zweige Thymian
3 EL Weißweinessig
4 EL Olivenöl
12 dicke Dörrpflaumen
2 EL Weißwein
12 gehäutete Mandeln
6 dünne Scheiben Lardo di Arnad (würziger Schweinespeck aus dem Aosta-Tal, ersatzweise Südtiroler Bauchspeck)
Zahnstocher zum Feststecken

ZUBEREITUNGSZEIT: 35 Min.
EINWEICHZEIT: über Nacht
GARZEIT: 1 Std. 25 Min.
MARINIERZEIT: 30 Min.
PRO PORTION: ca. 650 kcal

1 Bohnen in reichlich Wasser über Nacht einweichen. Dann die Bohnen mit frischem Wasser und dem Salbeistängel (eventuell die Blüten abzupfen und beiseite legen) aufsetzen und in etwa 1 Std. fast gar kochen. Salzen, die Bohnen vom Herd nehmen und noch 15 Min. nachziehen lassen.

2 Bohnen abgießen, kalt überbrausen, abtropfen lassen, Salbei entfernen. Zwiebel schälen und fein würfeln. Thymian waschen, trockenschütteln, Blättchen abzupfen und fein hacken. Bohnen mit Zwiebel, Thymian, Salz, Pfeffer, Essig und Öl anmachen, bis zum Servieren ziehen lassen.

3 Die Dörrpflaumen mit dem Weißwein beträufeln und 30 Min. marinieren lassen, dabei ab und zu umdrehen.

4 Den Backofen auf 200° (Umluft 180°) vorheizen. Dörrpflaumen aus dem Wein nehmen (den Wein aufheben) und aufschlitzen. Die Kerne entfernen, stattdessen die Mandeln in die Pflaumen füllen und wieder zudrücken. Die Speckscheiben quer halbieren und jeweils 1 Pflaume in 1/2 Speckscheibe einwickeln, mit Zahnstochern feststecken.

5 Die Pflaumen in eine hitzebeständige Form legen und im Ofen (Mitte) 10 Min. backen. Nach der Hälfte der Garzeit die Pflaumen umdrehen und mit dem Marinierwein beträufeln. Heiße Pflaumen auf dem Bohnensalat anrichten und (mit Salbeiblüten garniert) servieren.

Bei diesem klassischen Gericht kommt es wirklich auf die Zutaten an – dann schmeckt es nach herrlich aromatischen Kräutern und den herben Gewürzen des Specks.

Alpengebiete

Zucchini fritti con noci
Frittierte Zucchini mit Nüssen (Südtirol)

ZUTATEN für 4 Personen:

500 g Zucchini
Salz | Pfeffer aus der Mühle
30 g Walnusskerne
2 Schalotten
2 Knoblauchzehen
1 EL Butter
2 EL Mehl
200 ml Weißwein
200 g Sahne
4 EL Olivenöl
1 Msp. gemahlener Safran
100 g Südtiroler Speck
 (in dünnen Scheiben)

ZUBEREITUNGSZEIT: 45 Min.
PRO PORTION: ca. 550 kcal

1 Die Zucchini waschen und putzen, der Länge nach in dünne Scheiben schneiden. Mit etwas Salz bestreuen und 10 Min. ziehen lassen. Den Backofen auf 50° anheizen, Teller darin vorwärmen.

2 Walnusskerne grob hacken. Schalotten und den Knoblauch schälen, ganz fein würfeln. Die Butter zerlassen, Schalotten und Knoblauch darin hell andünsten. 1 TL Mehl einrühren, Wein und Sahne zugießen, etwa 10 Min. bei mittlerer Hitze einkochen lassen.

3 Zucchini trockentupfen und im übrigen Mehl wenden. Nach und nach in einer Pfanne im Öl in etwa 5 Min. bei mittlerer Hitze auf beiden Seiten goldbraun braten. Alle fertig gebratenen Zucchini auf Küchenpapier entfetten, pfeffern und im Ofen warmhalten.

4 Die Sauce mit Safran, Salz und Pfeffer abschmecken, auf die warmen Teller gießen. Zucchini darauf legen, mit den Nüssen bestreuen. Schinkenscheiben auf den Zucchini anrichten. Mit Weißbrot oder Vinschgerln servieren.

Weinempfehlung:
kirschfruchtiger Rotwein, etwa ein Südtiroler St. Magdalener Classico.

Variante:
Den Backofengrill vorheizen. Die gesalzenen Zucchinischeiben gut trockentupfen, mit 2 EL Olivenöl bestreichen und in der Grillpfanne in 2–3 Min. bei starker Hitze schön bräunen. Auf ofenfeste Teller legen, mit 250 g Mozzarella (in Scheiben) belegen und im Ofen (oben) etwa 5 Min. gratinieren, bis der Käse gerade schmilzt.

Reportage

Ein Schwein hat nicht nur Schinken
Auch weniger edle Stücke werden zu Delikatessen verarbeitet

Neben den berühmten luftgetrockneten Hinterbeinen, den Parma- und San-Daniele-Schinken, gibt es noch eine Reihe feiner haltbarer Produkte aus anderen Fleisch- und Fettstücken des Schweins, die als *antipasti* oder würzende Kochzutaten eine lange Tradition haben.

Südtiroler Speck. Eigentlich ist er gar kein Speck, sondern ein Schinken. Er wird nämlich aus mageren Schweineschlegeln, also echten Hinterschinken, hergestellt. Das Fleisch wird von dem Knochen abgelöst, diese so genannten »Hammen« mit einer Gewürzmischung eingerieben und auf traditionelle Art gepökelt, dann bei höchstens 20° kalt geräuchert. Anschließend muss der Schinken noch etwa 22 Wochen reifen. Aber nur etwa die Hälfte der Hammen dürfen zum Schluss als Markenspeck den Namen »Südtirol« tragen. Dass sie hier »Speck« genannt werden, ist eine jahrhundertealte Tradition, an der nicht gerüttelt wird. Sein Geschmack ist milder als der unseres Räucherschinkens, aber würziger als der der übrigen italienischen luftgetrockneten Schinkensorten. Daneben gibt es aber auch Südtiroler Bauchspeck *(pancetta dell' alto adige)*, ein fetter Speck, der von Fleischadern durchzogen ist, mit Gewürzen wie Wacholder, Pfeffer und Salz gepökelt und über Buchenholz mild geräuchert wurde. Bissfest, kernig und wacholderwürzig – ein rechter Brotzeitspeck.

Coppa und Pancetta. Beide stammen nicht aus der Hinterkeule des Schweins – *coppa* aus der Vorderkeule, dem Nacken oder dem Hals, die *pancetta* aus dem Bauchstück. Für *coppa*, eine Spezialität der Po-Ebene, werden fettdurchwachsene Fleischstücke rund gerollt, gebunden und wie ein Schinken gepökelt und luftgetrocknet. Sie ist pikant und kräftig im Geschmack und eignet sich gut zum Würzen von Schmorgerichten. *Coppa dolce* wird ein luftgetrockneter Schweinenacken genannt, der in der Höhenluft zwischen Triest und der Adria luftgetrocknet wird. Er ist besonders zartwürzig und passt am besten auf einen *antipasti*-Teller. *Pancetta* ist ein (gerolltes) Schweinebauchstück, die italienische Variante unseres Bauchspecks, das man aber nicht räuchert, sondern salzt und an der Luft trocknen lässt. *Pancetta* ist vorwiegend zum Würzen von Schmorsaucen geeignet.

Lardo. Dies ist schließlich der echte Speck, also das unter der Haut des Schweins liegende Fettgewebe, das mehr oder weniger Fleischanteile in Form von rosa Streifen enthält. Reiner Rückenspeck besteht nur aus weißem Fett, die dünneren Speckschichten des Kotelettstücks enthalten Fleischstreifen darin, bei uns Frühstücksspeck genannt. Besonders der *lardo di Colonnata* aus dem Dorf Colonnata bei Carrara genießt in ganz Italien einen besonderen Ruf. Hierfür wird Rückenspeck von Schweinen aus der Region mit Salz und einer Mischung aus Gewürzen und Bergkräutern in Wannen aus einer besonderen Marmorart (normaler Marmor würde von der Pökellake zerfressen) geschichtet und sechs Monate bis zu einem Jahr gereift. So entsteht ein zarter, buttrig schmelzender, ungemein würziger Speck, der als Vorspeise serviert, mit Polenta gekocht oder als *pestarda* – klein gewürfelt und dann noch einmal mit dem Messer gehackt – zum Würzen von deftigen Suppen genommen oder mit Zwiebeln und Kräutern als *soffritto* gebraten wird. Selbst das Salz, das nach der Speckreife in den Wannen übrig bleibt, nimmt man zum Abschmecken. Nicht minder berühmt sind der Speck aus einem Dorf im Aosta-Tal, der *lardo di Arnad* und der *lardo di Camaiore* aus der Region Lucca (Toskana-Küste).

a Der Speck aus Colonnata, *lardo di Colonnata,* schmeckt am besten in hauchdünne Scheiben geschnitten. Nur mit gewürfelten Tomaten und gehackter Petersilie bestreut, dazu eine Scheibe toskanisches Weißbrot – so genossen ihn schon die Arbeiter in den Marmorbrüchen von Colonnata bei Carrara zum Mittagessen.

Reportage

b   Aus mageren, fleischigen Schweineschlegeln wird der Südtiroler Speck gewonnen, der traditionell »Speck« heißt, obwohl er eigentlich ein Schinken ist.
c   Zur Südtiroler Brotzeit oder *marenda* gehört neben dem harten Schüttelbrot aus Roggenteig Südtiroler Speck und auch echter Bauchspeck oder *pancetta dell' alto adige,* die mit Wacholder und Pfeffer gewürzt über Buchenholzrauch ihr würziges Aroma erhält.   d   Für den Colonnata-Speck müssen die Wannen aus einer bestimmten Marmorart sein, damit die Pökelflüssigkeit sie nicht zerfrisst. Mit grobem Salz, Kräutern und Gewürzen eingerieben werden die Rückenspeckstücke eingeschichtet und ruhen mindestens ein halbes Jahr, bis sie verzehrfertig sind.   e   Im Gegensatz zu luftgetrocknetem Schinken wird Südtiroler Speck in dickere Scheiben geschnitten.   f   Leuchtend rot und von Fettadern durchzogen – so soll guter Speck angeschnitten aussehen.

105

Alpengebiete

Gnocchi ripieni con ragù di finferli
Gefüllte rote Gnocchi mit Pfifferlingsragout (Trentino)

ZUTATEN für 4 Personen:

Für die Gnocchi:

750 g mehlig kochende Kartoffeln

Salz | Pfeffer aus der Mühle

1 Rote Bete (etwa 150 g)

1 TL Butter

150–250 g Mehl + Mehl zum Arbeiten

1 Ei (Größe M)

250 g Spinat

1 Eigelb (Größe M)

50 g frisch geriebener Grana Trentino (bröckeliger Hartkäse aus dem Trentino, ersatzweise Parmesan)

frisch geriebene Muskatnuss

Für das Ragout:

250 g Pfifferlinge

2 Knoblauchzehen

2–3 Stängel Petersilie

4 EL Olivenöl

2 EL Butter

Salz | Pfeffer aus der Mühle

2 EL Zitronensaft

ZUBEREITUNGSZEIT: 1 1/2 Std.
PRO PORTION: ca. 545 kcal

Die zarten Kartoffelnocken sind die Pasta des Nordens und so, wie andernorts Nudelteig mit einer Füllung aufgewertet wird, verstecken die Alpenbewohner ein würziges Innenleben in ihren Gnocchi. Allerdings eignen sich nur richtig mehlig kochende, möglichst gut abgelagerte Kartoffeln dafür, sonst wird der Teig kleistrig und klebrig. Auch zu heftiges Kneten bekommt ihm nicht. Je weniger Mehl verwendet wird, umso feiner werden die Klößchen.

Das Färben des Teigs mit Roten Beten ist eine Spezialität des Trentino. Statt Roten Beten wird auch gerne dick eingekochtes Tomatenpüree verwendet, das gibt aber nicht den unverwechselbaren erdigen Geschmack.

Weinempfehlung:
pikanter, nicht zu säurebetonter Weißwein, etwa ein Pinot Grigio aus dem Trentino.

1 Für die Gnocchi die Kartoffeln waschen und als Pellkartoffeln in Salzwasser in 25–30 Min. weich garen. Die Rote Bete schälen und klein würfeln. Die Butter zerlassen und Rote Bete darin andünsten, dann zugedeckt im eigenen Saft in etwa 25 Min. bei schwacher Hitze weich dünsten.

2 Die Kartoffeln abgießen, kurz ausdampfen lassen, pellen und noch heiß durch die Kartoffelpresse auf ein mit dem Mehl bestreutes Brett drücken. Rote Bete im Mixer glatt pürieren, eventuell nochmals erhitzen, bis das Püree ganz trocken ist. Das Püree mit dem Ei und Salz zu den durchgepressten Kartoffeln geben.

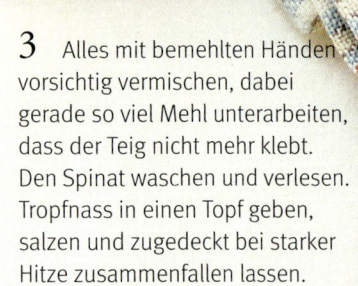

3 Alles mit bemehlten Händen vorsichtig vermischen, dabei gerade so viel Mehl unterarbeiten, dass der Teig nicht mehr klebt. Den Spinat waschen und verlesen. Tropfnass in einen Topf geben, salzen und zugedeckt bei starker Hitze zusammenfallen lassen.

Alpengebiete

4 Den Spinat in ein Sieb abgießen, abschrecken und fest ausdrücken. Spinat fein hacken, mit dem Eigelb und dem geriebenen Käse vermischen. Mit Muskat, Salz und Pfeffer kräftig würzen.

5 Kartoffelteig auf der leicht bemehlten Arbeitsplatte dünn ausrollen, Kreise (5 cm Ø) ausstechen. Auf die Hälfte der Kreise jeweils knapp 1 TL Füllung setzen, Ränder mit ein wenig Wasser bestreichen. Übrige Teigkreise auflegen und an den Rändern rundum fest andrücken. Bis zum Kochen ruhen lassen.

6 Für das Ragout Pfifferlinge säubern. Knoblauch schälen und hacken. Petersilie waschen und trockenschütteln, hacken. 2 EL Öl mit der Butter erhitzen und die Pilze goldbraun anbraten. Knoblauch und Petersilie zugeben, kurz mitbraten. Mit Salz und Pfeffer würzen, übriges Öl und Zitronensaft zugießen, warm stellen.

7 Reichlich Wasser aufkochen, salzen. Gnocchi portionsweise in je etwa 4 Min. gar ziehen lassen, bis sie an die Oberfläche steigen, dabei den Topf leicht rütteln. Herausheben, abtropfen lassen und auf vorgewärmte Teller verteilen. Das Pilzragout darüber verteilen, servieren.

Alpengebiete

Zuppa d'oca
Gänsesuppe (Friaul)

ZUTATEN für 4 Personen:
- 1 Gänsekeule (etwa 500 g)
- 1 Packung Gänseklein (Rücken und Hälse, etwa 750 g)
- Salz | Pfeffer aus der Mühle
- 300 g Esskastanien (Maroni)
- 2 Zwiebeln | 1 Knoblauchzehe
- 1 EL Olivenöl
- 250 g vorwiegend fest kochende Kartoffeln

ZUBEREITUNGSZEIT: 2 3/4 Std.
PRO PORTION: ca. 610 kcal

1 Das Fleisch der Gänsekeule vom Knochen schneiden, Haut, Sehnen und Bindegewebe ablösen. Fleisch und Haut getrennt kühl stellen. Knochen mit Gänseklein in 2 l Wasser aufsetzen, aufkochen, den Schaum abschöpfen. Salzen, zugedeckt bei schwacher Hitze 2 Std. köcheln lassen.

2 Backofen auf 225° (Umluft 200°) vorheizen. Kastanien einschneiden und auf ein Backblech legen, mit Wasser besprühen. Im Ofen (Mitte) 20–25 Min. rösten, bis die Schalen aufspringen. Die Kastanien noch warm schälen und die braunen Häute abziehen.

3 Die Gänsehaut durch den Fleischwolf drehen oder sehr fein hacken. Das Gänsefleisch in kleine Würfel schneiden. Zwiebeln und Knoblauch schälen, fein würfeln.

4 In einem großen Topf Öl erhitzen und die Gänsehaut darin bei mittlerer Hitze auslassen. Wenn die Grieben knusprig sind, herausheben. Zwiebeln und Knoblauch im Fett leicht bräunen. Das Fleisch zugeben, kurz anbraten. Etwa 1 1/2 l Gänsebrühe durch ein Sieb zum Gänsefleisch gießen, aufkochen lassen.

5 Kartoffeln schälen, waschen und in etwa 4 cm große Würfel schneiden. Die Hälfte der Kastanien hacken. Beides zur Suppe geben, salzen, pfeffern und zugedeckt bei schwacher Hitze 30 Min. leise köcheln lassen.

6 Übrige Kastanien in kleine Würfel schneiden und in die Suppe rühren. Abschmecken und noch 10 Min. leise köcheln lassen. Die Gänsehautgrieben in einem Pfännchen erhitzen und über die Suppe streuen. Heiß servieren.

Statt frischer Maroni werden auch getrocknete Kastanien verwendet, die allerdings über Nacht quellen und 1 1/2 Std. kochen müssen, bis sie schön weich sind.

Weinempfehlung:
leichter, fruchtiger Rotwein, etwa ein Merlot Colli Orientali del Friuli.

Alpengebiete

Minestra aglio ed erbette
Knoblauchsuppe mit Kräutern (Südtirol)

ZUTATEN für 4 Personen:
75 g Mandeln
6 Knoblauchzehen
1 kleines Bund Petersilie
1 sehr kleiner Stängel Weinraute (am Kräuterstand oder in der Gärtnerei nachfragen, siehe auch Tipp)
1 Lorbeerblatt
1 Zweig Thymian
1 l kräftige Hühnerbrühe
Salz | Pfeffer aus der Mühle
frisch geriebene Muskatnuss
2 Eigelbe (Größe M)
50 g Sahne
2 Scheiben altbackenes Weißbrot (vom Vortag)
1 EL Butter
Küchengarn zum Binden

ZUBEREITUNGSZEIT: 35 Min.
PRO PORTION: ca. 250 kcal

1 Die Mandeln mit kochendem Wasser übergießen, kurz ziehen lassen. Wasser abgießen und die Mandeln aus den braunen Häuten drücken. Knoblauch schälen und grob hacken. Mandeln mit Knoblauch im Blitzhacker fein pürieren.

2 Kräuter waschen und trockenschütteln. Petersilien- und Weinrautenblättchen abzupfen und beiseite stellen. Die Stängel mit Lorbeerblatt und Thymianzweig zu einem Bündel verschnüren. In einem Suppentopf die Brühe mit dem Knoblauchpüree erhitzen. Kräuterbündel einlegen und alles 15 Min. kräftig kochen lassen.

3 Die Brühe durch ein Sieb gießen und zurück in den Topf geben. Petersilie und Weinraute fein hacken und unter die Suppe rühren. Mit Salz, Pfeffer und Muskat abschmecken.

4 Die Eigelbe mit Sahne und ein wenig Brühe verschlagen, die Mischung unter die Suppe rühren und kurz erhitzen, bis sie bindet. Aber nicht kochen lassen, sonst gerinnen die Eigelbe.

5 Das Weißbrot entrinden und in kleine Würfel schneiden oder in kleine Stücke zupfen. In einer Pfanne die Butter erhitzen und das Brot unter Rühren hellbraun rösten. Die Suppe auf Suppentassen verteilen und mit dem Brot bestreut servieren.

Die bittere, verdauungsfördernde Würze der Weinraute schätzten zwar schon die alten Römer, doch das aromatische Kraut geriet in Vergessenheit. Nur in der *grappa con ruta* konnte es überleben. Wenn Sie keine frische Raute bekommen, können Sie die Suppe auch mit einem Schuss dieser Grappa abschmecken.

Tagliatelle con speck
Bandnudeln mit Speck (Südtirol)

ZUTATEN für 4 Personen:
400 g Zucchini | 1 Zwiebel
60 g Südtiroler Brettlspeck (ersatzweise ein anderer geräucherter und luftgetrockneter durchwachsener Bauchspeck)
1 EL Butter | 2 EL Grappa
500 ml Tomatenpüree
Salz | Pfeffer aus der Mühle
400 g Tagliatelle (etwas breitere Bandnudeln)
75 g frisch geriebener alter Bergkäse

ZUBEREITUNGSZEIT: 30 Min.
PRO PORTION: ca. 605 kcal

1 Zucchini waschen, putzen und ganz klein würfeln. Zwiebel schälen und fein schneiden. Den Speck in feine Streifen schneiden.

2 In einer großen Pfanne, in der hinterher die Nudeln Platz haben, die Butter erhitzen und die Speckstreifen leicht anbraten. Zwiebel und die Zucchini dazugeben und bei mittlerer Hitze 2–3 Min. andünsten. Mit Grappa ablöschen, kurz einkochen lassen, dann das Tomatenpüree unterrühren. Mit Salz und Pfeffer würzen, die Sauce warm halten.

3 Für die Nudeln reichlich Wasser aufkochen, salzen. Die Tagliatelle darin nach Packungsangabe al dente garen. Dann abgießen und in der Pfanne rasch mit der Sauce vermischen.

4 Die Nudeln auf Teller verteilen, mit dem Käse bestreuen und servieren.

Weinempfehlung: fruchtiger, aromatischer Weißwein, etwa ein Müller-Thurgau aus dem Eisacktal/Südtirol.

Maltagliati alle ortiche
Nudeln mit Brennnesseln (Aosta-Tal)

ZUTATEN für 4 Personen:
Für den Nudelteig:
165 g Mehl (Type 550) + Mehl zum Arbeiten
165 g Buchweizenmehl
2 Eier (Größe M)
1/2 EL Olivenöl
1 gute Prise Salz
Für die Sauce:
125 g junge Brennnesselspitzen (im Frühjahr selber sammeln, dabei am besten Gummihandschuhe anziehen; gibt es an Wiesen- und Wegrändern)
Salz | Pfeffer aus der Mühle
2 Schalotten | 1 Knoblauchzehe
2 EL Butter | 2 EL Mehl
400 ml Milch | 100 g Sahne
1/2 TL Safranfäden
Außerdem:
50 g frisch geriebener Grana Padano (ersatzweise Parmesan)

ZUBEREITUNGSZEIT: 50 Min.
PRO PORTION: ca. 585 kcal

1 Für den Nudelteig beide Mehlsorten in eine Schüssel sieben. Eier, Öl und Salz dazugeben, alles zu einem glatten elastischen Teig verkneten, bei Bedarf etwas Wasser unterarbeiten.

2 Den Teig mehrmals durch die Nudelmaschine drehen, zum Schluss dünn ausrollen. (Wer keine Nudelmaschine hat, nimmt das Nudelholz.) Den Teig erst in breite Streifen, dann schräg in ganz unregelmäßige Dreiecke schneiden. Auf einem bemehlten Küchentuch auslegen und etwa 30 Min. antrocknen lassen.

3 Inzwischen für die Sauce die Brennnesseln waschen (Gummihandschuhe anziehen) und in reichlich kochendem Salzwasser 1 Min. überbrühen. In ein Sieb abgießen, abschrecken und abtropfen lassen.

Porcini gratinati con crema di polenta

Steinpilze mit cremiger Polenta überbacken (Piemont)

ZUTATEN für 4 Personen:
- 1/2 l Geflügelbrühe
- 1/4 l Milch
- knapp 100 g feiner Maisgrieß (Polenta)
- Salz | Pfeffer aus der Mühle
- 400 g kleine Steinpilze
- 4 Schalotten
- 1 Knoblauchzehe
- 2–3 Stängel Petersilie
- 6 EL Butter
- 2 EL Olivenöl
- frisch geriebene Muskatnuss
- 10 g weißer Trüffel (nach Belieben, ersatzweise Trüffelöl)
- 1 EL gehackte Haselnüsse
- 75 g frisch geriebener Grana Padano (ersatzweise Parmesan)

ZUBEREITUNGSZEIT: 1 Std.
BACKZEIT: 15 Min.
PRO PORTION: ca. 410 kcal

1 Die Brühe mit der Milch in einen hohen Topf geben, Maisgrieß einrühren, salzen und unter ständigem Rühren langsam aufkochen (Vorsicht, spritzt leicht!). Unter Rühren 30 Min. garen, dabei gerade unterm Siedepunkt halten.

2 Inzwischen die Steinpilze putzen und in dünne Scheiben schneiden. Die Schalotten und Knoblauch schälen, klein würfeln. Die Petersilie waschen, trockenschütteln und fein hacken. In einer Pfanne 3 EL Butter mit dem Öl erhitzen. Schalotten, Knoblauch und Petersilie hell anbraten. Pilze zugeben und bei starker Hitze etwa 5 Min. braten. Mit Salz, Pfeffer und Muskat würzen. Nach Belieben den Trüffel waschen, sehr dünn schälen und darüber raspeln (oder ein wenig Trüffelöl darüber träufeln). Backofen auf 225° (Umluft 210°) vorheizen.

3 Die gare Polenta mit einem Pürierstab durchmixen, bis sie cremig ist. Bei Bedarf mit etwas heißem Wasser verdünnen. Beiseite stellen, ab und zu umrühren.

4 Pilze auf vier hitzebeständige Portionsförmchen verteilen. Restliche Butter mit den Nüssen bei mittlerer Hitze erwärmen, bis die Butter gebräunt ist. Durch ein Sieb zur Polenta gießen, untermischen. Cremige Polenta über die Steinpilze gießen und mit dem Käse bestreuen. Im Ofen (oben) etwa 15 Min. überbacken, bis der Käse leicht bräunt. Sofort servieren.

Weinempfehlung:
würziger Weißwein, etwa ein Roero Arneis aus dem Piemont.

Alpengebiete

Trote con salsa verde
Forellen mit grüner Sauce (Trentino)

ZUTATEN für 4 Personen:
125 g Spinat
Salz | Pfeffer aus der Mühle
2 Bund Basilikum
75 g gehackte Mandeln
4 EL Zitronensaft
etwa 100 ml Olivenöl
4 küchenfertige Forellen (je 200 g)
2 Scheiben Bio-Zitrone

ZUBEREITUNGSZEIT: 45 Min.
PRO PORTION: ca. 420 kcal

1 Für die Sauce den Spinat verlesen, putzen, gründlich waschen und in sprudelnd kochendem Salzwasser kurz überbrühen. In ein Sieb abgießen, kurz abschrecken und abtropfen lassen. Mit den Händen gut ausdrücken, grob hacken.

2 Basilikumblätter von den Stängeln zupfen und mit Spinat, Mandeln und 2 EL Zitronensaft in einem Mörser oder Blitzhacker pürieren. Dabei nach und nach das Öl untermischen, bis eine cremige Sauce entstanden ist. Mit Salz und Pfeffer würzen.

3 Die Forellen innen und außen waschen. In einem Fischkochtopf reichlich Wasser mit dem übrigen Zitronensaft, Zitronenscheiben und Salz aufkochen. Die Forellen einlegen und bei schwacher Hitze etwa 10 Min. ziehen lassen.

4 Die Forellen vorsichtig aus dem Sud heben und auf vorgewärmten Tellern anrichten. Mit der grünen Mandelsauce servieren. Dazu passen in Olivenöl knusprig gebratene Kartoffelwürfel.

Quaglie al vignaiolo
Wachteln auf Winzerart (Friaul)

ZUTATEN für 4 Personen:
4 küchenfertige Wachteln (je 150 g)
Salz | Pfeffer aus der Mühle
1 TL getrockneter Oregano
150 g rohe gewürzte Wurstmasse (z. B. von Salsicce oder auch groben Bratwürsten)
2 EL Butter
2 EL Olivenöl
2 Knoblauchzehen
1 TL fein abgeriebene Bio-Zitronenschale
1/4 l Weißwein
250 g rote Weintrauben
Küchengarn zum Binden

ZUBEREITUNGSZEIT: 25 Min.
GARZEIT: 35 Min.
PRO PORTION: ca. 460 kcal

1 Die Wachteln innen und außen waschen, trockentupfen. Außen mit Salz und Pfeffer, innen mit Oregano würzen. Mit dem Bratwurstbrät füllen. Die Keulen so mit Küchengarn zusammenbinden, dass die Körperöffnung verschlossen wird.

2 In einer ofenfesten Schmorpfanne Butter mit Öl erhitzen. Die Wachteln darin bei mittlerer Hitze rundum in 10–12 Min. goldbraun anbraten. Knoblauch schälen und dazupressen. Zitronenschale und Wein zugeben, zugedeckt bei schwacher Hitze 30 Min. garen.

3 Den Backofengrill vorheizen. Die Trauben waschen und zu den Wachteln in die Pfanne geben, 5 Min. in der Sauce erhitzen. Salzen und pfeffern. Dann die Pfanne 4–5 Min. unter den Grill (10 cm Abstand) schieben, bis die Haut der Wachteln schön knusprig ist. Heiß servieren – am besten mit Weißbrot oder Salzkartoffeln.

Alpengebiete

Stinco di porchetta glassato

Spanferkelhaxen mit Honig glasiert (Lombardei)

ZUTATEN für 4 Personen:
4 Spanferkelhaxen (je 250 g)
4 Knoblauchzehen
1 TL getrockneter Oregano
Salz | 1 EL Olivenöl
etwa 350 ml Weißwein
2 EL heller Wildblütenhonig
2 EL Zitronensaft
2 EL Brandy (Weinbrand, ersatzweise Cognac)

ZUBEREITUNGSZEIT: 20 Min.
GAR- UND RUHEZEIT: 2 Std.
PRO PORTION: ca. 440 kcal

1 Die Spanferkelhaxen kurz waschen und mit Küchenpapier trockentupfen. Knoblauch schälen und in dicke Stifte schneiden. Getrockneten Oregano zerbröseln und die Knoblauchstifte darin wenden.

2 Den Backofen auf 225° (Umluft 210°) vorheizen. Mit einem spitzen scharfen Messer das Fleisch rundum anstechen und je einen Knoblauchstift in die Einschnitte drücken. Die Haxen rundum salzen.

3 Einen Bräter mit dem Olivenöl ausstreichen, die Haxen hineinlegen. Den Bräter in den Ofen (Mitte) schieben und das Fleisch 15 Min. garen. Dann die Hitze auf 175° (Umluft 160°) zurückschalten, ein wenig Wein angießen und die Spanferkelhaxen 1 Std. braten, dabei ab und zu mit Bratfond beträufeln und noch Wein angießen. Zum Schluss soll die Sauce fast eingekocht sein.

4 Den Honig mit Zitronensaft und Brandy verrühren, das Fleisch mit einem Teil davon bestreichen und weitere 30 Min. braten, dabei alle 10 Min. mit der übrigen Honigmischung bepinseln und die Haxen wenden.

5 Wenn die Spanferkelhaxen eine glänzende braune Kruste haben, aus dem Ofen nehmen und mit Alufolie abdecken, noch 10–15 Min. ruhen lassen. Dann anrichten und servieren. Sehr gut schmeckt Kartoffelpüree dazu.

Variante:
Statt Spanferkel- können Sie auch Lammhaxen nehmen, diese aber besser auf dem Herd im geschlossenen Topf etwa. 2 Std. schmoren, damit sie herrlich zart und weich werden. Dann im 175° heißen Ofen mit der Honigmischung bestrichen etwa 20 Min. glasieren.

Weinempfehlung:
leichter, kirschduftiger Rotwein, etwa ein Gropello vom Gardasee.

Alpengebiete

Lombatina di vitello al finocchio
Kalbslende mit Fenchel (Friaul-Julisch Venetien)

ZUTATEN für 4 Personen:

4 Scheiben Kalbslende (je 125 g)
1 kleine Knolle Fenchel (mit Grün)
1 EL Zitronensaft
1 Schalotte
1 Stück Möhre (etwa 3 cm)
1 Stück Lauch (etwa 3 cm, nur vom weißen Teil der Stange)
100 g Kalbsleber
3 EL Butter
Salz | Pfeffer aus der Mühle
Mehl zum Wenden
1 EL Sambuca (Anislikör; ersatzweise ein anderer Anislikör, z. B. Anisetta)
100 ml Kalbsfond
2 EL Sahne
Rouladennadeln oder Zahnstocher zum Feststecken

ZUBEREITUNGSZEIT: 45 Min.
PRO PORTION: ca. 255 kcal

Fleisch, vor allem vom Kalb, ist auch heute fast Luxus. Also werden kleine Portionen davon mit einer Füllung »gestreckt«, die diese üppiger machen. Nahezu genial ist die Kombination von Kalbslende mit Kalbsleber, wobei sich Mildes und Würziges ergänzen. Die gleiche Variation findet man übrigens auch in der Küche Umbriens und abgewandelt als Röllchen mit Hähnchenleber und Schinken gefüllt in der Emilia-Romagna.

Nach dem Originalrezept verwendet man statt der Fenchelknolle wilden Fenchel, also die zarten Stängel vom Gewürzfenchel, der ein noch intensiveres Aroma verleiht. Falls Sie solchen bekommen (oder im Garten haben), in kleine Stücke schneiden, nach Belieben kurz blanchieren (damit er nicht zu aufdringlich schmeckt) und dann kurz braten.

Als Beilage passt am besten eine cremige Polenta, nach dem Rezept auf Seite 118 zubereitet.

Weinempfehlung:
zart-würziger Rotwein, etwa ein Pinot Nero aus dem Friaul.

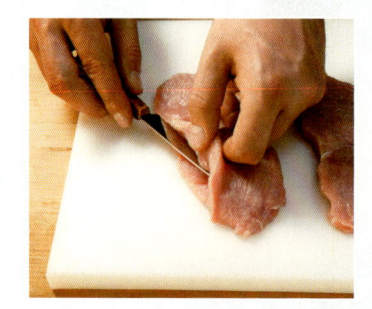

1 Die Kalbslendenscheiben mit Küchenpapier trockentupfen, leicht mit dem Handballen flacher klopfen. Jeweils seitlich eine Tasche zum Füllen einschneiden. Das Fleisch abdecken und beiseite stellen.

2 Die Fenchelknolle waschen, putzen und das Grün zur Seite legen. Die Knolle längs in dünne Spalten schneiden. 1 Spalte ganz klein würfeln, die übrigen mit Zitronensaft beträufeln und zugedeckt in den Kühlschrank stellen.

3 Schalotte und das Möhrenstück schälen. Das Lauchstück aufschlitzen und unter fließendem Wasser waschen. Alles in winzig kleine Würfel schneiden. Kalbsleber mit Küchenpapier trockentupfen und in kleine Stücke schneiden, dabei alle Adern und Röhren entfernen.

Alpengebiete

4 In einem Topf 1 EL Butter erhitzen, darin die Gemüsewürfel bei mittlerer Hitze andünsten. Leber zugeben und etwa 5 Min. rundum anbraten, bis die Leberstücke fest sind. Mit Salz und Pfeffer würzen. Das Fenchelgrün hacken und die Hälfte davon zur Lebermischung geben. Alles im Blitzhacker pürieren.

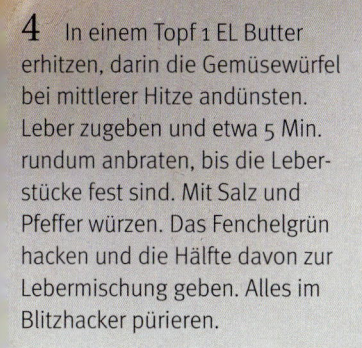

5 Lendenscheiben mit dem Püree füllen, Öffnungen mit den Rouladennadeln oder den Zahnstochern zustecken. Das Fleisch salzen, pfeffern, in Mehl wenden. In einer Pfanne übrige Butter erhitzen und die Lendenscheiben bei mittlerer Hitze 5–7 Min. pro Seite braten. Likör darüber gießen und verdampfen lassen.

6 Das Fleisch aus der Pfanne heben und warm stellen. Im verbliebenen Fett die Fenchelspalten etwa 2 Min. anbraten, sie sollen knackig bleiben. Herausheben, Bratensatz mit dem Kalbsfond ablöschen, aufkochen lassen und die Sahne einrühren.

7 Sauce mit Salz und Pfeffer abschmecken. Das Fleisch auf vorgewärmte Teller legen, die gebratenen Fenchelspalten daneben anrichten. Das Fleisch mit der Sauce übergießen und das übrige Fenchelgrün darüber streuen. Sofort servieren.

Alpengebiete

Orzotto allo zafferano
Graupen-Risotto mit Safran (Aosta-Tal)

ZUTATEN für 4 Personen:
150 g Perlgraupen
   (kleine Gerstengraupen)
2 Schalotten
1 Knoblauchzehe
etwa 1,3 l Gemüsebrühe
2 EL Butter
1/2 TL Safranfäden
Salz | Pfeffer aus der Mühle
50 g frisch geriebener Grana
   Padano (ersatzweise Parmesan)

ZUBEREITUNGSZEIT: 20 Min.
GARZEIT: 40 Min.
PRO PORTION: ca. 280 kcal

1   Die Graupen in ein Sieb geben und mit heißem Wasser überbrausen, bis das Wasser klar abfließt. Graupen gut abtropfen lassen. Die Schalotten schälen und fein würfeln. Den Knoblauch schälen und fein hacken. Die Gemüsebrühe erhitzen.

2   In einem Topf die Butter zerlassen, die Schalotten und den Knoblauch darin goldgelb andünsten. Abgetropfte Graupen und den Safran dazugeben, kurz andünsten. Dann knapp mit der Gemüsebrühe bedecken und offen unter öfterem Umrühren etwa 40 Min. bei schwacher bis mittlerer Hitze leise köcheln lassen, bis die Graupen gar sind. Dabei immer wieder etwas heiße Brühe nachgießen, die Graupen sollen immer gut feucht sein.

3   Wenn der Orzotto cremig wie ein »echter« Risotto ist und die Graupen bissfest gegart sind, mit Salz und Pfeffer abschmecken. Den Käse dazugeben und kräftig unterrühren. Graupen-Risotto heiß auf Teller verteilen und servieren. Wer mag, hobelt jetzt noch feine Käsespäne darüber.

Asparagi con midollo
Spargel mit Mark (Piemont)

ZUTATEN für 4 Personen:
1 1/2 kg grüner Spargel
1 Markknochen
1 Schalotte
200 ml Kalbs- oder Gemüsefond
50 ml Weißwein (z. B. Arneis)
Salz | Pfeffer aus der Mühle
125 g kalte Butter

ZUBEREITUNGSZEIT: 40 Min.
PRO PORTION: ca. 360 kcal

1   Den Spargel waschen und die unteren Enden abschneiden, bei dickeren Stangen das untere Drittel noch schälen. Den Markknochen waschen und in eiskaltes Wasser legen.

2   Die Schalotte schälen und fein hacken. Mit Fond und Wein aufkochen und in etwa 15 Min. bei starker Hitze auf die Hälfte der Menge einkochen lassen.

3   Reichlich Salzwasser aufkochen und den Spargel darin in 10–15 Min. bissfest garen.

4   Den Schalottensud durch ein Sieb gießen, erneut aufkochen und die Butter in kleinen Stücken mit dem Schneebesen darunter schlagen, bis die Sauce gebunden ist. Mit Salz und Pfeffer würzen.

5   Das Mark aus dem Knochen drücken und in dünne Scheiben schneiden, in der Sauce kurz erwärmen. Die Spargelstangen abtropfen lassen, anrichten und mit der Sauce samt Markscheiben übergießen.

Weinempfehlung:
würziger Weißwein, etwa ein Roero Arneis aus dem Piemont.

Alpengebiete

Cavolini di bruxelles con castagne
Meraner Rosenkohl mit Kastanien (Südtirol)

ZUTATEN für 4 Personen:
500 g Esskastanien (Maroni)
500 g Rosenkohl
Salz | Pfeffer aus der Mühle
1 große Zwiebel
3 Knoblauchzehen
200 g Weichkäse (z. B. Taleggio oder Bel Paese)
2 EL Butter
4 EL Panna da cucina (cremige süße Sahne, gibt es in sehr gut sortierten italienischen Feinkostläden; ersatzweise Crème double)
frisch geriebene Muskatnuss

ZUBEREITUNGSZEIT: 1 Std.
PRO PORTION: ca. 480 kcal

1 Den Backofen auf 180° (Umluft 160°) vorheizen. Die Schalen der Kastanien mit einem scharfen Messer kreuzweise einschneiden. Die Kastanien auf einem Backblech ausbreiten, mit etwas Wasser besprühen und mit Alufolie locker abdecken.

2 Das Blech in den Ofen (Mitte) schieben und die Kastanien etwa 30 Min. garen. Inzwischen den Rosenkohl waschen, putzen und am Stiel kreuzweise einschneiden. Mit wenig Wasser in einen Topf geben, salzen und zugedeckt in etwa 20 Min. bissfest dünsten.

3 Die Kastanien aus dem Ofen nehmen und noch warm schälen, dabei auch die dunkle Haut unter der Schale entfernen. Die Zwiebel und den Knoblauch schälen und fein hacken. Den Weichkäse entrinden und in Würfel schneiden. Den Rosenkohl in ein Sieb abgießen und abtropfen lassen.

4 In einer großen Pfanne die Butter erhitzen. Zwiebel und Knoblauch darin bei mittlerer Hitze hellbraun anbraten. Die Kastanien und den Rosenkohl zugeben und kurz mitbraten. Die Sahne und die Käsewürfel in die Pfanne geben und den Käse schmelzen lassen. Mit Salz, Pfeffer und Muskat abschmecken. Den Rosenkohl am besten in der Pfanne servieren.

Geröstete Maroni, in Südtirol *keschde* genannt, sind vor allem beim Törggelen, dem Ausflug zu den Winzern, um den neuen Wein zu probieren, eine sehr beliebte Knabberei. Ihre Reifezeit fällt mit dem des Weines zusammen. Sie werden aber auch geschält und in Butter mit etwas Zucker geschwenkt als Beilage zu Wildgerichten serviert oder wie hier mit Rosenkohl kombiniert.

Alpengebiete

Polenta
Maisgrießbrei (Alpengebiete)

ZUTATEN für 4 Personen:
Für feste Polenta:
250 g grober Maisgrieß (Polenta, siehe auch Tipp)
Salz | Pfeffer aus der Mühle
Olivenöl
Für cremige Polenta:
250 g feiner Maisgrieß (Polenta, siehe auch Tipp)
Salz
200 g Sahne
frisch geriebene Muskatnuss

ZUBEREITUNGSZEIT: 45 Min.
PRO PORTION (FESTE POLENTA): ca. 240 kcal
RO PORTION (CREMIGE POLENTA): ca. 365 kcal

Bei der Zubereitung des goldgelben Breies hat jede Region, ja fast jedes Dorf seine eigenen Vorlieben. In den Berggegenden wird die Polenta so dick gekocht, dass die Masse auf ein Holzbrett gestürzt und mit einem Faden in Scheiben geschnitten werden kann. Reste lassen sich gut in der Pfanne rösten oder im Ofen, abwechselnd mit Tomatensauce und Käse geschichtet, überbacken. Weiter südlich, in der Po-Ebene und in der Toskana, wird die Polenta dünnflüssiger zubereitet und gleich aus dem Topf serviert oder auf eine geölte Platte gestrichen und nach dem Erkalten in Rechtecke geschnitten, die sich ebenfalls gut braten oder überbacken lassen. Letztere Version kann durch Milch oder Sahne eine feine Geschmeidigkeit bekommen. Neben dem ganz klassischen gelben Polenta-Grieß gibt es auch eine weiße Sorte aus geschälten Maiskörnern, die *polenta bianca,* die schneller gar ist und für Süßspeisen genommen wird. Und die Instant-Polenta aus vorgegartem Grieß, die man schon nach 5 Minuten servieren kann.

Tipp:
Achten Sie auf die Körnung des Polenta-Grießes – es gibt eine gröbere Sorte, die vor allem in den Alpenregionen, im Piemont und in der Lombardei bevorzugt wird und einen festen Brei ergibt. Und eine feinkörnigere, die für eine weiche, püreeähnliche Polenta besser geeignet ist.

1 Für eine feste Polenta in einem schweren, hohen Topf (am besten aus Kupfer) 1 l Wasser aufkochen, kräftig salzen. Den Maisgrieß einstreuen, dabei soll das Wasser ständig leise kochen, damit es keine Klümpchen gibt.

2 Während des Einstreuens ständig mit einem langen Holzspatel kräftig rühren. Ehe die Grießmischung zu stark kocht, die Hitze verringern, aber immer weiterrühren.

3 Wenn die Masse zu spritzen beginnt (Vorsicht, die Polenta ist sehr heiß!), Topf an einer Seite ein wenig anheben und warten, bis die Mischung sich wieder etwas »beruhigt« hat. Und immer nur in einer Richtung rühren, dann kocht sie nicht so leicht über.

Alpengebiete

4 Während des Garens wird der Brei immer dicker und fester, dabei immer noch kräftig rühren. Wird die Masse zu fest, etwas heißes Wasser nachgießen. Wenn sich die Polenta nach 30–45 Min. von der Topfwand löst und eine Kruste am Boden bildet, ist sie gar.

5 Jetzt die Polenta auf Teller verteilen, mit etwas Olivenöl beträufeln und mit Pfeffer bestreuen. Die Kruste aus dem Topf schaben und extra dazu reichen. Sie kann aber auch abgekühlt als Knabberei zu Wein gereicht werden.

6 **Eine cremige Polenta** wie die feste Polenta zubereiten, aber kurz vor Garzeitende noch die Sahne dazugeben und die Masse kräftig durchrühren. Zum Schluss mit Muskatnuss würzen. Schmeckt fein als Beilage zu Kalbfleisch, Kaninchen oder Hähnchen.

7 **Die feste Polenta** kann auch auf ein Holzbrett gestürzt, zu einem länglichen Laib geformt und in Scheiben geschnitten werden. Dann warm servieren, abgekühlt in Butter goldbraun braten oder mit Käse bestreut im Ofen knusprig überbacken.

Alpengebiete

Latte di neve
Schnalstaler »Schneemilch« (Südtirol)

ZUTATEN für 4–6 Personen:
150 g altbackenes Weißbrot (vom Vortag, ohne Rinde)
1/2 Vanilleschote
etwa 200 ml Milch
50 g getrocknete Feigen
20 g Rosinen
4 EL Grappa
1 Apfel
2 EL Pinienkerne
2 TL fein abgeriebene Bio-Zitronenschale
3 EL Zucker
Semmelbrösel (bei Bedarf)
150 g Sahne
1 EL Zimtpulver
gemischte Beeren und Minzeblättchen zum Garnieren

ZUBEREITUNGSZEIT: 1 Std.
KÜHLZEIT: 2–3 Std.
PRO PORTION (BEI 6 PERSONEN): ca. 275 kcal

Ein altes Familienrezept aus dem Schnalstal bei Vernagt, dessen Gletscher ein beliebtes Sommerskigebiet sind. Typisch für die einst armen Bergregionen: altbackenes Brot noch in etwas Köstliches zu verwandeln. Dazu braucht es für diesen kalt zubereiteten »Pudding« nur noch Milch, Trockenfrüchte, Nüsse und Äpfel – alles Dinge aus dem ständigen Vorrat.

Tipp:
Wenn Sie die Brotmasse nicht extra formen und dann mit geschlagener Sahne überziehen wollen, stechen Sie einfach mit einem Esslöffel kleine Nocken ab und übergießen sie auf dem Teller mit flüssiger Sahne.

Weinempfehlung:
leicht gekühlter Dessertwein, etwa ein Vin Santo aus dem Trentino oder – selten und teuer – ein Moscato Rosa (Rosenmuskateller) aus Südtirol.

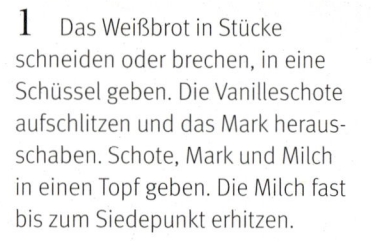

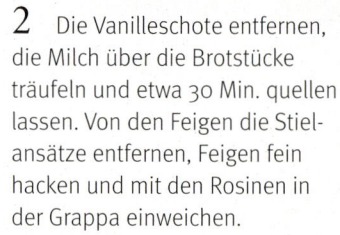

1 Das Weißbrot in Stücke schneiden oder brechen, in eine Schüssel geben. Die Vanilleschote aufschlitzen und das Mark herausschaben. Schote, Mark und Milch in einen Topf geben. Die Milch fast bis zum Siedepunkt erhitzen.

2 Die Vanilleschote entfernen, die Milch über die Brotstücke träufeln und etwa 30 Min. quellen lassen. Von den Feigen die Stielansätze entfernen, Feigen fein hacken und mit den Rosinen in der Grappa einweichen.

Alpengebiete

3 Apfel schälen und vierteln, das Kerngehäuse entfernen. Die Apfelviertel ganz klein würfeln. Die Pinienkerne in einem Pfännchen ohne Fett unter Rühren hellgelb anrösten.

4 Das eingeweichte Brot mit Feigen und Rosinen samt Grappa, Apfelwürfeln, Pinienkernen, der Zitronenschale und 2 EL Zucker kräftig vermengen. Falls die Masse jetzt noch zu weich ist, Semmelbrösel untermischen.

5 Die Brotmasse auf eine Platte geben und mit einem Messer zu einem länglichen, oben abgeflachten Hügel formen. Dabei das Messer immer wieder in kaltes Wasser tauchen. Mit Klarsichtfolie abdecken und 2–3 Std. in den Kühlschrank stellen.

6 Zum Servieren die Sahne mit übrigem Zucker steif schlagen. Die Brotmasse damit gleichmäßig überziehen, mit dem Zimt überstäuben. Die »Schneemilch« in rechteckige Stücke schneiden und mit Beeren und Minzeblättchen garnieren.

121

Alpengebiete

Toma con cugnà
Käse mit nussiger Obstsauce (Piemont)

ZUTATEN für 4 Personen:
1/2 l heller Traubensaft
1 feste Birne
1 Pfirsich | 2 Feigen
je 2 EL Haselnüsse, Mandeln und Walnusskerne
400 g junger Toma (siehe Tipp)
Zitronenmelisseblättchen zum Garnieren

ZUBEREITUNGSZEIT: 35 Min.
KÜHLZEIT: 1 Std.
PRO PORTION: ca. 405 kcal

1 Traubensaft in einem Topf bei starker Hitze in etwa 10 Min. auf die Hälfte einkochen lassen.

2 Die Birne und den Pfirsich schälen, entkernen bzw. entsteinen und das Fruchtfleisch klein würfeln. Feigen waschen, putzen und in Stücke schneiden.

3 Haselnüsse, Mandeln und Walnüsse in einer Pfanne ohne Fett kurz anrösten, aus der Pfanne nehmen und grob hacken. Obst und Nüsse zum Traubensaft geben und 5–10 Min. einkochen lassen, bis die Sauce dickflüssig ist. In etwa 1 Std. abkühlen lassen.

4 Den Käse in Scheiben oder Nocken auf Teller verteilen, die Traubensauce daneben geben. Mit Melisseblättchen garnieren.

Toma wird aus Kuhmilch oder aus einer Mischung mit Schaf- oder Ziegenmilch gewonnen und hat einen halbgekochten Teig. Man isst ihn gern als jungen oder kurz gereiften Käse zum Dessert. Die *cugnà* oder *cognà* gibt es auch in einer pikanten Variante mit Senf, sie wird zu gekochtem Fleisch serviert.

Gratin di zabaione
Weinschaum-Gratin (Friaul)

ZUTATEN für 4 Personen:
250 g gemischte Beeren (möglichst kleine Waldbeeren wie wilde Erdbeeren, Himbeeren, Brombeeren, Preiselbeeren, Heidelbeeren, dazu auch Johannisbeeren)
1 Bio-Zitrone | 4 EL Zucker
4 ganz frische Eigelbe (Größe M)
4 EL Picolit (süßer Dessertwein aus dem Friaul, ersatzweise Vino Santo)
Minzeblättchen zum Garnieren

ZUBEREITUNGSZEIT: 20 Min.
GRATINIERZEIT: 10 Min.
PRO PORTION: ca. 160 kcal

1 Die Beeren in einer Schüssel mit lauwarmem Wasser nur kurz waschen, dann im Sieb abtropfen lassen. Johannisbeeren beiseite legen. Von den übrigen Beeren die Blütenansätze und Stängel entfernen, die Beeren vermischen.

2 Zitrone heiß waschen und etwa 1 TL Schale fein abreiben, Zitrone auspressen und 3 EL Saft über die gemischten Beeren und über die Johannisbeeren träufeln. Die Johannisbeeren nun in 1 EL Zucker wenden, sodass sie wie »bereift« aussehen.

3 Den Backofen auf 225° (Umluft 200°) vorheizen. Die Eigelbe mit dem übrigen Zucker und der Zitronenschale in eine Metallschüssel geben und in einem nicht zu heißen Wasserbad weißschaumig aufschlagen. Den Picolit nach und nach dazuträufeln und alles zu einer dickschaumigen Zabaione-Creme schlagen.

4 Wenn die Zabaione gut gebunden ist, auf vier hitzebeständige Teller oder flache Förmchen verteilen und mit den Beeren umlegen. Im Ofen (Mitte) etwa

Alpengebiete

Gelatina di pesche su salsa al moscato
Pfirsichgelee auf Moscato-Sauce (Piemont)

10 Min. gratinieren, bis die Zabaione honigfarbene Spitzen hat. Mit den Johannisbeeren und den Minzeblättchen garnieren und sofort servieren.

Variante:
Für eine kalte *zabaione*-Creme die Schüssel mit der warmen aufgeschlagenen schaumigen Creme in eine Schüssel mit Eiswürfeln stellen und so lange schlagen, bis die Masse kalt ist. 200 g Sahne mit etwas Zucker nach Geschmack steif schlagen und unterheben. Bis zum Servieren gut kühlen, mit den Beeren garnieren.

ZUTATEN für 4 Personen:
500 g gelbfleischige Pfirsiche
etwa 5 EL Zucker
3 EL Zitronensaft
1 EL Amaretto (Mandellikör)
3 Blatt weiße Gelatine
1/2 Vanilleschote
1/4 l Moscato d'Asti (süßer Schaumwein, ersatzweise Prosecco)
2 TL Speisestärke
Zitronenmelisseblättchen und kleine Erdbeeren zum Garnieren

ZUBEREITUNGSZEIT: 30 Min.
KÜHLZEIT: 6 Std.
PRO PORTION: ca. 185 kcal

1 Die Pfirsiche überbrühen, abschrecken, häuten, entsteinen und grob würfeln. Mit 2–3 EL Zucker, 1 EL Zitronensaft und dem Amaretto im Mixer glatt pürieren.

2 Die Gelatine in kaltem Wasser etwa 10 Min. einweichen, dann tropfnass bei schwacher Hitze auflösen. Mit 1 EL Zitronensaft unter das Püree mischen. Das Püree in Portionsförmchen oder kleine Gläser füllen, in etwa 6 Std. im Kühlschrank gelieren lassen.

3 Vanilleschote aufschlitzen und das Mark herausschaben. Beides mit Moscato und übrigem Zucker langsam aufkochen. Stärke mit 1–2 EL kaltem Wasser anrühren, dazugießen. Unter Rühren kochen lassen, bis die Sauce gebunden ist. Übrigen Zitronensaft unterrühren, Sauce abkühlen lassen, dabei ab und zu umrühren.

4 Zum Servieren die Vanilleschote aus der Sauce nehmen. Jeweils etwas Moscato-Sauce auf dem Gelee verteilen. Mit Melisse und Erdbeeren garnieren.

Toskana, Umbrien und die Marken

Das Zentrum: sanfte Hügel, Olivenhaine und eine bodenständige vielfältige Küche

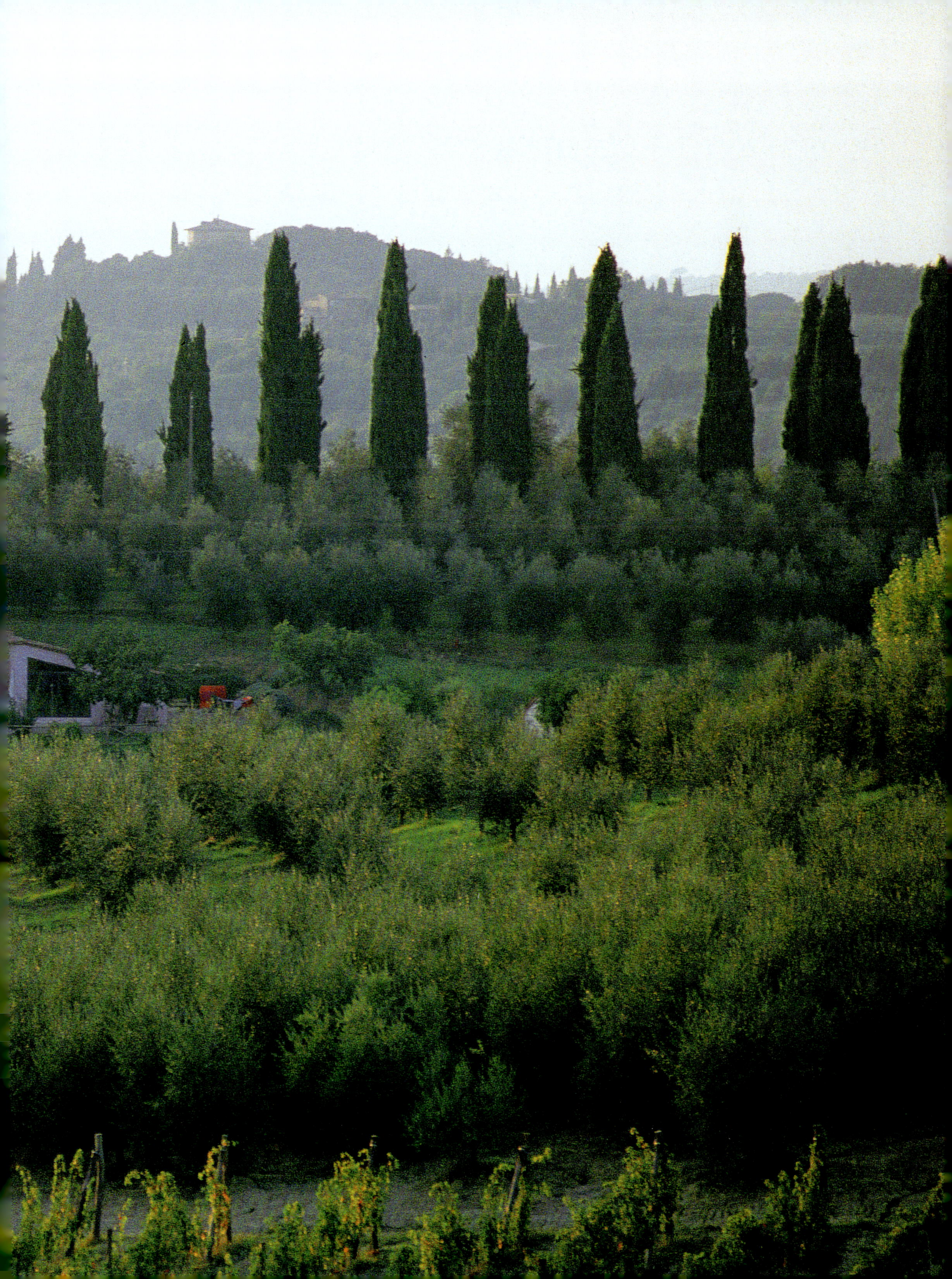

Toskana, Umbrien und die Marken

Das Land und seine Produkte
Viele Gemeinsamkeiten und jedem das Seine – Italiens Mitte hat viel zu bieten

Oliven, Hülsenfrüchte, Getreide, Gemüse und Kräuter gedeihen in dieser Gegend mit bereits mediterranem Klima besonders gut, das Meer der Küsten versorgt die Bewohner mit Fisch und zahlreiche einheimische Tiere liefern bestes Fleisch. Die eher bäuerliche Küche der Regionen überrascht heute immer noch mit einfachen, aber gleichzeitig raffinierten Gerichten.

Die Toskana. Wer schon öfter da war, schwärmt vom Pecorino, der hier besonders gut schmeckt, vom Chianti und von der dicken saftigen *bistecca fiorentina*, einem Stück vom Chianina-Rind, das man in der Toskana auf dem Grill zubereitet. Kenner essen es mit einem rohen Kern, nach dem Garen nur mit Salz, Pfeffer und einem kräftigen Strahl frischem Olivenöl beträufelt. Neben dem berühmten weißen Rind aus dem Chiana-Tal sind es die vielen Schafe und eine spezielle Schweinerasse – *cinta senese* –, die aromatisches Fleisch für die Hauptgerichte liefern. Fisch steht mit Ausnahme des Stockfisches bis heute hauptsächlich in den Küstenregionen auf der Speisekarte. Das Olivenöl ist in der Toskana übrigens ebenfalls besonders gut, die Bäume finden hier genauso gute Bedingungen wie die Weinreben, das Öl ist würziger als das manch anderer italienischer Region. In der einfachen Küche werden aus Kastanienmehl Fladen gebacken, inzwischen wird es aber auch mal zu Pasta verarbeitet. Aromatische Kräuter, Gemüse und dazu Salate bereichern die Küche ebenso wie das traditionell ungesalzene Brot.

Umbrien. Auch hier gedeihen Oliven hervorragend, doch das Öl wird etwas milder. Schwarze Trüffeln machen die Kleinstadt Norcia ebenso berühmt wie die frischen und getrockneten Würste, die hier außergewöhnlich gut gelingen. Vor allem dann, wenn das Fleisch dafür von Schweinen stammt, die sich wie früher hauptsächlich von würzigen Eicheln ernährt haben und ein artgerechtes Leben im Freien führen durften. Linsen aus Castelluccio, Süßwasserfische aus dem flachen aber fischreichen Lago Trasimeno und den zahlreichen Flüssen, Gemüse und Hülsenfrüchte ergänzen das Angebot der Region. Vieles davon wird heute zu neuen Kreationen vereint, so würzen Trüffeln auch einmal einen Karpfen aus dem See, werden die *salsicce* als Füllung für eine aromatische Taube verwendet oder Linsen mit Forellenfleisch vereint.

Die Marken. Getreide in einer sanften Hügellandschaft – etwas »einfacher« als die der Toskana, aber nicht minder schön – bestimmt das Bild. Olivenhaine und Weinberge dazwischen. Eine besondere Spezialität hat Acqualagna zu bieten: In der kleinen Stadt am nordwestlichen Rand der Region werden die Gäste im Herbst mit Trüffeln verwöhnt – schwarz oder weiß wie die berühmten aus dem Piemont. In den südlichen Marken wächst eine besonders große Olivensorte, die man als Tafeloliven genießt oder füllt und frittiert. Kreative Köche machen aus ihr innovative Spezialitäten, etwa eine Art Marmelade, die man zum Pecorino isst, oder Saucen zu *antipasti* oder zum *secondo*.

Das Bild der Marken ist vor allem von weiten Getreidefeldern geprägt. Hier auf den sanften Hügeln gedeihen Weizen und Emmer *(farro)*, eine der ältesten kultivierten Getreidearten, besonders gut. Grund genug für zahlreiche Pastaproduzenten, sich in dieser Region anzusiedeln. Hauptsächlich Hartweizen ist es, der hier angebaut wird. Viele – vor allem kleinere – Firmen machen mit den unterschiedlichen Sorten Versuche und mischen sie auch in ihre Teigwaren. Besonders hochwertige Pasta trägt heute sogar eine Jahrgangsbezeichnung, denn auch beim Getreide schwankt die Qualität von Jahr zu Jahr ein bisschen, was immer einen Einfluss auf die Kochdauer hat. Deshalb ist es so wichtig, sich nicht auf die Garzeiten auf der Packung zu verlassen, sondern die Pasta beim Kochen zwischendurch zu probieren.

Toskana, Umbrien und die Marken

Todi gilt als ideale Kleinstadt und ist eine der angenehmsten Umbriens. Berühmt ist sie nicht nur für ihre ausgeglichene Ruhe, sondern auch für *brutti ma buoni,* saftige Makronen aus Haselnüssen, und andere Süßigkeiten.

Die Würste und Schinken aus Norcia sind bereits seit dem Mittelalter weit über die Grenzen Umbriens hinaus in jeder Munde. Sie sind sogar so bekannt, dass manch eine Metzgerei nicht *macelleria,* sondern *norcineria* heißt – und das nicht nur in dieser Gegend.

Oliven sind neben Getreide eines der wichtigsten Produkte der Marken – kleine Früchte für Olivenöl und die großen für die gefüllten Oliven aus Ascoli Piceno.

Der Mercato Centrale im Zentrum von Florenz versorgt die Bewohner der Stadt mit allem, was sie täglich brauchen. Auf zwei Etagen gibt es Fisch, Fleisch, Wurst, Schinken, Käse, Pasta, Gemüse und Obst aus regionalen Produktionen ebenso wie ein traditionelles Essen am Imbissstand Nerbone.

Der Markt von Ascoli Piceno findet im Kreuzgang von San Francesco statt. Hierher kommen die Bauern der Region und bieten ausschließlich ihre eigenen Produkte an – im Sommer ganze Sträuße voller Zucchiniblüten.

127

Toskana, Umbrien und die Marken

Die Küche
Rustikal bis fein bei den *antipasti* und *primi,* kräuterwürzig bei den *secondi*

Die Toskana liebt man für ihre Crostini und ihr saftiges Fleisch, die Marken für die herrliche Pasta und den frischen Fisch, Umbrien für aromatische Hülsenfrüchte und Süßwasserfische.

Mehr als Crostini. In der Toskana besteht ein *antipasto misto* bis heute aus Salami, Schinken und Käse – eine Vorspeise, die mehr als den ersten Hunger stillt. Eine schöne Abwechslung dazu bieten Crostini, die heutzutage nicht mehr nur mit Lebercreme, sondern mit den fantasievollsten Belägen angeboten werden. An der Küste der Marken kommt der Fisch auch einmal als Tatar auf den Teller.

Willkommen: Hülsenfrüchte. In der Mitte Italiens werden – vor allem im Winter – sehr gerne Hülsenfrüchte gegessen, ob sie nun in der Suppe stecken oder zusammen mit Pasta auf den Teller kommen. Nudeln serviert man am liebsten mit kräuterwürzigen Fleischsugi, die stundenlang vor sich hin schmoren und Aroma entfalten können.

Hauptsache Fleisch. Bei so vielen einheimischen Tierrassen – ob es sich nun um Schweine, Rinder oder Schafe handelt – ist es kein Wunder, dass die *secondi* hauptsächlich mit Fleisch gekocht werden. Die Zubereitung ist heutzutage aber schön »frisch«: das Wildschwein schmort mit Traubenmost, der Schweinebraten mit reichlich Gemüse und das Lamm mit zarten Artischocken und vielen Kräutern. Aber auch Fisch lässt man sich gerne schmecken – in den Küstengebieten Salzwasserfische kurz gebraten, aus dem Ofen, im Eintopf. In Umbrien sind es Süßwasserfische, die eine bunt gemischte Suppe bereichern. Dazu gibt's Salate und Gemüse der Saison und Rosmarinkartoffeln.

Nicht nur süß. Falls als letzter Gang kein Käse angeboten wird (in dieser Region ist es fast immer Pecorino), beendet man des Essen mit etwas nicht allzu Süßem aus heimischen Zutaten: Trauben, Feigen, Pinienkerne und Kastanien finden auf einem Hefefladen, in einer luftigen Mousse oder mit einer zarten Creme zu neuen Ehren.

Viele Familien auf dem Land nennen auch heute noch einen kleinen Weinberg und einen Olivenhain ihr eigen. Und ist die Produktion auch nicht besonders groß (mit einer einzigen Fuhre können die Früchte oft nach Hause geschafft werden), sind sie doch sehr stolz auf den Wein und das Öl aus eigener Herstellung.

Frisch vom Baum gepflückt schmecken Feigen extra gut. Aber auch auf den lokalen Märkten sind sie aus der Gegend und sicher erst am Vortag geerntet. In der Toskana wie in Umbrien und den Marken lässt man sich Feigen nicht nur mit Schinken oder Salami schmecken, sondern auch mit würzigem Pecorino. Mal isst man sie ganz frisch, mal als Marmelade (etwa mit Vin Santo und ein paar Rosmarinnadeln gekocht), mal getrocknet und mit Schokolade gemischt.

Das traditionelle toskanische Brot wird ohne Salz im Teig zubereitet. Früher ließ man das kostbare Gut aus finanziellen Gründen weg, heute weiß man das milde salzlose Brot zu schätzen, passt es doch ideal zu den deftigen Spezialitäten der Region: Ob das nun Wildschweinsalami oder die Fenchelsalami *finocchiona,* gereifter Pecorino oder die aromatischen Crostini-Beläge sind, mit denen man das geröstete Brot bestreicht.

Die saftigen *ricciarelli* sind eine der berühmtesten Süßigkeiten Sienas, die man dort schon seit dem 15. Jahrhundert bäckt. Die saftigen toskanischen Plätzchen werden aus Mandeln, Eiweiß und Zucker hergestellt, sind weich und wunderbar aromatisch.

Acqualagna in den Marken versorgt seine Bewohner täglich mit frischem Obst und Gemüse. Bekannt ist der Ort aber vor allem nicht nur wegen schwarzen, sondern auch weißen Trüffeln, die zwar nicht ganz so schön sind – sie wachsen in einem härteren Boden – wie die berühmteren aus dem Piemont, aber ebenso gut schmecken.

Im Caffè Meletti in Ascoli Piceno – einem Jugendstilcafé an der Piazza del Popolo im Zentrum der beschaulichen Stadt – bekommt man nicht nur Espresso und Cappuccino, sondern auch den berühmten Anisschnaps *mistrà* und den nicht minder begehrten Anislikör *anisetta*.

Fasane leben in Italiens Mitte im Überfluss. Am liebsten brät man sie im Ofen – mit würzigen Kräutern unter einer schützenden Speckschicht.

Aus den fleischigen großen Oliven von Ascoli Piceno wird eine echte Spezialität zubereitet: gefüllt und frittiert gibt es die heißen Oliven als *antipasto* zum Wein oder zusammen mit anderen Zutaten als Hauptgang.

Toskana, Umbrien und die Marken

Die Weine
Von traditionell gemachten Tropfen bis zu internationalen Spitzengewächsen

Der Aufschwung der Weine der Toskana, allen voran *Chianti Classico* und *Super Tuscans*, haben die Weine der Nachbarregionen in den Schatten gestellt. Zu Unrecht, denn dort findet man überaus köstliche Tropfen, die zudem preislich oft noch sehr viel attraktiver sind.

In der Toskana prägt die Sangiovese-Rebe den Weinbau. In der traditionellen Chianti-Mischung wurde sie bis vor ein paar Jahren durch drei andere Rebsorten (auch weiße) ergänzt. Die Vorschriften des Konsortiums führten dazu, dass sich bei innovativen Winzern eine ganz eigene Weinart durchsetzte, *Super-Toskaner* oder *Super Tuscans*. Viele Weine wurden rein aus Sangiovese oder unter Beimischung internationaler Reben gekeltert und als *vino da tavola* (Tafelwein) vermarktet. Heute haben Weine dieser Art Kultstatus und tragen den Zusatz IGT *(Indicazione Geografica Tipica)*, da bei Tafelweinen keine Jahrgangsbezeichnung erlaubt ist. Außer dem Chianti Classico gibt es sechs weitere Anbaugebiete (siehe Seite 142). Aus einem Sangiovese-Klon, der Sangiovese Grosso oder Sangioveto, entsteht der berühmte *Brunello di Montalcino*, aus der Prugnolo Gentile (auch ein Sangiovese-Klon) der *Vino Nobile di Montepulciano* und der jüngere *Rosso di Montalcino*.

Sangiovese-Weine haben einen hohen Tanningehalt, eine hohe Säure und eine tiefrote Farbe. Sie duften und schmecken nach Beeren und Veilchen, *Brunello* und *Vino Nobile* sind meist weicher als *Chianti*. Edel und fein: *Carmignano* aus Sangiovese und einem Anteil Cabernet. Der berühmteste Weißwein der Toskana ist der *Vernaccia di San Gimignano* aus Trebbiano, der im günstigsten Fall wunderbar goldgelb im Glas schimmert und einen Duft nach Äpfeln und Mandeln entfaltet. Eine Besonderheit ist der *Vin Santo*, meist aus Malvasia und Trebbiano. Der Dessertwein wird aus angetrockneten Trauben gekeltert und reift anschließend mindestens zwei Jahre in kleinen Holzfässern.

Bekanntester Wein Umbriens: der *Orvieto*. Ihn kennen viele als nichts sagenden Massenwein, heute kann der Wein aus Trebbiano und Grechetto aus der Classico-Zone elegant und frisch sein. Aus der charaktervollen weißen Grechetto werden auch reinsortige Weine gekeltert. Bei den Roten bestimmt der spät reifende Sagrantino das Geschehen, reinsortig zum wuchtigen *Sagrantino* gekeltert, mit Sangiovese und anderen roten Sorten verschnitten zum weicheren *Montefalco rosso*.

In den Marken wird der kraftvolle und rubinrote *Rosso Conero* aus Montepulciano bereitet, der etwas rustikalere *Rosso Piceno (Superiore)* aus Sangiovese und Montepulciano. Der *Verdicchio* aus der gleichnamigen Rebe wird zu zwei Weinen verarbeitet: dem *Verdicchio dei Castelli di Jesi* und dem *Verdicchio di Matelica* aus höher gelegenen Weinbergen. Eine zitronenfrische Alternative ist der *Bianchello del Metauro*.

Links: Die mittelitalienischen Regionen sind Rotweinland. Sangiovese in verschiedenen Klonen in der Toskana, Sagrantino und Sangiovese in Umbrien, Montepulciano und Sangiovese in den Marken.
Oben: Berühmte Beispiele der Region (von links nach rechts) – *Chianti Colli Senesi, Vernaccia di San Gimignano, Sagrantino di Montefalco, Bianchello del Metauro, Brunello di Montalcino.*

Toskana, Umbrien und die Marken

Rezepte der Region
Pasta, Hülsenfrüchte, Fisch und Fleisch modern durch viel Gemüse

ANTIPASTI

- 132 **Panzanella alle verdure**
Brotsalat mit Gemüse
- 132 **Flan di ricotta**
Ricottatörtchen mit Olivensauce
- 133 **Branzino crudo ai peperoni**
Wolfsbarsch-Tatar mit Paprikastreifen
- 134 **Crostini al tonno**
Crostini mit Tunfischcreme
- 134 **Crostini ai fagioli**
Crostini mit Bohnen
- 135 **Bruschette al pecorino**
Röstbrote mit Pecorino
- 135 **Bruschette agli sgombri**
Röstbrote mit Makrele

PRIMI PIATTI

- 138 **Zuppa di lenticchie**
Linsensuppe
- 138 **Pappa al pomodoro**
Brot-Tomaten-Püree
- 139 **Crema di ceci con gamberi**
Kichererbsencremesuppe mit Garnelen
- 140 **Pasta alle pere e pecorino**
Nudeln mit Birnen und Pecorino
- 141 **Pappardelle al sugo di cinghiale con pesto di porcini**
Bandnudeln mit Wildschweinsauce und Steinpilz-Pesto

SECONDI PIATTI

- 144 **Cozze in porchetta**
Muscheln in Fenchelsud
- 144 **Tagliata di tonno**
Tunfischscheiben mit Spargel
- 145 **Filetti di trota in crosta**
Forellenfilets mit Brotkruste
- 146 **Arista al Vin Santo**
Schweinebraten mit Vin Santo
- 147 **Pasticciata alla Cagliostro**
Mariniertes geschmortes Rindfleisch
- 148 **Agnello al formaggio**
Lamm mit Käse
- 148 **Agnello ai carciofi**
Kräuterlamm mit Artischocken
- 149 **Arrosto di cinghiale, castagne e mosto**
Wildschweinbraten mit Kastanien und Traubenmost
- 152 **Pollo in padella**
Geschmortes Huhn
- 152 **Petto d'anatra all'arancia**
Entenbrust mit Orangensauce
- 153 **Coniglio all'etrusca**
Kaninchen mit Oliven und Pinienkernen

CONTORNI

- 154 **Pomodori e cipolle**
Tomaten-Zwiebel-Salat
- 154 **Insalata al pecorino**
Salat mit Pecorino
- 155 **Insalata di erbette con fiori di sambuco**
Rucola-Wildkräuter-Salat mit Holunderblüten
- 156 **Fagiolini al sedano**
Grüne Bohnen mit Sellerie
- 156 **Scafata**
Dicke Bohnen mit Fenchel
- 157 **Patate al lardo di Colonnata**
Ofenkartoffeln mit Speck

DOLCI

- 158 **Schiacciata ai fichi**
Hefeteigfladen mit Feigen
- 160 **Caffè in forchetta**
Kaffeecreme
- 160 **Lonzino di fico**
Feigen»wurst«
- 161 **Crema di cioccolato**
Schoko-Pfeffer-Mousse
- 161 **Castagne alla ricotta**
Kastanien mit Ricottacreme

Pappardelle – die breitesten Bandnudeln – kombiniert man in der Toskana, in Umbrien und in den Marken am liebsten mit kräftigen Saucen: mit Wildschwein, Ente, Lamm oder auch mal mit aromatischen Pilzen. Der toskanische Brotsalat *panzanella* ist nur ein Beispiel dafür, welche kulinarischen Köstlichkeiten man in Mittelitalien aus altbackenem Brot zu zaubern gelernt hat.

Panzanella alle verdure
Brotsalat mit Gemüse (Toskana)

ZUTATEN für 4 Personen:
150 g altbackenes Weißbrot (vom Vortag) | 250 g grüner Spargel
150 g grüne Bohnen
8 Zucchiniblüten
Salz | Pfeffer aus der Mühle
8 EL Olivenöl | 300 g Tomaten
4 Knoblauchzehen
1 milde rote oder weiße Zwiebel
3 EL Weinessig | 1 Bund Basilikum

ZUBEREITUNGSZEIT: 30 Min.
MARINIERZEIT: 1 Std.
PRO PORTION: ca. 340 kcal

1 Das Brot 1–2 cm groß würfeln und in einer trockenen Pfanne bei mittlerer Hitze unter Rühren leicht anrösten. Spargel waschen und die holzigen Enden abschneiden, Spargel in 5 cm lange Stücke schneiden. Bohnen waschen und die Enden abknipsen, größere Bohnen quer halbieren. Zucchiniblüten vorsichtig öffnen, den Stempel herauslösen.

2 Salzwasser zum Kochen bringen. Den Spargel darin etwa 4 Min. kochen, herausheben, abschrecken. Die Bohnen etwa 8 Min. kochen, abgießen, abschrecken. Die Zucchiniblüten in einer Pfanne bei starker Hitze in 2 EL Öl unter Rühren 2–3 Min. braten, salzen und pfeffern.

3 Tomaten waschen und klein schneiden, dabei Stielansätze entfernen. Knoblauch und Zwiebel schälen, Knoblauch fein hacken, Zwiebel in feine Streifen schneiden. Essig mit Salz, Pfeffer und übrigem Öl verrühren. Brot mit Gemüse und Salatsauce mischen, ca. 1 Std. ziehen lassen. Dann Basilikum in feine Streifen schneiden und unter den Salat mischen. Noch mal abschmecken und servieren.

Flan di ricotta
Ricottatörtchen mit Olivensauce (Marken)

ZUTATEN für 4 Personen:
Für die Sauce:
1 Fleischtomate (etwa 250 g, am besten mit grünen Stellen)
150 g grüne Oliven (siehe Tipp)
1/2 Bio-Zitrone | 50 g Zucker
1/2 Bund Basilikum | Salz
Für die Törtchen:
2 Eier (Größe M) | 300 g Ricotta
40 g frisch geriebener Pecorino
Salz | Pfeffer aus der Mühle
Butter für die Förmchen
Rucola für die Garnitur

ZUBEREITUNGSZEIT: 20 Min.
BACKZEIT: 30 Min.
PRO PORTION: ca. 305 kcal

1 Tomate waschen und sehr fein würfeln, dabei Stielansatz entfernen. Olivenfleisch von den Steinen schneiden, fein hacken. Zitrone heiß waschen, Schale fein abreiben, 1 TL Saft auspressen.

2 Tomaten mit Oliven, Zitronenschale und Zucker in einem Topf zum Kochen bringen und offen bei mittlerer Hitze etwa 15 Min. köcheln lassen, bis eine dickflüssige Sauce entstanden ist.

3 Die Basilikumblättchen in kleine Stücke zupfen und mit dem Zitronensaft unter die Sauce rühren. Mit Salz abschmecken und abkühlen lassen.

4 Backofen auf 150° vorheizen. Vier Förmchen (je etwa 150 ml Inhalt) mit Butter ausstreichen.

5 Die Eier trennen. Die Eigelbe mit der Ricotta und dem Pecorino verrühren und mit Salz und Pfeffer würzen. Die Eiweiße zu steifem Schnee schlagen und unterheben. Die Masse in die Förmchen füllen.

Branzino crudo ai peperoni
Wolfsbarsch-Tatar mit Paprikastreifen (Marken)

6 Das tiefe Backblech 2 cm hoch mit heißem Wasser füllen, die Förmchen hineinstellen. Die Ricottatörtchen im Ofen (unten, Umluft 130°) etwa 30 Min. backen, bis die Masse fest ist. Vorsichtig vom Rand der Förmchen lösen und auf Teller stürzen. Mit dem Rucola garnieren und mit der Olivensauce servieren.

Oliva tenera heißt die berühmte Olive aus den Marken, die man füllt und frittiert, aber auch in vielen anderen Gerichten verarbeitet oder als Tafelolive genießt. Sie ist besonders groß und fleischig und hat einen aromatischen Geschmack. Wer sie in einem italienischen Feinkostladen entdeckt, sollte unbedingt zugreifen und sie für die Sauce verwenden, die im übrigen auch sehr gut zu Käse, etwa Pecorino, schmeckt.

ZUTATEN für 4 Personen:
Für die Paprikastreifen:
1 gelbe Paprikaschote
2 rote Paprikaschoten
1 EL Zitronensaft (von der Zitrone beim Tatar)
1 EL Olivenöl
Salz | Pfeffer aus der Mühle
1 Bund Rucola
Für das Tatar:
1/2 Stange Staudensellerie
250 g ganz frisches Wolfsbarschfilet (siehe Tipp)
1/2 Bio-Zitrone
2 EL Olivenöl + Olivenöl zum Beträufeln
Salz | Pfeffer aus der Mühle

ZUBEREITUNGSZEIT: 45 Min.
PRO PORTION: ca. 175 kcal

1 Den Backofen auf 250° (Umluft 220°) vorheizen, das Backblech mit Backpapier belegen. Die Paprikaschoten waschen und durch den Stiel halbieren, putzen. Mit den Schnittflächen nach unten aufs Blech legen. Im Ofen (Mitte) 15–20 Min. backen, bis die Haut dunkel wird.

2 Sellerie waschen, putzen und sehr fein würfeln oder hacken. Mit einer Pinzette die Gräten aus dem Wolfsbarschfilet ziehen. Das Filet mit einem scharfen Messer erst in Streifen schneiden, dann sehr fein hacken. Zitrone heiß waschen und die Hälfte der Schale fein abreiben, den Saft auspressen.

3 Fisch mit Sellerie, Zitronenschale, 1 1/2 EL Zitronensaft und dem Olivenöl locker mischen, mit Salz und Pfeffer würzen. Kurz im Kühlschrank ziehen lassen. Inzwischen die Paprika mit einem feuchten Tuch bedecken und leicht abkühlen lassen. Dann häuten und in Streifen schneiden. Mit Zitronensaft und Öl verrühren, salzen und pfeffern. Den Rucola verlesen, waschen und trockenschleudern, grob hacken und unter die Paprika mischen.

4 Tatar auf Tellern anrichten, die Paprikastreifen rundherum verteilen. Mit Olivenöl beträufeln und sofort servieren.

Fragen Sie den Fischhändler unbedingt, ob der Fisch so frisch ist, dass man ihn roh essen kann. Sonst lieber auf eine andere Sorte ausweichen, etwa auf Goldbrasse oder auch Tunfisch.

Diese Paprika schmecken auch nur solo auf dem *antipasti*-Buffet (doppelte Menge zubereiten).

Toskana, Umbrien und die Marken

Crostini al tonno
Crostini mit Tunfischcreme (Toskana)

ZUTATEN für 4 Personen:

1 kleine rote Zwiebel
1/2 gelbe Paprikaschote
1 Stange Staudensellerie
1/4 Bund Petersilie
1/2 getrockneter Peperoncino
1 Scheibe Tunfisch (180 g)
4 EL Olivenöl
75 ml Vin Santo oder trockener Weißwein
1 Stück Bio-Zitronenschale
1 Sardellenfilet (in Öl)
Salz
2 TL Zitronensaft
12 Scheiben Weißbrot

ZUBEREITUNGSZEIT: 30 Min.
PRO PORTION: ca. 375 kcal

1 Zwiebel schälen, Paprika und Sellerie waschen und putzen. Alles sehr klein würfeln. Petersilie waschen und trockenschütteln, die Blättchen und die zarten Stängel fein hacken. Peperoncino im Mörser zerdrücken. Den Tunfisch in etwa 1 cm große Würfel schneiden.

2 2 EL Öl erhitzen, Gemüse mit Petersilie und Peperoncino darin andünsten. Den Tunfisch kurz mitbraten. Mit Vin Santo oder Weißwein ablöschen, zugedeckt etwa 10 Min. bei schwacher Hitze garen.

3 Tunfisch und Gemüse mit Zitronenschale, Sardellenfilet und übrigem Öl fein pürieren. Mit Salz und Zitronensaft abschmecken.

4 Brot im Toaster (oder im Backofen bei 250°, Umluft 220°) etwa 4 Min. rösten. Mit Tunfischcreme bestreichen, sofort essen.

Crostini ai fagioli
Crostini mit Bohnen (Toskana | Umbrien)

ZUTATEN für 4 Personen:

1 Bund Basilikum
2 Knoblauchzehen
1 Stück Bio-Zitronenschale
150 g gegarte weiße Bohnen (aus der Dose oder selbst gekocht)
3 EL Olivenöl
Salz | Pfeffer aus der Mühle
50 g Lardo di Colonnata (würziger fetter Speck, in dünnen Scheiben)
Chilipulver nach Geschmack
12 Scheiben Weißbrot

ZUBEREITUNGSZEIT: 15 Min.
PRO PORTION: ca. 335 kcal

1 Basilikumblättchen von den Stängeln abzupfen und grob hacken. Den Knoblauch schälen und durch die Presse drücken, Zitronenschale fein hacken.

2 Die Bohnen im Sieb kurz abtropfen lassen. Dann mit Basilikum, Knoblauch, Zitronenschale, Olivenöl und 1 EL kaltem Wasser im Mixer oder mit dem Pürierstab zu einer feinen Creme pürieren. Mit Salz und Pfeffer abschmecken.

3 Den Speck in etwa 1 cm breite Streifen schneiden. Eine Pfanne heiß werden lassen. Die Speckstreifen darin bei mittlerer bis starker Hitze braten, bis sie knusprig sind. Mit Chilipulver nach Geschmack würzen.

4 Brot im Toaster (oder im Backofen bei 250°, Umluft 220°) etwa 4 Min. rösten. Mit Bohnencreme bestreichen, mit dem Speck belegen, sofort servieren.

Toskana, Umbrien und die Marken

Bruschette al pecorino
Röstbrote mit Pecorino (Toskana)

ZUTATEN für 4 Personen:
- 50 g mittelalter Pecorino
- 1/2–1 grüne Chilischote
- 4 Stängel Petersilie
- 4 EL Olivenöl
- 125 g frische feste aromatische Tomaten
- 50 g halb getrocknete Tomaten (in Öl, gibt es in Feinkost- und größeren Bio-Läden)
- Salz | Pfeffer aus der Mühle
- 8 Scheiben italienisches Bauernbrot
- 2 große Knoblauchzehen

ZUBEREITUNGSZEIT: 15 Min.
MARINIERZEIT: 30 Min.
PRO PORTION: ca. 215 kcal

1 Den Pecorino entrinden und in kleine Stücke brechen. Die Chilischote waschen, entstielen und mit den Kernen fein hacken. Die Petersilie waschen, trockenschütteln und die Blättchen ebenfalls fein hacken. Chili und Petersilie mit 1 EL Olivenöl verrühren und mit dem Pecorino mischen. Mindestens 30 Min. ziehen lassen.

2 Frische Tomaten waschen und klein würfeln, dabei die Stielansätze entfernen. Getrocknete Tomaten abtropfen lassen und in feine Streifen schneiden. Beides mit dem übrigen Öl mischen und mit Salz und Pfeffer würzen.

3 Brot im Toaster (oder im Backofen bei 250°, Umluft 220°) etwa 4 Min. rösten. Die Knoblauchzehen schälen und die heißen knusprigen Brotscheiben damit einreiben. Tomaten auf den Broten verteilen, mit Pecorino belegen und warm essen.

Bruschette agli sgombri
Röstbrote mit Makrele (Toskana)

ZUTATEN für 4 Personen:
- 1 kleine Aubergine (etwa 230 g)
- 4 EL Olivenöl
- Salz | Pfeffer aus der Mühle
- 1/4 rote Paprikaschote
- 1 Hand voll Rucola (etwa 25 g)
- 1 Knoblauchzehe
- 2 TL Zitronensaft
- 8 Scheiben Weißbrot
- 50 g geräucherte Makrele

ZUBEREITUNGSZEIT: 25 Min.
PRO PORTION: ca. 240 kcal

1 Die Aubergine mit dem Sparschäler schälen und in sehr kleine Würfel schneiden. In einer beschichteten Pfanne 2 EL Olivenöl erhitzen und Auberginenwürfel einrühren. Mit Salz und Pfeffer würzen und bei mittlerer Hitze etwa 8 Min. braten, bis sie weich und schön braun sind. Das Gemüse leicht abkühlen lassen.

2 Inzwischen das Paprikastück waschen. Den Rucola verlesen, waschen und trockenschleudern. Den Knoblauch schälen. Paprika, Rucola und Knoblauch sehr fein hacken. Unter die Auberginen mischen, übriges Öl unterrühren und das Gemüse mit Salz, Pfeffer und Zitronensaft abschmecken.

3 Brot im Toaster (oder im Backofen bei 250°, Umluft 220°) etwa 4 Min. rösten. Auberginenmischung darauf verteilen. Die Makrele in Stücke pflücken und darauf legen. Sofort servieren.

Reportage

Hülsenfrüchte – eiweißreich und lecker
Linsen, Kichererbsen & Co. kommen häufig auf den Tisch – und das ist gut so

Im Zentrum Italiens machen Hülsenfrüchte dem Gemüse Konkurrenz – bei den *antipasti* ebenso wie bei den *primi* und *contorni*. Und es sind keinesfalls nur getrocknete Bohnen, sondern auch Linsen, dicke Bohnen und Kichererbsen, die in der Küche zu neuen Ehren kommen.

Fagioli (Bohnen). Normale weiße Bohnen heißen *fagioli bianchi*, die kleinen weißen werden *cannellini* genannt. Besonders gerne isst man in Italien auch die rot gesprenkelten Borlotti-Bohnen, die in unterschiedlichen Größen und Sorten (etwa die begehrten *lamon*-Bohnen aus dem Veneto) auf den Markt kommen und als die besten Italiens gelten. Eine Spezialität aus der Provinz Arezzo sind *fagioli zolfino*, kleine schwefelgelbe Bohnen mit so weicher Schale, dass man sie ohne Einweichen kochen kann. Diese seltene, wohlschmeckende Sorte wird in der Toskana schlicht serviert: gegart und mit bestem Olivenöl verfeinert. Alle anderen getrockneten Bohnen weicht man über Nacht ein und kocht sie dann. Die Garzeit richtet sich weniger nach der Sorte dieser Hülsenfrüchte als nach ihrem Alter. Gerade erst getrocknet sind sie schneller weich als nach einer längeren Lagerzeit.

Lenticchie (Linsen). Die kleinsten unter den Hülsenfrüchten haben viel Geschmack zu bieten und machen weniger Arbeit als *fagioli*: Sie müssen nicht eingeweicht werden und garen kürzer. Linsen stehen in der Toskana, den Marken und in Umbrien häufig auf dem Speiseplan – als Suppe, geschmort und mit *salsicce* (gewürzte rohe Würste) oder aber als Beilage serviert. Beliebte Kombination: Linsen und Kastanien.

Fave (Dicke Bohnen). Getrocknete *fave* bekommt man ganz (sie müssen nach dem Einweichen noch von der Schale befreit werden) oder bereits gehäutet und halbiert. Ganze Bohnen müssen über Nacht einweichen, geschälte und halbierte kann man gleich kochen. Bei uns bekommen Sie getrocknete Dicke Bohnen in größeren italienischen Lebensmittelgeschäften. Noch besser: Von einer Italienreise mitbringen.

Ceci (Kichererbsen). Überall in Mittelitalien wird diese aromatische Hülsenfrucht angebaut. Als Salat, mariniert als *antipasto*, in der Suppe, als Beilage oder mit Fleisch oder Fisch als Hauptgericht – *ceci* sind in den Marken, in Umbrien und der Toskana sehr beliebt, in der Kombination mit kurzen Nudeln geradezu ein Klassiker. Kichererbsen werden nicht nur im Ganzen zubereitet, zu Mehl vermahlen backt man aus ihnen an der Toskana-Küste einen flachen würzigen Fladen – *cecina* genannt. Die ganzen Hülsenfrüchte bekommen Sie fast überall, das Kichererbsenmehl im italienischen Feinkosthandel oder im Asienladen (es wird auch in der indischen Küche viel verwendet).

Cicerchie (Platterbsen). Wie platt gedrückte, unförmige, halbe Kichererbsen sehen sie aus und sind tatsächlich mit diesen verwandt. Die Hülsenfrüchte soll es in Italien schon in der Antike gegeben haben, heute erleben die würzigen und aromatischen Erbsen in Italien ein echtes Comeback. Zubereitet werden sie wie die Kichererbsen – als Salat oder Beilage und auch als Suppe. *Cicerchie* können Sie im Urlaub in Italien kaufen oder über das Internet beziehen.

a *Fagioli borlotti in insalata* (Borlotti-Bohnen-Salat): 200 g getrocknete Borlotti-Bohnen über Nacht einweichen, dann am nächsten Tag in frischem Wasser mit 1 Msp. Natron weich kochen. Mit je 1 Knolle Fenchel und roten Paprikaschote in Streifen, 1 roten gehackten Zwiebel, 1 EL Kapern, 1 Bund gehacktem Rucola, 2 EL Rotweinessig, 5 EL Olivenöl, Salz und Pfeffer mischen.

b Die Auswahl an Hülsenfrüchten ist in Italien groß. Gelegentlich werden auch verschiedene Sorten zusammen verarbeitet, zum Beispiel in einer Suppe. Der Vorteil: kleinere und weichere Sorten wie rote Linsen oder halbierte Erbsen werden schneller gar, zerfallen und machen die Suppe wunderbar sämig. Eine solche Mischung ist in fast jedem italienischen Lebensmittelladen im Angebot.   c Vor allem Borlotti-Bohnen kommen nicht nur getrocknet, sondern auch frisch in den Handel. Diese müssen Sie nur aus den Hülsen palen und in kochendem Salzwasser etwa 20 Min. garen. Als Salat oder Beilage servieren.   d *Lenticchie di Castelluccio* von der umbrischen Hochebene von Castelluccio gelten als die aromatischsten Linsen ganz Italiens und sind dementsprechend begehrt.

Zuppa di lenticchie
Linsensuppe (Umbrien)

ZUTATEN für 4 Personen:
2 Knoblauchzehen
1 Zwiebel | 1 Möhre
1 Stange Staudensellerie
1 Fleischtomate
1/2 Bund Petersilie
je 1 Zweig Oregano, Thymian und Rosmarin | 4 EL Olivenöl
200 g braune Linsen | 1 1/4 l Fleisch- oder Gemüsebrühe
2 TL Tomatenmark
250 g gewürzte rohe Würste (z. B. Salsicce)
1 Schuss Rotwein | Chilipulver
Salz | Pfeffer aus der Mühle

ZUBEREITUNGSZEIT: 20 Min.
GARZEIT: 40 Min.
PRO PORTION: ca. 520 kcal

1 Knoblauch, Zwiebel, Möhre schälen, Sellerie waschen, alles klein würfeln. Tomate überbrühen, häuten und klein schneiden, dabei den Stielansatz entfernen. Die Kräuter waschen und trockenschütteln, die Blättchen abzupfen. Etwas Petersilie beiseite legen, die übrigen Kräuter fein hacken.

2 Öl im Topf erhitzen. Knoblauch, Zwiebel, Möhre, Sellerie und gehackte Kräuter andünsten. Linsen, Brühe, Tomate und das Tomatenmark unterrühren. Suppe zugedeckt bei schwacher Hitze etwa 40 Min. garen, bis die Linsen weich werden, aber noch Biss haben. Bei Bedarf noch etwas Brühe oder Wasser nachgießen.

3 Die Wurstmasse in kleinen Stücken aus der Haut drücken. In einer Pfanne bei mittlerer Hitze leicht braun braten. Mit Wein ablöschen, mit Chilipulver würzen. Übrige Petersilie fein hacken. Die Suppe salzen und pfeffern, mit der Wurst in tiefe Teller verteilen. Mit Petersilie bestreut servieren.

Pappa al pomodoro
Brot-Tomaten-Püree (Toskana)

ZUTATEN für 4 Personen:
200 g altbackenes Weißbrot (vom Vortag)
800 g Tomaten
2 rote Zwiebeln
4 Knoblauchzehen
1 Zweig Rosmarin
6 EL Olivenöl
1/2 l Brühe
1/2 getrockneter Peperoncino
1/2 Bund Petersilie
Salz | Pfeffer aus der Mühle

ZUBEREITUNGSZEIT: 30 Min.
PRO PORTION: ca. 325 kcal

1 Das Brot in Stücke brechen und in einer Schüssel mit Wasser bedecken, kurz einweichen. Die Tomaten mit kochendem Wasser überbrühen, abschrecken und häuten. Die Tomaten in Würfel schneiden, dabei die Stielansätze entfernen.

2 Die Zwiebeln und den Knoblauch schälen. Die Zwiebeln halbieren und in feine Streifen schneiden, 2 Knoblauchzehen fein hacken. Den Rosmarin waschen und trockenschütteln, die Nadeln abzupfen und fein hacken.

3 In einem Topf 2 EL Olivenöl erhitzen. Zwiebeln, Rosmarin und gehackten Knoblauch darin unter Rühren 3–5 Min. bei schwacher Hitze braten. Das Brot abtropfen lassen, ausdrücken und mit den Tomaten und Brühe oder die gleiche Menge Wasser in den Topf geben. Die Mischung offen etwa 15 Min. kochen, bis sie schön dickflüssig ist. Dabei häufig umrühren.

4 Inzwischen übrigen Knoblauch in feine Stifte schneiden, den Peperoncino fein zerkrümeln. Die Petersilie waschen, trockenschütteln und fein hacken.

Crema di ceci con gamberi

Kichererbsencremesuppe mit Garnelen (Marken)

ZUTATEN für 4 Personen:
200 g getrocknete Kichererbsen
2 Knoblauchzehen
1 Zwiebel | 2 Zweige Thymian
1 Lorbeerblatt
3 TL Natron (lässt die Kichererbsen schön weich werden)
1 Möhre
1 Stange Staudensellerie
2 TL Tomatenmark
Salz | Pfeffer aus der Mühle
12 geschälte rohe Garnelen
2 Stängel Petersilie
4 EL Olivenöl

ZUBEREITUNGSZEIT: 30 Min.
QUELLZEIT: über Nacht
GARZEIT: 2 Std.
PRO PORTION: ca. 305 kcal

1 Die Kichererbsen in einer Schüssel mit Wasser bedecken und mindestens 8 Std. quellen lassen (am besten über Nacht).

2 Dann Knoblauch und Zwiebel schälen und halbieren, Thymian waschen. Kichererbsen abtropfen lassen und mit 1 1/4 l frischem Wasser, Knoblauch, Zwiebel, Thymian und dem Lorbeerblatt in einen Topf geben. Natron untermischen und das Wasser zum Kochen bringen. Die Kichererbsen bei halb aufgelegtem Deckel etwa 1 Std. bei schwacher Hitze kochen.

3 Möhre schälen, Sellerie waschen und putzen, beides grob zerkleinern. Zu den Kichererbsen geben, alles etwa 1 Std. garen, bis die Erbsen schön weich sind.

4 Lorbeerblatt und Thymian aus der Suppe entfernen, die Kichererbsen mit Gemüse und Garflüssigkeit im Mixer oder mit dem Pürierstab fein pürieren. Mit dem Tomatenmark, Salz und Pfeffer abschmecken.

5 Die Garnelen waschen und trockentupfen, der Länge nach halbieren und den Darm entfernen. Petersilie waschen und trockenschütteln, fein hacken.

6 In einer Pfanne bei mittlerer Hitze 2 EL Öl heiß werden lassen. Garnelen darin pro Seite 1/2 Min. braten, bis sie sich rötlich verfärben. Salzen und pfeffern, Petersilie untermischen. Suppe in Teller füllen, Garnelen darauf anrichten. Mit dem übrigen Öl beträufeln und rasch servieren.

Auch in Italien keineswegs verpönt: Kichererbsen aus der Dose. Diese mit dem gegarten Gemüse und der Brühe oder nur mit Brühe pürieren und erwärmen. Abschmecken und mit den Garnelen anrichten.

5 Übriges Öl bei schwacher Hitze erwärmen. Knoblauch mit Peperoncino und Petersilie darin goldgelb andünsten (nicht zu dunkel werden lassen). Tomaten-Brot-Püree mit Salz und Pfeffer abschmecken und in tiefe Teller füllen. Mit dem Knoblauchöl beträufeln und sofort servieren.

Das Brot der Toskana ist traditionell ungesalzen, ein Relikt aus Zeiten, in denen Salz sehr teuer und ein Luxusgut war. Die Bedeutung des Brots in der Küche lässt sich auch daran ablesen, dass es in der Toskana zahlreiche Gerichte gibt, die altbackenem Brot zu neuen Ehren verhelfen. Brot wegzuwerfen war und ist absolut verpönt. Und bei der Güte der Gerichte auch tatsächlich ein verpasster Genuss.

Pasta alle pere e pecorino
Nudeln mit Birnen und Pecorino (Toskana)

ZUTATEN für 4 Personen:

400 g Tagliatelle, Fettuccine oder Pappardelle
Salz
4 Zweige Rosmarin
1 Stück Bio-Zitronenschale
2 feste reife Birnen (etwa 350 g)
2 getrocknete Peperoncini
2 Knoblauchzehen
4 EL Pinienkerne
4 EL Olivenöl + Olivenöl zum Beträufeln
120 g mittelalter Pecorino

ZUBEREITUNGSZEIT: 20 Min.
PRO PORTION: ca. 680 kcal

1 Für die Nudeln in einem großen Topf reichlich Wasser zum Kochen bringen und salzen. Die Nudeln darin nach Packungsaufschrift al dente garen.

2 Während das Wasser heiß wird, Rosmarin waschen, trockenschütteln und die Nadeln mit der Zitronenschale fein hacken. Die Birnen vierteln, schälen, entkernen und klein würfeln. Die Peperoncini zerkrümeln. Knoblauch schälen und in feine Scheiben schneiden.

3 Pinienkerne in einer Pfanne ohne Fett goldgelb anrösten, herausnehmen. Olivenöl in der Pfanne erhitzen. Rosmarin mit Peperoncini und Knoblauch darin 1–2 Min. bei mittlerer Hitze anbraten, dann Birnen untermischen und 1–2 Min. braten, salzen.

4 Den Käse entrinden und in Späne hobeln. Nudeln abgießen, mit dem Käse und den Birnen mischen und auf vorgewärmte Teller verteilen. Pinienkerne aufstreuen, Nudeln mit etwas Öl beträufeln und servieren.

Ursprünglich ein Arme-Leute-Essen und Resteverwertung für gekochte Pasta aus dem toskanischen Valdichiana, heute aber wieder eine beliebte Mischung, fast schon ein Klassiker. Früher nahm man für bäuerliche Gerichte wie dieses, das, was man gerade zur Hand hatte beziehungsweise was die Natur im Überfluss hervorbrachte. Heute verfeinert man den fruchtigen Sugo mit würzigen Zutaten der Region: Rosmarin, Olivenöl und Pinienkernen. Wanderten damals statt fruchtigen Birnen auch mal Tomaten, geröstete Brotwürfel oder gemischte Kräuter mit dem Pecorino unter die Nudeln, können es heute auch frische Feigen sein, die wunderbar mit dem Käse harmonieren.

Der Birnen-Sugo passt auch besonders gut zu *pici*, den handgerollten Bauernnudeln aus der Toskana: Dafür 400 g Hartweizenmehl mit 1 TL Salz und etwa 200 ml kaltem Wasser zu einem elastischen Teig verkneten, der nicht an den Fingern kleben darf. In ein Küchentuch gewickelt 30 Min. ruhen lassen. Dann etwa haselnussgroße Portionen abnehmen und auf einem bemehlten Holzbrett mit den Händen zu etwa 1/2 cm dicken Nudelschnüren rollen. Etwas antrocknen lassen und anschließend in 3–4 Min. in Salzwasser al dente kochen.

Pappardelle al sugo di cinghiale con pesto di porcini
Bandnudeln mit Wildschweinsauce und Steinpilz-Pesto (Marken)

ZUTATEN für 4 Personen:
Für die Sauce:
500 g Wildschweinkeule (ohne Knochen)
2 Knoblauchzehen | 1 Möhre
1 Stange Staudensellerie
2 Zweige Rosmarin | 2 EL Olivenöl
1/4 l kräftiger Rotwein (z. B. Sagrantino)
Salz | Pfeffer aus der Mühle
2 TL Honig | 2 TL Zitronensaft
Für den Pesto:
20 g getrocknete Steinpilze
1 getrockneter Peperoncino
70 ml Olivenöl | 35 g Pinienkerne
35 g frisch geriebener Pecorino
Salz | frisch geriebene Muskatnuss
Außerdem:
400 g Pappardelle oder andere breite Bandnudeln | Salz

ZUBEREITUNGSZEIT: 30 Min.
GARZEIT: 1 1/2 Std.
PRO PORTION: ca. 845 kcal

1 Für die Sacue das Fleisch von größeren Fettstücken und Sehnen befreien und in etwa 1/2 cm große Würfel schneiden. Knoblauch und Möhre schälen, Sellerie waschen und putzen. Das Gemüse sehr klein würfeln. Rosmarin waschen und trockenschütteln, die Nadeln abzupfen und fein hacken.

2 Das Fleisch in dem Olivenöl kräftig anbraten. Knoblauch, Möhre, Sellerie und Rosmarin kurz mitbraten. Wein angießen, salzen, pfeffern und die Sauce zugedeckt etwa 1 1/2 Std. bei schwacher Hitze schmoren lassen. Bei Bedarf etwas Wasser dazugeben.

3 Inzwischen für den Pesto die Pilze mit 175 ml lauwarmem Wasser begießen und etwa 30 Min. darin ziehen lassen. Dann im Sieb abtropfen lassen und dabei den Sud auffangen, Pilze fein würfeln. Sud durch eine Kaffeefiltertüte laufen lassen. Peperoncino zerkrümeln. In einem Topf 2 EL Öl erhitzen, Pilze darin andünsten. Mit dem Sud aufgießen, mit dem Peperoncino würzen und zugedeckt bei schwacher Hitze etwa 15 Min. schmoren lassen.

4 Die Pilze abkühlen lassen, dann mit den Pinienkernen und dem restlichen Olivenöl im Mixer fein pürieren. Den Pecorino untermischen und den Pesto mit Salz und Muskat abschmecken.

5 Für die Nudeln in einem großen Topf reichlich Wasser zum Kochen bringen, salzen. Die Nudeln darin nach Packungsaufschrift al dente kochen. Honig und den Zitronensaft unter den Sugo mischen, mit Salz und Pfeffer abschmecken.

6 Nudeln abgießen und mit der Sauce mischen. Auf vorgewärmte Teller verteilen und den Pesto getrennt dazu reichen. Mit frisch geriebenem Pecorino oder Parmesan servieren.

Wer mag, macht zum sugo Nudeln aus Kartoffelteig: 100 g gegarte, mehlig kochende Kartoffeln durch die Presse drücken und mit 300 g Hartweizenmehl, 1 TL Salz und 2 Eiern (Größe M) zu einem geschmeidigen Teig verkneten. In ein Küchentuch wickeln und 30 Min. ruhen lassen. Dann den Teig portionsweise mit der Nudelmaschine zu feinen Platten rollen und mit dem Messer in unterschiedlich dicke Nudeln schneiden. Antrocknen lassen und in 3–4 Min. in Salzwasser al dente kochen.

Reportage

Dem Chianti auf der Spur
Die Sangiovese-Trauben auf dem Weg vom »fiasco« zum großen Rotwein

Vor etlichen Jahrzehnten, als Spaghetti und Pizza bei uns ihren Siegeszug antraten, zierten bauchige, bastumwickelte Flaschen als Kerzenhalter so manchen Kneipentisch. Die Flasche heißt *fiasco* und der Inhalt, der sich *Chianti* nannte, war es oft auch.

Rot und Weiß. In der Mitte des 19. Jahrhunderts »erfand« Baron Ricasoli die lange Zeit vorgeschriebene Mischung für den *Chianti Classico* aus roten Rebsorten, vornehmlich Sangiovese und Canaiolo, sowie einem Anteil an weißen Sorten, Trebbiano und Malvasia. Die weißen Trauben wurden nach der Ernte getrocknet und erst nach der Vergärung der roten Trauben gepresst und dem Wein zugesetzt. So erfolgte eine zweite Gärung, die den *Chianti* voller und alkoholreicher werden ließ.

Schwarzer Hahn. Der *gallo nero*, der schwarze Hahn, ist heute noch Kennzeichen des *Chianti Classico*, seit 1984 in den Stand eines DOCG-Weines *(Denominazione di Origine Controllata e Garantita)*, also der höchsten Prädikatsstufe der italienischen Weine erhoben.

Das Classico-Gebiet ist das Herz der Chianti-Region und reicht von Florenz bis Siena. Daneben haben sich sechs weitere Unterregionen etabliert: Chianti Ruffina im Nordosten der Toskana, aus der mit die besten Nicht-Classico-Weine kommen, Colli Aretini, Colline Pisane, Colli Senesi, Montalbano und Colli Fiorentini. *Riserva* dürfen sich Weine nennen, die mindestens drei Jahre gelagert wurden, was nur sinnvoll ist, wenn die Trauben gut reifen konnten und der Wein höhere Alkoholgehalte aufweist als ein normaler *Chianti*.

Nur noch rot. Die früheren Regeln des *Consorzio del Gallo Nero*, die einen Anteil an weißen Rebsorten und den traditionellen Ausbau in großen Bottichen vorschrieben, ließen den »schwarzen Hahn« in den 60er Jahren des 20. Jahrhunderts kränkeln. Die Preise und die Qualitäten sanken, die Gerbstoffe waren hart und die Fruchtigkeit ging schneller verloren als die herbe Note. Bis engagierte Weingüter wie Antinori und Felsina dem *Chianti Classico* wieder auf die Beine halfen. Angeregt durch die Bordeaux-Weine ergänzten sie den Sangiovese durch französische Rebsorten wie Cabernet Sauvignon oder Merlot, bauten den Wein in kleinen Holzfässern, französischen Barriques, aus und schufen so einen *Super Chianti*, der wieder auf sich aufmerksam machte, aber als *vino da tavola* abgefüllt werden musste, weil er nicht den Vorschriften für die Erzeugung des *Chianti Classico* entsprach. Inzwischen hat sich die Regelung des Chianti-Konsortiums der Entwicklung angepasst: Es dürfen nur noch rote Rebsorten verwendet werden, 80 Prozent müssen Sangiovese-Trauben sein, die restlichen 20 Prozent können Sangiovese, andere lokale rote Rebsorten oder auch internationale Sorten wie Cabernet Sauvignon und Merlot sein. Mittlerweile sind fast 1000 Nachfolger der Pioniere mit modernen Chianti-Weinen auf dem Weg zum Erfolg, die nun nicht mehr dünn, säurereich und ausgezehrt wirken, sondern dunkelfarben und beerenfruchtig mit Zimtaromen sind, dazu einen weichen, fast cremigen Geschmack haben, und bei denen Säure und Gerbstoffe nicht mehr die Oberhand gewinnen. Doch unter einem wird auch weiterhin das Chianti-Gebiet zu leiden haben: dem Wetter. Denn nicht jeder Jahresverlauf ist gleich und so mancher macht den Bemühungen der Winzer, einen guten Wein in die Fässer zu bringen, einen Strich durch die Rechnung.

a   Früher waren die Weinberge des Chianti-Classico-Gebietes von Olivenbäumen und Hecken durchsetzt, heute überwiegt die reine Rebenkultur, die leichter zu bewirtschaften ist. Eine Vielzahl von Bodentypen – Kalk-, Sand- und vulkanische Tuffböden – sorgen für die Vielfalt der Geschmacksrichtungen bei den Chianti-Weinen.

b Für qualitätsbewusste Weingüter ist die Handlese, bei der ungeeignete Trauben gleich aussortiert werden, immer noch durch keine Maschine zu ersetzen.   **c** Die Sangiovese-Traube, wichtigste Sorte im Chianti-Gebiet, ergibt ein typisches Aroma nach reifen Sauerkirschen.   **d** Die Weine der Fattoria di Felsina räumen regelmäßig die höchsten Auszeichnungen ab. Neben dem kraftvollen und eleganten *Chianti Classico* wird eine *Riserva Rancia* und der *Fontalloro* (ein reiner Sangiovese-Wein, der in Barriquefässern ausgebaut wird) erzeugt.   **e** Kaum zu glauben, aber auch im Chianti-Gebiet gibt es kalte Winter mit Schnee. Und ebenso kann es im Frühjahr in der Toskana noch Fröste haben, die die Reben schädigen. Oder die Traubenreife wird durch kühles und feuchtes Wetter verzögert, dann überwiegen in den Weinen raue Gerbstoffe.

Cozze in porchetta
Muscheln in Fenchelsud (Marken)

ZUTATEN für 4 Personen:
3 kg Miesmuscheln
4 Knoblauchzehen
2 rote Zwiebeln
200 g Tomaten
2 TL Fenchelsamen
2 EL Olivenöl
200 ml trockener Weißwein
50 ml Anisetta (Anislikör; ersatzweise ein anderer Anislikör, z. B. Sambuca)
Salz | Pfeffer aus der Mühle
1 EL Zitronensaft
1 Prise Chilipulver

ZUBEREITUNGSZEIT: 40 Min.
PRO PORTION: ca. 230 kcal

1 Die Muscheln unter fließendem kaltem Wasser gründlich abbrausen. Alle Muscheln, die sich dabei nicht schließen, aussortieren und wegwerfen.

2 Knoblauch und die Zwiebeln schälen. Den Knoblauch in feine Scheiben schneiden, die Zwiebeln halbieren und in Streifen schneiden. Tomaten überbrühen, häuten und fein würfeln, dabei die Stielansätze entfernen. Fenchelsamen im Mörser leicht andrücken.

3 Öl in einem weiten Topf erhitzen. Zwiebeln, Knoblauch und Fenchelsamen darin andünsten. Tomaten untermischen, mit Wein, dem Anisetta und 1/8 l Wasser aufgießen. Mit Salz, Pfeffer, dem Zitronensaft und Chili würzen.

4 Muscheln in den Sud geben, bei starker Hitze 5–7 Min. darin garen. Dabei den Topf hin und wieder schütteln, damit die Muscheln gleichmäßig garen. Geschlossene Muscheln aussortieren und wegwerfen. Die Muscheln mit dem Sud servieren.

Tagliata di tonno
Tunfischscheiben mit Spargel (Marken)

ZUTATEN für 4 Personen:
Für den Tunfisch:
2 Knoblauchzehen
je 2 Zweige Rosmarin, Thymian und Oregano
1 EL Zitronensaft
6 EL Olivenöl
8 dünne Scheiben Tunfisch (je knapp 1 cm dick und 80 g schwer)
Salz | Pfeffer aus der Mühle
Für den Spargel:
500 g grüner Spargel
Salz | Pfeffer aus der Mühle
1/2 Bio-Zitrone
1 Bund Rucola
50 g entsteinte grüne Oliven
2 EL Olivenöl
frisch geriebene Muskatnuss

ZUBEREITUNGSZEIT: 30 Min.
MARINIERZEIT: 2 Std.
PRO PORTION: ca. 620 kcal

1 Für den Fisch den Knoblauch schälen und in dünne Scheiben schneiden. Die Kräuter waschen und trockenschütteln, die Blättchen abzupfen und fein hacken. Knoblauch und Kräuter mit dem Zitronensaft und 4 EL Olivenöl mischen und über den Fischscheiben verteilen. Mindestens 2 Std. im Kühlschrank marinieren.

2 Dann Spargel waschen und die holzigen Enden abschneiden. Spargelspitzen abschneiden, die Stangen in etwa 5 cm lange Stücke schneiden. Salzwasser aufkochen und den Spargel darin etwa 2 Min. blanchieren. Kalt abschrecken, abtropfen lassen. Die Zitrone heiß waschen und die Schale fein abreiben, den Saft auspressen. Den Rucola verlesen, waschen und trockenschleudern, grob hacken. Die Oliven in feine Streifen schneiden.

Filetti di trota in crosta

Forellenfilets mit Brotkruste (Umbrien)

ZUTATEN für 4 Personen:
- 8 Forellenfilets (ohne Haut, vom Fischhändler vorbereiten lassen)
- 4 Salbeiblätter | 2 Wacholderbeeren | 1/2 Bio-Zitrone
- 4 Knoblauchzehen
- 40 g frisch geriebenes, altbackenes Weißbrot (vom Vortag)
- 6 EL Olivenöl + Olivenöl für die Form
- Salz | Pfeffer aus der Mühle
- 200 g Tomaten
- 4 Sardellenfilets (in Öl)
- 1/2 Bund Petersilie
- 1 getrockneter Peperoncino

ZUBEREITUNGSZEIT: 25 Min.
PRO PORTION: ca. 335 kcal

1 Den Backofen auf 180° (Umluft 160°) vorheizen. Eine hitzebeständige Form gut mit Öl auspinseln, Forellenfilets nebeneinander hineinlegen. Salbeiblätter waschen, trockenschütteln und mit den Wacholderbeeren fein hacken. Zitrone heiß waschen und die Schale fein abreiben.

2 Den Knoblauch schälen und 2 Zehen durch die Presse drücken. Mit Weißbrot, Salbei, Wacholder, Zitronenschale und 4 EL Olivenöl verrühren. Die Paste mit Salz und Pfeffer würzen. Forellenfilets leicht salzen und pfeffern, die Paste auf den Filets verstreichen. Filets im Ofen (Mitte) etwa 12 Min. backen, bis die Kruste gebräunt ist.

3 Inzwischen die Tomaten waschen und sehr klein würfeln, dabei die Stielansätze entfernen. Die Sardellenfilets mit einer Gabel zerdrücken, übrige Knoblauchzehen hacken. Die Petersilie waschen, trockenschütteln und fein schneiden. Peperoncino im Mörser fein zerdrücken. Alle diese Zutaten mit dem restlichen Oliven-öl mischen, mit Salz abschmecken. Kalt zu den heißen Forellenfilets servieren.

Vor allem rund um den flachen fischreichen Lago Trasimeno bekommt man in den *ristoranti* und *trattorie* Süßwasserfisch in zahlreichen Varianten serviert. Statt Forellen schmecken auch Schleien oder Saiblinge und selbst ein nicht zu dicker Karpfen (in die Filets zerteilt) passt zu dieser knusprigen Brotkruste.

Arista al Vin Santo

Schweinebraten mit Vin Santo (Toskana)

ZUTATEN für 4 Personen:

- je 3 Zweige Rosmarin und Thymian
- 2 Stängel Oregano
- 2 frische Lorbeerblätter
- 1 Bio-Zitrone
- Salz | Pfeffer aus der Mühle
- 4 EL Olivenöl
- 800 g Schweinebraten (ohne Knochen und Schwarte, z. B. Schulter)
- 4 Knollen Fenchel (möglichst junge Knollen mit reichlich Grün)
- 200 g Cocktailtomaten
- 1/4 l Vin Santo
- 1/2 EL Honig
- 2 TL Fenchelsamen

ZUBEREITUNGSZEIT: 20 Min.
BRATZEIT: 2 Std.
PRO PORTION: ca. 470 kcal

1 Kräuter waschen, trockenschütteln, Nadeln bzw. Blättchen abzupfen und mit den Lorbeerblättern fein hacken. Die Zitrone heiß waschen, die Schale dünn abschneiden und ebenfalls fein hacken. Kräuter, Zitronenschale, Salz, Pfeffer, 2 EL Öl verrühren.

2 Backofen auf 170° vorheizen. Schweinebraten trockentupfen und mit der Kräutermischung einreiben. Übriges Öl in einem Bräter erhitzen und das Fleisch darin rundherum bei starker Hitze anbraten. Dann im Ofen (unten, Umluft 150°) etwa 1 1/4 Std. braten, dabei einmal wenden.

3 Fenchelknollen waschen und putzen, der Länge nach achteln. Strunk so herausschneiden, dass die einzelnen Fenchelschichten noch zusammenhalten. Tomaten waschen und ganz lassen.

4 Vin Santo mit dem Honig und reichlich Pfeffer verrühren und die Hälfte davon mit den Fenchelscheiben zum Braten geben. Fenchelsamen und die Tomaten daneben verteilen. Den Braten weitere 45 Min. garen, dabei immer wieder mit restlicher Vin-Santo-Mischung begießen.

5 Den Schweinebraten kurz ruhen lassen, dann in Scheiben schneiden und mit dem Gemüse und der Sauce servieren. Dazu schmecken Rosmarinkartoffeln oder Brot und ein gemischter Salat sehr gut.

In der Toskana gibt es eine ganz besondere Schweinerasse – cinta senese. Ihren Namen verdanken die eher dunkel befellten Tiere einem rosafarbenen Streifen (*cinta*), der ihren Rücken ziert. Die Schweine sind seit dem Mittelalter in der Region Siena zu Hause und heute bei Feinschmeckern sehr begehrt. Die widerstandsfähige Rasse ist ideal für ein Leben im Freien geeignet und daher besonders gut artgerecht zu halten. Außer der berühmten toskanischen Spezialität *arista*, dem Schweinebraten, der im Original ohne Gemüse zubereitet wird, stellt man aus dem würzigen, eher dunklen Fleisch dieser Schweine in der Toskana vor allem Schinken und Würste her – frisch und abgehangen. Übrigens stehen die Schweine unter dem Schutz eines Konsortiums und von Slow Food.

Pasticciata alla Cagliostro
Mariniertes geschmortes Rindfleisch (Marken)

ZUTATEN für 4 Personen:
800 g Rinderbraten
80 g fetter Speck
1/4 TL Zimtpulver
Salz | Pfeffer aus der Mühle
4 Knoblauchzehen
4 Gewürznelken
1/4 l trockener Rotwein
1 Zwiebel | 1 Möhre
1 Stange Staudensellerie
400 g Tomaten
2 Stängel Oregano
4 EL Olivenöl
1 TL Tomatenmark

ZUBEREITUNGSZEIT: 40 Min.
MARINIERZEIT: über Nacht
SCHMORZEIT: 1 1/2–2 Std.
PRO PORTION: ca. 585 kcal

1 Den Rinderbraten mit einem spitzen Messer rundherum mehrmals einstechen. Gut die Hälfte des Specks in knapp 1 cm große Würfel schneiden und mit Zimt, Salz und Pfeffer mischen. 2 Knoblauchzehen schälen und in Stifte schneiden. Gewürzte Speckwürfel, Knoblauchstifte und die Gewürznelken in die Einschnitte des Bratens drücken. Braten in einer Schüssel mit dem Wein begießen und bis zum nächsten Tag ziehen lassen, dabei zwischendurch mehrmals wenden.

2 Zwiebel und Möhre schälen, fein würfeln. Sellerie waschen, putzen und ebenfalls würfeln. Tomaten mit kochendem Wasser überbrühen, abschrecken, häuten und würfeln, dabei Stielansätze entfernen. Oregano waschen und trockenschütteln, fein hacken.

3 In einem Schmortopf 2 EL Öl erhitzen, den Braten aus dem Wein heben, trockentupfen und im Öl rundherum bei starker Hitze gut anbraten. Herausnehmen, salzen und pfeffern. Zwiebel, Möhre, Sellerie und Oregano in den Topf geben und anbraten. Wein von der Marinade und die Tomaten untermischen, mit dem Tomatenmark, Salz und Pfeffer würzen. Braten wieder einlegen, bei schwacher Hitze zugedeckt in 1 1/2–2 Std. weich schmoren.

4 Braten aus dem Topf nehmen, abkühlen lassen und in dünne Scheiben schneiden. Restlichen Speck klein würfeln, übrigen Knoblauch schälen und fein hacken. Schmorsud durch ein Sieb passieren, das Gemüse gut ausdrücken.

5 Übriges Öl erhitzen, Speck und Knoblauch darin andünsten, mit Sud aufgießen, Sauce eventuell leicht einkochen lassen. Fleisch einlegen und heiß werden lassen. Auf einer Platte anrichten.

In den Marken wird Rindfleisch ebenso gerne in Rotwein geschmort wie in Umbrien und der Toskana. In Florenz kennt man ein einfaches Gericht mit Rindfleisch, Rotwein und viel Pfeffer, das sich schon die am Dom arbeitenden Handwerker schmecken ließen. Für einen *peposo* 1 kg Rindfleisch (zum Schmoren) in knapp 1 cm dicke Scheiben schneiden. Die Zehen von 1 Knoblauchknolle schälen, ganz lassen. Eine Lage Fleisch in einen Schmortopf mit Deckel schichten. Mit Knoblauch belegen und mit grob gemahlenem Pfeffer (insgesamt mindestens 1 EL) und Salz darauf geben. Wieder eine Lage Fleisch einschichten, mit Knoblauch, Salz, Pfeffer würzen. Wenn alle Zutaten im Topf sind, 1/2 l Chianti angießen. Das Fleisch zugedeckt im Backofen bei 120° (Umluft 100°) etwa 8 Std. garen.

Agnello al formaggio
Lamm mit Käse (Marken)

ZUTATEN für 4 Personen:
gut 800 g magere Lammschulter oder -keule (ohne Knochen)
1 Bund Minze
120 g reifer Pecorino
Salz | Pfeffer aus der Mühle
4 EL Olivenöl
1/4 l trockener Weißwein
4 Knoblauchzehen
1 Romanasalat
Küchengarn zum Binden

ZUBEREITUNGSZEIT: 20 Min.
BRATZEIT: 1 1/4 Std.
PRO PORTION: ca. 810 kcal

1 Lammfleisch von größeren Fettstücken und Sehnen befreien. Fleisch so einschneiden, dass eine große Scheibe entsteht. Die Minze waschen, trockenschütteln und grob hacken. Etwas davon beiseite legen. Käse entrinden und in kleine Stücke brechen.

2 Lammfleisch leicht salzen und pfeffern, mit Minze und Käse bestreuen, zusammenklappen. Fleisch mit Küchengarn binden.

3 Backofen auf 180° vorheizen. Öl in einem Bräter erhitzen, die Lammschulter darin bei starker Hitze von beiden Seiten gut anbraten. In den Ofen (Mitte, Umluft 160°) schieben und etwa 15 Min. braten. Dann Wein angießen, weitere 30 Min. braten.

4 Knoblauch schälen, in dickere Scheiben schneiden. Den Salat waschen, trockenschleudern, in breite Streifen schneiden. Beides mischen und neben dem Fleisch verteilen. Weitere 30 Min. braten. Dann das Fleisch in Scheiben schneiden und auf einer Platte anrichten. Romana mit übriger Minze mischen, salzen, pfeffern und neben das Fleisch legen.

Agnello ai carciofi
Kräuterlamm mit Artischocken (Toskana)

ZUTATEN für 4 Personen:
800 g Lammkeule (ohne Knochen)
10 große Salbeiblätter
3 Zweige Rosmarin
10 Zweige Thymian
4 große Knoblauchzehen
1 Bio-Zitrone
6 EL Olivenöl
1/8 l trockener Weißwein
Salz | Pfeffer aus der Mühle
frisch geriebene Muskatnuss
6 kleine Artischocken
1/4 Bund Petersilie
4 EL Pinienkerne

ZUBEREITUNGSZEIT: 30 Min.
SCHMORZEIT: 1 1/4 Std.
PRO PORTION: ca. 755 kcal

1 Lammfleisch von größeren Fettstücken und den Sehnen befreien und in etwa 3 cm große Stücke schneiden. Salbei, Rosmarin und Thymian waschen und trockenschütteln, fein hacken. Den Knoblauch schälen und klein würfeln. Die Zitrone heiß waschen und die Schale fein abreiben.

2 In einem Schmortopf 3 EL Öl erhitzen und das Fleisch darin in drei Portionen bei starker Hitze gut anbraten, herausnehmen. Gehackte Kräuter mit dem Knoblauch im Bratfett kurz andünsten. Mit Wein ablöschen und den Bratsatz loskochen. Das Fleisch untermischen, mit der Zitronenschale (bis auf einen kleinen Rest), Salz, Pfeffer und Muskat abschmecken und zugedeckt bei schwacher Hitze etwa 1 Std. schmoren.

3 Nach 30 Min. Artischocken putzen: so viele Blätter ablösen und wegwefen, bis man ein Blatt am unteren fleischigen Ende leicht beißen kann. Bei den übrigen Blättern die oberen

Arrosto di cinghiale, castagne e mosto
Wildschweinbraten mit Kastanien und Traubenmost (Umbrien)

ZUTATEN für 4 Personen:
- 900 g Wildschweinbraten (z. B. Keule ohne Knochen)
- 2 Zwiebeln
- 2 Möhren
- 2 Stangen Staudensellerie
- 5 Lorbeerblätter
- 3/4 l trockener Weißwein
- 4 EL Weißweinessig
- Salz | Pfeffer aus der Mühle
- 250 g Esskastanien (Maronen)
- 4 Knoblauchzehen
- 4 Zweige Rosmarin
- 4 EL Olivenöl
- 1/4 l ungesüßter Traubensaft
- 4 EL Mosto cotto (eingekochter Most aus der Flasche, aus dem italienischen Lebensmittelladen, ersatzweise 1 EL Honig)

ZUBEREITUNGSZEIT: 1 Std.
MARINIERZEIT: 2 Tage
BRATZEIT: 1 1/2 Std.
PRO PORTION: ca. 715 kcal

1 Den Wildschweinbraten von allen größeren Fettstücken und den Sehnen befreien und in eine Schüssel legen. Zwiebeln und Möhren schälen und in Scheiben schneiden. Den Sellerie waschen, putzen und grob zerkleinern. Zwiebeln, Möhren und Sellerie mit Lorbeerblättern, Wein und Essig vermischen und über das Fleisch gießen. Braten zugedeckt im Kühlschrank etwa 2 Tage marinieren lassen, dabei ab und zu umdrehen.

2 Dann Salzwasser aufkochen. Die Kastanien an der runden Seite kreuzweise einschneiden und im Wasser etwa 10 Min. garen. In einem Sieb kalt abbrausen, abtropfen lassen und die Schalen ablösen, dabei auch die braune Haut entfernen. Den Knoblauch schälen und vierteln. Rosmarin waschen und trockenschütteln, die Nadeln abzupfen.

3 Backofen auf 150° vorheizen. Braten aus der Marinade nehmen, trockentupfen, salzen und pfeffern. Marinade durch ein Sieb gießen. In einem Schmortopf das Öl erhitzen und den Braten darin rundherum bei starker Hitze anbraten.

4 Kastanien, Knoblauch und Rosmarin neben den Braten legen, Saft und 1/8 l Marinade angießen. Braten im Ofen (unten, Umluft 130°) etwa 1 1/2 Std. garen. Dabei häufig mit dem Fond beschöpfen, eventuell noch etwas Marinade angießen.

5 Braten aus dem Topf nehmen, in Folie wickeln. Sauce mit dem Mosto cotto mischen und mit Salz und Pfeffer abschmecken. Fleisch aus der Folie nehmen, in dünne Scheiben schneiden und mit Kastanien und Sauce servieren. Dazu passen Ofenkartoffeln.

Reportage

Pecorino – würziger Schafkäse
Aus Mittelitalien und aus Sardinien kommen die besten Laibe des berühmten Käses

Unzählbar viele Millionen Schafe leben in der Toskana, Umbrien, den Marken und vor allem auf Sardinien. Kein Wunder, dass man hier besonders gut mit der Milch der Tiere umgehen und einen so köstlichen Käse daraus herstellen kann. Die Einwohner Sardiniens sollen ihn schon zu frühgeschichtlichen Zeiten auf der Insel zubereitet und später auf dem Festland verbreitet haben.

Von der Milch zum Käse. Echter Pecorino wird aus Schafmilch gewonnen: Nach dem Erhitzen setzt der Käser der Milch Lab zu – in der industriellen Herstellung ist das meist Kalbslab, in kleineren, zum Teil noch bäuerlichen Betrieben kann es auch vom Lamm oder von Ziegen stammen. Die Milch gerinnt, der Fachbegriff dafür ist Dicklegen. Die dabei entstehende feste Masse (der Bruch) wird nun zerschnitten – für Käse der frisch verzehrt werden soll, etwa haselnussgroß, für den, der zum Reifen gedacht ist, etwa maiskorngroß. Dieser Bruch kommt zum Abtropfen in Siebe, wird gepresst und – zum Schluss gesalzen. Dafür taucht man ihn für eine Weile in ein Salzbad oder reibt seine Rinde mit trockenem Salz ein.

Von der Dauer hängt es ab. Wie lange der Käse nun reift und wie er dabei behandelt wird, entscheidet über seinen Geschmack. Junger Pecorino reift zwischen 20 und 60 Tagen, hat eine helle und dünne Rinde und einen weichen Teig. Er schmeckt relativ mild und leicht säuerlich. Älterer Pecorino hat eine dickere, strohgelbe bis braune Rinde und wird mit zunehmender Reife (ein paar Monate bis 2 Jahre) immer würziger. Pecorino wird in verschiedenen Reifestadien verkauft: junger heißt auch *dolce*, mittelalter *semi-stagionato* und alter *stagionato*.

Die feinen Unterschiede. Aus der Toskana kommt der milde und junge *pecorino baccellone,* der nach einem 24-stündigen Bad in Salzwasser nur 2 bis 5 Tage reift. Bei den mittelalten oder alten Sorten unterscheidet man etwa *pecorino della Garfagnana* von der Küste (aus der Milch von Massese-Schafen), *pecorino di montagna* aus der südlichen und mittleren Toskana, *pecorino di Pienza* aus dem Süden von Siena, *pecorino senese* (der gerne jung angeboten wird) und *pecorino toscano* aus der gesamten Region. In Umbrien ist der *Pecorino di Norcia* aus dem nördlichen Nerina-Tal bekannt, der während der Reifung häufig mit Öl eingerieben wird. In den Marken gibt es *pecorino dei Monti Sibillini* aus den Sybillinischen Bergen, der häufig noch sehr ursprünglich aus unpasteurisierter Milch zubereitet wird und bis zu zwei Jahren in Kellern reift. *Pecorino di montagna* kann aus allen Bergen der Marken stammen. Ebenfalls gute Käse kommen aus den Abruzzen: *pecorino abruzzese* aus roher Schafmilch, *pecorino del Parco* aus dem Nationalpark, *pecorino del Sannio* aus der Milch der Comisana-Schafe (die nur auf 30° erhitzt wird und daher länger braucht, um dick zu werden), *pecorino di Capracotta* (der schon von den Sanniten hergestellt wurde) und *pecorino di Farindola* (der als einziger mit Schweinelab hergestellt wird). Aus der Basilikata stammen die traditionellen *pecorino di Filiano* und *pecorino di Moliterno,* aus der Emilia-Romagna der *pecorino dolce dei colli bolognesi,* der höchstens vier Monate reift. Aus Kalabrien kommt der *pecorino del Monte Poro,* der mit Zickleinlab gewonnen wird und berühmt ist für seinen kräuterwürzigen Geschmack. Aus Kampanien bekommen wir den *pecorino bagnolese,* der gerne als Reibkäse verwendet wird, und den *pecorino laticauda* aus der Milch der Laticauda-Schafe. *Pecorino siciliano* ist nur echt, wenn er mindestens vier Monate reift. Im Veneto findet man nur noch selten den *pecorino veneto* aus der Milch der Massese-Schafe.

a Frühlingsgenuss aus der Toskana: die zarten Dicken Bohnen *(fave)* aus den noch kleinen Bohnenhülsen lösen und auf Teller verteilen. Stücke bzw. Scheiben von jungem Pecorino *(baccellone* oder *marzolino)* daneben legen, alles mit etwas Olivenöl beträufeln, die Bohnen auch leicht salzen und zusammen mit ofenfrischem Weißbrot genießen.

Reportage

b Schafe, die zwischen Olivenbäumen, auf Wiesen und in den kargen Bergregionen fast überall auf ganz natürliche Weise grasen, bestimmen das Landschaftsbild in weiten Teilen Mittelitaliens. Ein Großteil der Tiere dient der Milchgewinnung, um Pecorino herzustellen.   **c** Umbriens Spezialität: in Weizenkleie gewälzte Ricotta-Laibe (werden aus der Molke gewonnen, die bei der Pecorino-Produktion abfällt).   **d** Nach dem Dicklegen und Zerkleinern wird der so genannte Käsebruch erst einmal in Formen geschöpft, damit die Flüssigkeit abtropfen und der Käsebruch sich zu einer Käsemasse verbinden kann.
e Eine Spezialität aus den Marken (und der Romagna) ist der *formaggio di fossa*, ein Pecorino, der in hermetisch abgedichteten Gruben *(fossa)* reift und dabei ein unverwechselbares und außergewöhnlich intensives Aroma bekommt. Er schmeckt besonders gut in Stücken mit ein bisschen Honig.

Pollo in padella
Geschmortes Huhn (Marken | Umbrien)

ZUTATEN für 4 Personen:
1 fleischiges Hähnchen (etwa 1 1/2 kg)
Salz | Pfeffer aus der Mühle
5 Stangen Staudensellerie
2 rote Zwiebeln
1 rote Paprikaschote
150 g Cocktailtomaten
2 EL Olivenöl
5 frische Lorbeerblätter
100 ml trockener Weißwein oder Hühnerbrühe
1/2 Bio-Orange
3 EL kleine Kapern

ZUBEREITUNGSZEIT: 30 Min.
SCHMORZEIT: 45 Min.
PRO PORTION: ca. 535 kcal

1 Das Hähnchen waschen und trockentupfen, mit Hilfe von einem Messer und der Geflügelschere in 12 Stücke teilen. Diese mit Salz und Pfeffer einreiben.

2 Den Sellerie waschen, putzen und in etwa 5 cm lange Stücke schneiden, zartes Selleriegrün beiseite legen. Zwiebeln schälen und achteln. Die Paprikaschote vierteln, putzen, waschen und in breite Streifen schneiden. Die Tomaten waschen, ganz lassen.

3 Öl im Schmortopf erhitzen. Hähnchenteile darin bei starker Hitze portionsweise gut anbraten, herausnehmen. Sellerie, Zwiebeln und Paprika mit Lorbeerblättern im Bratfett andünsten. Mit Wein oder Brühe ablöschen, Tomaten untermischen. Hühnerteile einlegen, zugedeckt etwa 45 Min. bei schwacher Hitze schmoren lassen.

4 Orange heiß waschen, die Schale fein abreiben. Mit Kapern und dem Selleriegrün unter die Hühnerteile mischen, eventuell noch leicht salzen und pfeffern.

Petto d'anatra all'arancia
Entenbrust mit Orangensauce (Toskana)

ZUTATEN für 4 Personen:
4 kleine Entenbrustfilets (je etwa 220 g)
4 Orangen (davon 1 Bio-Orange)
3 Zweige Rosmarin
4 Knoblauchzehen
Salz | Pfeffer aus der Mühle
1/8 l Vin Santo oder trockener Weiß- oder Rotwein
1 EL Zitronensaft
50 g schwarze Oliven
1 Prise Zimtpulver
1 TL Zucker

ZUBEREITUNGSZEIT: 30 Min.
PRO PORTION: ca. 545 kcal

1 Die Haut der Entenbrustfilets mit einem scharfen Messer gitterförmig einschneiden. Die Bio-Orange heiß waschen und die Schale dünn abschneiden, fein hacken. 2 Orangen so schälen, dass auch die weiße Haut entfernt wird. Die Filets zwischen den Trennwänden herausschneiden, den dabei ablaufenden Saft auffangen. Die übrigen Orangen auspressen. Den Rosmarin waschen und trockenschütteln, die Nadeln abzupfen und fein schneiden. Den Knoblauch schälen und in dünne Scheiben schneiden.

2 Eine schwere Pfanne heiß werden lassen. Entenbrustfilets mit der Hautseite nach unten hineinlegen und etwa 8 Min. bei mittlerer Hitze braten. Wenden und noch mal 3–4 Min. braten. Die Entenbrüste salzen, pfeffern und in Alufolie wickeln.

3 Das ausgebratene Fett bis auf einen dünnen Film aus der Pfanne gießen. Rosmarin mit dem Knoblauch im Bratfett kurz anbraten. Mit Vin Santo oder Wein, dem

Toskana, Umbrien und die Marken

Coniglio all'etrusca

Kaninchen mit Oliven und Pinienkernen (Toskana)

Orangen- und dem Zitronensaft ablöschen. Orangenschale und Oliven untermischen und die Sauce leicht einkochen lassen. Mit Salz, Pfeffer, Zimt und Zucker abschmecken. Die Orangenfilets einlegen und warm werden lassen.

4 Die Entenbrustfilets aus der Alufolie wickeln, in dünne Scheiben schneiden und in die Sauce geben. Gleich servieren.

Dieses Rezept ist eine schnelle Variante von *Paparo all'arancia*, einer ganzen Ente mit Orangensauce. Das Rezept für den Klassiker soll Katharina di Medici aus ihrer fiorentinischen Heimat mit nach Frankreich gebracht haben. *paparo* ist eine alte Bezeichnung für Ente, die vor allem in der Toskana noch heute verwendet wird.

ZUTATEN für 4 Personen:

1 Kaninchen mit Leber (etwa 1,2 kg; vom Händler in 12 Stücke teilen lassen)
Salz | Pfeffer aus der Mühle
50 g Lardo di Colonnata (würziger fetter Speck)
1 Zwiebel | 2 Knoblauchzehen
1 Möhre
1 Stange Staudensellerie
2 Stängel Salbei
3 Zweige Rosmarin
2 EL Olivenöl
1/4 l trockener Weißwein
1/8 l Hühnerbrühe
1 Lorbeerblatt
1 Stück Zimtstange
100 g schwarze Oliven
etwas Zitronensaft
2 EL Pinienkerne

ZUBEREITUNGSZEIT: 25 Min.
GARZEIT: 50 Min.
PRO PORTION: ca. 655 kcal

1 Die Kaninchenteile mit einem feuchten Tuch abreiben, um die Knochensplitter zu entfernen. Kaninchenteile mit Salz und Pfeffer würzen. Den Speck in kleine Würfel schneiden. Zwiebel, Knoblauch und Möhre schälen und fein hacken. Den Sellerie waschen, putzen und mit dem Selleriegrün fein hacken. Kräuter waschen und trockenschütteln, Blättchen und Nadeln abzupfen.

2 Olivenöl in einem Schmortopf erhitzen, den Speck darin bei mittlerer Hitze auslassen. Die Kaninchenstücke portionweise in der Öl-Speck-Mischung anbraten und wieder herausnehmen. Die Gemüsewürfel und die Kräuter im Bratfett unter Rühren 2–3 Min. andünsten. Mit dem Wein und der Brühe ablöschen, das Lorbeerblatt und die Zimtstange untermischen. Kaninchenteile wieder einlegen und bei schwacher Hitze zugedeckt etwa 30 Min. schmoren. Die Kaninchenleber vierteln, dazugeben und alles weitere 10 Min. schmoren lassen.

3 Die Kaninchenteile aus dem Topf nehmen. Die Sauce durch ein Sieb passieren und wieder in den Topf geben, Oliven untermischen. Die Sauce mit Salz, Pfeffer und Zitronensaft abschmecken. Die Kaninchenteile wieder einlegen und noch einmal knapp 10 Min. zugedeckt schmoren.

4 Inzwischen die Pinienkerne in einer Pfanne ohne Fett goldgelb anrösten. Vor dem Servieren über das Kaninchen streuen.

Weinempfehlung:
ein kühler Weißwein, etwa ein Vernaccia di San Gimignano.

Toskana, Umbrien und die Marken

Pomodori e cipolle
Tomaten-Zwiebel-Salat (Toskana)

ZUTATEN für 4 Personen:
60 ml Rotweinessig
1/2 EL Zucker
2 rote Zwiebeln
500 g feste Tomaten
1/2 Bund Basilikum
2 EL Kapern (in Salz)
4 EL Olivenöl
Salz | Pfeffer aus der Mühle

ZUBEREITUNGSZEIT: 20 Min.
PRO PORTION: ca. 140 kcal

1 Den Essig mit dem Zucker in einem kleinen Topf bei starker Hitze in etwa 4 Min. leicht dickflüssig einkochen lassen. Abkühlen lassen.

2 Die Zwiebeln schälen, vierteln und in feine Streifen schneiden. Tomaten waschen und in Spalten schneiden, dabei die Stielansätze entfernen. Basilikumblättchen in Stücke zupfen.

3 Die Kapern in einem Sieb gründlich abbrausen, bis alle Salzkristalle entfernt sind. Den eingekochten Essig mit dem Olivenöl verrühren und mit Salz und Pfeffer abschmecken.

4 Die Tomaten, die Zwiebeln und das Basilikum mit der Salatsauce mischen und auf eine Platte geben. Kapern darauf verteilen.

Statt der kleinen Kapern in Salz auch einmal die eingelegten großen Kapernfrüchte nehmen.

Insalata al pecorino
Salat mit Pecorino (Toskana)

ZUTATEN für 4 Personen:
2 Eier (Größe M)
200 g gemischte Blattsalate (mindestens 4 Sorten, z. B. Romana, Rucola, Radicchio und Löwenzahn)
100 g mittelalter Pecorino
2 EL Rosinen
4 EL Pinienkerne
8 Sardellenfilets (in Öl)
2 1/2 EL Weißweinessig
Salz | Pfeffer aus der Mühle
5 EL Olivenöl

ZUBEREITUNGSZEIT: 20 Min.
PRO PORTION: ca. 355 kcal

1 Die Eier in etwa 10 Min. hart kochen, dann abschrecken. Die Salate verlesen, waschen und trockenschleudern. Salatblätter in mundgerechte Stücke zupfen.

2 Den Pecorino entrinden und in kleine Stücke brechen. Rosinen mit heißem Wasser überbrühen und kurz ziehen lassen. Die Pinienkerne in einer Pfanne ohne Fett unter Rühren anrösten, bis sie goldgelb sind. Die Sardellenfilets vierteln.

3 Den Essig mit Salz (Vorsicht: der Käse und die Sardellen sind auch salzig!), Pfeffer und Olivenöl kräftig zu einer cremigen Sauce verschlagen. Die Eier schälen und achteln. Die Rosinen im Sieb abtropfen lassen.

Toskana, Umbrien und die Marken

Insalata di erbette con fiori di sambuco
Rucola-Wildkräuter-Salat mit Holunderblüten (Umbrien)

4 Blattsalate, Käse, Rosinen, Sardellen und Pinienkerne mit der Sauce mischen und abschmecken. Salat mit Eierachteln garnieren, diese leicht salzen und pfeffern.

Noch ein Gericht, dessen Ursprung auf die Zeiten von Katharina di Medici zurück geführt wird (wie die Enten in Orangensauce von Seite 152), und so nennt man den Salat gelegentlich auch *insalata Caterina de' Medici.*

Der Salat schmeckt gut als Beilage zu gegrilltem Fleisch, etwa einer *bistecca fiorentina* (dickes Rindersteak mit Knochen), ist aber auch ein schönes *antipasto*. Wer mag, kann die Eier weglassen.

ZUTATEN für 4 Personen:
100 g gemischte Wildkräuter (z. B. zarte Borretschblätter, junger Löwenzahn, Brennnesseln, Portulak und Fenchelgrün)
50 g Rucola
12 kleine Holunderblütendolden
4 Stangen grüner Spargel
2 Knoblauchzehen
4 EL Zitronensaft
Salz | Pfeffer aus der Mühle
1 TL Honig oder 1 Prise Zucker
6 EL Olivenöl

ZUBEREITUNGSZEIT: 15 Min.
PRO PORTION: ca. 205 kcal

1 Die Wildkräuter und den Rucola verlesen, waschen und trockenschleudern. Größere Blätter in Stücke zupfen. Die Holunderblütendolden vorsichtig abbrausen und trockenschütteln, alle groben Stiele entfernen. Den Spargel waschen und die holzigen Enden abschneiden. Die Spargelstangen leicht schräg in dünne Scheiben schneiden.

2 Für die Sauce den Knoblauch schälen und sehr fein hacken. Den Zitronensaft mit Knoblauch, Salz, Pfeffer und Honig oder Zucker verrühren. Das Olivenöl nach und nach unterschlagen, bis eine cremige Sauce entstanden ist. Die Salatzutaten locker mit der Sauce mischen und abschmecken. Rasch essen.

Auf den Märkten Umbriens und der Toskana, aber auch anderenorts in Italien werden im Frühling oft gemischte Salate angeboten, die aus würzigen Wildkräutern, zarten Mangold- und Spinatblättern und anderen grünen Gemüseblättern kombiniert sind. Je bunter der Mix, desto besser schmeckt der Salat – auch bei uns, wo es ähnliche Mischungen inzwischen gelegentlich zu kaufen gibt.

Toskana, Umbrien und die Marken

Fagiolini al sedano
Grüne Bohnen mit Sellerie (Umbrien)

ZUTATEN für 4 Personen:
400 g zarte grüne Bohnen
Salz | Pfeffer aus der Mühle
3 Stangen Staudensellerie
3 Knoblauchzehen
200 g Tomaten | 4 EL Olivenöl
1/2 Bund Basilikum

ZUBEREITUNGSZEIT: 35 Min.
PRO PORTION: ca. 155 kcal

1 Die Bohnen waschen und die Enden abschneiden. Bohnen in 4–5 cm lange Stücke schneiden. In einem Topf 1 l Wasser zum Kochen bringen, salzen. Bohnen darin 3–4 Min. garen, im Sieb abschrecken, abtropfen lassen.

2 Sellerie waschen und putzen, das zarte Selleriegrün beiseite legen. Selleriestangen in dünne Scheiben schneiden. Knoblauch schälen und fein hacken. Die Tomaten mit kochendem Wasser überbrühen, abschrecken, häuten und kleiner würfeln, dabei die Stielansätze entfernen.

3 Öl in einem Topf erhitzen, die Bohnen mit Sellerie und Knoblauch darin andünsten. Tomaten mit Selleriegrün unterrühren, salzen und pfeffern. Bohnen zugedeckt bei schwacher Hitze etwa 12 Min. schmoren, bis sie bissfest sind. Falls nötig, dabei etwas Wasser (oder Brühe) angießen.

4 Basilikumblättchen von den Stängeln zupfen und unter die Bohnen mischen. Abschmecken und heiß oder lauwarm servieren.

Wenn die Bohnen ganz frisch sind, kann man sie ohne Vorgaren schmoren. Kalt schmecken sie auch auf dem *antipasti*-Buffet.

Scafata
Dicke Bohnen mit Fenchel (Umbrien)

ZUTATEN für 4 Personen:
1 weiße oder rote Zwiebel
100 g nicht zu fette Pancetta-Scheiben (geräucherter gewürzter Bauchspeck)
400 g gepalte Dicke Bohnen (etwa 1,2 kg Bohnen in den Hülsen, siehe Tipp)
1 Knolle Fenchel
2 fest kochende Kartoffeln
150 g Cocktailtomaten
1/4 Bund Majoran | 2 EL Olivenöl
100 g gepalte Erbsen (etwa 400 g Erbsen in den Hülsen)
Salz | Pfeffer aus der Mühle

ZUBEREITUNGSZEIT: 40 Min.
PRO PORTION: ca. 580 kcal

1 Die Zwiebel schälen und fein hacken, den Pancetta in Streifen schneiden. Die Dicken Bohnen, wenn sie groß sind, aus den weißen Häutchen lösen.

2 Den Fenchel waschen, putzen und der Länge nach vierteln. Den Strunk herausschneiden, Fenchel in etwa 1 cm dicke Scheiben schneiden. Die Kartoffeln schälen, waschen und 2 cm groß würfeln. Tomaten waschen und halbieren. Den Majoran waschen, trockenschütteln und die Blättchen fein hacken.

3 Das Olivenöl in einem Topf erhitzen, Zwiebel mit Pancetta darin andünsten. Fenchel, die Kartoffeln und die Dicken Bohnen darin bei mittlerer Hitze unter Rühren andünsten.

Patate al lardo di Colonnata
Ofenkartoffeln mit Speck (Toskana)

ZUTATEN für 4 Personen:
- 800 g vorwiegend fest kochende Karoffeln
- 50 g Lardo di Colonnata (siehe Tipp)
- 2 Knoblauchzehen
- 2 Zweige Rosmarin
- 2 TL Fenchelsamen
- 2 EL Olivenöl
- Salz | Pfeffer aus der Mühle

ZUBEREITUNGSZEIT: 15 Min.
GARZEIT: 45 Min.
PRO PORTION: ca. 280 kcal

1 Backofen auf 180° vorheizen. Die Kartoffeln schälen, waschen und je nach Größe vierteln oder achteln. Den Speck in dünne Scheiben, diese in etwa 1 cm breite Streifen schneiden. Den Knoblauch schälen und in feine Scheiben schneiden. Rosmarin waschen, trockenschütteln und mit der Küchenschere mitsamt den Stielen in Stücke schneiden.

2 Die Kartoffeln mit Knoblauch, Rosmarin, Speck, Fenchelsamen und Öl in einer hitzebeständigen Form mischen und mit Salz und Pfeffer würzen. Im Ofen (Mitte, Umluft 160°) etwa 45 Min. garen, bis sie weich und gebräunt sind. Dabei ein paar Mal durchrühren.

Die Kartoffeln schmecken zu allen Braten, zu gegrilltem Fleisch und auch zu Fisch vom Grill oder aus dem Ofen.

Lardo di Colonnata kommt aus dem gleichnamigen Ort in den Apuanischen Alpen und reift in Truhen aus dem wertvollen Stein der Marmorbrüche von Carrara. Er wird mit Rosmarin, gehacktem Knoblauch und unterschiedlichen Gewürzen (jede Familie hat da ihre streng gehütete Geheimmischung) in die Truhe geschichtet. Statt *lardo di Colonnata* können Sie auch anderen fetten Speck – am besten natürlich mit Kräutern gereift – verwenden.

4 Die Tomaten, den Majoran und die Erbsen untermischen und alles mit etwa 150 ml Wasser vermengen. Salzen, pfeffern und zugedeckt bei schwacher Hitze 15–20 Min. schmoren, bis Kartoffeln und Dicke Bohnen gar sind. Abschmecken und servieren. Dazu schmeckt geröstetes Brot.

Frische Dicke Bohnen sind vor allem in Süddeutschland nicht leicht zu bekommen. Am besten fragen Sie in türkischen oder griechischen Lebensmittelläden danach oder suchen in der Tiefkühltruhe größerer Supermärkte.

Schiacciata ai fichi
Hefeteigfladen mit Feigen (Toskana)

ZUTATEN für 8–10 Personen:
Für den Teig:
30 g frische Hefe
200 ml lauwarme Milch
150 g Zucker
500 g Mehl
1 Prise Salz
50 g Rosinen
2 EL Vin Santo
100 g Walnusskerne
1 TL Fenchelsamen
100 g weiche Butter
1 zimmerwarmes Ei (Größe M)
Für den Belag:
500 g Feigen
3 Zweige Rosmarin
2 EL Pinienkerne
2 EL Zucker

ZUBEREITUNGSZEIT: 40 Min.
RUHEZEIT: 1 1/2 Std.
BACKZEIT: 35 Min.
PRO PORTION (BEI 10 PERSONEN): ca. 470 kcal

Herbst in der Toskana und die Hoch-Zeit der *schiacciate* beginnt. Belegt werden die von Hand geformten Fladen mit den unterschiedlichsten Zutaten, an erster Stelle stehen aber sicher Weintrauben, die um diese Jahreszeit reif werden. Geschmacklich und optisch machen Feigen mindestens genauso viel her. Ganz besonderes Aroma verleihen der *schiacciata* der Rosmarin, die getränkten Rosinen, die Nüsse und nicht zuletzt die Fenchelsamen im Teig, die man auch mal durch Anissamen ersetzen kann.

Ursprünglich gab es die Fladen wohl hauptsächlich zum Karneval, dann waren sie meist ganz simpel aus mit Zucker bestreutem Hefeteig gebacken.

Weinempfehlung:
ein eher trockener Dessertwein, am besten ein Vin Santo.

1 Die Hefe zerkrümeln und mit etwas Milch und 1 TL Zucker anrühren. Mehl mit dem übrigen Zucker und dem Salz mischen und in eine Schüssel füllen. In der Mitte eine Mulde formen, die Hefemilch hineingießen und zugedeckt an einem warmen Ort etwa 15 Min. gehen lassen.

2 Die Rosinen mit dem Vin Santo mischen. Die Walnusskerne in kleine Stücke brechen. Fenchelsamen in einer Pfanne ohne Fett kurz anrösten, dann im Mörser leicht andrücken.

3 Die übrige Milch, die Butter und das Ei mit den Fenchelsamen zum Mehl geben und alles zu einem glatten geschmeidigen Teig verkneten, dann erst die Rosinen und die Walnussstücke darunter arbeiten. Teig in der Schüssel zugedeckt etwa 1 Std. gehen lassen, bis sich sein Volumen etwa verdoppelt hat.

Toskana, Umbrien und die Marken

4 Nun den Teig noch einmal kräftig durchkneten und zu einem etwa 1 cm dicken runden oder eckigen Fladen formen. Ein Backblech mit Backpapier auslegen, den Fladen darauf geben und zugedeckt noch einmal etwa 15 Min. gehen lassen. Den Backofen auf 180° vorheizen.

5 Inzwischen die Feigen waschen, die Stiele abschneiden. Falls die Schale der Feigen sehr dick ist, die Feigen auch dünn schälen. Die Feigen je nach Größe vierteln, achteln oder in Scheiben schneiden. Rosmarin waschen und trockenschütteln, die Nadeln von den Zweigen abzupfen.

6 Die Feigen mit Rosmarin und Pinienkernen auf dem Fladen verteilen. Fladen mit dem Zucker bestreuen und im Ofen (Mitte, Umluft 160°) etwa 35 Min. backen, bis er aufgegangen und schön gebräunt ist. Abkühlen lassen.

Caffè in forchetta

Kaffeecreme (Marken)

ZUTATEN für 6 Personen:
140 g Zucker
100 ml Anisetta (Anislikör; ersatzweise ein anderer Anislikör, z. B. Sambuca)
1/4 l kalter starker Espresso
1/4 l Milch | 2 Eier (Größe M)
4 Eigelbe (Größe M)
1 Päckchen Vanillezucker

ZUBEREITUNGSZEIT: 30 Min.
GARZEIT: 50–60 Min.
PRO PORTION: ca. 225 kcal

1 In einem Topf 80 g Zucker bei mittlerer Hitze schmelzen und goldbraun werden lassen, dabei möglichst wenig umrühren. Anislikör angießen und den dadurch hart gewordenen Karamell loskochen. Karamell in sechs hitzebeständigen Förmchen (je etwa 180 ml Inhalt) verteilen.

2 Backofen auf 150° vorheizen. Espresso mit der Milch verrühren. Eier und Eigelbe mit restlichem Zucker und Vanillezucker mit den Schneebesen des Handrührgeräts schaumig schlagen. Die Espressomischung einfließen lassen.

3 Kaffeecreme in die Förmchen auf den Karamell gießen und in eine große hitzebeständige Form stellen. So viel heißes Wasser in die große Form laufen lassen, dass die Förmchen etwa zur Hälfte darin stehen. Die Creme im Ofen (unten, Umluft 130°) 50–60 Min. garen, bis sie fest ist. Die Förmchen aus dem Wasser nehmen, abkühlen lassen und bis zum Servieren in den Kühlschrank stellen.

4 Die Creme mit einem Messer vom Rand der Förmchen lösen und auf Teller oder in Dessertschälchen stürzen.

Lonzino di fico

Feigen»wurst« (Marken)

ZUTATEN für 10–12 Personen:
500 g getrocknete Feigen
100 g gehäutete Mandeln
40 g Pistazienkerne
100 g Zartbitter-Schokolade
20 g Orangeat
10 g Zitronat
1/2 Bio-Zitrone

ZUBEREITUNGSZEIT: 35 Min.
KÜHLZEIT: 1 Tag
PRO PORTION (BEI 12 PERSONEN): ca. 225 kcal

1 Die Feigen von den harten Stielenden befreien, vierteln und in der Küchenmaschine fein zerkleinern. Die Mandeln und die Pistazienkerne grob hacken.

2 Die Schokolade in Stücke brechen und im heißen Wasserbad schmelzen lassen. Inzwischen das Orangeat und das Zitronat sehr fein würfeln. Die Zitrone heiß waschen und die Schale fein abreiben

3 Alle diese Zutaten in eine Schüssel geben und gut durchkneten. Die Masse zu drei bis vier Rollen von etwa 4 cm Ø formen, in Klarsichtfolie wickeln und mindestens 1 Tag im Kühlschrank durchziehen lassen. Zum Servieren die Feigen»wurst« in etwa 1/2 cm dicke Scheiben schneiden.

Diese aromatische süße »Wurst« hat in den Marken eine so lange Tradition, dass sie von Slow Food zu den besonderen Spezialitäten der Region gekürt wurde.

Crema di cioccolato
Schoko-Pfeffer-Mousse (Marken | Umbrien)

ZUTATEN für 4 Personen:
200 g Edelbitter-Schokolade (etwa 70 % Kakaoanteil)
4 ganz frische Eier (Größe M)
3 EL Zucker
150 g Sahne
2 TL mittelgrob gemahlener schwarzer Pfeffer

ZUBEREITUNGSZEIT: 20 Min.
KÜHLZEIT: 4 Std.
PRO PORTION: ca. 500 kcal

1 Die Schokolade in Stücke brechen und im heißen Wasserbad schmelzen lassen. Lauwarm abkühlen lassen. Die Eier trennen. Die Eigelbe mit dem Zucker mit den Schneebesen des Handrührgeräts schön schaumig schlagen.

2 Die Schokolade nach und nach unter die Eigelbcreme rühren. Eiweiße und die Sahne getrennt steif schlagen und mit dem Pfeffer unterheben. Die Masse in eine Schale füllen und im Kühlschrank mindestens 4 Std. ruhen und fest werden lassen. Zum Servieren von der Schokomousse Nocken abstechen und auf Tellern anrichten.

Zur Schokomousse passen frische Früchte, etwa Feigen (mit etwas Zitronensaft und Zucker mariniert), Pfirsiche oder auch Aprikosen.

Castagne alla ricotta
Kastanien mit Ricottacreme (Toskana)

ZUTATEN für 4 Personen:
500 g Esskastanien (Maronen)
1 Bio-Orange | 1 EL Zitronensaft
1 Stück Zimtstange
100 g Zucker
50 g Zartbitter-Schokolade
250 g Ricotta

ZUBEREITUNGSZEIT: 45 Min.
PRO PORTION: ca. 475 kcal

1 Die Kastanien auf der glatten gewölbten Seite kreuzweise einschneiden, in kochendem Wasser etwa 10 Min. garen. Abschrecken und aus den Schalen brechen. Auch die braune Haut entfernen.

2 Inzwischen die Orange heiß waschen und die Schale spiralförmig dünn abschneiden. Die Orange halbieren, den Saft auspressen. Orangenschale und Saft mit Zitronensaft, Zimt, Zucker und 150 ml Wasser aufkochen und 5 Min. offen köcheln lassen. Kastanien darin etwa 10 Min. garen, bis sie weich sind. Herausnehmen und abkühlen lassen, Sirup durch ein feines Sieb gießen.

3 Die Schokolade in Stücke brechen und im heißen Wasserbad schmelzen lassen. Ricotta und Sirup mit den Schneebesen des Handrührgeräts gut cremig rühren. Kastanien und Ricottacreme in Schälchen oder auf Tellern anrichten, Schokolade in einem hübschen Muster darüber laufen lassen.

Latium, Kampanien und Sardinien

Das pralle Leben: quirlige Großstädte, bezaubernde Küstenorte, überwältigende Natur

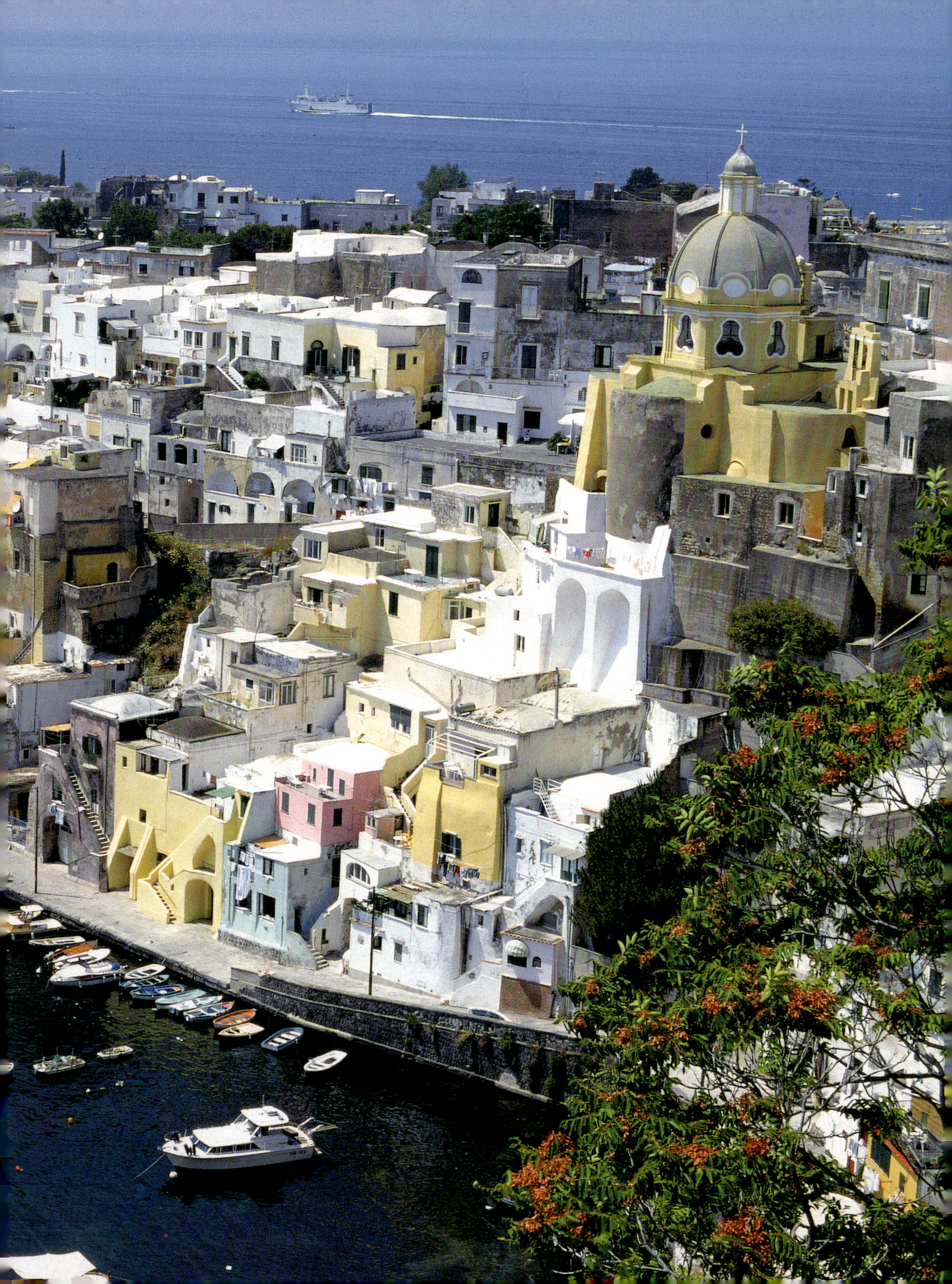

Kampanien, Latium und Sardinien

Das Land und seine Produkte
Reges Treiben an der Mittelmeerküste, beschauliche Ruhe im Landesinneren

Fruchtbare Gegenden im Hinterland von Kampanien und Latium, reiche Fischgründe an den Küstenregionen, Schafe und Kräuter von der wilden, ursprünglichen Insel Sardinien – die Ausgangsbasis für traditionelle Zutaten mit ganz viel Geschmack, die heutzutage auch mal in neuer Kombination serviert werden.

An Kampaniens schönsten Küstenstreifen,
wo sie ihre Villen bauen konnten, verbrachten betuchte Römer die heißen Sommermonate schon vor vielen Jahrhunderten. Die reichen Fänge des Mittelmeeres und die fruchtbaren Felder des Hinterlandes, vor allem aus der Region Caserta, versorgten sie mit den kulinarischen Schätzen, die das Paradies erst perfekt machten. *Terra di lavoro* – Land des Ackerbaus – nennt man die Region noch heute und baut dort wie auch um den Vesuv herum und im Cilento die unterschiedlichsten Gemüsesorten (besonders berühmt sind außer Tomaten die Artischocken), aber auch Getreide an und lässt Büffelkühe grasen, die für saftige Mozzarella und gutes Fleisch sorgen. Dass die Küche trotz dieses Reichtums immer eine *cucina povera* war, eine Küche der Armen, beweist die riesige Auswahl an *antipasti* und *primi*, deren Grundlage neben Pasta und Pizza vor allem das Gemüse ist. An den Küsten des Festlandes und den Inseln Ischia, Capri und Procida kommen Fisch und Meeresfrüchte auf den Tisch, aber auch Kaninchen. Im Landesinneren bestimmt Schweinefleisch die *secondi*, seit einigen Jahren vermehrt auch das Fleisch der Büffel.

Im Schatten der ewigen Stadt
liegt so manches Kleinod verborgen, ob in den Sabiner Bergen, wo eines der besten Olivenöle Italiens gepresst wird, dem Lago di Bolsena mit seinen feinen Süßwasserfischen oder dem fruchtbaren Ackerland, auf dem Gemüse und Obst ganz prächtig gedeihen. Berühmt sind auch die Schweine und vor allem *abbacchio*, Milchlamm, das die römische Küche unglaublich liebt. So einfach wie die Region ist auch die gute Küche. Dass man sie in Rom und im ganzen Latium zu schätzen weiß, beweist die Tatsache der äußerst zahlreich vorhandenen *ristoranti*. Der Ursprung dafür soll allerdings in der Antike liegen: Weil die offenen Feuerstellen in der damals schon riesigen Stadt immens gefährlich waren, wurden sie in Privathäusern kurzerhand verboten. Wer gut speisen wollte, musste also zu jener Zeit schon ausgehen.

Die zweitgrößte Insel Italiens
liegt näher an Korsika als am italienischen Festland. Spanier und Franzosen, genauer gesagt Savoyer, haben auf Sardinien ihre Spuren hinterlassen, vier Millionen Schafe und etwa 30 000 Hirten leben heute auf der Insel. An der Küste bestimmen steile Felsen, aber auch weite weiße Strände mit türkisfarbenem Meer das Bild, im Inneren Berge, Täler und einsame Wiesen voller Wildkräuter, knorriger Olivenbäume und Korkeichen. Bäuerlich und arm ist die ursprüngliche Küche – Getreide für Pasta und Brot, Wein, Öl, Schafe und Gemüse von den teils vulkanischen Böden sind die Eckpfeiler, inseleigene Schätze wie Safran, Kräuter und *bottarga* (getrockneter Fischrogen) verfeinern die unverfälschte, aber ausgezeichnete Küche.

Roccia dell'orso – Bärenfelsen haben die Bewohner Sardiniens das riesige Granitgestein genannt, von der Natur in Form eines Bären geformt und imposante 120 Meter hoch. Am *Capo d'orso* unweit Palau gelegen, scheint er über die Insel zu wachen.

An den Küsten von Festland und Sardinien fahren noch heute viele Fischer aufs Meer und hoffen auf einen ertragreichen Fang – der in der Region gerne als *frittura* (frittiert) oder in einem suppigen Eintopf zubereitet wird.

Typisch für die bezaubernd schöne Amalfi-Küste sind große und weithin duftende Zitronenbäumen, in terrassenförmig angelegten Gärten gezogen, durch die der Wanderer spazieren kann. Seit dem 11. Jahrhundert werden hier Zitronen angebaut, die länglichen Früchte mit dem Namen *limone sfusato amalfitano* haben ein ausgesprochen saftiges, süßliches Fruchtfleisch und kaum Kerne. Ihr Aroma verleihen sie *limoncello,* Süßspeisen, aber auch zahlreichen pikanten Gerichten.

Die kleinen Orte der Amalfi-Küste müssen in die Höhe wachsen. Durch die Anlage von Terrassen sparte man Platz und konnte eine stattliche Anzahl Häuser bauen. Positano – einer der schönsten Orte der *costa amalfitana* – hat fast nur Zimmer mit Meerblick im Angebot.

Selbst in der Großstadt Neapel kaufen die Bewohner der Stadtviertel gerne im kleinen Laden um die Ecke. Man findet dort zwar nicht alles, kann dafür aber die neuesten Nachrichten austauschen.

Die Hektik der Großstadt soll bleiben, wo sie ist. In den Kleinstädten und Dörfern des Latium hat man noch genügend Zeit, um die Welt bei einem Gläschen Wein in aller Ruhe zu betrachten.

Kampanien, Latium und Sardinien

Die Küche
Cucina povera – die Küche der Armen – erobert die Herzen aller Feinschmecker

Pasta, Pizza, Brot, Gemüse, Lamm und Schwein, dazu die Fische des Tages – einfache Zutaten, die die Menschen in der Region seit Jahrhunderten zubereiten und im Laufe der Jahre zu kulinarischen Höchstleistungen verfeinert haben, die fast die ganze Welt erobern.

Goldäpfel – pomodori. Ursprünglich waren Tomaten, die aus der Neuen Welt nach Neapel kamen, goldgelb, und so lag es nahe, die apfelähnlichen Früchte auch nach Äpfeln zu benennen. Hatte man erst einmal entdeckt, dass sie keinesfalls giftig, sondern ausgesprochen wohlschmeckend waren, wurden und blieben sie eine der Hauptzutaten der Küche Neapels und ganz Kampaniens. Sie gehören zur Pasta wie zur Pizza, werden roh und gekocht fast täglich verzehrt. Kein Wunder, gibt es hier doch auch zwei besonders aromatische Tomatensorten. Die *San Marzano,* eine feine Eiertomate, ideal zum Kochen von Saucen. Und die kleine *pomodorino del piennolo del Vesuvio.* Diese Cocktailtomate mit der dicken Schale wird auf den vulkanischen Böden besonders aromatisch und lässt sich – dank der Schale – wunderbar konservieren. So werden ganze Tomatenrispen an luftigen Orten aufgehängt und können bis in den Winter hinein »frisch« verzehrt werden. Gemüse aller Art, unterschiedliche Käse- und Wurstsorten, Pizza, Pasta (besonders berühmt die von Gragnano), Fleisch und Fisch ergänzen die Tomatenklassiker aus Neapel und Kampanien.

Lamm vom Feinsten. Auf Sardinien weiden unzählige Schafe und führen noch ein ursprüngliches freies Leben. Klar, dass man hier aus ihrer Milch nicht nur den köstlichen Pecorino herstellt, sondern auch so manch feines Lammgericht zubereitet. Ebenso in Rom und Umgebung, wo man es am liebsten zart und jung als Milchlamm *(abbacchio)* verzehrt. Kam das Fleisch früher einfach über die Glut oder in den Topf, würzt man es heute raffiniert mit Kräutern und Wein, manchmal auch mit Peperoncino oder Honig oder kombiniert es bereits beim Garen mit den aromatischen Gemüsen der Region.

Eine echte Pizza napoletana hat einen nicht all zu dünnen Teig, der beim Backen zwar leicht knusprig werden, aber so weich bleiben soll, dass man sie zusammenklappen und aus der Hand essen kann. Schon im 18. Jahrhundert wurde die Pizza in Neapel im Holzofen zubereitet und auf der Straße verkauft, bald danach eröffnete die erste Pizzeria.

Alici – Sardellen schmecken frisch und eingelegt. Als besondere Spezialität gelten *alici di menaica* aus dem Cilento. In Marina di Pisciotta, einem winzigen Ort, machen sich zwischen April und Juli noch immer ein paar Fischer mit Boot und Netz (was man *menaica* nannte) auf den Weg. In den weitmaschigen Netzen sammeln sich nur größere Fische, die direkt an Bord ausgenommen und vom Kopf befreit werden. Wieder an Land werden sie frisch verkauft oder reifen zuvor mit Salz in Terracotta-Gefäßen etwa 3 Monate lang.

Außer Mozzarella haben die Regionen Kampanien und Latium sowie die Insel Sardinien eine Menge schmackhafter Käse zu bieten: Der beste Pecorino in unterschiedlichen Reifegraden kommt von Sardinien, aus Kampanien *caciocavallo* und ebenfalls Pecorino, aus dem Latium der frische Schafkäse *caciotta,* Ricotta (frisch und cremig oder gereift als Ricotta salata) und ebenfalls Pecorino aus Schafmilch.

Typisch Sardinien – in jeder noch so kleinen Strandbar werden die Spezialitäten der Insel angeboten: würzige Salami, luftgetrockneter Schinken und Speck vom Schwein, dazu Pecorino aus der Milch der heimischen Schafe. Am besten mit einem Glas Wein und frischem Salat.

Friarielli sind eine Variante von *cime di rapa*, die es nur in Kampanien gibt, in Neapel und Umgebung findet man sie in den kälteren Monaten auf jedem Markt. Sie schmecken noch etwas würziger, manche meinen auch bitterer als ihre Verwandte. Gekochte *friarielli* werden mit Olivenöl, Knoblauch und Peperoncini gemischt als Beilage serviert.

Das Tagesangebot der Fischer variiert wie auch die Art der Zubereitung. Kamen die Früchte des Meeres früher gerne frittiert oder in einer Art Eintopf mit Tomaten und Peperoncino auf den Tisch, sind die Köche heute kreativ: Fische verfeinern Pastasauce, werden mit ungewohnten Zutaten wie Schinken kombiniert oder mit feinen Kräuter richtig intensiv gewürzt.

Überall, wo Hirten durch die Lande zogen, haben sie lange haltbares Brot zubereitet, das sie gut mit auf die Wanderschaft nehmen konnten. Auf Sardinien ist das das *pane carasau*, ein hauchdünnes und knuspriges Fladenbrot, das sich viele Monate lang aufbewähren lässt. Weil das Brot so schön dünn ist, heißt es auch *carta da musica* – Notenpapier.

Kampanien, Latium und Sardinien

Die Weine
Vom süffigen Alltagswein bis zum charaktervollen Tropfen ist hier alles geboten

In der Antike waren die Weine rund um den Vesuv wie auch die der Colli Romani weit über die Grenzen der Regionen hinaus berühmt. Doch mit der Zeit verloren die frischen Weine an Qualität. Dank moderner Technik und aufgeschlossenen Winzern, die Tradition und Fortschritt zu verbinden wissen, kommen heute aber wieder Spitzengewächse aus diesen sonnenverwöhnten Gegenden.

Die Flaggschiffe Kampaniens sind *Aglianico* und *Greco di Tufo*. Die Aglianico gilt als eine der edelsten roten Reben Süditaliens, die Weine aus ihr sind tiefrot. Rund um das Städtchen Taurasi nordöstlich von Avellino wächst die Aglianico für den ersten Wein Süditaliens, der den Status DOCG auf dem Etikett tragen durfte, den *Taurasi*. Er ist ein rubinroter Wein mit einem ausgeprägten Duft und viel Struktur. Doch auch der *Aglianico del Taburno* oder der Wein aus den *DOC Cilento, Sannio* oder *Sant'Agata de'Goti* kann sehr gut gelingen. Bei den Weißen ist *Greco di Tufo* aus der Rebsorte Greco der bekannteste Wein Kampaniens. Er gedeiht nördlich von Avellino rund um das Dorf Greco und ist ein fruchtiger Weißer, der nach Pfirsichen und Äpfeln, aber auch nach Mandeln duften kann und besonders gut zu den Fischgerichten passt, die in den Küstenregionen zubereitet werden. Ebenso fein kann der *Fiano di Avellino* aus der gleichen Gegend sein, ein duftender Weißwein mit Anklängen von Haselnüssen und Birnen.

Latium wird dominiert von Malvasia und Trebbiano bei den Weißen und von Sangiovese und Montepulciano bei den Roten. Meist handelt es sich um leichte Weine, die man jung trinken sollte und von denen man nichts Großes zu erwarten hat – auch wenn einige Tropfen aus Trauben von den Hügeln rund um Rom inzwischen durchaus mit viel Sorgfalt gekeltert werden. Die bekanntesten Weine des Latium sind *Frascati* und *Est!Est!Est!*, in der Regel unbedeutende süffige Weißweine, die man gut gekühlt trinken muss. Wer Glück hat, findet einen *Frascati*, der seinen Charakter auf den Vulkanböden entwickeln konnte und zu einem kräuterfrischen Weißen verarbeitet wurde.

Auf Sardinien, der zweitgrößten Mittelmeerinsel, findet man ganz eigenständige Reben. Seit Jahrhunderten ist die rote Cannonau hier heimisch, aus der körperreiche dunkle Weine gekeltert werden, die wunderbar zu den Lammspezialitäten der Insel passen. Die besten *Cannonau* kommen aus der Provinz Nuoro. Milder und süffiger ist der ebenfalls rote *Monica*, besonders gut aus der Ebene von Cagliari. Bei den Weißen ist der *Vermentino di Gallura* erwähnenswert, ein konzentrierter kräftiger Wein mit Frucht-, aber auch Kräuteraromen, außerdem der etwas weniger charaktervolle *Nuragus di Cagliari* und der sherryähnliche *Vernaccia di Oristano*, der aus sehr reifen Trauben wie Sherry hergestellt wird.

Links: Im Nordosten Sardiniens gedeihen Korkeichen besonders gut. Die Bäume können im Alter von 25 Jahren das erste Mal geschält werden und brauchen dann 7 bis 10 Jahre, um die Korkrinde wieder neu zu bilden.
Oben: Berühmte Beispiele der Region (von links nach rechts) – *Greco di Tufo, Cannonau di Sardegna, Taurasi, Petrizza.*

Kampanien, Latium und Sardinien

Rezepte der Region
Traditionelles ergänzt durch Kräuteraromen und ganz viel Zitronenfrische

ANTIPASTI

170 **Polpo in insalata con mele e sedano**
Oktopussalat mit Äpfeln und Sellerie

171 **Guanciale alla griglia**
Gegrillte marinierte Schweinebacke

172 **Spinaci al pecorino**
Knoblauchspinat mit Pecorino

172 **Carciofi alla bottarga**
Artischocken mit Bottarga

173 **Mozzarella con salsa di pomodori**
Mozzarella mit Tomatendressing

PRIMI PIATTI

176 **Fusilli alla pancetta**
Fusilli mit Speckröllchen

176 **Pasta caprese**
Mozzarella-Tomaten-Nudeln

177 **Gnocchetti al pesce spada**
Kleine Nudeln mit Schwertfisch

178 **Risotto al limone**
Zitronen-Risotto

178 **Torta rustica**
Torte mit Ricotta und Kürbisblüten

179 **Pizza scarola e salsiccia**
Pizza mit geschmortem Salat und Wurst

180 **Zuppa sarda**
Brot-Käse-Suppe

180 **Cauraro**
Frühlingssuppe

181 **Zavardella**
Gemischte Gemüse mit Grillbrot

SECONDI PIATTI

182 **Sarde in tortiera**
Sardinen-Kartoffel-Auflauf

182 **Cassola di pesce**
Fische in scharfem Tomatensugo

183 **Saltimbocca di triglie con spinaci**
Rotbarben-Saltimbocca mit pikantem Spinat

184 **Calamari ripieni**
Gefüllte Tintenfische

188 **Agnello al pesto di menta**
Lammkoteletts mit Minze-Pesto

188 **Purpugia**
Mariniertes Schweinefleisch

189 **Involtini di cotiche al ragù**
Schweinefleischrouladen in Ragout

190 **Manzo arrotolato con lenticchie**
Rinderbraten mit Rotweinlinsen

CONTORNI

192 **Carciofi al forno**
Gratinierte Artischocken

192 **Fiori di zucca al forno**
Kürbisblüten aus dem Ofen

193 **Parmigiana di zucchine e acciughe**
Zucchiniauflauf mit Sardellen und Mozzarella

194 **Insalata di zucchine crude**
Zucchinirohkost

194 **Ceci al finocchio**
Kichererbsen mit Fenchel

195 **Cavolfiore gratinato**
Gratinierte Blumenkohlröschen

DOLCI

198 **Crostata al limone**
Zitronenkuchen

200 **Torta di fragole**
Erdbeerkuchen

201 **Seadas**
Pecorino-Ravioli mit Honigsauce

Regionen, die mit außergewöhnlichen kulinarischen Schätzen glänzen können: mit zarten Artischocken und würziger Bottarga – beide schmecken besonders gut in einem Gericht vereint, aber auch für sich alleine ausgezeichnet, mit sonnenverwöhnten Kräutern, die nicht nur Tintenfische in Delikatessen verwandeln, sowie mit extrem saftigen und süßen Zitronen, die Reis und Gemüse, Fisch und Fleisch ihr einzigartiges Aroma verleihen.

Polpo in insalata con mele e sedano

Oktopussalat mit Äpfeln und Sellerie (Kampanien)

ZUTATEN für 4 Personen:
1 Oktopus (etwa 1 kg)
2 kleine Bio-Ztronen
2 Lorbeerblätter
1 getrockneter Peperoncino
Salz | Pfeffer aus der Mühle
3–4 Stangen Staudensellerie
1 großer fester süßsäuerlicher Apfel (etwa 250 g, z. B. Topaz)
5 EL Olivenöl

ZUBEREITUNGSZEIT: 35 Min.
GARZEIT: 1 1/2 Std.
PRO PORTION: ca. 315 kcal

1 Den Oktopus kalt waschen und in einen großen Topf legen. 1 Zitrone heiß waschen und in Scheiben schneiden, mit den Lorbeerblättern zum Oktopus geben. Peperoncino leicht andrücken und ebenfalls in den Topf geben. Mit Wasser bedecken und zum Kochen bringen, leicht salzen. Oktopus bei schwacher Hitze und halb aufgelegtem Deckel (Kochlöffel dazwischen klemmen) in etwa 1 1/2 Std. gut weich kochen. Mit der Messerspitze einstechen, er muss sich leicht wie Butter schneiden lassen.

2 Den Oktopus in einem Sieb kalt abbrausen und die violette Haut möglichst gut abreiben. Den Oktopus abkühlen lassen.

3 Den Saft der übrigen Zitrone auspressen. Den Sellerie waschen und putzen, das zarte Selleriegrün fein hacken. Die Selleriestangen in dünne Scheiben schneiden. Den Apfel vierteln, schälen, entkernen und in möglichst dünne Scheiben schneiden, dann gleich mit 1 EL Zitronensaft mischen.

4 Die Fangarme vom Oktopus abschneiden und in mundgerechte Stücke schneiden. Weiche Teile vom Körper ebenfalls klein schneiden, den Rest wegwerfen. Den übrigen Zitronensaft mit Salz und Pfeffer verrühren, das Öl nach und nach dazugeben und alles zu einer cremigen Sauce schlagen.

5 Oktopus, Sellerie, Apfel und Sauce mischen, abschmecken und mit dem Selleriegrün bestreut servieren.

Versuchen Sie auch mal insalata di gamberi, rucola e mele: Dafür 2 Äpfel vierteln, schälen, entkernen und in kleine Würfel schneiden. 150 g Rucola verlesen, waschen, trockenschütteln und in kleinere Stücke zupfen. Beides mit 400 g geschälten gegarten Garnelen mischen. Eine Sauce aus 2 EL Zitronensaft, 5 EL Olivenöl, Salz und Pfeffer rühren und unterheben. Schmeckt besonders gut mit gerösteten Brotscheiben.

Latium, Kampanien und Sardinien

Guanciale alla griglia

Gegrillte marinierte Schweinebacke (Latium)

ZUTATEN für 4 Personen:
Für die Schweinebacke:
1 Möhre | 1 Zwiebel
2 Knoblauchzehen
1 Stange Staudensellerie
2 Lorbeerblätter
1 TL schwarze Pfefferkörner
50 ml Weißweinessig | Salz
4 Schweinebacken (800 g, ohne Schwarte und Fett, unbedingt beim Metzger vorbestellen, ersatzweise Kalbsbacken)
4 EL Olivenöl
Für die Marinade:
2 rote Chilischoten
4 Knoblauchzehen
1/2 Bund Petersilie
2 EL Weißweinessig
Salz | 4 EL Olivenöl

ZUBEREITUNGSZEIT: 15 Min.
GARZEIT: 55 Min.
MARINIERZEIT: 4 Std.
PRO PORTION: ca. 1165 kcal

1 Möhre, Zwiebel und Knoblauch schälen, den Sellerie waschen und putzen, alles grob schneiden. Gemüse mit den Lorbeerblättern, den Pfefferkörnern, dem Essig und 1 1/2 l Wasser in einen Topf geben und salzen. Zum Kochen bringen. Schweinebacken einlegen und in etwa 45 Min. bei schwacher Hitze gar ziehen lassen. Dann im Sud abkühlen lassen.

2 Schweinebacken aus dem Sud nehmen, trockentupfen und in Scheiben schneiden. Mit dem Öl einpinseln. Grill im Backofen oder den Holzkohlegrill vorheizen.

3 Inzwischen für die Marinade die Chilischoten waschen und die Stielansätze abschneiden. Chilischoten mit den Kernen sehr fein hacken. Den Knoblauch schälen und erst in dünne Scheiben, dann in Stifte schneiden. Die Petersilie waschen, trockenschütteln und die Blättchen fein hacken.

4 Den Essig mit Salz verrühren, das Öl nach und nach dazugeben und alles zu einer cremigen Sauce schlagen. Knoblauch mit Chili und Petersilie untermischen.

5 Die Schweinebacken auf dem Rost mit dem tiefen Backblech darunter unter die Grillschlangen schieben (mit gut 10 cm Abstand) und etwa 10 Min. grillen, bis sie schön braun sind. Dabei einmal wenden. Oder auf dem Holzkohlegrill garen.

6 Die Schweinebacken in eine Form legen und die Marinade darüber gießen. Die Schweinebacken etwa 4 Std. ziehen lassen. Dann nach Belieben mit Zitronenschnitzen servieren.

Alle Teile vom Schlachttier, die nicht so wertvoll waren und kaum beziehungsweise fettreiches oder zähes Fleisch hatten, bekamen früher in Rom die Arbeiter des Schlachthofes und die armen Stadtbewohner. *Quinto quarto*, das fünfte Viertel, nannte man sie, und die betroffenen Hausfrauen gaben sich viel Mühe, aus diesen Stücken durch besonders raffinierte Zubereitungsarten doch noch echte Delikatessen zu zaubern.

Weinempfehlung:
kräftiger Weißwein, etwa ein Vermentino di Gallura oder ein roter Aglianico aus Kampanien.

Spinaci al pecorino
Knoblauchspinat mit Pecorino (Sardinien)

ZUTATEN für 4 Personen:
500 g Blattspinat
Salz | Pfeffer aus der Mühle
4 Knoblauchzehen (am besten junger Knoblauch)
1/2 Bund Basilikum
2 EL Olivenöl
150 g mittelalter Pecorino

ZUBEREITUNGSZEIT: 35 Min.
PRO PORTION: ca. 160 kcal

1 Den Spinat verlesen und die dicken Stiele abknipsen. Spinat in stehendem kaltem Wasser gründlich waschen. In einem großen Topf Wasser zum Kochen bringen und salzen. Den Spinat darin in 1–2 Min. zusammenfallen lassen, dann in ein Sieb abgießen, kurz abschrecken, abtropfen lassen.

2 Den Backofen auf 220° (Umluft 200°) vorheizen. Den Knoblauch schälen und in sehr dünne Scheiben schneiden. Die Basilikumblättchen von den Stängeln zupfen und in Streifen schneiden.

3 Den Spinat mit dem Knoblauch, dem Basilikum und dem Öl verrühren und mit Salz und Pfeffer würzen. Spinat in vier Portionen teilen. Jeweils zu einem Bällchen formen, nebeneinander in eine hitzebeständige Form oder gleich in vier Portionsförmchen setzen und etwas flacher drücken. Den Pecorino von der Rinde befreien und in dünne Scheiben schneiden, auf den Spinat legen.

4 Spinat im Ofen (Mitte) etwa 4 Min. überbacken, bis der Käse anfängt zu schmelzen (er soll nicht braun werden). Servieren.

Carciofi alla bottarga
Artischocken mit Bottarga (Sardinien)

ZUTATEN für 4 Personen:
4 zarte kleine Artischocken
2 Knoblauchzehen
1/2 Bund Petersilie
2 Zweige Thymian
1 getrockneter Peperoncino
4 EL Olivenöl | Salz
20–30 g Bottarga (getrockneter Fischrogen, eventuell beim Fischhändler oder Feinkostladen vorbestellen)
1 Bio-Zitrone

ZUBEREITUNGSZEIT: 35 Min.
PRO PORTION: ca. 120 kcal

1 Artischocken waschen und die äußeren Blätter entfernen. Die Stiele spitz zulaufend schälen, die oberen harten Blattspitzen mit der Küchenschere abschneiden. Die Artischocken der Länge nach halbieren, falls nötig, das Heu aus der Mitte herausschneiden.

2 Den Knoblauch schälen und in dickere Scheiben schneiden. Die Kräuter waschen und trockenschütteln, die Blättchen fein hacken. Den Peperoncino leicht andrücken.

3 In einem Topf 3 EL Olivenöl erhitzen, die Artischocken darin bei starker Hitze kurz anbraten. Kräuter, Knoblauch und den Peperoncino mit Salz dazugeben. Mit 100 ml Wasser ablöschen und die Artischocken zugedeckt in etwa 10 Min. bei schwacher Hitze weich dünsten. Im Sud abkühlen lassen.

4 Artischocken ohne Sud auf einer Platte anrichten. Bottarga fein darüber hobeln, restliches Olivenöl darüber träufeln. Die Zitrone heiß waschen, in Spalten schneiden und dazu servieren.

Mozzarella con salsa di pomodori

Mozzarella mit Tomatendressing (Kampanien)

ZUTATEN für 4 Personen:
4 Tomaten (etwa 450 g)
5 Sardellenfilets (in Öl)
1 Bund Basilikum
8 EL Olivenöl
Salz | Pfeffer aus der Mühle
12 Zucchiniblüten
2 Kugeln Mozzarella di buffala
  (Büffelmozzarella, etwa 400 g)

ZUBEREITUNGSZEIT: 25 Min.
PRO PORTION: ca. 475 kcal

1 Die Tomaten waschen und in kleine Würfel schneiden, dabei die Stielansätze entfernen. Die Sardellenfilets sehr fein hacken. Die Basilikumblättchen in kleine Stücke zupfen. Die Tomaten mit Sardellen, Basilikum und 6 EL Olivenöl mischen. Mit Salz und Pfeffer abschmecken.

2 Die Zucchiniblüten vorsichtig waschen. Den Stempel aus dem Inneren der Blüten mit einem kleinen Messer herausschneiden. Die Mozzarella in dünne Scheiben schneiden und auf vier Tellern auslegen.

3 Übriges Olivenöl in einer Pfanne erhitzen. Die Zucchiniblüten darin bei mittlerer Hitze 3–4 Min. braten, dabei ab und zu vorsichtig wenden. Leicht salzen und pfeffern und auf oder neben den Mozzarellascheiben anrichten. Tomatendressing darüber verteilen, rasch servieren.

Wir sind es gewohnt, Mozzarella und Tomaten mit Basilikum nicht nur mit Öl, sondern auch mit Balsamico zu beträufeln. Die meisten Italiener halten davon allerdings gar nicht viel. Denn die Tomaten sollen so viel Geschmack und Säure haben, dass Essig unnötig ist und dieser auch den feinen Geschmack der Mozzarella nicht übertüncht. Eingefleischte Tomatenfans verteufeln den Essig sogar im Tomatensalat. Probieren Sie es aus, ohne schmeckt sie – vorausgesetzt die Tomaten haben viel Aroma – wirklich besser.

Reportage

Mozzarella di bufala – weiße Kostbarkeit
Berühmtheit mit vielen Nachahmern, aber nur die aus Büffelkuhmilch ist echt

Ein fein säuerlicher intensiver Geschmack und eine weiche saftige Beschaffenheit zeichnen die echte *mozzarella di bufala* aus. Mozzarella aus Kuhmilch ist dagegen wesentlich fester und weniger saftig und schmeckt außerdem ziemlich neutral.

Mozzarella ist nicht gleich Mozzarella. Bei den meisten Produkten, die unter dem Namen Mozzarella verkauft werden, handelt es sich um einen Käse aus Kuhmilch oder allenfalls um einen aus einer Mischung von Büffel- und Kuhmilch. In Italien heißt Mozzarella aus Kuhmilch auch *fior di latte*. Echte *mozzarella di bufala* erkennen Sie an der DOC- oder DOP-Bezeichnung auf der Packung. DOC – *denominazione di origine controllata* (kontrollierte Ursprungsbezeichnung) – bekommt die Mozzarella, wenn sie aus den Regionen Salerno und Caserta in Kampanien stammt oder aus den Regionen Frosinone, Latina und Rom im Latium. Die Auszeichnung DOP – *denominazione di origine protetta* (geschützt) – darf nur Mozzarella aus Kampanien (also aus den Regionen Caserta und Salerno) tragen, wo der Ursprung des Käses liegt. In der Region Salerno ist die Produktion in vielen Betrieben noch ziemlich usprünglich, bei einer Fahrt durch die Gegend kann man schon einmal die imposanten braunen Büffelkühe mit den geschwungenen Hörnern bewundern.

Käseherstellung mit Besonderheiten. Der Unterschied der Mozzarella-Sorten liegt in der verwendeten Milch. Büffelkuhmilch ist fetter und cremiger als Kuhmilch, sie hat einen Fettgehalt von etwa 9 Prozent. Dafür enthält sie keinerlei Carotinoide und ist schneeweiß. Für die Mozzarella-Herstellung erhitzt man die Milch (meist von zwei verschiedenen Melkungen) und bringt sie mit einem Gerinnungsmittel zum Stocken. Diese gestockte Masse wird nun in kochendem Wasser gerührt und geknetet, bis sie eine Beschaffenheit wie Teig hat. Davon nimmt der Käser oder auch die Maschine nun Stücke ab und knetet diese – jetzt in lauwarmem Wasser – weiter, bis der Teig richtig schön elastisch ist. Weil die Masse gebrüht wird, nennt man sie *pasta filata* und den Käse daraus (wozu übrigens auch die gereiften *caciocavallo* und *provolone* gehören) Knetkäse. Die elastische Masse kann der Käser nun Stück für Stück formen, meist zu Kugeln. Nach einem kurzen Bad in leichter Salzlake ist die Mozzarella auch schon fertig und schmeckt umso besser, je frischer sie serviert wird. Kaufen kann man sie als Kugel (die offen in der Lake in der Regel ein Gewicht um die 250 Gramm hat), als winzige Kugeln *(bocconcini)*, als Zopf *(treccia)* oder auch als verschlungenen Strang.

Harmonische Verbindungen. Ganz klar, am besten schmeckt Mozzarella frisch. Und das im Idealfall kalt oder zumindest wie in der *mozzarella in carrozza*, einem zwischen Brotscheiben ausgebackenen Käse, nicht direkter Hitze ausgesetzt. Für den Käseexperten wie den Pizzabäcker ist ebenfalls klar: auf die Pizza gehört echte *mozzarella di bufala* nicht, sie ist dafür viel zu saftig und würde den Teig weich machen. Hier nimmt man lieber Kuhmilch-Mozzarella. Und noch ein Tipp: Der leicht säuerliche Geschmack von Mozzarella wird perfekt durch die ebenfalls säuerlichen Tomaten unterstützt, vor allem wenn man auf zusätzliche Säure verzichtet. Also keinen Balsamico auf die *insalata caprese* (Mozzarella mit Tomaten) geben, dafür aber ein wirklich aromatisches Olivenöl, das gut mit dem Käse wie auch den Tomaten harmoniert.

a Traditionell arbeitende Betriebe verwenden nur Milch von Büffelkühen, die artgerecht gehalten werden – sie leben im Freien, möglichst mit einer Badestelle im Teich. Gibt es die nicht, werden die Tiere täglich abgespritzt, denn sie können nicht durch die Haut schwitzen und würden ohne das Nass von außen schnell austrocknen.

Reportage

b/c Die wichtigste Tätigkeit bei der Mozzarella-Herstellung hat dem Käse seinen Namen gegeben. Von der gekneteten Käsemasse ziehen die Käser ein Stück ab und formen dieses zu einer runden Kugel. Das Abnehmen des Käseteiges nennt man auf italienisch *mozzare*. d Gleich nach dem Formen hat der Käse noch nicht wirklich viel Geschmack, den nimmt er bei einem Bad in Salzlake an. Ein paar Stunden reichen hier völlig aus. e *Mozzarella nella mortella* ist ebenfalls eine Spezialität aus der Region Salerno: Die Mozzarella wird dafür auf ein Bett aus Myrtheblättern gelegt und sieht auf dem Grün nicht nur hübsch aus, sondern nimmt beim kurzen Lagern auch ein ganz besonderes Aroma an.

Fusilli alla pancetta
Fusilli mit Speckröllchen (Latium)

ZUTATEN für 4 Personen:

4 Knoblauchzehen

1/2 kleines Bund Petersilie

8 Salbeiblättchen

2 getrocknete Peperoncini

4 EL frisch geriebener Pecorino oder Parmesan

125 g dünne Scheiben längliche Pancetta (geräucherter gewürzter Bauchspeck)

500 g Tomaten | 400 g Fusilli

Salz | 4 EL Olivenöl

ZUBEREITUNGSZEIT: 25 Min.
PRO PORTION: ca. 705 kcal

1 Knoblauch schälen, die Petersilie und den Salbei waschen und trockenschütteln, Petersilienblättchen von den Stängeln zupfen. Knoblauch mit Kräutern und den Peperoncini sehr fein hacken. Mit dem Käse verrühren.

2 Die Speckscheiben einmal quer halbieren, mit der Kräutermischung bestreuen, zu kleinen Röllchen aufrollen. Die Tomaten waschen oder überbrühen und häuten, dann in kleine Würfel schneiden und dabei die Stielansätze entfernen.

3 Für die Nudeln reichlich Wasser zum Kochen bringen und salzen. Die Fusilli darin nach Packungsangabe al dente kochen. Inzwischen 2 EL Öl in einer Pfanne erwärmen, die Speckröllchen einlegen und bei schwacher Hitze rundherum knusprig braten.

4 Übriges Öl in einem Topf erhitzen. Tomaten darin erwärmen, mit Salz würzen. Die Nudeln abgießen und mit den Tomaten mischen. In vorgewärmte Teller verteilen. Die Pancettaröllchen auf den Nudeln verteilen, das Speckfett darüber träufeln.

Pasta caprese
Mozzarella-Tomaten-Nudeln (Kampanien)

ZUTATEN für 4 Personen:

300 g sehr aromatische Tomaten

2 Knoblauchzehen

1–2 getrocknete Peperoncini

250 g Mozzarella (am besten Büffelmozzarella)

4 EL Olivenöl

400 g Penne oder Maccheroni

Salz | 1 Bund Basilikum

1 kleine Dose Tunfisch (in Olivenöl, etwa 50 g Abtropfgewicht)

1 EL kleine Kapern

ZUBEREITUNGSZEIT: 25 Min.
MARINIERZEIT: 1 Std.
PRO PORTION: ca. 665 kcal

1 Die Tomaten waschen und in Würfel schneiden, dabei die Stielansätze entfernen. Knoblauch schälen und fein hacken. Peperoncini fein zerdrücken. Mozzarella etwa 1 cm groß würfeln.

2 Tomaten, Knoblauch, Peperoncini und Mozzarella mit dem Olivenöl mischen und etwa 1 Std. ziehen lassen.

3 Dann für die Nudeln reichlich Wasser zum Kochen bringen und salzen. Die Nudeln darin nach Packungsangabe al dente kochen.

4 Inzwischen die Basilikumblättchen von den Stängeln lösen und dann in Stücke zupfen. Den Tunfisch abtropfen lassen und zerpflücken.

5 Nudeln abgießen, wieder in den Topf geben. Die Mozzarellamischung mit Basilikum, Tunfisch und den Kapern untermengen, mit Salz abschmecken und zugedeckt 1–2 Min. im heißen Topf auf der abgeschalteten Herdplatte ziehen lassen. In vorgewärmten Tellern servieren.

Latium, Kampanien und Sardinien

Gnocchetti al pesce spada

Kleine Nudeln mit Schwertfisch (Latium | Sardinien)

ZUTATEN für 4 Personen:

400 g Schwertfisch
1/4 l Fischfond
2 EL Zitronensaft
1 Zweig Rosmarin
2 Zweige Thymian
4 Sardellenfilets (in Öl)
2 Knoblauchzehen
400 g Tomaten
400 g Gnocchetti sardi (siehe Tipp)
Salz
8 EL Olivenöl
1 Bund Basilikum
1/2 Bund Oregano
40 g Semmelbrösel (am besten frisch geriebenes altbackenes Weißbrot)
1 getrockneter Peperoncino

ZUBEREITUNGSZEIT: 25 Min.
PRO PORTION: ca. 765 kcal

1 Den Schwertfisch kurz kalt waschen. Fond mit dem Zitronensaft bei starker Hitze aufkochen, die Hitze auf schwache Stufe schalten und den Fisch im Fond in etwa 5 Min. gar ziehen lassen.

2 Den Rosmarin und Thymian waschen und trockenschütteln, Nadeln bzw. Blättchen von den Zweigen zupfen und fein hacken. Die Sardellenfilets klein würfeln. Knoblauch schälen und fein hacken. Die Tomaten mit kochendem Wasser überbrühen, kurz ziehen lassen, abschrecken und häuten. Tomaten ebenfalls fein schneiden, dabei die Stielansätze entfernen.

3 Für die Nudeln reichlich Wasser zum Kochen bringen und salzen. Die Nudeln darin nach Packungsangabe al dente kochen.

4 In einem Topf 2 EL Olivenöl erhitzen, gehackte Kräuter und Knoblauch darin bei mittlerer Hitze andünsten. Tomaten und Sardellen dazugeben und offen etwa 10 Min. köcheln lassen.

5 Inzwischen Basilikum – falls nötig – trocken abreiben, den Oregano waschen und trockenschütteln. Die Blättchen abzupfen und fein hacken, mit 4 EL Öl fein pürieren. Die Semmelbrösel im übrigen Öl anrösten, Peperoncino zerkrümeln und untermischen.

6 Schwertfisch aus dem Sud nehmen und knapp 1 cm groß würfeln, unter den Tomatensugo mischen, salzen. Die Nudeln abgießen und mit dem Sugo mischen. In Teller verteilen und jeweils mit etwas Kräuteröl beträufeln. Semmelbrösel getrennt dazu servieren und nach Belieben aufstreuen.

Gnocchetti sardi sind kleine gebogene Nudeln aus Hartweizenmehl mit feinen Rillen. Sie bekommen sie in gut sortierten italienischen Feinkostgeschäften. Wer sie nicht findet, greift zu anderen kurzen Nudeln – gerillt oder gedreht, wie Rigatoni oder *casarecce*, denn die verbinden sich mit der Sauce besonders gut.

Statt Schwertfisch schmecken mit dieser Sauce auch Sardinen (küchenfertig vorbereitet) oder Tunfisch ausgezeichnet.

Latium, Kampanien und Sardinien

Risotto al limone
Zitronen-Risotto (Kampanien)

ZUTATEN für 4 Personen:

1 Bio-Zitrone
50 g Butter
400 g Risotto-Reis
1 1/8 l heiße Gemüse- oder Kalbsbrühe
1 kleines Bund Petersilie
2 EL Pinienkerne
50 g frisch geriebener Caciocavallo (gebrühter Kuhmilch-Käse) oder Parmesan
Salz | Pfeffer aus der Mühle

ZUBEREITUNGSZEIT: 35 Min.
PRO PORTION: ca. 590 kcal

1 Die Zitrone heiß waschen, die Schale dünn abschneiden und beiseite legen, Saft auspressen.

2 In einem Topf die Hälfte der Butter mit dem Zitronensaft schmelzen lassen. Risotto-Reis einrühren und unter Rühren anbraten, bis die Körnchen vom Fett überzogen sind.

3 Zwei Kellen Brühe angießen. Den Risotto bei mittlerer Hitze offen so lange garen, bis er aufgequollen und gar, aber noch al dente ist. Dabei nach und nach die übrige Brühe untermischen.

4 Inzwischen die Petersilie waschen und trockenschütteln, Blättchen abzupfen und mit der Zitronenschale fein hacken. Die Pinienkerne in einem Pfännchen mit ganz wenig Butter goldgelb rösten, beiseite stellen.

5 Die übrige Butter in Würfel schneiden und mit der Petersilien-Zitronen-Mischung und dem Käse unter den Reis heben. Den Risotto mit Salz und Pfeffer abschmecken und mit den Pinienkernen bestreut servieren.

Torta rustica
Torte mit Ricotta und Kürbisblüten (Latium)

ZUTATEN für 4 Personen:
Für den Teig:
250 g Mehl | 8 EL Olivenöl | Salz
Für die Füllung:
6 Kürbisblüten (ersatzweise Zucchiniblüten)
1 Bund gemischte Kräuter (z. B. Rucola, Borretsch, Petersilie und Oregano)
Salz | Pfeffer aus der Mühle
250 g Ricotta (siehe Tipp)
2 Eier (Größe M)
100 g frisch geriebener reifer Caciotta (Schafmilch-Käse, ersatzweise mittelalter Pecorino oder Caciocavallo, siehe links)
frisch geriebene Muskatnuss

ZUBEREITUNGSZEIT: 45 Min.
BACKZEIT: 15 Min.
PRO PORTION: ca. 680 kcal

1 Mehl mit 5 EL Öl, 1/2 TL Salz und etwa 100 ml kaltem Wasser zu einem geschmeidigen glatten Teig verkneten. In ein Küchentuch wickeln und etwa 30 Min. bei Zimmertemperatur ruhen lassen.

2 Die Kürbisblüten vorsichtig öffnen und den Stempel herausschneiden. Die Kräuter waschen und trockenschütteln, Blättchen abzupfen. In einem Topf Salzwasser zum Kochen bringen. Die Kürbisblüten 1/2 Min. ins Wasser legen, herausnehmen, abtropfen lassen. Kräuter im Wasser in ein paar Sekunden zusammenfallen lassen, abgießen, abschrecken, ausdrücken und grob hacken.

3 Ricotta mit den Eiern gründlich verrühren. Geriebenen Käse und Kräuter untermischen und mit Salz, Pfeffer und Muskat würzen.

4 Backofen auf 250° (Umluft 220°) vorheizen. Eine Pizza- oder Springform (30 cm Ø) mit 1 EL Öl

Pizza scarola e salsiccia
Pizza mit geschmortem Salat und Wurst (Kampanien)

einpinseln. Teig nochmals durchkneten, halbieren und jeweils zu einer Kugel formen. Zwischen zwei Lagen Klarsichtfolie rund in Größe der Form ausrollen.

5 Einen Teigfladen in die Form legen, mit der Ricottamasse bestreichen und mit Kürbisblüten belegen. Den zweiten Teigfladen mit einer Gabel mehrmals einstechen und auf die Ricottafüllung legen. Die Ränder gut zusammendrücken. Die Torte mit übrigem Öl einstreichen und im Ofen (Mitte) etwa 15 Min. backen. Torta rustica warm, lauwarm oder abgekühlt in Stücke schneiden und servieren.

Die echte Ricotta romana wird aus Schafmolke in der römischen Campagna hergestellt, ist weich und streichfähig und leicht körnig.

ZUTATEN für 4 Personen:
Für den Teig:
400 g Mehl | Salz
12 g frische Hefe
2 EL Olivenöl
Olivenöl oder Backpapier für die Bleche
Für den Belag:
1 Romana- oder glatter Endiviensalat
4 Knoblauchzehen | 2 EL Olivenöl
Salz | Pfeffer aus der Mühle
1 EL Walnusskerne
2 EL schwarze Oliven
250 g gewürzte rohe Würste (z. B. Salsicce)
150 g Caciocavallo (siehe links)

ZUBEREITUNGSZEIT: 40 Min.
RUHEZEIT: 1 Std.
BACKZEIT: 14 Min. (pro Blech)
PRO PORTION: ca. 815 kcal

1 Für den Teig Mehl mit 1/2 TL Salz mischen. Hefe zerkrümeln und mit 200 ml lauwarmem Wasser verrühren. Mit dem Öl zum Mehl gießen und alles zu einem geschmeidigen Teig verkneten. Er soll weich sein, aber nicht an den Fingern kleben. Den Teig in einer Schüssel mit einem Tuch bedeckt etwa 1 Std. an einem warmen Ort ruhen lassen.

2 Für den Belag den Salat waschen und trockenschleudern, in gut 1 cm dicke Streifen schneiden. Knoblauch schälen und fein hacken. Öl in einer Pfanne bei mittlerer Hitze erwärmen, Knoblauch darin andünsten. Salatstreifen dazugeben, unter Rühren bei starker Hitze in 3–4 Min. zusammenfallen lassen. In eine Schüssel füllen, salzen und pfeffern. Walnusskerne in Stücke brechen, mit Oliven untermischen.

3 Die Wurstmasse in kleinen Stücken aus der Haut drücken. Den Caciocavallo entrinden und klein würfeln.

4 Backofen auf 240° (Umluft 220°) vorheizen. Den Teig in vier Portionen teilen. Vier Pizzableche einölen oder zwei Backbleche mit Backpapier auslegen. Die Teigportionen jeweils zuerst zu einer Kugel, dann zu runden Fladen mit etwas dickerem Rand formen. In die Pizzableche geben oder jeweils zwei Fladen auf die Backbleche legen.

5 Die Salatmischung und die Wurststücke auf den Teigfladen verteilen. Den Käse über die Pizzen geben. Zwei Pizzen im Ofen (Mitte) etwa 14 Min. backen. Diese Pizzen halbieren und heiß essen. Währenddessen die beiden übrigen backen.

Latium, Kampanien und Sardinien

Zuppa sarda
Brot-Käse-Suppe (Sardinien)

ZUTATEN für 4 Personen:
200 g junger Pecorino
1 Bund Petersilie
1 kleine Knolle Fenchel (mit Grün)
200 g altbackenes Weißbrot vom Vortag (in dünnen Scheiben)
Pfeffer aus der Mühle
frisch geriebene Muskatnuss
gut 1 l heiße Fleischbrühe
4 EL frisch geriebener reifer alter Pecorino
2 EL Olivenöl

ZUBEREITUNGSZEIT: 40 Min.
PRO PORTION: ca. 350 kcal

1 Jungen Pecorino entrinden, in dünne Scheiben schneiden. Petersilie waschen und trockenschütteln, fein hacken. Fenchel waschen, putzen und mit dem Grün fein hacken. Backofen auf 220° (Umluft 200°) vorheizen. Eine runde hitzebeständige Form mit einer Lage Brot auslegen, eine Lage Käsescheiben darauf verteilen und mit Petersilie, Fenchel, Pfeffer und Muskat bestreuen. Etwas Brühe angießen. Auf diese Weise alle Zutaten einschichten. Übrige Brühe darüber gießen, geriebenen Käse auf der Oberfläche verteilen, mit Öl beträufeln.

2 Die Suppe im Ofen (Mitte) etwa 15 Min. backen, bis die Oberfläche gebräunt ist. Kurz stehen lassen, dann servieren.

Ein bäuerliches Gericht aus der sardischen Küche, das dort mit ganz frischem Käse zubereitet wird. Statt dem jungen Pecorino können Sie auch Mozzarella verwenden. Ebenfalls lecker: getrocknete zerkrümelte Peperoncini mit dem Käse einschichten. Die Brühe kochen Sardiniens Hausfrauen sehr gerne aus Lammfleisch.

Cauraro
Frühlingssuppe (Kampanien)

ZUTATEN für 4 Personen:
200 g vorwiegend fest kochende Kartoffeln
2 rote Zwiebeln
250 g Mangoldblätter
1 Knolle Fenchel (mit Grün)
150 g gemischte (Wild-)Kräuter (z. B. Löwenzahn, Rucola, Minze, Borretsch, Petersilie, Oregano)
4 EL Olivenöl
1 l Gemüsebrühe
200 g Tomaten (aus der Dose)
4 Sardellenfilets (in Öl)
Salz | Pfeffer aus der Mühle
frisch geriebener Pecorino oder Caciocavallo (gebrühter Kuhmilch-Käse) zum Servieren

ZUBEREITUNGSZEIT: 45 Min.
PRO PORTION: ca. 245 kcal

1 Die Kartoffeln in der Schale in Wasser zugedeckt in etwa 20 Min. weich kochen. Abgießen und lauwarm abkühlen lassen.

2 Inzwischen die Zwiebeln schälen und fein würfeln. Die Mangoldblätter waschen und in Streifen schneiden oder grob hacken. Den Fenchel waschen, putzen und längs vierteln. Den Strunk jeweils herausschneiden, den Fenchel in feine Streifen schneiden. Die Kräuter und das zarte Fenchelgrün waschen und trockenschütteln, wo nötig von den Stängeln abzupfen. Etwa ein Viertel beiseite legen, den Rest fein hacken. Die Kartoffeln pellen und in nicht zu dünne Scheiben schneiden.

3 In einem Suppentopf 2 EL Öl erhitzen. Die Zwiebeln mit den gehackten Kräutern darin unter Rühren bei mittlerer Hitze andünsten. Den Mangold und den Fenchel dazugeben und kurz mitbraten. Mit Brühe aufgießen. Die Tomaten in kleine Würfel

Latium, Kampanien und Sardinien

Zavardella
Gemischte Gemüse mit Grillbrot (Latium)

schneiden und mit den Kartoffelscheiben untermischen. Suppe zugedeckt bei schwacher Hitze etwa 15 Min. köcheln lassen, bis die Gemüse bissfest sind.

4 Die Sardellenfilets mit den übrigen Kräutern fein schneiden. Die Suppe mit Salz und Pfeffer abschmecken. Vor dem Servieren mit Kräutersardellen garnieren. Das restliche Öl darüber träufeln. Den geriebenen Käse extra dazu reichen.

In Sardinien bereitet man im Frühling eine ähnliche Suppe zu. Für *s'erbudzu* werden alle möglichen Kräuter gemischt – aus dem Garten, vom Feld oder von wilden Wiesen.

ZUTATEN für 4–6 Personen:
1 Schinkenknochen
Salz | Pfeffer aus der Mühle
4 zarte Stangen Staudensellerie
1 kleine Staude Catalogna (250 g, löwenzahnähnliches Gemüse, auf größeren Gemüsemärkten oder in südländischen Lebensmittelläden)
4 zarte kleine Artischocken
4 junge Möhren | 200 g Brokkoli
200 g Spinat oder Mangoldblätter
1 Bund Frühlingszwiebeln
150 g gepalte Erbsen (etwa 500 g Erbsen in Hülsen)
2–4 Peperoncini | 8 EL Olivenöl
4–6 Scheiben altbackenes Weißbrot (etwa 2 Tage alt)

ZUBEREITUNGSZEIT: 30 Min.
GARZEIT: 1 Std.
PRO PORTION (BEI 6 PERSONEN):
ca. 290 kcal

1 Den Schinkenknochen mit 1 l Wasser erhitzen und etwa 1 Std. bei schwacher Hitze sanft köcheln lassen. Knochen herausnehmen, Brühe mit Salz und Pfeffer würzen.

2 Das Gemüse waschen oder schälen und putzen. Sellerie und Catalogna in 5 cm lange Stücke schneiden. Von den Artischocken harte Blätter abzupfen, von den übrigen Blattspitzen abschneiden. Artischocken längs achteln. Möhren längs vierteln, Brokkoli in Röschen schneiden. Spinat ganz lassen oder Mangold grob hacken. Frühlingszwiebeln samt Grün in 4 cm lange Stücke schneiden, die dickeren Zwiebeln noch halbieren.

3 Brühe wieder erhitzen. Darin Artischocken, Möhren, Sellerie, Brokkoli und Erbsen 6–7 Min. garen, herausnehmen und im 70° heißen Backofen warm halten.

Zwiebeln und Catalogna 5 Min. garen, dann den Spinat oder Mangold untermischen und 1–2 Min. garen. Alle Gemüse vermengen.

4 Zwischendurch Peperoncini waschen, entstielen und fein hacken. Das Öl leicht erwärmen, Peperoncini untermischen. Brot im Toaster oder in der Grillpfanne bei starker Hitze in 3–4 Min. goldbraun rösten. Brot in tiefe Teller legen. Gemüse salzen, pfeffern, mit etwas Brühe darauf geben. Mit Peperoncini-Öl beträufeln.

Acht Gemüse müssen es sein, wenn eine römische Hausfrau sich an die Zubereitung des Eintopfs macht. Eine genaue Zutatenliste wird dabei aber nicht eingehalten. Schließlich geht man jeden Tag auf den Markt und nimmt das, was gerade besonders gut aussieht.

Latium, Kampanien und Sardinien

Sarde in tortiera
Sardinen-Kartoffel-Auflauf (Kampanien)

ZUTATEN für 4 Personen:
600 g vorwiegend fest kochende Kartoffeln | 500 g Eiertomaten
900 g Sardinen | 1/2 Bio-Zitrone
4 Knoblauchzehen
1 Bund Petersilie
Salz | Pfeffer aus der Mühle
8 EL Olivenöl | 2 Eier (Größe M)
50 g frisch geriebener Pecorino

ZUBEREITUNGSZEIT: 45 Min.
BACKZEIT: 30 Min.
PRO PORTION: ca. 560 kcal

1 Kartoffeln in Wasser zugedeckt in etwa 20 Min. weich garen, lauwarm abkühlen lassen. Die Tomaten überbrühen, häuten und in Scheiben schneiden, dabei die Stielansätze entfernen. Die Köpfe der Sardinen abschneiden. Sardinen am Bauch aufschneiden, aufklappen und die Mittelgräte mit einem Löffelstiel anheben und vorsichtig abziehen. Sardinen waschen und trockentupfen.

2 Zitrone heiß waschen, Schale abreiben. Knoblauch schälen und hacken. Petersilie waschen und trockenschütteln, fein schneiden. Mit Knoblauch und Zitronenschale mischen. Die Kartoffeln pellen und in dünne Scheiben schneiden.

3 Backofen auf 180° vorheizen. Eine hitzebeständige Form leicht ölen. Kartoffeln, Tomaten und Sardinen lagenweise einschichten. Dabei Kartoffeln mit Petersilienmischung bestreuen, salzen, pfeffern und mit etwas Öl beträufeln, Sardinen und Tomaten nur salzen.

4 Übriges Öl (etwa 5 EL) mit Eiern und Käse verrühren, über die Zutaten in der Form gießen. Alles im Ofen (Mitte, Umluft 160°) etwa 30 Min. backen, bis die Oberfläche gebräunt ist.

Cassola di pesce
Fische in scharfem Tomatensugo (Sardinien)

ZUTATEN für 4 Personen:
1 Zwiebel | 4 Knoblauchzehen
2 getrocknete Peperoncini
600 g Tomaten | 6 EL Olivenöl
1/8 l trockener Weißwein | Salz
800 g gemischte Fischfilets mit Haut (z. B. Rotbarben, Wolfsbarsch, Sardinen und Brassen)
1/2 Bund Petersilie
4 große Scheiben Weißbrot

ZUBEREITUNGSZEIT: 40 Min.
PRO PORTION: ca. 465 kcal

1 Die Zwiebel und den Knoblauch schälen und fein würfeln. Die Peperoncini fein zerkrümeln oder hacken. Die Tomaten überbrühen, abschrecken, häuten und in kleine Würfel schneiden, dabei die Stielansätze entfernen.

2 Im Topf 2 EL Öl erhitzen. Zwiebel, Knoblauch und Peperoncini darin andünsten. Tomaten und Wein dazugeben, mit Salz abschmecken und den Sugo zugedeckt bei schwacher Hitze etwa 15 Min. schmoren.

3 Aus den Fischfilets die Gräten mit einer Pinzette herausziehen. Große Fischfilets in mundgerechte Stücke schneiden. Tomatensugo durchrühren, Filets leicht salzen und in den Sugo legen. Alles zugedeckt bei schwacher Hitze noch einmal etwa 10 Min. schmoren.

4 In der Zeit die Petersilie waschen und trockenschütteln, die Blättchen fein hacken. Die Brotscheiben im Toaster oder im Backofen bei 250° (Umluft 220°) in etwa 4 Min. goldgelb rösten, in tiefe Teller legen. Den Fisch und den Sugo über die Brotscheiben schöpfen, mit Petersilie bestreuen und mit dem restlichen Olivenöl beträufeln. Rasch servieren.

Latium, Kampanien und Sardinien

Saltimbocca di triglie con spinaci
Rotbarben-Saltimbocca mit pikantem Spinat (Latium)

Tomaten und Fisch sind vor allem im Süden, wo die Tomaten neben der feinen Säure auch eine ganze Menge Sonnenaroma mitbekommen, eine einfache, aber köstliche Kombination. In Kampanien kennt man ein Gericht, das der sardischen *cassola* recht ähnlich ist. Dort werden die Fische in einer etwas flüssigeren Tomatensauce (dem Sugo noch Wasser oder Fischfond zufügen) gegart: *pesce in acqua pazza* – Fisch im verrückten Wasser.

ZUTATEN für 4 Personen:
Für das Gemüse:
500 g Spinat
je 1 großes Bund Petersilie und Rucola | Salz
2 getrocknete Peperoncini
2 EL Olivenöl
etwas Zitronensaft (von der Zitrone beim Saltimbocca)
Für die Saltimbocca:
15–20 Salbeiblättchen
4 Knoblauchzehen
1/2 Bio-Zitrone
4 größere Rotbarben (je etwa 320 g, vom Fischhändler filetieren lassen)
Salz | Pfeffer aus der Mühle
4–8 Scheiben roh geräucherter Schinken (Menge je nach Größe)
4 EL Olivenöl
4 EL trockener Weißwein
Zahnstocher zum Feststecken

ZUBEREITUNGSZEIT: 40 Min.
PRO PORTION: ca. 505 kcal

1 Für das Gemüse den Spinat verlesen, waschen, abtropfen lassen und grob hacken. Kräuter waschen und trockenschütteln. Blättchen abzupfen, ein paar beiseite legen. Spinat und die Kräuterblättchen in kochendem Salzwasser in etwa 1 Min. zusammenfallen lassen. Dann abschrecken, abtropfen lassen.

2 Für die Saltimbocca Salbeiblättchen in Streifen schneiden, Knoblauch schälen und fein schneiden. Die Zitrone heiß waschen, die Schale dünn abschneiden und fein hacken. Den Saft auspressen.

3 Salbei mit Knoblauch und Zitronenschale mischen. Fischfilets salzen und pfeffern, auf der fleischigen Seite mit der Salbeimischung bestreuen. Schinkenscheiben eventuell halbieren (sie sollen die Größe der Filets haben). Die gewürzte Fischseite jeweils mit Schinken belegen, mit Zahnstochern fest stecken.

4 Öl in einer großen Pfanne erhitzen. Fischfilets mit der Hautseite nach unten darin etwa 3 Min. bei mittlerer Hitze braten, umdrehen und noch einmal so lange braten.

5 Für den Spinat Peperoncini fein zerstoßen, in einem Topf im Öl andünsten. Spinatmischung dazugeben und gut heiß werden lassen. Mit Salz und etwas Zitronensaft würzen. Beiseite gelegte Kräuter fein hacken, unterrühren.

6 Fischfilets auf vorgewärmte Teller verteilen. Bratfond mit Wein und 2 EL Zitronensaft ablöschen und über den Fisch geben. Den Spinat dazu servieren.

Latium, Kampanien und Sardinien

Calamari ripieni
Gefüllte Tintenfische (Kampanien)

ZUTATEN für 4 Personen:

Für die Tintenfische:

600 g küchenfertige Tintenfischbeutel (siehe Tipp)

100 g altbackenes Weißbrot (vom Vortag)

100 g gemischte Kräuter (z. B. Borretsch, Rucola, Fenchelkraut, Oregano und Minze)

2 Knoblauchzehen

1 getrockneter Peperoncino

2 EL Olivenöl

4 Sardellenfilets (in Öl)

1/2 Bio-Zitrone

1 Eiweiß (Größe S)

2 EL frisch geriebener Parmesan oder Pecorino

Salz | Pfeffer aus der Mühle

Zahnstocher oder Küchengarn zum Verschließen

Für die Sauce:

je 1 rote, gelbe und grüne Paprikaschote

250 g Tomaten

1 Bund Frühlingszwiebeln

1/2 Bund Petersilie

4 EL Olivenöl

1/8 l trockener Weißwein

Salz | Pfeffer aus der Mühle

1 Prise Zucker

ZUBEREITUNGSZEIT: 1 Std.
GARZEIT: 30–45 Min.
PRO PORTION: ca. 410 kcal

Tipp:
Ob Calamari oder Seppioline, nicht die Tintenfischsorte ist entscheidend, sondern die Größe der Fischbeutel ist wichtig – eine Länge zwischen 6 und 8 cm ist ideal. Solche Beutelchen lassen sich nicht nur leicht füllen, sondern haben zudem geschmacklich und optisch ein ideales Verhältnis von Inhalt und Hülle.

Rund ums Mittelmeer gibt es tausendundein Rezept für Tintenfische – kein Wunder, gehören sie doch zu den eher preiswerten Meerestieren, für die sich die Hausfrauen allerlei Zubereitungsarten ausdachten, um sie immer wieder neu auf den Tisch zu bringen.

Außer mit Brot lassen sich Tintenfische auch mit gegarten und zerdrückten Kartoffeln füllen, manchmal kommen auch Eigelb und ein bisschen geriebener Käse mit in die Mischung. Zu viel darf es davon aber nicht sein, denn der Käsegeschmack soll nicht mit dem feinen Fischaroma in Konkurrenz treten.

1 Die Tintenfischbeutel waschen und abtropfen lassen. Das Weißbrot in einer Schüssel mit lauwarmem Wasser bedecken und weich werden lassen.

2 Inzwischen die Kräuter waschen, trockenschütteln und die groben Stängel entfernen. Kräuter fein hacken. Knoblauch schälen und fein würfeln, den Peperoncino zerkrümeln.

3 Öl in einem Topf erhitzen, die Kräuter mit Knoblauch und Peperoncino darin unter Rühren zusammenfallen lassen. In eine Schüssel füllen. Die Sardellen fein schneiden. Die Zitrone heiß waschen und die Schale fein abreiben.

Latium, Kampanien und Sardinien

4 Das Brot ausdrücken und zerpflücken. Mit Kräutermischung, Sardellen, Eiweiß, Käse und der Zitronenschale gründlich verkneten und mit Salz und Pfeffer würzen. Die Masse in die Tintenfischbeutel füllen, die Öffnung mit Zahnstochern oder Küchengarn verschließen.

5 Für die Sauce die Paprikaschoten waschen, halbieren, putzen und klein würfeln. Die Tomaten mit kochendem Wasser überbrühen, abschrecken und klein würfeln, dabei Stielansätze entfernen. Die Frühlingszwiebeln waschen, putzen und mit dem Grün in feine Ringe schneiden.

6 Die Petersilie waschen, trockenschütteln und die Blättchen fein hacken. Das Öl in einem weiten Topf erhitzen. Die Tintenfischbeutel darin rundherum bei starker Hitze gut anbraten, wieder herausnehmen. Paprika, Petersilie und Zwiebeln im Öl andünsten.

7 Die Tomaten mit dem Weißwein untermischen, alles mit Salz, Pfeffer und Zucker abschmecken. Die Tintenfischbeutel wieder einlegen und bei schwacher Hitze zugedeckt in 30–45 Min. weich schmoren.

Reportage

Bottarga – Kaviar von der Insel
Die Spezialität aus den Eiern von Meeräsche und Tunfisch findet immer mehr Anklang

Gold von Cabras wird die Bottarga von der Meeräsche – *bottarga di muggine* – auf Sardinien auch genannt, kein Wunder, war sie doch schon im Mittelalter wichtiges und begehrtes Tauschgut. Die Phönizier haben die Spezialität wohl entdeckt und die Araber waren es auch, die sie im ganzen Mittelmeerraum verbreitet haben. Ihre Bezeichnung leitet sich vom arabischen *battarikh* für die gesalzenen Eier vom Fisch ab. Heute kommt italienische Bottarga aus mehreren kleinen sardischen Betrieben und von der Toskana-Küste. Sizilien und zu einem kleinen Teil Kalabrien produzieren seit vielen Jahrhunderten Bottarga vom Tunfisch – *bottarga di tonno*.

Am Ende des Sommers. Etwa im September tragen die weiblichen Meeräschen (Tunfische im Mai und Juni) eine besondere Kostbarkeit, ihre Eier. Nur die größeren Exemplare – um die drei bis vier Kilo sollten sie haben – werden gefangen, um die begehrte Spezialität Bottarga herzustellen. Gleich nach dem Fang schlitzen die Arbeiter den Fischen die Bäuche auf, ganz vorsichtig, um die dünne Haut der Säcke, in denen die Eier liegen, nicht zu verletzen. Je nach Produzent werden die Säcke nun rundherum mit Salz eingerieben oder aber ein paar Stunden ins Salzwasserbad gelegt. Danach werden sie gut abgewaschen, leicht gepresst und getrocknet – früher passierte das auf Gestellen in der Sonne, heute in klimatisierten Trockenräumen. Nach sieben bis 14 Tagen (je nach Größe) ist die Bottarga ausreichend getrocknet, sie hat jetzt etwa die Hälfte ihres Gewichtes verloren. Ist die Bottarga unversehrt geblieben und hat eine schöne Form, wird sie im Ganzen (bei uns meist in Folie eingeschweißt im Handel) verkauft. Ist sie dagegen nicht ganz makellos, reibt man sie in den meisten Betrieben gleich und verpackt sie in Schraubgläsern. Geriebene Bottarga kann es allerdings geschmacklich mit frisch zerkleinerter in keinem Fall aufnehmen.

Der feine Unterschied. Bottarga von den Meeräschen hat die Farbe von altem Gold, ist nach dem Trocknen immer noch schön weich und besitzt einen zwar intensiven, aber dennoch feinen Geschmack. Die Tunfisch-Bottarga dagegen schmeckt »rustikaler« und stärker nach Meer, die Konsistenz ist fester. Ihre Farbe ist braun bis grau. Egal, um welchen Typ es sich handelt, Bottarga liebt man vom ersten Probieren an oder mag sie überhaupt nicht. Unentschlossene sind selten zu finden. Kaufen können Sie Bottarga im sehr gut sortierten Feinkostladen und in manchen Fischgeschäften. Fragen Sie einfach danach, ein engagierter Fischhändler wird Ihnen die Spezialität gerne besorgen. Fündig werden Sie auch im Internet und natürlich in Italien selbst. Und: Bottarga hat übrigens ihren Preis, mit 20 Euro pro 100 Gramm müssen Sie rechnen. Nur gut, dass diese Köstlichkeit so intensiv schmeckt, dass man nicht viel davon braucht.

Gut aufgetischt. Etwas so Kostbares und Rares wie Bottarga kommt auch in den Regionen, wo sie hergestellt wird, nicht jeden Tag auf den Tisch, sondern ist etwas Besonderes. Fein gehobelt mit etwas frischem Sellerie und ein paar Tomaten, einfach nur mit Olivenöl beträufelt, ist sie ein feiner Einstieg ins Menü. Bei den *primi* kommt Bottarga vor allem mit Pasta und Risotto zum Einsatz, bei den *secondi* kann es ein Fischgericht schon einmal zur Delikatesse aufwerten. Vor dem Zerkleinern wird die feine Haut des Sacks übrigens wie eine Wurstpelle abgezogen – nur so weit, wie man die Bottarga auch braucht.

a Bottarga passt gut zu frisch gekochten Spaghetti. Dafür 3 Knoblauchzehen und 1 getrockneten Peperoncino mit den Blättchen von 1/4 Bund Petersilie fein hacken und in 4 EL Olivenöl bei schwacher Hitze 2–3 Min. dünsten. 400 g frisch gekochte Spaghetti und 80 g frisch geriebenen oder gehobelten Bottarga untermischen. Eventuell etwas Petersilie aufstreuen.

Reportage

b   Bottarga vom Tunfisch (berühmt der sizilianische *bottarga di Favignana*) ist natürlich viel größer als die der Meeräsche. Besonders gut schmeckt *bottarga di tonno* in ganz dünnen Scheiben, mit Zitronensaft und Olivenöl verfeinert, zu knusprigem Weißbrot.   c/d   Die Bottarga von der Meeräsche ist feiner und delikater und hat eine frische orange-rötliche Farbe. An der Toskana-Küste wird sie in der Lagune von Orbetello gewonnen.   e   Ideal zum Hobeln von *bottarga di muggine* ist der Trüffelhobel: je zarter die Scheiben, desto besser. Die dickere *bottarga di tonno* wird dagegen mit der elektrischen Aufschneidemaschine oder einem sehr scharfen Messer in Scheiben geteilt.   f   Der Tunfischfang hat auf Sizilien eine jahrhunderte alte Tradition. *Tonnerie* hießen und heißen die Fabriken, in denen der frisch gefangene Fisch gleich verarbeitet wird. Hier eine stillgelegte Fabrik.

Agnello al pesto di menta
Lammkoteletts mit Minze-Pesto (Latium)

ZUTATEN für 4 Personen:
Für das Fleisch:
1/2 Bio-Zitrone
2 Knoblauchzehen
4 EL Olivenöl
8 Lammkoteletts (je etwa 150 g)
Salz | Pfeffer aus der Mühle
Für das Pesto:
1 großes Bund Minze
50 g gehäutete Mandeln
100 ml Olivenöl
Salz | Pfeffer aus der Mühle
2 TL Zitronensaft (von der Zitrone beim Fleisch)

ZUBEREITUNGSZEIT: 20 Min.
PRO PORTION: ca. 1035 kcal

1 Für das Fleisch die Zitrone heiß waschen und die Schale fein abreiben. Den Saft auspressen. Den Knoblauch schälen und durch die Presse drücken. Die Zitronenschale und den Knoblauch mit dem Öl mischen.

2 Die Lammkoteletts mit einem feuchten Tuch von allen Knochensplittern befreien. Die Fettschicht mehrmals einschneiden, damit die Koteletts sich beim Braten nicht wölben. Das Lammfleisch mit dem Zitronen-Knoblauch-Öl einreiben und kurz ziehen lassen.

3 Für den Pesto die Minze waschen und trockenschütteln, die Blättchen von den Stängeln zupfen und grob hacken. Mandeln ebenfalls grob hacken und mit der Minze und dem Olivenöl im Blitzhacker sehr fein zerkleinern. Mit Salz, Pfeffer und Zitronensaft abschmecken.

4 Eine Grillpfanne gut heiß werden lassen. Die Lammkoteletts darin bei starker Hitze pro Seite 2–3 Min. braten. Mit Salz und Pfeffer würzen, mit dem Minze-Pesto servieren.

Purpugia
Mariniertes Schweinefleisch (Sardinien)

ZUTATEN für 4 Personen:
2 Stängel Salbei
4 Zweige Rosmarin
1/2 Bund Minze
4 frische Lorbeerblätter
4 Knoblauchzehen
2 TL schwarze Pfefferkörner
2 TL Fenchelsamen
1/2 l trockener Weißwein
1/8 l Weißweinessig
800 g zartes Schweinefleisch (z. B. Lende oder Filet)
4 EL Olivenöl
Salz

ZUBEREITUNGSZEIT: 25 Min.
MARINIERZEIT: 1–2 Tage
PRO PORTION: ca. 315 kcal

1 Die Kräuter waschen und trockenschütteln, die Blättchen bzw. Nadeln von den Zweigen zupfen. Von der Minze etwa 1/2 EL beiseite legen, übrige Kräuter fein hacken. Die Lorbeerblätter grob zerschneiden. Knoblauch schälen und in feine Scheiben schneiden. Pfefferkörner und Fenchelsamen mit der Klinge eines breiten Messers andrücken.

2 Zerkleinerte Kräuter und die angedrückten Gewürze mit dem Knoblauch, dem Wein und Essig in einer Schüssel vermischen. Das Schweinefleisch von den Sehnen befreien und quer zur Faser in 1/2 cm dünne Scheiben schneiden. Das Fleisch unter die Marinade mischen und darin 1–2 Tage ziehen lassen. Dabei ab und zu gut durchrühren.

3 Das Fleisch dann aus der Marinade heben und gut trockentupfen. Zwei Pfannen erhitzen (oder das Fleisch in einer Pfanne in zwei Portionen braten) und das

Latium, Kampanien und Sardinien

Involtini di cotiche al ragù
Schweinefleischrouladen in Ragout (Kampanien)

ZUTATEN für 4 Personen:

300 g Rindfleisch zum Schmoren (z. B. Wade, Keule oder Schulter)
1 Zwiebel | je 1 Zweig Thymian, Rosmarin, Oregano, Borretsch
1 frisches Lorbeerblatt
1 Stück Bio-Zitronenschale
2 EL Olivenöl
1 Dose geschälte Tomaten (400 g)
100 g Tomatenpüree (aus der Dose)
1/4 l trockener Rotwein
1/8 l Fleisch- oder Gemüsebrühe
Salz | Pfeffer aus der Mühle
4 Knoblauchzehen
1 kleines Bund Petersilie
40 g Rosinen | 40 g Pinienkerne
50 g frisch geriebener Pecorino
500 g dünne Scheiben roher Schweinebauch (ohne Schwarte und Knorpel)
Zahnstocher zum Verschließen

ZUBEREITUNGSZEIT: 45 Min.
GARZEIT: 2 1/2 Std.
PRO PORTION: ca. 700 kcal

1 Das Rindfleisch in etwa 5 cm große Stücke schneiden. Zwiebel schälen und fein hacken. Thymian, Rosmarin, Oregano, Borretsch und Lorbeerblatt waschen, trockenschütteln und mit der Zitronenschale hacken.

2 Das Olivenöl im Schmortopf erhitzen und die Fleischstücke leicht anbraten. Kräutermischung mit der Zwiebel unterrühren und kurz andünsten. Tomaten in der Dose kleiner schneiden und mit Tomatenpüree, Rotwein und der Brühe dazugeben. Salzen und pfeffern, zugedeckt bei schwacher Hitze etwa 1 1/2 Std. schmoren, bis das Fleisch schön weich ist.

3 Fleisch aus dem Tomatenragout nehmen, lauwarm werden lassen. Dann sehr klein würfeln. Knoblauch schälen und fein hacken. Die Petersilie waschen, trockenschütteln und die Blättchen ebenfalls fein schneiden.

4 Fleischwürfel mit Knoblauch, Petersilie, Rosinen, Pinienkernen und Pecorino verrühren und mit Salz (vorsichtig, der Käse ist auch salzig) und Pfeffer würzen. Die Schweinebauchscheiben mit der Füllung bestreichen, aufrollen und mit Zahnstochern verschließen.

5 Rouladen in das Tomatenragout legen, erhitzen und zugedeckt bei schwacher Hitze noch etwa 1 Std. garen. Mit dem Ragout servieren.

In der ursprünglichen Version wird die Füllung in Schweineschwarte gerollt. Schweinebauch ist feiner, ganz edel werden die Röllchen mit Schweinelende.

Olivenöl hineingeben. Die Fleischscheiben im Öl bei starker Hitze in etwa 4 Min. leicht braun braten, dabei immer wieder durchrühren. Das Fleisch salzen. Die beiseite gelegte Minze fein hacken und vor dem Servieren aufstreuen.

Latium, Kampanien und Sardinien

Manzo arrotolato con lenticchie
Rinderbraten mit Rotweinlinsen (Kampanien)

ZUTATEN für 4–6 Personen:
Für den Braten:
4 Knoblauchzehen
200 g rote Zwiebeln
je 2 Zweige Rosmarin, Thymian, Oregano, Salbei und Basilikum
6 EL Olivenöl
100 g getrocknete Tomaten (in Öl)
1 Kugel Mozzarella (125 g)
Salz | Pfeffer aus der Mühle
1 flaches Stück Rinderbraten (etwa 900 g, z. B. Schulter oder Keule)
200 ml trockener Rotwein
2 Lorbeerblätter
Küchengarn zum Binden
Für die Linsen:
200 g braune Linsen
1 getrockneter Peperoncino
2 Knoblauchzehen
1 Möhre
1 Stange Staudensellerie
300 g Tomaten
3 EL Olivenöl
1/4 l trockener Rotwein
2 TL Zucker
1/2 Bund Basilikum
Salz
1 EL Rotweinessig

ZUBEREITUNGSZEIT: 1 Std.
GARZEIT: 2 Std.
PRO PORTION (BEI 6 PERSONEN):
ca. 630 kcal

Weinempfehlung:
gehaltvoller Rotwein, etwa ein Aglianico wie der Taurasi.

Im Cilento, dem fruchtbaren Küstenstreifen Kampaniens, gibt es besonders viele Büffelkühe, aus deren Milch die begehrte *mozzarella di bufala* produziert wird. Die männlichen Tiere leben in vielen Betrieben fast wild auf großen Weiden in der Umgebung der Molkereien. Ihr Fleisch ist sehr schmackhaft und so wird der Braten im Original auch mit Büffelfleisch zubereitet, das bei uns aber leider noch nicht im Angebot ist. Bei einer Reise ins Cilento sollten Sie das Fleisch unbedingt probieren, genauso wie die luftgetrocknete Lende – der *bresaola* oder dem Bündner Fleisch ähnlich.

1 Für den Braten Knoblauch und Zwiebeln schälen und fein würfeln. Die Kräuter waschen und trockenschütteln, fein hacken. In einem Topf 3 EL Öl erhitzen. Darin Zwiebeln und Knoblauch unter Rühren bei schwacher Hitze etwa 10 Min. dünsten. Kräuter untermischen, kurz weiterbraten. Die getrockneten Tomaten und den Mozzarella fein würfeln. Zwiebelmischung lauwarm abkühlen lassen, dann mit Tomaten und Käse mischen, salzen, pfeffern.

2 Den Backofen auf 160° vorheizen. Den Rinderbraten an einer Seite einschneiden, aber nicht ganz durchschneiden. Zu einer großen Scheibe aufklappen und mit dem Handballen etwas flacher drücken, leicht salzen und auch pfeffern. Die Zwiebelmischung auf der Fleischscheibe verteilen, das Rindfleisch aufrollen und mit Küchengarn zu einem Rollbraten binden. Rollbraten außen mit Salz und Pfeffer würzen.

3 Übriges Öl in einem Bräter erhitzen. Den Braten darin rundherum kräftig anbraten. Dann im Ofen (Mitte, Umluft 140°) etwa 30 Min. braten. Nun den Rotwein angießen, die Lorbeerblätter dazulegen und den Braten noch einmal etwa 1 1/2 Std. schmoren, dabei immer wieder mit etwas Wein begießen.

Latium, Kampanien und Sardinien

4 Nach etwa 45 Min. Schmorzeit die Linsen in einem Sieb waschen. Den Peperoncino zerkrümeln. Den Knoblauch und die Möhre schälen und klein würfeln. Den Sellerie waschen, putzen und ebenfalls fein würfeln. Die Tomaten mit kochendem Wasser überbrühen, kurz ziehen lassen, abschrecken und häuten. Tomaten in kleine Würfel schneiden, dabei die Stielansätze entfernen.

5 In einem Topf 2 EL Öl erhitzen, Knoblauch und Peperoncino mit Möhre und Sellerie darin unter Rühren andünsten. Die Linsen dazugeben, mit 1/2 l Wasser aufgießen. Linsen bei schwacher Hitze zugedeckt in 40–60 Min. weich, aber nicht zu weich garen. Dabei eventuell noch etwas Wasser angießen.

6 Gleichzeitig die Tomaten mit dem restlichen Olivenöl erhitzen und offen bei mittlerer Hitze in etwa 10 Min. musig einkochen lassen. Den Wein mit dem Zucker erhitzen und bei starker Hitze auf die Hälfte einkochen lassen. Die Basilikumblättchen in kleine Stücke zupfen. Die Linsen mit den Tomaten und dem eingekochten Wein mischen, mit Salz und Essig abschmecken. Das Basilikum aufstreuen.

7 Den Rinderbraten kurz ruhen lassen, dann in dünne Scheiben schneiden und auf einer Platte anrichten. Sauce abschmecken und darüber verteilen. Linsen getrennt dazu servieren. Dazu schmecken außerdem Weißbrot oder Rosmarinkartoffeln.

Latium, Kampanien und Sardinien

Carciofi al forno
Gratinierte Artischocken (Sardinien)

ZUTATEN für 4 Personen:

12 zarte kleine Artischocken
Saft von 1/2 Zitrone
Salz | Pfeffer aus der Mühle
1/2 Bund Petersilie
4 Knoblauchzehen
100 g Ricotta
1 Ei (Größe S)
25 g Semmelbrösel
50 g frisch geriebener Pecorino
4 EL Olivenöl

ZUBEREITUNGSZEIT: 30 Min.
BACKZEIT: 20 Min.
PRO PORTION: ca. 295 kcal

1 Die Artischocken waschen und die äußeren Blätter entfernen. Die Stiele spitz zulaufend schälen, die oberen harten Blattspitzen abschneiden. Die Artischocken der Länge nach halbieren, falls nötig, das Heu aus der Mitte herausschneiden.

2 In einem Topf 1/8 l Wasser mit dem Zitronensaft und Salz zum Kochen bringen. Artischocken darin bei mittlerer Hitze zugedeckt etwa 5 Min. vorgaren. Abgießen und nebeneinander in eine hitzebeständige Form legen.

3 Backofen auf 200° (Umluft 180°) vorheizen. Die Petersilie waschen und trockenschütteln, die Blättchen abzupfen und fein hacken. Knoblauch schälen und ebenfalls fein hacken. Beides mit Ricotta, Ei, Semmelbröseln und dem Käse verrühren. Mit Salz und Pfeffer abschmecken.

4 Ricottamasse auf den Artischockenhälften verteilen, mit Öl beträufeln. Im Ofen (Mitte) etwa 20 Min. backen, bis die Ricottamasse schön gebräunt ist und die Artischocken weich sind. Sie schmecken heiß, lauwarm, kalt.

Fiori di zucca al forno
Kürbisblüten aus dem Ofen (Latium)

ZUTATEN für 4 Personen:

500 g Tomaten
1 Bund Borretsch (ersatzweise Rucola und Zitronenmelisse gemischt)
2 Knoblauchzehen
1 kleiner grüner Peperoncino
12 Kürbisblüten (ersatzweise Zucchiniblüten)
Salz | 4 EL Olivenöl

ZUBEREITUNGSZEIT: 25 Min.
BACKZEIT: 20 Min.
PRO PORTION: ca. 135 kcal

1 Die Tomaten mit kochendem Wasser überbrühen, kurz ziehen lassen, abschrecken und häuten. Tomaten in Achtel schneiden, dabei die Stielansätze entfernen.

2 Den Borretsch waschen und trockenschütteln, die Blätter abzupfen und in feine Streifen schneiden. Knoblauch schälen und in feine Scheiben schneiden. Den Peperoncino waschen, entstielen und mit den Kernen in feine Ringe schneiden.

3 Den Backofen auf 180° (Umluft 160°) vorheizen. Die Kürbisblüten öffnen und den Stempel mit einem kleinen Messer herausschneiden. Falls nötig, die Blüten kurz kalt abbrausen und trockenschütteln.

4 Die Tomaten mit Borretsch, Knoblauch und den Peperoncinoringen mischen, salzen. Kürbisblüten locker untermengen und alles in eine hitzebeständige Form geben. Mit Öl beträufeln und im Ofen (Mitte) etwa 20 Min. backen, bis die Kürbisblüten zusammengefallen sind.

Latium, Kampanien und Sardinien

Parmigiana di zucchine e acciughe
Zucchiniauflauf mit Sardellen und Mozzarella (Kampanien)

ZUTATEN für 4 Personen:
800 g Zucchini
1 große rote Paprikaschote
2 rote Zwiebeln
1/2 Bund Oregano
10 Sardellenfilets (in Öl)
8 EL Olivenöl
Salz | Pfeffer aus der Mühle
2 Kugeln Mozzarella (je 125 g)
3 EL frisch geriebener Parmesan

ZUBEREITUNGSZEIT: 30 Min.
BACKZEIT: 30 Min.
PRO PORTION: ca. 455 kcal

Nicht nur auf dem Campo de' fiori – dem schönsten Markt der italienischen Hauptstadt – kommt der Besucher ins Staunen, wie viele verschiedene Gemüsesorten angeboten werden. Die Küche Roms ist reich an Gemüsegerichten, viele davon entspringen der jüdischen Küche. So auch gefüllte Zucchiniblüten mit Mozzarella und Sardellen im Inneren. Kürbisblüten sind etwas größer, haben aber einen ganz ähnlichen Geschmack.

1 Die Zucchini waschen, putzen und längs in etwa 1/2 cm dicke Scheiben schneiden, sehr lange Scheiben einmal quer halbieren.

2 Die Paprikaschote waschen, vierteln, putzen und in Streifen schneiden. Die Zwiebeln schälen, vierteln und ebenfalls in Streifen schneiden. Oregano waschen, trockenschütteln und die Blättchen fein hacken. Die Sardellenfilets in kleine Würfel schneiden.

3 Nach und nach 4 EL Olivenöl in einer Pfanne erhitzen und die Zucchinischeiben darin von beiden Seiten bei mittlerer Hitze gut anbraten. Salzen, pfeffern und auf einem Teller beiseite stellen.

4 Wenn die Zucchini gebraten sind, 2 EL Öl erhitzen und die Paprika mit den Zwiebeln und dem Oregano etwa 5 Min. unter Rühren braten. In einer Schüssel mit den Sardellen mischen und mit Salz und Pfeffer würzen. Mozzarella in dünne Scheiben schneiden.

5 Backofen auf 180° vorheizen. Nach und nach Zucchini, Paprikamischung und Mozzarella lagenweise in eine hitzebeständige Form schichten. Zum Schluss den Parmesan aufstreuen und mit dem übrigen Olivenöl beträufeln.

6 Die Parmigiana im Ofen (Mitte, Umluft 160°) etwa 30 Min. backen, bis sie schön gebräunt ist. Heiß, lauwarm oder kalt servieren.

Um den Ursprung dieses Gemüsegerichtes, das im Original mit Auberginen zubereitet wird, streiten sich Kampanien und Kalabrien. Kampanien hat den Mozzarella, Kalabrien die meisten Auberginen. Wie auch immer, die *parmigiana* schmeckt als Beilage zu gebratenem Fisch oder Fleisch ebenso gut wie als lauwarmes oder kaltes *antipasto*. Und durch die Zucchini wird sie schön leicht. Im Sommer kann sie so gut auch ein Hauptgericht für Zwei sein.

Latium, Kampanien und Sardinien

Insalata di zucchine crude
Zucchinirohkost (Latium)

Zutaten für 4 Personen:
400 g zarte kleine Zucchini
Salz | Pfeffer aus der Mühle
1 große saftige Birne (etwa 300 g)
1 Hand voll Rucola
1/2 Bio-Zitrone
1 Prise Zucker
4 EL Olivenöl
3 EL Pinienkerne
50 g Ricotta salata (gereifte Ricotta, ersatzweise Pecorino)

ZUBEREITUNGSZEIT: 30 Min.
PRO PORTION: ca. 260 kcal

1 Die Zucchini waschen und die Enden abschneiden. Die Zucchini erst in dünne Scheiben, dann in feine Streifen schneiden. Gründlich mit Salz vermischen und kurz durchziehen lassen.

2 Die Birne vierteln, schälen, entkernen und in kleine Würfel schneiden. Den Rucola von allen welken Blättern und den groben Stielen befreien, waschen und trockenschleudern, fein hacken. Die Zitrone heiß waschen und die Schale fein abreiben, den Saft auspressen.

3 Den Zitronensaft mit Salz, Pfeffer und Zucker verrühren, das Öl unterschlagen, bis eine cremige Sauce entstanden ist. Die Zucchini gut abtropfen lassen, mit Birne, Rucola und der Sauce mischen und auf Tellern anrichten.

4 Die Pinienkerne ohne Fett in einer Pfanne anrösten, auf der Zucchinirohkost verteilen. Den Käse in feinen Spänen darüber hobeln. Salat sofort servieren.

Ceci al finocchio
Kichererbsen mit Fenchel (Sardinien)

ZUTATEN für 4 Personen:
200 g getrocknete Kichererbsen
1 TL Natron (lässt die Kichererbsen schön weich werden)
2 kleine Knollen Fenchel (mit viel Grün)
2 Knoblauchzehen
1/2 Bund Dill
50 g Pancetta (geräucherter gewürzter Bauchspeck)
4 EL Olivenöl
2 TL Fenchelsamen
1/8 l Fleisch- oder Gemüsebrühe
1 EL Tomatenmark
Salz | Pfeffer aus der Mühle

ZUBEREITUNGSZEIT: 30 Min.
QUELLZEIT: über Nacht
KOCHZEIT: 1 1/4 Std.
PRO PORTION: ca. 300 kcal

1 Die Kichererbsen in einer Schüssel mit Wasser bedecken und über Nacht quellen lassen.

2 Am nächsten Tag die Kichererbsen abgießen, in einen Topf geben, mit frischem Wasser bedecken. Natron untermischen und das Wasser zum Kochen bringen. Die Kichererbsen zugedeckt bei schwacher Hitze in etwa 1 Std. weich kochen.

3 Den Fenchel waschen und putzen, das zarte Fenchelgrün beiseite legen. Die Fenchelknollen längs vierteln, von den Strünken befreien und dann in 1/2 cm dicke Scheiben schneiden. Knoblauch schälen und fein schneiden. Den Dill waschen, trockenschütteln und mit dem Fenchelgrün fein hacken. Etwa 1 EL davon beiseite legen. Pancetta in kleine Würfel oder feine Streifen schneiden.

4 Die Pancetta mit 2 EL Öl bei schwacher Hitze erwärmen. Darin Fenchel und Knoblauch

Cavolfiore gratinato
Gratinierte Blumenkohlröschen (Kampanien)

ZUTATEN für 4 Personen:

1 Blumenkohl (etwa 1 kg)
Salz | Pfeffer aus der Mühle
4 Sardellenfilets (in Öl)
1 EL Kapern (in Salz)
1/2 Bund Petersilie
2 Knoblauchzehen
250 g Tomaten
50 g Pinienkerne
150 g Caciocavallo (gebrühter Kuhmilch-Käse, ersatzweise junger Pecorino)
6 EL Olivenöl
100 g Semmelbrösel

ZUBEREITUNGSZEIT: 45 Min.
PRO PORTION: ca. 530 kcal

1 Den Blumenkohl waschen und in die einzelnen Röschen teilen. Die Stiele in kleine Würfel schneiden. In einem Topf Salzwasser zum Kochen bringen und den Blumenkohl darin in etwa 5 Min. bissfest kochen. In einem Sieb abschrecken und abtropfen lassen.

2 Den Backofen auf 220° (Umluft 200°) vorheizen. Die Sardellenfilets klein würfeln. Die Kapern gut abbrausen und grob hacken. Die Petersilie waschen, trockenschütteln und die Blättchen fein hacken. Den Knoblauch schälen und durch die Presse drücken. Die Tomaten waschen oder überbrühen und häuten. Tomaten klein würfeln, dabei die Stielansätze entfernen. Die Pinienkerne grob hacken. Den Käse entrinden und fein reiben.

3 In einer Pfanne 3 EL Olivenöl erhitzen, Semmelbrösel darin mit den Pinienkernen unter Rühren bei mittlerer Hitze 2–3 Min. rösten. Mit den Sardellen, den Kapern, der Petersilie, dem Knoblauch, den Tomaten und dem Käse verrühren.

4 Blumenkohl in eine hitzebeständige Form füllen, mit der Semmelbröselmischung bedecken und mit dem übrigen Öl beträufeln. Den Blumenkohl im Ofen (Mitte) etwa 15 Min. backen, bis die Oberfläche gebräunt ist.

Blumenkohl und Brokkoli sind im Süden beliebte Gemüsesorten. Im Latium werden sie auch *alla vignarola* zubereitet. Dafür fetten Speck in feine Streifen oder Würfel schneiden und mit grob gehackten Hasel- oder Walnüssen in Olivenöl auslassen. Mit dem frisch gekochten, abgetropften Gemüse mischen.

---

mit den Fenchelsamen leicht andünsten. Kichererbsen abgießen, mit der Brühe dazugeben. Die gehackten Kräuter und Tomatenmark untermischen. Alles mit Salz und Pfeffer würzen und zugedeckt etwa 15 Min. schmoren, bis der Fenchel bissfest ist. Abschmecken und die beiseite gelegten Kräuter untermischen. Mit dem restlichen Öl beträufeln und servieren.

Finocchio selvatico – wilder Fenchel – gedeiht in den heißen Mittelmeerregionen auf Wiesen und an Feldrändern. Man verwendet ihn frisch, kann ihn aber auch sehr gut getrocknet nehmen. Bei uns gibt es ihn leider nicht zu kaufen, am ehesten kann man den typischen Geschmack mit einer Mischung aus Dill, Fenchelsamen und -grün erreichen, wie etwa bei diesem Gericht.

Reportage

Olivenöl – flüssiges Gold
Man nimmt es zum Braten, macht den Salat damit an und setzt es als Würze ein

Im nördlichen Teil des Latium liegt die Sabina und in dieser Region – die in ganz Italien für ihr vorzügliches Öl berühmt ist – steht in Canneto in Farfa der älteste Olivenbaum Europas. Er soll einiges über 1 500 Jahre alt sein. Und nicht nur dort, sondern in ganz Mittel- und Süditalien »lebt« die Küche vom Olivenöl, gleich bei Bologna endet die Butterregion des Landes.

Sorgfalt vom Baum bis in die Flasche. Ob ein Olivenöl so richtig gut wird, hängt von verschiedenen Faktoren ab. Die Pflege der Bäume ist von größter Wichtigkeit, der Erntezeitpunkt muss stimmen – zu reife Oliven haben zu viel Säure –, die Ernte soll für die Oliven möglichst schonend vonstatten gehen und die Verarbeitung muss zügig nach der Ernte passieren, damit die Oliven nicht schon zu gären beginnen, bevor sie zerkleinert werden. In der Mühle werden die Oliven nach dem Waschen mitsamt den Kernen zu Brei gemahlen. Eine Zentrifuge trennt dann diesen Brei in Öl und Fruchtwasser. Das frische Öl ist trüb und hat einen besonders intensiven Geschmack, der durch Filtern (das nicht unbedingt nötig ist) leicht verliert.

Qualitätsmerkmale. Dass ein gutes Olivenöl kalt gepresst sein soll, wissen wir inzwischen – die Europäische Union nennt dieses Öl »Natives Olivenöl extra«, in Italien heißt es *olio di oliva extravergine*. Ein Öl mit dieser Bezeichnung darf einen Säuregehalt von höchstens 0,8 Gramm je 100 Gramm haben, »Natives Olivenöl« nicht mehr als 2 Gramm. Alles was darüber liegt, muss raffiniert (erhitzt und gereinigt) werden und kommt mit der schlichten Bezeichnung »Olivenöl« in den Handel. Doch nicht nur der Säuregehalt entscheidet über den Geschmack des Öls. Wer sicher sein will, dass das gekaufte Öl auch bestimmt aus der Sabina stammt, muss das Etikett genau lesen: »Abgefüllt in Italien« sagt gar nichts über den Ursprung der Oliven aus, sie können auch aus Spanien stammen, so lange das Öl nur in Italien in die Flasche findet. »Produziert und abgefüllt« ist zwar schon besser, aber immer noch nicht genug. Die Region muss mit auf der Flasche stehen und eventuell sogar DOP (geschützte Herkunftsbezeichnung) oder DOC (kontrollierte Herkunftsbezeichnung). Qualitätsbewusste Ölbauern nennen inzwischen oft nicht nur das Gebiet, sondern auch die Olivensorte(n), aus denen das Öl produziert wurde. Und gerade die sind neben dem Boden, auf dem die Bäume wachsen, dem Erntezeitpunkt und der Verarbeitung entscheidend für den Charakter des Öls.

Geschmacksunterschiede. In Italien werden die Olivenöle in drei Kategorien unterteilt. Leichte Öle heißen *fruttato leggero* und schmecken mild, sie duften nur zart nach Gras und Kräutern und haben ein Aroma, das an Nüsse wie Mandeln oder Pinienkerne erinnert. Sie harmonieren mit gedämpftem Fisch, mit Gemüse und hellem Fleisch, das schonend zubereitet wurde. Mittelfruchtige Öle nennt man *fruttato medio*, sie duften schon etwas stärker nach Gras und Kräutern, manchmal auch nach nicht ganz reifen Tomaten oder Blättern des Tomatenstrauchs. Sie sind leicht bitter, etwas herb und passen gut zu Fisch und Meeresfrüchten, an den Salat und zu hellem Fleisch und als Würze zu Pasta. Die intensivsten Öle bezeichnet der Italiener als *fruttato intenso*, sie riechen stark nach Gras, reifen Tomaten oder auch Artischocken. Sie sind bitter und leicht scharf und sind gut zu gegrilltem Fleisch und Fisch, Gemüse und besonders auch zu geröstetem Brot. Übrigens verliert das Olivenöl beim Erhitzen an Geschmack. Wer die Gerichte also damit nicht nur zubereiten, sondern auch würzen möchte, gibt einige Spritzer frischen Öls erst beim Essen darauf.

a   In punkto Olivenöl sind auch heute noch viele Menschen in Italien Selbstversorger. Sogar kleinere Mengen werden in jeder Ölmühle zu Öl verarbeitet. Man muss also nur die Bäume pflegen (vor allem ausschneiden, damit alle Früchte später genügend Sonne bekommen), die Oliven am besten zusammen mit der ganzen Familie ernten und in die Mühle bringen.

Reportage

b   Eine besonders schonende Methode der Olivenernte: die Früchte werden per Hand mit einem speziellen Rechen von den Zweigen gestreift. Auf dem Boden liegen Netze, auf denen die Oliven gesammelt werden.   c   Den optimalen Erntezeitpunkt sieht der Olivenbauer den Früchten an: Sie beginnen sich langsam violett zu färben, ein Teil ist noch grün.   d   In der Ölmühle kommen die Früchte auf ein Förderband und werden erst einmal gewaschen. Ein paar wenige Blätter und Zweige stören nicht, zu viele dürfen es aber nicht sein.   e   Nach antikem Vorbild werden die Oliven in manchen Mühlen noch immer zwischen großen Steinen so lange zermahlen, bis ein feiner Brei entstanden ist, andere haben Stahlmahlwerke.   f   Frisch gepresstes Olivenöl ist immer zunächst trüb und kann gefiltert oder ungefiltert in Flaschen gefüllt werden. Mit der Zeit wird auch ungefiltertes Öl fast klar.

Crostata al limone
Zitronenkuchen (Kampanien)

ZUTATEN für 12 Personen:
Für den Teig:
200 g Mehl
4 EL Zucker
1 Päckchen Vanillezucker
1 Prise Salz
100 g kalte Butter
1 Eigelb (Größe M)
Für den Belag:
4 große Bio-Zitronen
2 Eier (Größe M)
250 g Zucker
500 g Ricotta
2 EL Puderzucker

ZUBEREITUNGSZEIT: 1 Std.
KÜHLZEIT: 30 Min.
BACKZEIT: 45 Min.
PRO PORTION: ca. 330 kcal

Romantische Wege hoch über dem Meer, zauberhafte Ausblicke und ganze Haine voller duftender Zitronenbäume – dafür ist die Amalfi-Küste berühmt geworden. Und die Früchte dort sind tatsächlich eine Besonderheit: viel größer als andere Zitronen Süditaliens, saftig und wunderbar aromatisch. Vor allem die aus Minori sind weitbekannt und werden nicht nur in Süßspeisen verarbeitet, sondern auch zum feinen Limoncello (Likör), den man eisgekühlt in tiefgefrosteten Gläsern serviert.

Tipp:
Der Sirup, in dem die Zitronen kochen, hat anschließend ein wunderbares Aroma. Wer mag, kann ihn nach dem Abkühlen mit auf der *crostata* verteilen, er wird so fest, dass er auch beim Anschneiden nicht von den Stücken läuft.

Getränkeempfehlung:
eiskalter Limoncello.

1 Für den Teig das Mehl mit dem Zucker, dem Vanillezucker und dem Salz mischen und auf die Arbeitsfläche häufen. In der Mitte eine Mulde formen. Butter in kleine Würfel schneiden und mit dem Eigelb in die Mulde geben.

2 Alles mit den Händen zu einem glatten geschmeidigen Teig verkneten. Falls er zu trocken ist, tropfenweise kaltes Wasser unterunterarbeiten. Den Teig zu einer Kugel formen.

3 Teigkugel zwischen zwei Lagen Klarsichtfolie zu einer runden Teigplatte in Größe der Form ausrollen. Eine Tarte- oder Springform (28–30 cm Ø) mit dem Teig auskleiden, einen 2 cm hohen Rand hochziehen. Den Teig 30 Min. ins Gefrierfach stellen.

Kampanien und Sardinien

4 Für den Belag 2 Zitronen heiß waschen und die Schale fein abreiben, 1 Zitrone auspressen. Die Eier mit 150 g Zucker gut schaumig schlagen, die Ricotta nach und nach unterrühren. Die Zitronenschale und den Zitronensaft untermischen.

5 Den Backofen auf 180° vorheizen. Die Ricottamasse auf den Teigboden häufen und gleichmäßig darauf verteilen. Crostata im Ofen (Mitte, Umluft 160°) etwa 45 Min. backen, bis sie schön gebräunt ist.

6 Inzwischen die restlichen Zitronen heiß waschen und in sehr dünne Scheiben schneiden, Scheiben vierteln. Übrigen Zucker mit 10 EL Wasser erhitzen und kräftig aufkochen. Die Zitronenscheiben darin bei mittlerer Hitze 5 Min. kochen, abkühlen lassen.

7 Den Kuchen abkühlen lassen. Vor dem Servieren die Zitronenscheiben abtropfen lassen und auf den Kuchen legen. Mit dem Puderzucker bestäuben. Mit dem Flambierbrenner karamellisieren oder kurz unter die heißen Grillschlangen schieben.

Latium, Kampanien und Sardinien

Torta di fragole
Erdbeerkuchen (Kampanien)

ZUTATEN für 10–12 Personen:

Für den Teig:

1 Bio-Zitrone | 5 Eier (Größe M)

1 Prise Salz | 150 g Zucker

125 g Mehl | 75 g Speisestärke

1 TL Backpulver

Butter und Semmelbrösel für die Form

Für den Belag:

2 Blätter weiße Gelatine

800 g kleine Erdbeeren (Monatserdbeeren)

3 EL Erdbeersirup (ersatzweise Erdbeerkonfitüre)

2 Vanilleschoten

3/8 l Milch | 100 g Zucker

40 g Speisestärke

4 Eigelbe (Größe M)

150 g Sahne

ZUBEREITUNGSZEIT: 45 Min.
BACKZEIT: 35–40 Min.
KÜHLZEIT: 2–3 Std.
PRO PORTION (BEI 12 PERSONEN): ca. 310 kcal

1 Den Backofen auf 180° vorheizen. Den Boden einer Springform (28 cm Ø) mit Butter auspinseln und mit Semmelbröseln bestreuen.

2 Für den Teig die Zitrone heiß waschen und die Schale fein abreiben. Die Eier trennen. Eiweiße mit 5 EL kaltem Wasser und Salz zu steifem Schnee schlagen. Den Zucker mit der Zitronenschale einrieseln lassen, weiter schlagen. Handrührgerät auf niedrige Stufe schalten und die Eigelbe nacheinander nur so lange unterrühren, bis keine Eigelbspuren mehr zu sehen sind. Mehl mit Speisestärke und Backpulver mischen, darüber streuen und mit dem Schneebesen unterheben.

3 Den Teig in die vorbereitete Form geben und im Ofen (unten, Umluft 160°) 35–40 Min. backen, bis er aufgegangen und gebräunt ist (Stäbchenprobe machen). Kurz in der Form stehen lassen, dann herauslösen und gut auskühlen lassen.

4 Für den Belag die Gelatine in kaltem Wasser 10 Min. einweichen. Erdbeeren vorsichtig waschen und entkelchen. 300 g Erdbeeren mit dem Erdbeersirup mit dem Pürierstab fein zerkleinern. Gelatine tropfnass in einem kleinen Topf flüssig werden, aber nicht kochen lassen. Gründlich unter das Erdbeerpüree mischen, 2–3 Std. kühl stellen.

5 Vanilleschoten aufschlitzen und das Mark mit dem Messerrücken herauskratzen. Die Hälfte der Milch mit Mark und Schoten sowie dem Zucker erhitzen. Stärke, Eigelbe und die übrige Milch verquirlen.

6 Die Vanilleschoten aus der Milch nehmen. Die Eigelbmilch unter ständigem Rühren unter die Vanillemilch mischen. Das Ganze unter Rühren bei schwacher bis mittlerer Hitze erwärmen, bis die Creme dickflüssig wird. In eine Schüssel umfüllen und abkühlen lassen. Dabei ab und zu umrühren, damit sich keine Haut bildet.

7 Die übrigen Erdbeeren klein würfeln. Die Sahne steif schlagen und unter die Vanillecreme heben. Gut die Hälfte der Creme mit den Erdbeeren mischen.

8 Den Tortenboden einmal quer durchschneiden, unteren Boden mit Vanillecreme dick bedecken, den oberen Boden auflegen. Die übrige Creme mit dem Erdbeerpüree verrühren, auf dem Kuchen verstreichen. In Stücke schneiden und servieren.

Latium, Kampanien und Sardinien

Seadas
Pecorino-Ravioli mit Honigsauce (Sardinien)

ZUTATEN für 6 Personen:

Für den Teig:
- 1 große Bio-Zitrone
- 250 g Hartweizenmehl
  + Mehl für die Arbeitsfläche
- 2 Eier (Größe S)
- 50 g Schweineschmalz
- 2 EL Honig
- 1 Prise Salz
- 1 Eiweiß (Größe S)
- 1/2 l Olivenöl zum Frittieren

Für die Füllung und die Sauce:
- 1 Quitte (etwa 200 g)
- 150 ml trockener Weißwein
- 100 g Honig
- 1 EL Zitronensaft (von der Zitrone für den Teig)
- 150 g sehr junger Pecorino (siehe Tipp)
- Puderzucker zum Bestäuben

ZUBEREITUNGSZEIT: 1 Std.
PRO PORTION: ca. 505 kcal

1 Die Zitrone heiß waschen, die Schale fein abreiben und mit dem Mehl mischen. Eier, Schmalz, Honig und Salz zum Mehl geben, alles zu einem glatten geschmeidigen Teig verkneten. Teig zu einer Kugel formen, in ein Küchentuch wickeln und bei Zimmertemperatur etwa 30 Min. ruhen lassen.

2 Für die Sauce aus der Zitrone 1 EL Saft auspressen. Die Quitte schälen, vierteln und vom Kerngehäuse befreien, in ganz kleine Würfel schneiden. Mit Wein, Honig und Zitronensaft aufkochen und zugedeckt bei schwacher Hitze etwa 30 Min. dünsten, bis die Quittenwürfel weich sind. Den Pecorino entrinden, grob reiben.

3 Den Teig noch einmal durchkneten und halbieren. Eine Hälfte auf der leicht bemehlten Arbeitsfläche etwa 3 mm dick ausrollen und zu runden Teigstücken (etwa 10 cm Ø) ausschneiden oder -stechen, die Ränder mit Eiweiß einpinseln. Käse darauf verteilen, dabei einen kleinen Rand frei lassen. Übrigen Teig ebenfalls ausrollen und rund ausstechen oder -schneiden. Jeweils 1 Teigkreis auf die Käsekreise legen und rundherum gut andrücken.

4 In einem Topf das Öl zum Frittieren erhitzen. Es ist heiß genug, wenn an einem hölzernen Kochlöffelstiel, den man ins Fett taucht, viele kleine Bläschen aufsteigen.

5 Die Ravioli portionsweise ins heiße Öl geben und 2–3 Min. frittieren, bis sie schön gebräunt sind. Herausheben, abtropfen lassen und auf einer dicken Lage Küchenpapier abfetten lassen. In tiefen Tellern verteilen, mit etwas Honigsauce belöffeln und leicht mit Puderzucker bestäuben.

Der junge Pecorino, den man auf Sardinien für diese aromatischen Ravioli verwendet, ist nur etwa 2 Tage alt. So frisch ist er bei uns kaum zu haben, nehmen Sie einfach einen möglichst jungen und weichen Käse. Die sardischen Köchinnen bestreuen die Käsefüllung mit 1 Prise Salz, bevor der Teigdeckel aufgelegt wird. Darauf verzichten wir, denn etwas länger gereifter Pecorino ist bereits würzig genug. Wer ganz milde Ravioli mag, ersetzt den Pecorino durch Ricotta (am besten vom Schaf).

Abruzzen, Molise und Apulien

Berge und Meer: gewaltige Höhen, sanfte Hügel und ganz viel Küste

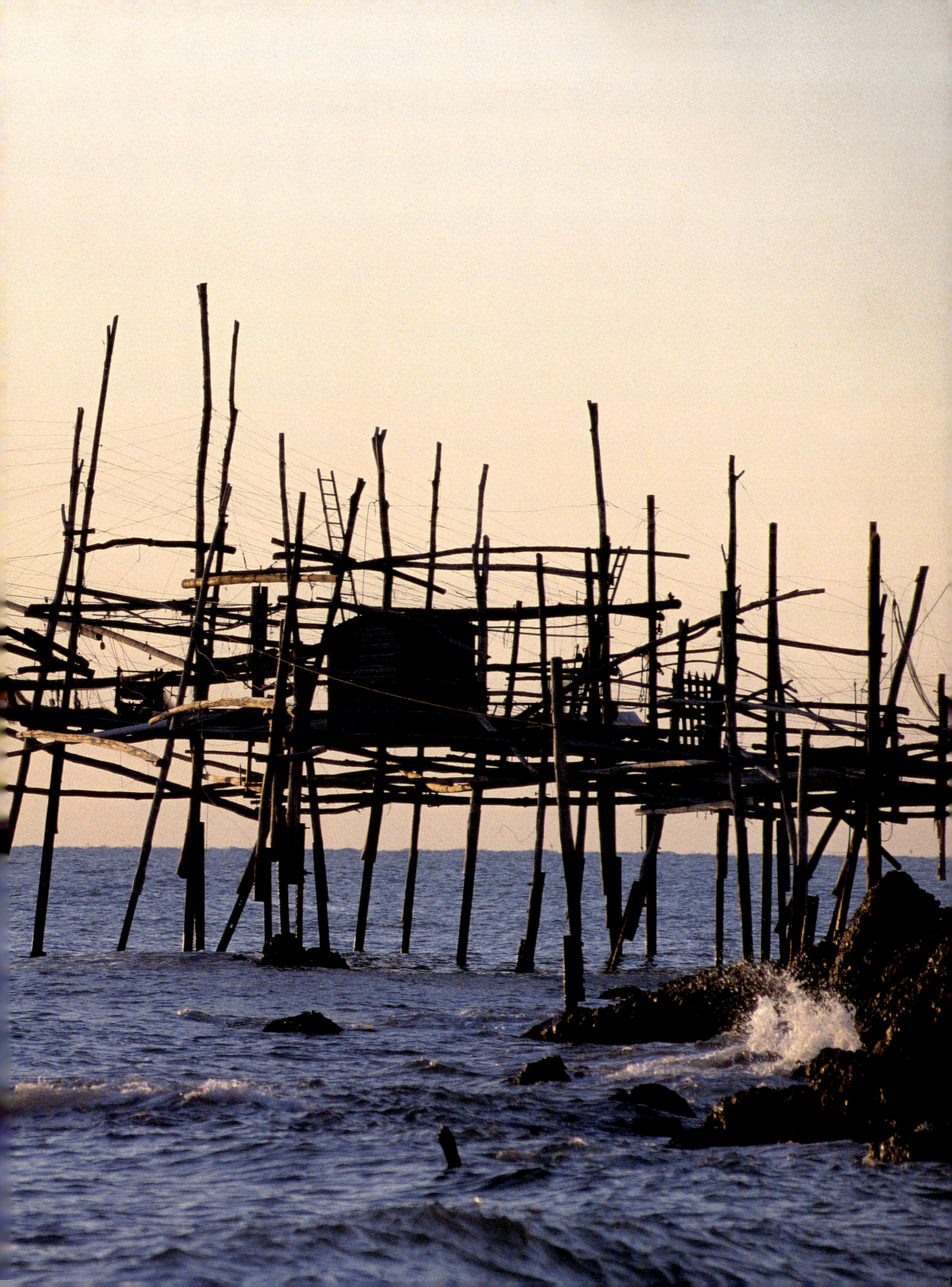

Abruzzen, Molise und Apulien

Das Land und seine Produkte
Vom höchsten Berg des italienischen Appenin bis zum Absatz des Stiefels

Auf dem Gran Sasso in den Abruzzen fahren nicht nur die Einheimischen Ski und machen Wanderungen in der faszinierenden Natur. Den südlichsten Ort an der Küste Apuliens – Marina di Leuca –, wo sich Adriatisches und Ionisches Meer treffen, nennen manche seit der Antike das Ende der Welt. Dazwischen liegen Wälder, sanfte Hügel, Strände und eine ganze Menge äußerst beeindruckender Orte und Landstriche.

Das Land der Hirten. Die Abruzzen und das Molise waren und sind im Hinterland gebirgig und abgeschieden, ideale Bedingungen für die Hirten, die mit ihren Schafherden durch die Region ziehen. Lammfleisch, aber auch Käse aus Schafmilch, Ziegenkäse und Ziegenfleisch sind die Zutaten, die sie zu einer ursprünglichen, aber ausgesprochen schmackhaften Küche beisteuern. In der Abgeschiedenheit konnten sich auch andere Kostbarkeiten entwickeln: Safran auf der Hochebene von Navelli und besonders aromatische Linsen bei S. Stefano. Überall in der Region wird großzügig mit Peperoncino gewürzt. Die Einwohner sagen, sie brauchten das feurige Gewürz früher im Winter vor allem als »innere Heizung«, inzwischen ist diese Schote – die von den Einheimischen liebevoll kleines Teufelchen, *diavolino*, genannt wird – aus der Küche einfach nicht mehr wegzudenken. Trägt ein Gericht den Zusatz *all'abruzzese* kann man ziemlich sicher davon ausgehen, dass es sich durch die Schärfe von Peperoncini auszeichnet.

Die Küste der Fischer. Apulien ist eher lang gezogen und nicht sehr breit und hat daher um die 800 Kilometer Küste zu bieten, Abruzzen und Molise legen noch einmal um die 200 drauf. Kein Wunder also, dass der Fischfang in der Region eine große Rolle spielt. Außerdem, was das Meer hergibt – vor allem Brassen, Rotbarben, Sardinen, Tintenfische, Tunfisch und Schwertfisch – nutzen die Bewohner Apuliens das warme und flache Wasser der Lagune von Varano und der von Taranto (auch *mar piccolo*, kleines Meer, genannt) für die Aufzucht von Muscheln und Austern.

Die Erde der Bauern. Der Tavoliere ist nach der Po-Ebene die zweitgrößte Ebene Italiens und war schon in der Antike die Kornkammer des Landes. Außer Getreide gedeihen hier aber noch viele andere Hauptzutaten der regionalen Küche: Hülsenfrüchte, Oliven und zahlreiche Gemüsesorten, darunter auch besonders würzige wie *cima di rape* (Blattgemüse mit kleinen Kohlröschen), *cicoria* (Löwenzahn) und Artischocken, aber genauso Tomaten, Auberginen, Paprikaschoten und besonders gute Kartoffeln. Die Halbinsel Salento steuert neben Trauben aus den zahlreichen Weingärten ebenfalls Oliven und besonders viele feine Artischocken bei.

Der Campo Imperatore rund um den Gran Sasso ist eine beeindruckende Hochebene, auf der im Sommer viele Schafe grasen. Mit etwa 27 Kilometer Länge und 8 Kilometer Breite ist dafür genügend Platz vorhanden.

Rund um Alberobello in Apulien ist *trulli*-Land. Die kleinen weißen Häuschen haben spitz zulaufende, schiefergraue Dächer, deren Steine einfach aufeinander gesetzt werden.

Nicht nur einheimische Hirten ziehen in den warmen Monaten mit ihren Tieren durch die Abruzzen, vor allem durch die Hochebenen in den Bergen. Auch Schäfer aus allen angrenzenden Regionen suchten und suchen in der kargen Schönheit eine zeitweise Heimat für ihre Tiere – die hier zahlreiche Pflanzen und Kräuter finden, die ihr Fleisch so wunderbar aromatisch werden lassen.

Reines Quellwasser, wie das von Fara San Martino, macht alle Teigwaren noch mal so gut. Da das in den Abruzzen aber auch in den Marken in Hülle und Fülle zur Verfügung steht, haben sich in der Region besonders viele Pastaproduzenten niedergelassen. Und auch das Getreide gedeiht hier prächtig.

Isola di S. Domino ist die größte Insel der Isole Tremiti am Gargano in Apulien. Sie ist von Kiefernhainen und Steineichen bedeckt und hat eine reizvolle Küste mit wunderbar farbigem Meerwasser.

Mediterrane Gelassenheit: Wenn es heiß ist, hält man sich im Schatten auf und arbeitet im Sitzen. Getrockneter Oregano wird nach dem Abrebeln in Gläsern aufbewahrt und sorgt auch in Wintermonaten für viel Aroma im *sugo*.

Abruzzen, Molise und Apulien

Die Küche
Von Bauern und Hirten geprägt, mit den Gaben der Natur reich beschenkt

Berge, Hügel und Meer: Aus dem Hinterland kommen Schafe, Ziegen und Schweine, von der Küste der ganze Reichtum des Meeres, von überall her reichlich Gemüse, Getreide, Hülsenfrüchte und eine ganze Menge Olivenöl.

Hauptsache Getreide. In allen diesen Gegenden wächst besonders gutes und besonders viel Getreide. Daraus entsteht nicht nur legendäres Brot, man bereitet auch *focaccie* (Fladen) in allen Variationen zu – schlicht mit Kräutern oder Oliven im Teig, mit feinem Gemüse wie kleinen Tomaten oder Zucchinischeiben belegt oder sogar gefüllt und zugedeckt. Man bäckt die haltbaren, weil doppelt und hart gebackenen *taralli* und *friselle* daraus: *Taralli* sind kleine Teigkringel, die bestens zum Aperitif passen (oft mit Kräutern oder scharfem Peperoncino im Teig), *friselle* größere flache Teigstücke, die die Bauern früher mit aufs Feld nahmen und die man heute – kurz eingeweicht und mit Tomatenwürfeln belegt, als *antipasto* anbietet. Und natürlich gibt es Nudeln. Die bekanntesten in Apulien sind *orecchiette,* aber auch andere, meist kleine Nudeln aus dem Teig von Hartweizenmehl, Wasser und Salz, die man gerne mit Gemüse kombiniert oder auch mit Fisch und Muscheln, kommen von hier. In den Abruzzen haben sich die Menschen eine ganz besondere Spezialität ausgedacht, die mit einem gitarreähnlichen Gerät mit gespannten Saiten zubereitet wird. Die Hausfrauen kneten einen Nudelteig mit oder ohne Eiern, wellen ihn zu einer Platte aus und legen ihn auf diese Saiten. Noch einmal mit dem Nudelholz darüber gerollt, und darunter liegen kantige Spaghetti, mit dem Namen *spaghetti* oder *maccheroni alla chitarra*. Am liebsten isst man die mit einer würzigen Sauce aus Lammfleisch oder mit scharfer Tomatensauce.

Nicht ohne Gemüse. Kaum eine Region Italiens verwendet in der Küche so viel Gemüse wie Apulien. Die Früchte kommen gegrillt oder gebraten, eingelegt oder in Öl konserviert als Antipasto auf den Tisch, werden mit Nudeln oder Hülsenfrüchten als *primo* angeboten und auch im Ragout mitgeschmort oder als würzige Beilage serviert. Zudem sind Hülsenfrüchte – vor allem Kichererbsen, Bohnen und die bei uns oft Saubohnen genannten Dicken Bohnen – äußerst beliebt. Sie werden gekocht und mit Olivenöl und anderen würzigen Zutaten der Region verfeinert aufs *antipasti*-Buffet gestellt, machen Suppen sämig, werden mit Pasta (vor allem Kichererbsen) gemischt oder zu einem Püree verarbeitet und mit Gemüse angeboten. Aber sie können auch das *secondo* entscheidend beeinflussen, etwa mit Tintenfisch in einer würzigen Sauce geschmort oder mit frischen Würsten vom Grill serviert.

Fisch oder Fleisch. Die Wahl fällt leicht, an der Küste gibt es Fisch – vom würzigen Meeresfrüchtesalat über die Orecchiette mit Rotbarben bis zu den gefüllten und überbackenen Muscheln –, im Hinterland Lamm, Schwein und gerne auch mal Zicklein. *Alla molisana* zubereitet wird es in Stücken mit Kräutern und Peperoncini in einer Sauce aus Tomaten und Wein geschmort. Lamm hingegen brät im Ofen oder gart im Schmortopf. Eine beliebte Zubereitungsart ist in den Abruzzen – außer dem einfachen Ragout – eines mit Lamm, Ei und Käse, zitronenfrisch abgeschmeckt.

Abruzzen, Molise und Apulien

a Die berühmteste Pasta Apuliens, die *orecchiette* in der Form kleiner Öhrchen, werden auch heute noch von den Hausfrauen selbst gemacht. Auf der gewölbten Seite sind sie rau, so bleibt die Sauce besser an ihnen haften.

b Gemüse ist nach der Pasta die zweitwichtigste Zutat der südlichen Regionen. Gegrillt schmecken Paprikaschoten besonders gut, zum Beispiel gehäutet und mit Knoblauch, Zitronensaft und Olivenöl gewürzt.

c Auf den Markt von L'Aquila kommen viele kleine Bauern aus der Umgebung. Im Angebot ist nur das, was gerade wächst und reif zum Pflücken ist.

d Vor allem das Brot Apuliens ist in ganz Italien berühmt – weil es gut schmeckt und gesund ist, und weil es hier besonders abwechslungsreich zubereitet wird. Mal mit Kartoffeln im Teig, mal mit Oliven oder mit würzigen Kräutern aromatisiert. Und immer aus dem guten Getreide der Region gemacht und daher länger haltbar.

e *Confetti* werden die bunten Zuckerbonbons genannt, die man in Sulmona herstellt und auf Hochzeiten verstreut oder zu phantasievollen Gebilden zusammenfügt.

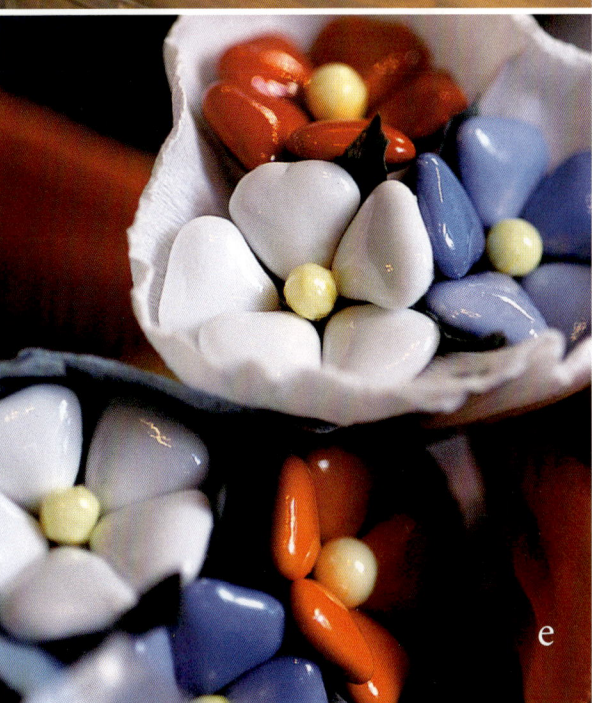

Abruzzen, Molise und Apulien

Die Weine
Von der Sonne verwöhnt, von der Meeresbrise gekühlt – hier machen Rote Furore

Noch bis vor gar nicht allzu langer Zeit waren Apulien und die Abruzzen vor allem für Quantität berühmt. Das ändert sich immer mehr und man findet gehaltvolle, interessante Weine – bisher zu absolut annehmbaren Preisen.

Zwischen zwei Meeren. Apulien hat eine besonders lange Küste und ist eher flach. Gut, dass fast immer eine frische Brise von Adria oder Ionischem Meer über die Reben zieht und die Wärme des Tages abmildert. Drei Reben sind in Apulien vorherrschend: Die Negro amaro ist vor allem auf der Halbinsel Salento, ganz im Süden und zwischen den beiden Meeren gelegen, zu Hause. Aus ihr werden samtige lagerfähige Weine gekeltert, aber auch ein frischer Rosé. Negro-Amaro-Weine sind zum Beispiel der *Copertino*, einer der besten Rotweine des Salento, sowie Weine aus der DOC Brindisi, Leverano und Lizzano. Oftmals wird die Negro amaro mit anderen roten Reben verschnitten, zum Beispiel im *Salice Salentino* (rot oder rosé) mit Malvasia nera. Ebenfalls im Süden gedeiht die Primitivo, die mit der kalifornischen Zinfandel identisch ist. Der Name Primitivo weist darauf hin, dass die Rebe relativ früh reif wird. Weine aus dieser gehaltvollen Rebe haben einen violetten Farbton und sind sehr fruchtig. Am besten schmecken sie in einem Alter von 1 bis 2 Jahren. Primitivo-Weine findet man in Apulien vor allem bei Manduria und Sava. Im nördlichen Apulien, rund um das berühmte Castel del Monte, spielt eine andere Rebe die Hauptrolle: die rote Uva di Troia. Die Weißweine Apuliens werden aus Trebbiano (hier Bombino), Malvasia bianco und internationalen Rebsorten hergestellt. Ein leichter süffiger Wein ist auch der *Gravina* aus Malvasia, Greco di Tufo und Bianco d'Alessano.

Rot, Rosé und Weiß. In den Abruzzen herrschen zwei Rebsorten vor: Montepulciano und Trebbiano d'Abruzzo, eine hochklassige Trebbiano-Unterart, und so gab es zunächst auch nur diese beiden DOCs. Heute unterscheidet man beim Montepulciano die DOC Montepulciano d'Abruzzo und die DOCG mit dem Zusatz Colline Teramane, von einem eher kühlen Hügelland, woher die besten Rotweine der Region stammen. Der *Montepulciano* ist ein tiefroter, tanninreicher und dennoch runder Rotwein, in der ebenfalls köstlichen Rosé-Variante heißt er *Cerasuolo*. Wenn der *Trebbiano* tatsächlich aus der lokalen Trebbiano-Rebe gekeltert wurde, ist er ein körperreicher aromatischer Weißwein, der sich sogar lagern lässt. Die Weine aus Molise kommen selten zu uns, die Weine der beiden DOCs Biferno und Molise werden hauptsächlich in der Region getrunken. *Biferno* gibt es rot, rosé und weiß, sie können angenehm frisch und fruchtig sein. Sie werden aus Montepulciano (mit Aglianico, der Rosé auch mit Trebbiano) und aus Trebbiano (mit Malvasia) gekeltert.

Links: Wie in den meisten Weingütern wird auch in dem renommierten von Gianni Masciarelli in den Abruzzen nicht nur Wein, sondern auch Olivenöl produziert.
Oben: Berühmte Beispiele der Region (von links nach rechts) – *Salice Salentino*, *Montepulciano d'Abruzzo*, *Trebbiano d'Abruzzo*, *Amina*.

Abruzzen, Molise und Apulien

Rezepte der Region
Im Mittelpunkt: Gemüse, Pasta, Hülsenfrüchte – neu kombiniert mit Fisch und Fleisch

ANTIPASTI

210 **Polpette di ricotta**
Ricotta-Brot-Bällchen

210 **Ricotta al forno**
Ricotta im Teig

211 **Tortino di verdure**
Törtchen mit Dicken Bohnen und Löwenzahn

PRIMI PIATTI

214 **Pasta alla menta con frutti di mare**
Minzenudeln mit Meeresfrüchten

216 **Pasta alle melanzane**
Nudeln mit Auberginenragout

216 **Orecchiette ai funghi**
Öhrchennudeln mit Pilzen

217 **Pasta al sugo d'agnello e zafferano**
Bandnudeln mit Lamm-Safran-Sugo

218 **Zuppa di ceci e castagne**
Kichererbsensuppe mit Maronen

218 **Purea di fave**
Dicke-Bohnen-Püree mit Gemüse

219 **Pallotte cacio e uova al sugo**
Eier-Käse-Bällchen mit Tomatensauce

SECONDI PIATTI

220 **Seppioline in salsa con frittelle di fagioli**
Tintenfischchen in Tomatenragout mit Bohnenklößchen

222 **Tonno in crosta di farro**
Tunfisch in Emmerkruste

222 **Cozze e verdure**
Miesmuscheln mit Gemüse

223 **Pesce spada al forno**
Schwertfisch auf pikantem Gemüse aus dem Ofen

224 **Pampanella**
Pikantes Schweinefleisch

224 **Coniglio allo zafferano**
Kaninchen mit Safran

225 **Capretto agli agrumi**
Zicklein in Zitrussauce

228 **Scamorza e verdure alla griglia**
Käse und Gemüse vom Grill

CONTORNI

230 **Sponsali al forno**
Frühlingszwiebeln aus dem Ofen

230 **Melanzane al coppo**
Auberginen aus dem Tontopf

231 **Tiella di patate e catalogna**
Kartoffeln und Löwenzahn aus dem Ofen

DOLCI

234 **Crema al limone**
Zitronencreme

234 **Semifreddo alla nocciola**
Halbgefrorenes mit Haselnüssen

235 **Ricotta fritta con composta di fichi**
Frittierte Ricotta mit eingekochten Feigen

Ricotta, Gemüse, Pasta, Kaninchen und Lamm – Zutaten, die an sich schon gut schmecken, aber in diesen Regionen besonders fein oder originell zubereitet werden. Man kombiniert sie mit zahlreichen würzigen Kräutern, vereint sie mit aromatischen Früchten, gart sie mit noch mehr sonnenverwöhntem Gemüse, wie Tomaten, oder verwandelt sie mit dem edlen Safran aus Navelli in eine echte Delikatesse.

Polpette di ricotta
Ricotta-Brot-Bällchen (Apulien)

ZUTATEN für 6 Personen:
250 g altbackenes Weißbrot (etwa 2 Tage alt)
1 Bund Petersilie
1 roter Peperoncino
2 Knoblauchzehen
1/2 Bio-Zitrone
100 g entsteinte grüne Oliven
250 g Ricotta
2 Eier (Größe S)
50 g frisch geriebener Pecorino oder Parmesan
Salz | Pfeffer aus der Mühle
1/2 l Olivenöl zum Frittieren

ZUBEREITUNGSZEIT: 40 Min.
PRO PORTION: ca. 360 kcal

1 Weißbrot in Stücke brechen und in einer Schüssel etwa 10 Min. in lauwarmem Wasser einweichen. Inzwischen die Petersilie waschen, trockenschütteln und die Blättchen sehr fein hacken. Den Peperoncino waschen, entstielen und mit den Kernen ebenfalls sehr fein schneiden. Knoblauch schälen und fein hacken. Zitrone heiß waschen und die Schale fein abreiben. Die Oliven in kleine Würfel schneiden.

2 Das Brot aus dem Wasser nehmen und gut ausdrücken. Zerpflücken und mit den zerkleinerten Zutaten, der Ricotta, den Eiern und dem Käse gründlich mischen. Mit Salz und Pfeffer abschmecken.

3 Das Öl in einem weiten Topf erhitzen. Vom Brotteig mit Löffeln etwa tischtennisballgroße Klößchen abstechen und im Öl etwa 4 Min. frittieren. Herausheben, auf Küchenpapier gut abtropfen lassen und heiß servieren.

Ricotta al forno
Ricotta im Teig (Abruzzen)

ZUTATEN für 6 Personen:
Für den Teig:
400 g Mehl | 1 TL Salz
1/2 Würfel frische Hefe (21 g)
1 Prise Zucker | 2 EL Olivenöl
2 getrocknete Peperoncini
je 3 Zweige Rosmarin, Thymian, Oregano und Borretsch
4 Knoblauchzehen
50 g frisch geriebener Pecorino
400 g Ricotta
Für den Salat:
1 kleiner Radicchio
1 Bund Rucola
100 g Romanasalat
1/2 Bund Minze | 1 Knolle Fenchel
1 Möhre | 1 kleine Zwiebel
1 EL Weißweinessig
Salz | Pfeffer aus der Mühle
4 EL Olivenöl

ZUBEREITUNGSZEIT: 50 Min
RUHEZEIT: 1 Std.
PRO PORTION: ca. 495 kcal

1 Für den Teig das Mehl mit dem Salz mischen. Die Hefe zerkrümeln und mit Zucker in 200 ml lauwarmem Wasser anrühren. Mit dem Öl zum Mehl geben und alles zu einem glatten Teig verkneten. Den Teig in die Schüssel legen und zugedeckt an einem warmen Ort etwa 1 Stunde gehen lassen.

2 Peperoncini zerkrümeln. Die Kräuter waschen und trockenschütteln, die Nadeln und Blättchen fein hacken. Den Knoblauch schälen und fein hacken.

3 Den Backofen auf 220° (Umluft 200°) vorheizen. Backblech mit Backpapier auslegen. Den Teig nochmals durchkneten und auf dem Blech zu einem dünnen Fladen ausrollen. Peperoncini, Kräuter, Knoblauch und Pecorino aufstreuen, andrücken. Die Ricotta auf einer Seite des

Abruzzen, Molise und Apulien

Tortino di verdure
Törtchen mit Dicken Bohnen und Löwenzahn (Apulien)

ZUTATEN für 8 Personen:
Für die Füllung:
50 g getrocknete geschälte Dicke Bohnenkerne (aus dem italienischen Lebensmittelladen)
1 Msp. Natron (lässt die Bohnen schön weich kochen)
200 g Cicorie (kultivierter Löwenzahn, vom Gemüsemarkt oder aus dem Bio-Laden)
Salz | Pfeffer aus der Mühle
200 g kleine Zucchini
1/2 Bund Petersilie
1 EL Olivenöl | 1 Ei (Größe M)
100 g frisch geriebener Pecorino
Für den Teig:
240 g Mehl
1 gestrichener TL Salz
6 EL Olivenöl
1 Eigelb (Größe M)

ZUBEREITUNGSZEIT: 20 Min.
GAR- + BACKZEIT: 1 Std. 10 Min.
PRO PORTION: ca. 280 kcal

1 Für die Füllung die Dicken Bohnen mit 1/2 l Wasser und dem Natron in einem Topf zum Kochen bringen und bei halb aufgelegtem Deckel bei schwacher Hitze in etwa 45 Min. weich kochen. In ein Sieb abgießen, abkühlen lassen.

2 Für den Teig Mehl in einer Schüssel mit Salz mischen. Olivenöl mit Eigelb und etwa 50 ml Wasser dazugeben und alles zu einem glatten, geschmeidigen Teig verkneten. Teig dünn ausrollen und acht Tartelettförmchen (etwa 12 cm Ø) damit auskleiden. In den Kühlschrank stellen.

3 Cicorie waschen, trockenschütteln und Blätter und Stiele in 1 cm breite Stücke schneiden. In kochendem Salzwasser etwa 1 Minute blanchieren, dann abschrecken und abtropfen lassen.

4 Zucchini waschen, putzen und erst in dünne Scheiben, dann in feine Stifte schneiden. Petersilie waschen und trockenschütteln, die Blättchen fein hacken. Öl in einer Pfanne erhitzen, Zucchini darin unter Rühren bei starker Hitze 2–3 Min. braten, bis sie braun werden. Die Petersilie untermischen.

5 Den Backofen auf 200° (Umluft 180°) vorheizen. Die Dicken Bohnen mit einer Gabel fein zerdrücken, Ei und Käse unterrühren. Zucchini und Cicorie untermischen und die Masse mit Salz und Pfeffer abschmecken. In die Förmchen auf dem Teig verteilen. Törtchen im Ofen (Mitte) etwa 25 Min. backen, bis sie schön gebräunt sind. Dazu schmecken sehr fein gewürfelte Tomaten, mit Salz, Pfeffer, Olivenöl und Basilikum gemischt.

Reportage

Pasta – Teig in Bestform
Nudeln in tausendundeiner Variation – mal mit, mal ohne Ei im Teig

Wie viele unterschiedliche Pastaformen es gibt, weiß keiner so genau. Wichtig ist die Form aber in jedem Fall: ob lang, kurz, gewellt oder glatt entscheidet über die passende Sauce. Lange Nudeln lieben etwa cremige, homogene Saucen, kurze auch stückige. Ebenfalls von Bedeutung: *pasta secca* oder *pasta all'uovo* – ohne oder mit Ei.

Pasta secca. Hartweizenmehl, Wasser und Salz – mehr kommt nicht an Hartweizennudeln. Und dennoch sind die Unterschiede oft enorm. Das Getreide muss von bester Qualität sein, soll beim Anbau mit möglichst wenig Chemie in Berührung kommen und nach der Ernte kurz lagern, bevor es zu Mehl vermahlen wird. Auch nötig ist Wasser von erster Güte. In den Abruzzen kommt es beispielsweise vom Gran Sasso oder der Maiella – reines Bergwasser also. Bei der Herstellung selbst tauchen noch weitere Aspekte auf. In großen Betrieben zählt oft hauptsächlich die Zeit. Der Teig wird schnell verarbeitet, mit großem Druck durch beschichtete Pressen gedrückt und vor allem in sehr kurzer Zeit getrocknet. Qualitätsbewusste Hersteller machen es anders: Sie verwenden Pressen aus Bronze, durch die der Teig langsamer hindurchläuft. Er wird dabei schonender behandelt und die Nudeln bekommen eine etwas raue Oberfläche – Garant dafür, dass die Sauce später gut an ihnen haften bleibt. Nach dem Pressen wird die Pasta bei etwa 40 Grad 2 Tage lang getrocknet (zum Vergleich: in großen industriellen Betrieben bei 100 Grad in 3 bis 4 Stunden). Statt Mehl von Hartweizen eignet sich auch das von Emmer (*farro*) für die Nudelzubereitung.

Pasta all'uovo. Bei Nudeln aus Eierteig gelten ähnliche Kriterien: Der Teig sollte schonend durch Bronzepressen gedrückt werden und die Nudeln Zeit zum Trocknen haben, wenn sie nicht im Laden ganz frisch verkauft werden. Entscheidend für die Güte sind außerdem natürlich auch hier die Qualität des Mehles (kann von Hart- oder Weichweizen stammen) und der Eier – Nudeln, die mit frischen Eiern zubereitet werden schmecken besser als solche, deren Teig mit Eipulver angereichert wurde. Bei Eiernudelteig kann man gut mit anderen Mehlsorten (etwa Kastanienmehl) mischen, denn die Eier sorgen für extra Bindung.

Richtig Kochen. Pasta braucht viel Wasser, damit sie schön al dente wird: pro 100 Gramm müssen es mindestens 1 Liter Wasser sein. Wenn es kocht, kommt das Salz dazu: pro Liter 1 gehäufter Teelöffel (wer will, probiert das Wasser, es sollte leicht salzig schmecken). Beim Kochen die Nudeln ab und zu durchrühren, damit sie gleichmäßig garen und keine Nudeln am Topfboden festhaften.
Ungetrocknete Nudeln aus ganz frischem Pastateig haben eine Kochzeit von nur etwa 3 Minuten, die Pasta aus getrocknetem Teig je nach Form und Dicke von 7 bis 13 Minuten. Meist finden Sie auf der Packung eine Zeitangabe. Halten Sie sich aber nicht sklavisch daran: Je nach Alter der Pasta und je nach Wasserqualität kann die Garzeit schwanken. Also immer rechtzeitig eine Nudel aus dem Wasser fischen und die Probe machen. Beim Anbeißen muss in der Mitte der Nudel ein kleiner hellerer Kern zu sehen sein. Sehr wichtig ist das übrigens bei Qualitäts-Pasta, denn die gart nach dem Kochen noch etwas nach.
Sind die Nudeln fertig, kommen sie zum Abtropfen in ein Sieb, werden aber nicht kalt abgeschreckt (außer sie dienen als Grundlage für einen Salat). Damit sie nun nicht aneinander kleben, haben Sie mehrere Möglichkeiten: Die Nudeln gleich mit der Sauce vermengen. Die Nudeln mit Öl oder mit einem Stück Butter mischen. Oder auch etwas heißes Kochwasser unter die Nudeln rühren.

a Ein Nudelteig ist schnell gemacht. Wichtig ist die Güte des Mehls und beim frischen Teig die Eiermenge. Als Grundregel gilt: pro 100 Gramm Mehl wird 1 Ei untergearbeitet, in manchen Regionen wie dem Piemont kommen fast nur Eigelbe an den Teig, damit er eine schöne gelbe Farbe erhält. Ebenfalls entscheidend: den Teig kräftig kneten, damit der Kleber im Mehl aktiv wird.

Reportage

b–d Eine geübte Pastaköchin weiß, was bei der Zubereitung wichtig ist: Wer den Teig nicht in der Nudelmaschine zu Platten formt, muss sich beim Ausrollen des Teiges Zeit nehmen. So dünn wie möglich soll er nämlich werden, denn Nudeln aus Eierteig gehen beim Garen noch etwas auf. Die Teigplatte kurz ruhen lassen, damit sie schon einmal antrocknet, dann gut mit Mehl bestäuben, aufrollen und in beliebig dicke Bandnudeln schneiden. Dann mit den Händen gründlich lockern und durchschütteln. So kleben die Nudeln nicht aneinander und können gleichmäßig antrocknen, bis sie schließlich gegart werden.   e Schauen Sie auf der Packung nach: *trafilata al bronzo* steht drauf, wenn die Pasta mit einer hochwertigen Bronzepresse hergestellt wurde.   f *Pasta all'uovo* ist auch getrocknet zu kaufen. Gute Qualität wird dafür auf Papier sorgfältig in dünnen Lagen in der Verpackung verstaut.

Pasta alla menta con frutti di mare
Minzenudeln mit Meeresfrüchten (Apulien)

ZUTATEN für 4 Personen:
Für die Nudeln:
1 großes Bund Minze
300 g Hartweizenmehl
1 TL Salz
3 Eier (Größe M)
1 EL Olivenöl
Für den Sugo:
400 g ungeschälte rohe Garnelen
4 Knoblauchzehen
2 Zweige Thymian
1 getrockneter Peperoncino
4 EL Olivenöl
200 ml trockener Weißwein
200 g Cocktailtomaten
750 g Venusmuscheln (Vongole)
1/2 Bund Petersilie
Salz
1 Prise Zucker

ZUBEREITUNGSZEIT: 1 1/2 Std.
RUHE- + TROCKENZEIT:
1 1/2–2 1/2 Std.
PRO PORTION: ca. 560 kcal

Pasta mit Meeresfrüchten ist überall an den Küstenregionen Italiens beliebt. Apulien hat mit fast 800 Kilometern besonders reichlich Meerzugang und daher auch einen enorm reichen Schatz an Ideen, wie man die Köstlichkeiten aus dem Meer immer wieder anders zubereitet.

Kleine Tintenfische passen auch mit in die Sauce: Einfach 1 Minute in kochendem Wasser oder im Garnelensud kochen, zum Schluss mit den Garnelen kurz braten und unter die Sauce rühren.

Wer mal weniger Zeit hat, ersetzt die selbst gemachte Pasta durch gekaufte frische oder auch getrocknete Bandnudeln. Und: Rucola, Borretsch oder Basilikum schmecken ebenfalls gut im Nudelteig.

Tipp:
Frische Pasta lässt sich problemlos schon morgens zubereiten und bis zum Abend auf Tüchern zum Trocknen auslegen. Wichtig: zwischendurch umdrehen, damit die Nudeln schön gleichmäßig antrocknen. Und: Die Garzeit kann dann um 1–2 Min. länger sein. Unbedingt die Probe machen!

Weinempfehlung:
kräftiger Weißwein, etwa ein Trebbiano d'Abruzzo.

1 Für die Nudeln die Minze waschen, trockenschütteln und sehr fein hacken. Mehl mit Salz und Minze mischen, mit Eiern und dem Öl zu einem geschmeidigen glatten Teig verkneten. Den Teig in einem Tuch bei Zimmertemperatur etwa 30 Min. ruhen lassen.

2 Den Teig durchkneten, in der Nudelmaschine zu dünnen Platten ausrollen. Kurz antrocknen lassen, mit der Nudelmaschine oder dem Messer zu ca. 1 cm breiten Bandnudeln schneiden. Auf bemehlten Küchentüchern 1–2 Std. trocknen lassen, dabei ab und zu wenden.

3 Für den Sugo die Garnelen schälen (Schalen aufbewahren), längs halbieren, vom Darm befreien, waschen, trockentupfen. Knoblauch schälen und fein schneiden. Thymian waschen und trockenschütteln, Blättchen abzupfen. Peperoncino zerkrümeln.

Abruzzen, Molise und Apulien

4 Im Topf 1 EL Öl erhitzen. Die Garnelenschalen darin bei starker Hitze kräftig anrösten. Knoblauch, Thymian und Peperoncino kurz mitbraten, Wein angießen. Alles offen bei mittlerer Hitze ca. 15 Min. köcheln lassen, dann durch ein Sieb gießen, Sud auffangen.

5 Die Tomaten waschen und halbieren. Die Vongole waschen, geöffnete aussortieren und wegwerfen. Die Petersilie waschen und trockenschütteln, fein hacken. Tomaten mit dem Sud mischen und erwärmen. Mit Salz und Zucker abschmecken.

6 Für die Nudeln reichlich Wasser zum Kochen bringen und salzen. Vongole in die Tomatensauce geben und zugedeckt bei starker Hitze etwa 4 Min. darin garen, bis sie sich öffnen. Nudeln ins kochende Wasser geben und in etwa 3 Min. al dente garen.

7 Übriges Öl in einer Pfanne schwach erwärmen. Garnelen pro Seite knapp 1 Min. darin braten, salzen und mit der Petersilie unter den Tomaten-Muschel-Sauce mischen. Die Nudeln abgießen und in vorgewärmte Teller geben. Meeresfrüchte darüber verteilen.

Abruzzen, Molise und Apulien

Pasta alle melanzane
Nudeln mit Auberginenragout (Abruzzen)

ZUTATEN für 4 Personen:
- 1 Aubergine (etwa 400 g)
- 2 getrocknete Peperoncini
- 4 Knoblauchzehen
- je 1 Zweig Thymian, Oregano, Salbei und Minze
- 500 g Tomaten | 4 EL Olivenöl
- Salz
- 400 g Maccheroni alla chitarra (eckige Spaghetti, aus dem italienischen Lebensmittelladen, ersatzweise Spaghetti oder dünne Linguine)
- 150 g Ricotta

ZUBEREITUNGSZEIT: 30 Min.
PRO PORTION: ca. 570 kcal

1 Aubergine waschen, putzen und klein würfeln. Peperoncini fein zerkrümeln, den Knoblauch schälen und fein hacken. Kräuter waschen, trockenschütteln und fein hacken. Tomaten mit kochendem Wasser überbrühen, abschrecken, häuten und klein würfeln, dabei Stielansätze entfernen.

2 Öl erhitzen und Auberginenwürfel unter Rühren anbraten. Peperoncini, Knoblauch und die Kräuter kurz mitdünsten. Tomaten untermischen, alles salzen und zugedeckt bei schwacher Hitze etwa 15 Min. schmoren. Falls das Ragout zu trocken wird, etwas Wasser zugeben.

3 Gleichzeitig reichlich Wasser zum Kochen bringen und salzen. Die Nudeln darin nach Packungsaufschrift al dente garen.

4 Das Auberginenragout abschmecken. Die Ricotta in kleinen Stücken darauf setzen, erwärmen. Nudeln abgießen, in vorgewärmte Teller geben und mit Auberginenragout bedecken.

Orecchiette ai funghi
Öhrchennudeln mit Pilzen (Apulien)

ZUTATEN für 4 Personen:
- 500 g Cime di rapa (Blattgemüse mit Kohlröschen, vom gut sortierten Gemüsemarkt oder südländischen Lebensmittelladen)
- Salz | 300 g Steinpilze oder Champignons
- 2 Knoblauchzehen | 2 Peperoncini
- 1 Stück Bio-Zitronenschale
- 2 Sardellenfilets (in Öl)
- 400 g Orecchiette (siehe Tipp)
- 80 g altbackenes Weißbrot (vom Vortag) | 8 EL Olivenöl
- 2–3 Stängel Basilikum

ZUBEREITUNGSZEIT: 30 Min.
PRO PORTION: ca. 465 kcal

1 Die Cime di rapa waschen, die Blätter von den Stielen lösen, grob hacken. In einem Topf Salzwasser zum Kochen bringen, Cime darin in etwa 1 Min. zusammenfallen lassen. Dann im Sieb abschrecken und abtropfen lassen.

2 Die Pilze putzen und in dünne Scheiben schneiden. Den Knoblauch schälen und in sehr feine Scheiben schneiden. Die Peperoncini waschen, vom Stiel befreien und mit den Kernen fein hacken. Zitronenschale und Sardellen ebenfalls fein schneiden.

3 Reichlich Wasser zum Kochen bringen und salzen. Die Nudeln darin nach Packungsangabe al dente kochen.

4 Inzwischen das Brot von der Rinde befreien, in kleine Stücke zerbrechen. In einer Pfanne 4 EL Öl erhitzen, das Brot darin rundherum bei mittlerer Hitze knusprig rösten. Aus der Pfanne nehmen.

5 In der Pfanne weitere 3 EL Öl erhitzen. Pilze darin bei starker Hitze unter Rühren 3–4 Min. braten. Knoblauch und Peperon-

Abruzzen, Molise und Apulien

Pasta al sugo d'agnello e zafferano
Bandnudeln mit Lamm-Safran-Sugo (Abruzzen)

cini mit Zitronenschale und Sardellen untermischen und 1/2 Min. dünsten, dann die Cime di rapa unterrühren und erwärmen. Das Gemüse mit Salz abschmecken.

6 Basilikumblätter in Streifen schneiden. Nudeln abgießen und mit Gemüse, Basilikum und dem übrigen Öl mischen. In vorgewärmte Teller füllen und mit den Brotkrümeln bestreut servieren.

Die feinen Öhrchennudeln (orecchiette) sind DIE Pastasorte Apuliens. Man serviert sie in der bekanntesten Version mit Blumenkohl oder Brokkoli, Sardellen und Peperoncino, kombiniert sie aber auch gerne mit *cime di rapa* und Rucola – manchmal mit Kartoffelwürfeln gemischt, frischer Wurst und Ricotta, Tomaten und Käse oder auch mit Meeresfrüchten wie Tintenfisch oder Muscheln.

ZUTATEN für 4 Personen:
- 1 Döschen Safranfäden (0,1 g)
- 150 ml Fleischbrühe oder trockener Roséwein (Cerasuolo)
- 500 g Lammkeule (ohne Knochen)
- 1 Zwiebel | 2 Knoblauchzehen
- je 1 Zweig Rosmarin, Thymian, Oregano und Salbei
- 2 Lorbeerblätter | 4 EL Olivenöl
- Salz | Pfeffer aus der Mühle
- 400 g Tagliatelle oder Maccheroni alla chitarra (siehe Tipp)
- 300 g Cocktailtomaten
- 1/2 Bund Basilikum
- frisch geriebener Pecorino zum Bestreuen

ZUBEREITUNGSZEIT: 30 Min.
GARZEIT: 55 Min.
PRO PORTION: ca. 795 kcal

1 Safranfäden zwischen den Fingern zerkrümeln und in die Brühe oder den Wein rühren.

Lammfleisch von allen größeren Fettstücken und den Sehnen befreien, in ca. 1 cm große Würfel schneiden. Zwiebel und Knoblauch schälen, fein schneiden. Die Kräuter waschen und trockenschütteln, fein hacken (Lorbeerblätter aber ganz lassen).

2 Öl im Topf erhitzen, Zwiebel, Kräuter und Knoblauch darin bei mittlerer Hitze andünsten. Fleisch dazugeben und 1–2 Min. mitdünsten. Zwei Drittel der Safranflüssigkeit zugeben und alles mit Salz und Pfeffer würzen. Ragout bei schwacher Hitze zugedeckt etwa 45 Min. schmoren.

3 Reichlich Wasser zum Kochen bringen, salzen. Die Nudeln darin nach Packungsaufschrift al dente kochen. Inzwischen die Tomaten waschen und vierteln. Basilikumblättchen in Streifen schneiden.

4 Tomaten mit der restlichen Safranflüssigkeit zum Lamm geben und alles weitere 10 Min. schmoren. Mit Salz und Pfeffer abschmecken, Basilikum unterrühren. Die Nudeln abgießen, mit dem Ragout mischen und in vorgewärmte Teller geben. Mit dem Pecorino servieren.

Maccheroni alla chitarra sind DIE Nudelspezialität der Abruzzen. Weil sie etwas Arbeit machen, nennt man sie auch *maccheroni domenicali* – Sonntagsnudeln. Der Nudelteig wird mit Ei zubereitet und muss relativ fest sein. Geformt wird er auf einer Art Nudelmaschine mit dünnen Saiten wie bei einer Gitarre. Die Nudelplatte liegt auf den Saiten und man rollt mit dem Nudelholz darüber. Darunter liegt dann ein Berg dünner, fast eckiger Nudeln.

Zuppa di ceci e castagne
Kichererbsensuppe mit Maronen (Abruzzen)

ZUTATEN für 4 Personen:
150 g getrocknete Kichererbsen
1 Stange Staudensellerie
1 Möhre | 2 Lorbeerblätter
1 Msp. Natron (lässt die Kichererbsen schön weich werden)
300 g Maronen (Esskastanien)
1 Zwiebel | 1/4 Bund Oregano
50 g Pancetta (geräucherter gewürzter Bauchspeck, ersatzweise durchwachsener Räucherspeck) | 4 EL Olivenöl
200 g passierte Tomaten
Salz | Pfeffer aus der Mühle
Chilipulver (nach Belieben)

ZUBEREITUNGSZEIT: 45 Min.
EINWEICHZEIT: über Nacht
GARZEIT: 1 1/4 Std.
PRO PORTION: ca. 435 kcal

1 Die Kichererbsen in einer Schüssel mit Wasser bedecken und über Nacht quellen lassen.

2 Dann Sellerie waschen und putzen, die Möhre schälen. Das Gemüse würfeln. Mit den Lorbeerblättern, Natron, den abgetropften Kichererbsen und 1 1/2 l Wasser erhitzen, bei mittlerer Hitze halb zugedeckt etwa 1 Std. garen, bis die Erbsen fast weich sind. Falls nötig, Wasser nachgießen.

3 Maronen an der gewölbten Seite einschneiden, in kochendem Wasser etwa 20 Min. garen. Abschrecken, schälen, grob würfeln.

4 Zwiebel schälen, fein hacken. Oregano waschen, fein schneiden. Pancetta würfeln, mit Zwiebel und Oregano in 2 EL Öl andünsten. Maronen zugeben und kurz mitdünsten. Erbsen mit Flüssigkeit und Tomaten dazugeben. Mit Salz, Pfeffer und nach Belieben Chilipulver würzen und weitere 15 Min. garen. Mit übrigem Öl beträufeln.

Purea di fave
Dicke-Bohnen-Püree mit Gemüse (Apulien)

ZUTATEN für 4 Personen:
400 g getrocknete geschälte Dicke Bohnenkernhälften (siehe Tipp)
1 kg grünes Gemüse (am besten gemischt: Mangold, Löwenzahn und Cime di rapa – Blattgemüse mit Kohlröschen, vom gut sortierten Gemüsemarkt oder südländischen Lebensmittelladen)
2 getrocknete Peperoncini
Salz | Pfeffer aus der Mühle
350 ml Olivenöl + Olivenöl zum Beträufeln
50 g grüne Oliven

ZUBEREITUNGSZEIT: 25 Min.
GARZEIT: 1 Std.
PRO PORTION: ca. 540 kcal

1 Die Bohnen in einen Topf geben und so viel kaltes Wasser angießen, dass es etwa 2 cm hoch über den Bohnen steht. Bohnen erhitzen und bei halb aufgelegtem Deckel bei schwacher Hitze etwa 1 Std. kochen, bis sie zerfallen.

2 Das Gemüse waschen und putzen, große Gemüseblätter etwas kleiner schneiden. In einem Topf Wasser zum Kochen bringen. Peperoncini andrücken und mit Salz hineingeben. Das Gemüse zugedeckt etwa 6 Min. garen.

3 Schon während das Wasser fürs Gemüse heiß wird, Bohnen mit dem Kochlöffel kräftig durchschlagen, bis ein Püree entsteht. Eventuell mit einem Kartoffelstampfer nachhelfen. Mit Salz und Pfeffer abschmecken und 2 EL Olivenöl untermischen. Das Püree zugedeckt warm halten.

4 Inzwischen 1/4 l Olivenöl erhitzen. Die Oliven gründlich mit Küchenpapier trockentupfen und im heißen Öl etwa 2 Min. backen.

Pallotte cacio e uova al sugo
Eier-Käse-Bällchen mit Tomatensauce (Abruzzen)

ZUTATEN für 4 Personen:
Für die Bällchen:
125 g altbackenes italienisches Weißbrot (vom Vortag)
1 Hand voll Rucola
4 Eier (Größe M)
400 g frisch geriebener Pecorino
Pfeffer aus der Mühle | Salz
1/2 l Olivenöl zum Frittieren
Für die Tomatensauce:
1 kg Tomaten
2 rote Peperoncini
1 Zwiebel
2 Knoblauchzehen
1 Bio-Zitrone
2 EL Olivenöl
Salz
1 EL Tomatenmark
1 Msp. Honig

ZUBEREITUNGSZEIT: 1 Std.
KÜHLZEIT: 4 Std.
PRO PORTION: ca. 625 kcal

1 Für die Bällchen das Brot entrinden und in lauwarmem Wasser 10 Min. quellen lassen. Gut ausdrücken und fein zerpflücken.

2 Rucola verlesen, waschen, trockenschleudern und sehr fein hacken. Brot, Rucola, Eier und Käse miteinander verkneten, mit Pfeffer und eventuell etwas Salz abschmecken. Etwa 4 Std. in den Kühlschrank stellen.

3 Für die Sauce Tomaten mit kochendem Wasser überbrühen, kurz ziehen lassen, abschrecken und häuten. Das Fruchtfleisch von den Kernen und den Stielansätzen befreien, klein würfeln. Die Peperoncini waschen, entstielen und mit den Kernen sehr fein hacken. Zwiebel und Knoblauch schälen, fein würfeln. Die Zitrone heiß waschen, die Schale dünn abschneiden und fein hacken.

4 Das Olivenöl erhitzen und Zwiebel, Knoblauch, Peperoncino und gut die Hälfte der Zitronenschale darin andünsten. Tomaten dazugeben, salzen und offen bei schwacher Hitze etwa 20 Min. schmoren.

5 Inzwischen aus der Käsemasse mit den Händen etwa pflaumengroße Bällchen formen. Öl in einem weiten Topf erhitzen. Die Bällchen darin portionsweise in 3–4 Min. knusprig frittieren. Mit dem Schaumlöffel herausheben und auf einer dicken Lage Küchenpapier abtropfen lassen.

6 Die Tomatensauce mit dem Tomatenmark verrühren, mit Salz und Honig abschmecken. Die Bällchen darin etwa 5 Min. ziehen lassen. Mit der übrigen Zitronenschale bestreut servieren.

Mit einem Schaumlöffel herausheben und auf Küchenpapier abtropfen lassen.

5 Das Gemüse abgießen und mit dem übrigen Olivenöl und den frittierten Oliven mischen. Mit Salz abschmecken.

6 Das Püree in tiefe Teller verteilen, mit Gemüse bedecken und vor dem Servieren noch etwas frisches Öl darüber träufeln.

Das Original wird nur mit *catalogna* – einer Art kulitiviertem Löwenzahn – zubereitet. Diese Gemüsemischung hier macht das cremige Bohnenpüree aber noch interessanter. Wenn Sie nur Dicke Bohnen mit Schale bekommen: über Nacht einweichen, dann aus den dicken Schalen drücken und wie beschrieben kochen.

Abruzzen, Molise und Apulien

Seppioline in salsa con frittelle di fagioli
Tintenfischchen in Tomatenragout mit Bohnenklößchen (Apulien)

ZUTATEN für 4 Personen:

Für die Klößchen:

200 g getrocknete weiße Bohnen
2 Lorbeerblätter
1 Msp. Natron (lässt die Bohnen schön weich werden)
1 Bund Rucola
2 rote Peperoncini
2 Knoblauchzehen
1 Frühlingszwiebel
fein abgeriebene Schale von 1/2 Bio-Zitrone
1 Eiweiß (Größe M) | Salz
1/2 l Olivenöl zum Frittieren
Mehl zum Wenden

Für die Tintenfische:

700 g küchenfertige Tintenfischchen
1 Möhre | 1 kleine Zwiebel
2 Knoblauchzehen
1 Stange Staudensellerie
1/2 Bund Petersilie
600 g Tomaten | 2 EL Olivenöl
1/8 l trockener Weißwein
2 TL Tomatenmark
Salz | Pfeffer aus der Mühle

ZUBEREITUNGSZEIT: 1 1/4 Std.
EINWEICHZEIT: über Nacht
GARZEIT DER BOHNEN: 1–1 1/2 Std.
PRO PORTION: ca. 470 kcal

Tipp:
Wenn's mal schnell gehen soll, gekochte Bohnen oder auch Kichererbsen aus der Dose nehmen. Beim Kauf aber darauf achten, dass sie nur mit Salz gewürzt sind.

Weinempfehlung:
Rosé- oder Rotwein aus dem Salento.

Hülsenfrüchte trugen in der ärmeren Bevölkerung Apuliens seit Jahrzehnten zur notwendige Eiweißversorgung bei. Was früher eher der Not entsprang, kommt heute zu neuen Ehren – ob in der Suppe, zusammen mit Pasta, als Püree oder feine Klößchen, ob für sich als *antipasti* serviert oder wie hier mit zartem Tintenfisch oder anderen Zutaten zum *secondo* kombiniert.

Übrigens schmeckt dieses Gericht auch sehr lecker, wenn die Tintenfischchen mit den Peperoncini gewürzt werden und die Bohnenklößchen nur mit Kräutern und Knoblauch.

1 Die Bohnen in einer Schüssel mit Wasser bedecken, über Nacht einweichen. Dann mit frischem Wasser, Lorbeerblättern und dem Natron in einen Topf geben und zugedeckt bei schwacher Hitze in 1–1 1/2 Std. weich kochen. Abgießen und abkühlen lassen.

2 Die Tintenfischchen waschen und abtropfen lassen. Die Möhre, die Zwiebel und den Knoblauch schälen, Sellerie waschen und putzen. Petersilie waschen und trockenschütteln. Möhre, Zwiebel, Knoblauch, Sellerie und Petersilie zusammen sehr fein hacken.

3 Die Tomaten mit kochendem Wasser überbrühen, kurz ziehen lassen, abschrecken und häuten. Die Tomaten halbieren, die Kerne herausdrücken und entfernen, die Stielansätze wegschneiden. Die Tomaten sehr fein, schon fast musig hacken.

Abruzzen, Molise und Apulien

4 Öl in einem Topf erhitzen. Gehackte Gemüsemischung darin unter Rühren andünsten. Tintenfischchen kurz mitdünsten. Wein und Tomaten dazugeben, mit Tomatenmark, Salz und Pfeffer würzen. Zugedeckt bei schwacher Hitze etwa 45 Min. schmoren, bis die Tintenfischchen weich sind.

5 Inzwischen Rucola verlesen, waschen, trockenschleudern und sehr fein hacken. Peperoncini waschen, entstielen, fein hacken. Knoblauch schälen und durch die Presse drücken. Frühlingszwiebel waschen, putzen, mit dem Grün fein hacken. Die Bohnen pürieren.

6 Bohnenpüree mit Rucola, Peperoncini, Knoblauch, Frühlingszwiebel und Zitronenschale in eine Schüssel geben. Eiweiß mit Salz dazugeben, alles gründlich mischen. Mit zwei Esslöffeln 4 cm große Klößchen abstechen und auf einem Brett bereit legen.

7 Öl zum Frittieren in einem weiten Topf erhitzen. Klößchen portionsweise im Mehl wenden und im Öl in etwa 4 Min. goldgelb frittieren. Mit dem Schaumlöffel herausheben, auf Küchenpapier abtropfen lassen. Die Klößchen auf den Tintenfischchen anrichten.

Tonno in crosta di farro
Tunfisch in Emmerkruste (Abruzzen)

ZUTATEN für 4 Personen:

500 g grüne Bohnen
Salz | Pfeffer aus der Mühle
500 g neue Kartoffeln
8 EL Olivenöl
2 Knoblauchzehen
1 Bund Petersilie
200 g Tomaten (aus der Dose)
200 ml Brühe
fein abgeriebene Schale von
  1 Bio-Zitrone
60 g grob geschroteter Emmer
  (*farro*, im Naturkostladen kaufen
  und gleich schroten lassen)
4 Scheiben Tunfisch (je etwa
  1 1/2 cm dick und 180 g schwer)

ZUBEREITUNGSZEIT: 45 Min.
PRO PORTION: ca. 800 kcal

1 Bohnen waschen, putzen und in 5 cm lange Stücke schneiden. In kochendem Salzwasser 5 Min. garen, abgießen, abtropfen lassen.

2 Die Kartoffeln gründlich waschen und gut 1 cm groß würfeln. 4 EL Öl erhitzen und die Kartoffeln darin etwa 10 Min. bei mittlerer Hitze braten.

3 Den Knoblauch schälen, die Petersilie waschen und trockenschütteln, beides hacken. Bohnen, Tomaten, Knoblauch, die Hälfte der Petersilie und die Brühe zu den Kartoffeln geben, zugedeckt 15 Min. schmoren. Mit Salz und Pfeffer würzen.

4 Zitronenschale und übrige Petersilie mit dem Emmer auf einem Teller mischen. Tunfisch salzen, pfeffern und in dem Emmer wenden, gut andrücken. Restliches Öl in einer großen Pfanne erhitzen. Den Tunfisch darin bei mittlerer bis starker Hitze pro Seite 2–3 Min. braten. Mit dem Gemüse servieren.

Cozze e verdure
Miesmuscheln mit Gemüse (Apulien)

ZUTATEN für 4 Personen:

je 1 rote und gelbe Paprikaschote
2 kleine Zucchini | 250 g Tomaten
4 Knoblauchzehen
1 rote Zwiebel | 1 Bund Basilikum
2 kg Miesmuscheln
12 EL Olivenöl
1 TL Fenchelsamen
2 EL kleine Kapern
1/8 l trockener Weiß- oder
  Roséwein
Salz | Pfeffer aus der Mühle
100 g Semmelbrösel

ZUBEREITUNGSZEIT: 50 Min.
GARZEIT: 25 Min.
PRO PORTION: ca. 530 kcal

1 Die Paprika und die Zucchini waschen, putzen und klein würfeln. Die Tomaten waschen und sehr fein würfeln, dabei die Stielansätze entfernen. Den Knoblauch schälen und in hauchdünne Scheiben schneiden. Die Zwiebel schälen, halbieren und in dünne Streifen schneiden. Die Basilikumblättchen in kleine Stücke zupfen.

2 Die Miesmuscheln unter fließendem kaltem Wasser waschen und bürsten. Muscheln, die sich dabei nicht schließen, aussortieren und wegwerfen.

3 In einem weiten Topf 2 EL Öl erhitzen. Paprika, Zucchini, Knoblauch und Zwiebel darin mit den Fenchelsamen unter Rühren bei mittlerer Hitze 2–3 Min. andünsten. Tomaten mit gut der Hälfte vom Basilikum und den Kapern dazugeben, mit dem Wein aufgießen und mit Salz und Pfeffer würzen.

4 Die Muscheln untermischen und alles zugedeckt etwa 15 Min. schmoren, bis sich die Muscheln öffnen. Den Topf dabei immer

Abruzzen, Molise und Apulien

Pesce spada al forno
Schwertfisch auf pikantem Gemüse aus dem Ofen (Abruzzen)

wieder mal rütteln, damit die Muscheln gleichmäßig garen.

5 Backofen auf 220° (Umluft 200°) vorheizen. Die Muscheln mit dem Gemüse aus dem Sud heben und in eine große hitzebeständige Form geben, dabei geschlossene Muscheln aussortieren und wegwerfen. Semmelbrösel mit dem übrigen Olivenöl verrühren und auf den Muscheln verteilen. Für etwa 10 Min. in den Ofen (Mitte) schieben, bis die Brösel knusprig werden. Mit dem übrigen Basilikum bestreuen. Heiß mit Weißbrot und Salat servieren.

Miesmuschelzuchten gibt es in Apulien in der Lagune von Varano und in der von Taranto. Dort ist das Wasser nicht so tief und daher wärmer – die Muscheln fühlen sich hier besonders wohl.

ZUTATEN für 4 Personen:
je 1 rote und gelbe Paprikaschote
1 große Aubergine (etwa 500 g)
1 rote Zwiebel
2 Knoblauchzehen
1/2 Bund Basilikum
1/2 Bio-Zitrone | 8 EL Olivenöl
Salz | Pfeffer aus der Mühle
4 Scheiben Schwertfisch
 (je etwa 1 cm dick und
 160 g schwer)
200 g Cocktailtomaten
100 g Kapernfrüchte

ZUBEREITUNGSZEIT: 55 Min.
GARZEIT: 20 Min.
PRO PORTION: ca. 445 kcal

1 Backofen auf 250° (Umluft 220°) vorheizen. Die Paprikaschoten waschen und durch den Stiel halbieren. Stielansatz und Kerne entfernen. Die Aubergine waschen und mit einer Gabel mehrmals einstechen. Ein Backblech mit Backpapier auslegen. Paprika mit der Schnittfläche nach unten darauf legen. Aubergine und Zwiebel dazulegen. Gemüse etwa 15 Min. im Ofen (Mitte) backen, bis die Paprika dunkle Blasen auf der Haut haben.

2 Inzwischen den Knoblauch schälen und durch die Presse drücken. Basilikumblättchen abzupfen und hacken. Zitrone heiß waschen und die Schale fein abreiben, Saft auspressen. Knoblauch, Basilikum, 2 EL Zitronensaft und 4 EL Olivenöl im Blitzhacker fein pürieren. Mit Zitronenschale, Salz und Pfeffer würzen, auf den Fisch streichen.

3 Das Gemüse aus dem Ofen nehmen und kurz ruhen lassen. Die Hitze im Ofen auf 200° (Umluft 180°) zurückschalten. Die Zwiebel schälen, halbieren und in Streifen schneiden. Die Aubergine vierteln, das Fruchtfleisch aus der Schale lösen und würfeln. Die Paprikaschoten häuten und in Streifen schneiden. Die Tomaten waschen und vierteln, Kapernfrüchte eventuell entstielen. Alles mit dem übrigen Olivenöl, Salz und Pfeffer verrühren und in einer hitzebeständigen Form verteilen. Die Fischscheiben nebeneinander darauf legen.

4 Den Fisch im Ofen (Mitte) etwa 20 Min. backen. Mit dem Gemüse und knusprigem Weißbrot servieren.

Tipp:
Nur das Gemüse zubereiten und warm als Beilage oder abgekühlt als *antipasto* servieren.

Abruzzen, Molise und Apulien

Pampanella
Pikantes Schweinefleisch (Molise)

ZUTATEN für 4 Personen:

700 g nicht zu fette Schweineschulter (ohne Knochen)
8 Knoblauchzehen
8 Peperoncini | 2 Zweige Thymian
4 Salbeiblättchen
2 EL Weißweinessig | 6 EL Olivenöl
Salz | Pfeffer aus der Mühle
500 g Steinpilze, Egerlinge oder Kräuterseitlinge
1 Bio-Orange

ZUBEREITUNGSZEIT: 25 Min.
GARZEIT: 1 1/4–1 1/2 Std.
PRO PORTION: ca. 380 kcal

1 Den Backofen auf 180° vorheizen. Das Fleisch von Fett und Sehnen befreien und etwa 2 cm groß würfeln. Knoblauch schälen, Peperoncini waschen und entstielen. Die Kräuter waschen, die Thymianblättchen von den Zweigen streifen. Knoblauch, Peperoncini und Kräuter sehr fein hacken. Mit Fleisch, Essig, Öl, Salz und Pfeffer in einer hitzebeständigen Form mischen. Im Ofen (Mitte, Umluft 160°) etwa 1 Std. braten, dabei ab und zu umrühren.

2 Pilze putzen und in dickere Scheiben schneiden oder vierteln. Orange heiß waschen, die Schale abschneiden und fein hacken.

3 Pilze und Orangenschale unter das Fleisch mischen und weitere 15–30 Min. garen, bis das Fleisch schön weich ist.

Ursprünglich gart für die *pampanella* Schweinefilet nur mit den Gewürzen in viel weniger Zeit. Durch die längere Schmorzeit der Schweineschulter und die zusätzlichen Aromen wird es aber noch aromatischer.

Coniglio allo zafferano
Kaninchen mit Safran (Abruzzen)

ZUTATEN für 4 Personen:

2 Knoblauchzehen
4 Stängel Oregano
1 Bio-Orange
6 EL Olivenöl
1 Kaninchen (etwa 1,4 kg; vom Metzger in 12 Stücke teilen lassen)
Salz | Pfeffer aus der Mühle
1 Döschen Safranfäden (0,1 g)
150 ml trockener Weißwein
je 1 rote, gelbe und grüne Paprikaschote
2 Zucchini
250 g Cocktailtomaten
1/2 Bund Basilikum

ZUBEREITUNGSZEIT: 1 Std.
PRO PORTION: ca. 655 kcal

1 Den Knoblauch schälen und durch die Presse drücken. Den Oregano waschen, trockenschütteln und sehr fein hacken.

2 Die Orange heiß waschen und die Schale fein abreiben. Mit Knoblauch, Oregano und 2 EL Öl verrühren und die Kaninchenstücke damit einreiben. Leicht salzen und pfeffern.

3 Den Safran zwischen den Fingern leicht zerkrümeln und im Wein anrühren.

4 In einem Schmortopf 2 EL Öl erhitzen. Die Kaninchenteile darin bei starker Hitze rundherum anbraten, herausnehmen. Wenn alle Kaninchenteile gebraten sind, wieder in der Topf legen und mit 100 ml Safranwein begießen. Zugedeckt bei schwacher Hitze etwa 20 Min. schmoren.

5 Inzwischen das Gemüse waschen. Die Paprika vierteln, putzen und in etwa 1 cm breite Streifen schneiden. Zucchini

Abruzzen, Molise und Apulien

Capretto agli agrumi
Zicklein mit Zitrussauce (Apulien)

putzen und in etwa 1 1/2 cm dicke Scheiben schneiden, die Tomaten ganz lassen. In einer Pfanne übriges Olivenöl erhitzen. Paprika und Zucchini darin unter Rühren bei starker Hitze etwa 5 Min. braten. Mit Salz und Pfeffer würzen.

6 Paprika, Zucchini und die Tomaten zum Kaninchen geben, den restlichen Safranwein angießen und alles noch einmal etwa 15 Min. schmoren, bis das Kaninchen gar ist. Die Basilikumblättchen in kleine Stücke zupfen und vor dem Servieren über das Kaninchen streuen.

Wie bei allen Gewürzen gilt auch beim Safran: bei langem Kochen büßt er an Aroma ein. Deshalb immer einen Teil erst in den letzten 10–20 Min. mitgaren.

ZUTATEN für 8 Personen:
1/2 Zicklein (etwa 3,5 kg; vom Metzger in 4 Stücke teilen lassen, siehe Tipp)
Salz | Pfeffer aus der Mühle
100 g Pancetta (geräucherter gewürzter Bauchspeck)
2 Knoblauchzehen
4 Zweige Rosmarin
6 EL Olivenöl
150 ml trockener Weißwein
2 Bio-Orangen
1 Bio-Zitrone
1 TL Zucker

ZUBEREITUNGSZEIT: 15 Min.
GARZEIT: 1 1/2 Std.
PRO PORTION: ca. 580 kcal

1 Den Backofen auf 160° vorheizen. Die Zickleinstücke mit Salz und Pfeffer einreiben und auf ein tiefes Backblech legen.

2 Die Pancetta in kleine Würfel schneiden. Knoblauch schälen und fein hacken. Den Rosmarin waschen und trockenschütteln, die Nadeln abzupfen. Pancetta mit Knoblauch, Rosmarin und Olivenöl verrühren und über dem Zicklein verteilen. Den Weißwein angießen.

3 Zicklein in den Ofen (Mitte, Umluft 140°) schieben und etwa 1 Std. garen, dabei immer mal wieder umdrehen.

4 Die Orangen und die Zitrone heiß waschen und die Schale fein abreiben. Alle Zitrusfrüchte auspressen. Den Saft mit dem Zucker und den Zitrusschalen gründlich verrühren und über das Zicklein gießen. Weitere 30 Min. garen, dabei immer wieder mit der Sauce beschöpfen.

Capretto (Zicklein) wird in Italien fast ebenso gerne zubereitet wie Lamm, kommt aber dennoch seltener auf den Tisch. Bei uns ist es in der Regel nur auf Vorbestellung zu bekommen, fragen Sie also rechtzeitig bei Ihrem Metzger nach.

Reportage

Safran – das rote Gold der Abruzzen
Rund um das hübsche Bergdörfchen Navelli gedeiht die begehrte Kostbarkeit

Bereits 1500 Jahre vor Christi Geburt wurden Safranfäden verwendet, damals allerdings in der Medizin und zum Färben. Nach Europa fanden die attraktiven Pflanzen ihren Weg über die Araber zuerst nach Spanien. In den Abruzzen pflanzte man die Zwiebeln einer Krokusart (crocus sativus) wahrscheinlich schon im 13. Jahrhundert zum ersten Mal in die Erde – ein Pater hatte sie aus Spanien mitgebracht. Bereits nach kurzer Zeit entdeckte die eher arme Region den Reichtum, den der Glaubensbruder ihnen damit beschert hatte.

Idealer Standort. Die Erde in der Hochebene von Navelli, die bis zur Hauptstadt der Abruzzen L'Aquila reicht, ist ideal für den Safrananbau. Die Pflanzen gedeihen hier nicht nur optimal, der Safran bekommt auf diesem Boden auch ein besonders intensives Aroma. Die Arbeit auf den Feldern beginnt im August, dann werden die Zwiebeln vorsichtig aus der Erde geholt, um sie nicht zu verletzen. Nach dem Säubern kommen sie wieder unter die Erde, allerdings auf einem Feld, das über 5 Jahre hinweg mit anderen Pflanzen bestückt war – etwa mit Gemüse – oder als Weideland diente. Denn Safran ist eine stark zehrende Pflanze, die Böden brauchen diese Erholungsphase also zwischendurch ganz dringend. Außer in den Abruzzen wird Safran auch in anderen italienischen Regionen, zum Beispiel in der Toskana, angepflanzt, nennenswerte Erträge gibt es aber sonst nur auf Sardinien und zwar bei San Gavino, Turri und Villanovafranca.

Begehrte Ausbeute. Etwa im Oktober (der Zeitpunkt schwankt von Jahr zu Jahr etwas) zeigen sich die Blüten auf den Feldern. Wie reich die Ernte ausfällt, hängt vom Wetter ab, im Frühjahr darf es nicht zu viel regnen, im Sommer nicht zu wenig. Außerdem gilt es, die Wildschweine möglichst fern zu halten, die in den Feldern großen Schaden anrichten können. Nicht nur weil die Ausbeute so unsicher ist, sondern auch, weil die Ernte so viel Mühe macht – alle Versuche, die Blüten maschinell zu ernten und die Fäden zu gewinnen, sind bisher gescheitert –, gibt es in den Abruzzen nicht mehr viele Bauern, die sich der Safranernte verschreiben. Wer es dennoch tut, macht es aus Traditionsbewusstsein oder Passion. Die geöffneten Blüten werden geplückt, die Samenfäden herausgeholt und getrocknet. Dass man sich dafür schon früh morgens auf die Felder begibt, hat einen einfachen Grund: Die Fäden von noch geschlossenem oder frisch aufgeblühtem Safran-Krokus haben ein besonders intensives Aroma. Jede Blüte hat normalerweise drei Samenfäden, für 1 Gramm der Fäden muss man bis zu 200 Blüten ernten. So ist es auch kein Wunder, dass das Gramm um die 13 Euro kostet.

In der Küche. Damit Safranfäden Farbe und Geschmack abgeben, ist es nötig, sie in Flüssigkeit einzuweichen. Man zerreibt sie dafür leicht zwischen den Fingern und mischt sie mit Wasser oder auch Wein. Mindestens 10 Minuten sollten sie darin »aufquellen«, je länger man sie jedoch in der Flüssigkeit lässt, um so gelber färbt diese sich und später dadurch auch das Gericht. Die winzige Menge von 0,1 Gramm (so viel enthält in der Regel ein Döschen oder Briefchen) reicht für 4 Portionen. Und: Kaufen Sie immer die Fäden, denn die behalten das Aroma länger als der gemahlene Safran. Wer mit Pulver würzen will, sollte es besser selber zerkleinern. Übrigens verliert Safran (wie andere Gewürze auch) beim Kochen an Aroma. Geben Sie deshalb zumindest einen Teil davon erst in den letzten 10 bis 20 Garminuten an die Gerichte.

a Überwiegend klein sind die Parzellen, auf denen in den Abruzzen Safran angebaut wird. Manchmal gerade so groß, dass die Ausbeute für die Familie und nahe Freunde bis zum nächsten Jahr ausreichend ist. Früher hatte jeder mindestens eine *coppa* – ein 620 Quadratmeter großes Feld.

Reportage

b Ganz früh am Morgen, wenn der Tau noch auf den Feldern liegt und die Blüten geschlossen sind, machen sich die Pflücker auf den Weg zur Arbeit.
c Kurz bevor oder wenn sich die hübsche violette Blüte gerade öffnet, wird sie gepflückt. Da nicht alle gleichzeitig aufblühen, dauert die Ernte etwa 2 Wochen.   d Aus den gepflückten Blüten werden die orangefarbenen Samenfäden vorsichtig herausgezupft und auf ein feinmaschiges Sieb gelegt.
e Macht die Safranernte auch eine Menge Arbeit, so ist sie doch jedes Jahr wieder ein Anlass, um sich zu treffen und während der Arbeit ein nettes Schwätzchen zu halten.   f Über der heißen, aber keinesfalls glühenden Kohle werden die zarten Fäden ganz kurz erhitzt, sie schrumpfen dabei leicht zusammen, färben sich dunkler und werden vor allem so trocken, dass man sie gut lagern kann – gut verpackt übrigens bis zu 3 Jahren.

Abruzzen, Molise und Apulien

Scamorza e verdure alla griglia
Käse und Gemüse vom Grill (Abruzzen)

ZUTATEN für 4 Personen:
2 große Paprikaschoten
2 Zucchini
1 Aubergine
2 kleine Knollen Fenchel
4 zarte kleine Artischocken (nach Belieben)
4 flache weiße Zwiebeln
1/2 Bund Petersilie
fein abgeriebene Schale von 1/2 Bio-Zitrone
6 EL Olivenöl
Salz | Pfeffer aus der Mühle
600 g Scamorza (siehe rechts und Tipp unten)
2 EL Walnusskerne
2 TL Fenchelsamen

ZUBEREITUNGSZEIT: 1 Std.
PRO PORTION: ca. 625 kcal

Die *scamorza* – ein gekneteter und geformter »Teig« aus einer ähnlichen Masse wie für *mozzarella* – kommt in den Abruzzen besonders oft auf den Tisch und ist dabei sehr häufig kein *antipasto*, sondern wird auf den Speisekarten eindeutig als Hauptgericht aufgeführt. Manchmal findet man für den Käse sogar eine eigene Rubrik, dann erhält man ihn beispielsweise pur vom Grill, mit *salsicce* (frischen Würsten), mit Steinpilzen oder mit Schinken.

Doch auch bei den *antipasti* kann er als *crostino* glänzen. Dafür wird Brot kurz in Milch gelegt, dann in einer feuerfesten Form mit *scamorza*-Scheiben bedeckt und im heißen Ofen erhitzt, bis der Käse geschmolzen ist.

Tipp:
Kaufen Sie die *scamorza* bei einem guten Käsehändler und verlangen Sie eine nicht zu reife Sorte.

Weinempfehlung:
Weißwein der Region, etwa ein Trebbiano d'Abruzzo.

1 Das Gemüse waschen. Paprikaschoten durch den Stiel halbieren, Stiel und Trennhäute samt den Kernchen entfernen, die Hälften der Länge nach jeweils in 3 Stücke schneiden. Die Zucchini und Aubergine putzen und längs in 1 cm dicke Scheiben schneiden. Den Fenchel der Länge nach vierteln. Den Strunk so herausschneiden, dass die Schichten noch zusammenhalten. Die Artischocken putzen und der Länge nach vierteln. Die Zwiebeln schälen und einmal quer durchschneiden.

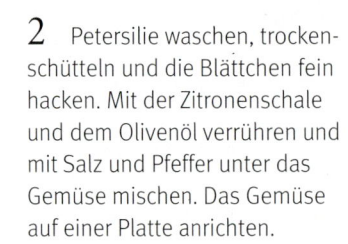

2 Petersilie waschen, trockenschütteln und die Blättchen fein hacken. Mit der Zitronenschale und dem Olivenöl verrühren und mit Salz und Pfeffer unter das Gemüse mischen. Das Gemüse auf einer Platte anrichten.

Abruzzen, Molise und Apulien

3 Die Scamorza entrinden und in gut 1 cm dicke Scheiben schneiden. Die Walnusskerne in kleine Stücke brechen und mit den Fenchelsamen mischen.

4 Den Holzkohlegrill anheizen oder den Backofengrill vorheizen. Das Gemüse nach und nach von beiden Seiten grillen, bis es schön gebräunt ist. Das braucht je nach Gemüse 8–12 Min. Auf einer Platte warm halten.

5 Käsescheiben nebeneinander auf den Grillrost (Alufolie unterlegen) oder aufs Backblech (Backpapier unterlegen) legen. Über der Glut oder unter den Grillschlangen (etwa 10 cm Abstand) etwa 3 Min. grillen. Dann wenden, mit der Walnussmischung bestreuen und noch einmal 2–3 Min. grillen, bis der Käse anfängt zu zerlaufen und braun wird. Mit dem Gemüse servieren.

Sponsali al forno
Frühlingszwiebeln aus dem Ofen (Apulien)

ZUTATEN für 4 Personen:
500 g Frühlingszwiebeln
500 g Cocktailtomaten
1 roter Peperoncino (nach Belieben) | 1/2 Bund Oregano
2 EL Kapern (in Salz)
6 EL Olivenöl | Salz
1/2 Bund Basilikum

ZUBEREITUNGSZEIT: 25 Min.
GARZEIT: 45 Min.
PRO PORTION: ca. 205 kcal

1 Backofen auf 180° vorheizen. Die Frühlingszwiebeln waschen, putzen und mit dem knackigen Grün in etwa 5 cm lange Stücke schneiden. Dicke Zwiebeln auch längs halbieren.

2 Die Tomaten waschen und halbieren. Peperoncino waschen, entstielen und mit den Kernen in Ringe schneiden. Den Oregano waschen, trockenschütteln und fein hacken. Kapern gründlich abbrausen und grob hacken.

3 Die Frühlingszwiebeln mit Tomaten, Peperoncino, Oregano, Kapern und Öl in einer hitzebeständigen Form mischen, salzen. Im Ofen (Mitte, Umluft 160°) etwa 45 Min. garen, bis die Zwiebeln gar und gebräunt sind. Vor dem Servieren gezupfte Basilikumblättchen aufstreuen.

Sponsali heißen die Frühlingszwiebeln im Dialekt Apuliens. Sie verfeinern etwa die *frittata*, werden roh in feinen Ringen unter Salat gemischt oder in Stücken mit Fleisch geschmort. Am besten schmecken die fleischigen jungen Zwiebeln mit dem würzigen Grün. Die Zwiebeln hier kann man auch kalt auf dem Buffet servieren.

Melanzane al coppo
Auberginen aus dem Tontopf (Abruzzen)

ZUTATEN für 4 Personen:
2 Auberginen (etwa 600 g)
je 1 rote, grüne und gelbe Paprikaschote
2 weiße oder rote Zwiebeln
4 Knoblauchzehen
1 Bund Petersilie
1 getrockneter Peperoncino
2 EL Rotweinessig
6 EL Olivenöl
Salz
1/4 Bund Basilikum

ZUBEREITUNGSZEIT: 20 Min.
GARZEIT: 45–50 Min.
PRO PORTION: ca. 230 kcal

1 Auberginen waschen, putzen und in gut 1 cm große Würfel schneiden. Die Paprikaschoten waschen, vierteln und putzen, in 2 cm breite Streifen teilen. Die Zwiebeln schälen, vierteln und ebenfalls in Streifen schneiden.

2 Den Knoblauch schälen. Die Petersilie waschen und trockenschütteln und ohne die groben Stängel mit dem Knoblauch und dem Peperoncino fein hacken.

3 Einen Römertopf wässern oder eine Tajineform auf den Herd stellen. Das Gemüse mit Zwiebeln, Knoblauchmischung, Essig und Öl mischen, salzen und in den Tontopf oder die -form geben.

4 Das Gemüse im Römertopf in den kalten Ofen (unten) schieben, auf 200° (Umluft 180°) schalten und das Gemüse etwa 50 Min. garen. Das Gemüse in der Tajineform auf dem Herd etwa 45 Min. bei mittlerer Hitze garen. Dabei ein- bis zweimal durchrühren. Vor dem Servieren die Basilikumblättchen in kleine Stücke zupfen.

Tiella di patate e catalogna
Kartoffeln und Löwenzahn aus dem Ofen (Apulien)

ZUTATEN für 4 Personen:

500 g Catalogna (kultivierter Löwenzahn, vom Gemüsemarkt oder aus dem Bio-Laden)
Salz | 3 Frühlingszwiebeln
300 g Tomaten | 6 EL Olivenöl
2 getrocknete Peperoncini
1/8 l trockener Weißwein
50 g Semmelbrösel
4 Knoblauchzehen
1 Bund Petersilie
500 g vorwiegend fest kochende Kartoffeln
100 g frisch geriebener Pecorino oder Caciocavallo (gebrühter Kuhmilch-Käse)

ZUBEREITUNGSZEIT: 45 Min.
GARZEIT: 1 1/4 Std.
PRO PORTION: ca. 425 kcal

1 Die Catalogna waschen und das Stielende abtrennen, die Blätter in etwa 3 cm lange Stücke schneiden. In einem Topf Salzwasser zum Kochen bringen, das Gemüse darin in etwa 1 Min. zusammenfallen lassen. Im Sieb abschrecken, abtropfen lassen.

2 Frühlingszwiebeln waschen, putzen und mit den knackigen grünen Teilen in etwa 1 cm breite Ringe schneiden. Die Tomaten waschen und achteln, dabei die Stielansätze entfernen. In einem Topf 2 EL Öl erhitzen, die Frühlingszwiebeln darin andünsten. Tomaten dazugeben, Peperoncini zerkrümeln und untermischen. Mit dem Wein aufgießen, salzen und offen bei mittlerer Hitze etwa 15 Min. köcheln lassen.

3 Inzwischen die Semmelbrösel in einer Pfanne unter Rühren goldgelb rösten. In eine Schüssel umfüllen. Den Knoblauch schälen und fein schneiden. Die Petersilie waschen, trockenschütteln und fein hacken. Mit dem Knoblauch unter die Semmelbrösel mischen.

4 Den Backofen auf 180° vorheizen. Die Kartoffeln schälen, waschen und in feine Scheiben hobeln. Den Löwenzahn mit den Tomaten mischen.

5 Die Kartoffeln und die Löwenzahnmischung lagenweise in eine hitzebeständige Form schichten, dabei jede Lage mit etwas Brösel-mischung und ein bisschen Käse bestreuen. Übrigen Käse auf der Oberfläche verteilen, restliches Olivenöl darüber träufeln. Das Gemüse im Ofen (Mitte, Umluft 160°) etwa 1 1/4 Std. backen, bis die Kartoffeln schön weich sind. Falls das Gemüse dabei zu sehr bräunt, mit Alufolie abdecken. Aus dem Ofen nehmen und kurz stehen lassen, dann servieren.

5 Das Gemüse abschmecken und mit dem Basilikum bestreut servieren. Es schmeckt heiß, aber auch lauwarm und kalt sehr gut.

Der coppo ist ein Tonkrug, in dem man in den ländlichen Regionen der Abruzzen und in Molise gerne Zutaten direkt in der Glut brutzelte. Ob Kartoffeln oder die verschiedensten Gemüse – alles wanderte pur in den Topf und wurde gut verschlossen in der großen Hitze schnell gar. Würze bekam das Gemüse hinterher. Beim langsameren Schmurgeln im Römertopf oder der Tajine dürfen Knoblauch, Petersilie, Essig und Öl gleich mit dem Gemüse hinein.

Reportage

Gemüse – unbekanntere Sorten
Vor allem im Süden Italiens gibt's in Sachen Gemüse viel zu entdecken

Markt in L'Aquila, Lecce oder Otranto, aber auch in Palermo, Neapel oder Matera – Berge von dicken roten Schoten, saftigen grünen Blättern, Spargel, Kohl, Artischocken und Karden. Im Süden gedeihen diese Gemüse und verwöhnen die Menschen mit viel Aroma. Gut, dass viele von ihnen inzwischen den Weg bis zu uns finden.

Catalogna oder Cicoria. Die Staudenpflanze hat Blätter wie unser Löwenzahn, nur sind diese viel länger und können tief grün oder hellgrün sein. Letztere Stauden werden wie Chicorée gebleicht, damit die Blätter hell bleiben. *Catalogna* gibt es im Frühling und Sommer, sie wird mit den Stielen in Stücken geschmort oder gedünstet und schmeckt wie Löwenzahn leicht bitter. In Apulien wird *catalogna* sehr gerne mit frischen Dicken Bohnen *(fave)* gegart und als Beilage – beispielsweise zum Lamm – serviert.

Cime di rapa. Diese Gemüsespezialität ist mit der Speiserübe verwandt und wird in der deutschen Übersetzung Stengelkohl genannt. Entstanden ist das würzige Gemüse aus einem im Mittelmeerraum heimischen Wildkraut. Die dunkelgrünen Blätter mit den langen Stielen und den feinen kleinen Röschen, die wie junger Brokkoli aussehen, schmecken aromatisch und leicht bitter, die Röschen dagegen eher zart. Verwendet werden Blätter wie Röschen, die dicken Stiele muss man abschneiden. Man serviert das Gemüse als Beilage oder – mit einem Stück Käse und geröstetem Brot – als kleine Mahlzeit. Kaufen können Sie *cime di rapa* inzwischen auch bei uns auf größeren Gemüsemärkten, ersetzen lässt er sich am ehesten durch asiatischen Choisum.

Fave. Bei uns heißen die mit der Wicke verwandten Dicken Bohnen auch Sau- oder Puffbohnen. Inzwischen findet man die frischen dicken langen Hülsen mit den Kernen im Frühling und Frühsommer auch hier auf größeren Märkten oder in türkischen und griechischen Läden. Sind sie noch jung, kann man die Kerne nach dem Enthülsen wie sie sind kochen oder schmoren. Bei größeren älteren hingegen muss man die Bohnenkerne zusätzlich von der dicken ledrigen Schale befreien. Die lässt sich am besten nach dem Blanchieren ablösen. In Italien werden *fave* übrigens nicht nur frisch, sondern auch getrocknet verwendet. Ganz junge frische *fave* isst man roh, ältere werden gekocht, mit Olivenöl beträufelt oder mit anderen Gemüsen gemischt.

Cardi. Die Karde heißt auch Gemüseartischocke, ist ein Distelgewächs und gilt als die Stammform der Artischocke. *Cardi* schmecken würzig, leicht nussig und bitter. Von dem Herbst- und Wintergemüse werden die leicht pelzigen Stangen verwendet, die äußerlich dem Stangensellerie, geschmacklich der Artischocke ähneln. Die Stangen von allen Blattresten und den Fäden befreien und in Stücke schneiden. Man kocht sie in Salzwasser und zieht anschließend die Haut ab. Danach werden sie im Süden mit einer Tomatensauce gemischt, frittiert oder überbacken, die zarten inneren Stangen schmecken allerdings auch roh als Salat.

Carciofi. Artischocken sind in Italien stets eher länglich und bereichern die Winter- und die Frühlingsmonate. Die kleinen zarten Sorten werden nach dem Putzen (immer so viele Blätter entfernen, bis sie sich am unteren Ende leicht beißen lassen, Stiel spitz zuschneiden) roh genossen, gebraten oder frittiert, die größeren (bei denen man das Heu entfernen muss) am liebsten geschmort oder gefüllt. Aus dem Süden kommen Artischocken mit stacheligen Blättern. Vorsicht beim Putzen!

a Geschmorte Catalogna: 700 g Catalogna waschen, putzen und grob hacken. 2 rote Zwiebeln und 2 Knoblauchzehen schälen, fein schneiden und in 2 EL Olivenöl andünsten. Catalogna dazugeben, mit 1–2 zerkrümelten getrockneten Peperoncini würzen, salzen und mit 1/8 l Wasser etwa 10 Min. garen. Zum Schluss 2 EL schwarze Oliven untermischen und 2 EL frisches Olivenöl darüber gießen.

a

Reportage

b　Blumenkohl wird in Italien gerne verwendet, ob roh im *pinzimonio* (rohes Gemüse, das in Olivenöl getunkt wird), gekocht in der Suppe oder gratiniert. Im Süden findet man auf den Märkten vor allem sehr würzigen, lila Blumenkohl.　　c　In der Toskana beliebt: *cavolo nero*, auch Schwarzkohl genannt, der mit unserem Grünkohl verwandt ist. Blätter von den Stielen abtrennen, in Streifen schneiden, kochen oder schmoren.　　d　Feinschmecker gehen im Frühjahr auf die Suche nach wildem Spargel, der besonders aromatisch ist. Der immergrüne Spargel hat eine kurze Garzeit.　　e　Auf den lokalen Märkten ist Gemüse der Saison stets ganz frisch im Angebot.　　f　Nachdem die äußeren Artischockenblätter abgezupft sind, werden die restlichen mit der Schere gekürzt.　　g　Ganz junge Artischocken haben noch kein Heu, bei etwas älteren muss man es vor dem Garen aus dem Inneren entfernen.

Crema al limone
Zitronencreme (Abruzzen)

ZUTATEN für 4 Personen:
1 große Bio-Zitrone
50 g kandierte Zitronenscheiben
40 g Mandelstifte
60 g weiche Butter
100 g Zucker
1 zimmerwarmes Ei (Größe M)
3 zimmerwarme Eigelbe (Größe M)
250 g Sahne
Puderzucker zum Bestäuben

ZUBEREITUNGSZEIT: 35 Min.
PRO PORTION: ca. 580 kcal

1 Die Zitrone heiß waschen und die Schale fein abreiben, den Saft auspressen. Kandierte Zitronen in kleine Würfel schneiden. Mandelstifte in einer Pfanne unter Rühren goldgelb rösten.

2 Die Butter mit dem Zucker in einer Schüssel (am besten aus Metall) schaumig schlagen. Das Ei und die Eigelbe unterschlagen, den Zitronensaft untermischen. Dann die Masse in einem heißen Wasserbad schlagen, bis sie dicklich wird. Die Schüssel in eiskaltes Wasser stellen und die Schaummasse kalt rühren.

3 Die Sahne steif schlagen und mit den kandierten Zitronenstückchen unter die Creme heben.

4 Die Zitronencreme in Schälchen verteilen. Mit den Mandelstiften garnieren, mit dem Puderzucker bestäuben und rasch servieren.

Semifreddo alla nocciola
Halbgefrorenes mit Haselnüssen (Apulien)

ZUTATEN für 6 Personen:
4 Eigelbe (Größe M)
80 g Zucker
100 ml Milch
50 g Nussnougat
50 g Haselnusskerne
2 Bio-Orangen
300 g Sahne
Puderzucker zum Bestäuben

ZUBEREITUNGSZEIT: 35 Min.
GEFRIERZEIT: 3–4 Std.
PRO PORTION: ca. 370 kcal

1 Die Eigelbe mit dem Zucker in einer Schüssel (am besten aus Metall) schaumig schlagen. Die Milch dazugießen und die Schüssel ins heiße Wasserbad stellen. Die Masse aufschlagen, bis eine dickliche Creme entstanden ist. Die Schüssel in eiskaltes Wasser stellen und die Creme kalt rühren.

2 Nussnougat klein schneiden, in eine kleine Schüssel geben und im Wasserbad schmelzen. Die Haselnusskerne fein hacken. Die Orangen heiß waschen, die Schale dünn abschälen und in sehr feine Streifen schneiden. Die Sahne steif schlagen.

3 Nougat mit Nüssen und der Orangenschale unter die Eigelbcreme rühren, Sahne unterheben. Die Masse in sechs Förmchen (je etwa 200 ml Inhalt) füllen und für 3–4 Std. in den Tiefkühler stellen.

4 Dann Orangen so schälen, dass die weiße Haut entfernt wird. Die Filets zwischen den Trennhäuten herausschneiden. Die Förmchen kurz in heißes Wasser tauchen und die Semifreddi auf Teller stürzen. Mit den Orangenfilets garnieren, mit Puderzucker bestäuben.

Ricotta fritta con composta di fichi

Frittierte Ricotta mit eingekochten Feigen (Apulien)

Eine Kornkammer Italiens liegt im fruchtbaren Apulien, wo sich nach der Po-Ebene die zweitgrößte Ebene des Landes hinzieht. So ist nicht nur das Brot Apuliens in ganz Italien berühmt und die Pasta legendär, sondern das Getreide findet sogar als ganzes Korn Verwendung. *Grano cotto* – ganze Getreidekörner, in eingekochtem Wein gegart und mit Zucker und Gewürzen verfeinert – ist eine beliebte Nachspeise und wird sogar zu diesem cremigen Eis serviert.

ZUTATEN für 6 Personen:
Für die Feigen:
500 g sehr reife und aromatische Feigen
50 g Zucker
Saft von 1 Zitrone
1/8 l trockener Weißwein
Für die Ricotta:
2 Eier (Größe M)
50 g Mehl
400 g Ricotta
1/2 l Olivenöl zum Frittieren
Puderzucker zum Bestäuben

ZUBEREITUNGSZEIT: 45 Min.
PRO PORTION: ca. 425 kcal

1 Die Feigen waschen und die Stielenden abschneiden. Feigen in 1 cm große Würfel schneiden und mit Zucker, Zitronensaft und dem Wein in einen Topf geben. Erhitzen und offen in etwa 20 Min. bei schwacher Hitze dickflüssig einkochen lassen. Dabei immer wieder durchrühren, damit nichts anbrennt.

2 Die Feigen in eine Schüssel füllen und abkühlen lassen. Dann eventuell noch mit etwas Zucker oder Zitronensaft abschmecken.

3 Die Eier in einen tiefen Teller aufschlagen und leicht verquirlen. Das Mehl in einen anderen Teller geben. Ricotta in mundgerechte Stücke teilen.

4 Das Öl in einem weiten Topf erhitzen. Die Ricottastücke zuerst im Mehl wenden, dann durch die Eier ziehen. Portionsweise ins heiße Öl legen und in 3–4 Min. goldbraun frittieren. Dabei ab und zu umdrehen. Ricottastückchen mit dem Schaumlöffel herausheben und auf einer dicken Lage Küchenpapier abtropfen lassen.

5 Zum Servieren Feigen auf Tellern verteilen. Ricottastückchen darauf setzen und leicht mit Puderzucker bestäuben.

Überall im Süden ist der Reichtum an Feigenbäumen so groß, dass ihre Früchte für vielerlei Gerichte verwendet werden. Eingekocht wie hier, zu Konfitüre verarbeitet, getrocknet und in Schokolade getaucht (wie man es vor allem aus Kalabrien kennt), pikant eingemacht und zu Käse serviert und sogar kurz gebraten und mit frischen Nudeln und Käse gemischt – die Bandbreite ist wahrlich enorm.

Basilikata und Kalabrien

Der Süden: brennende Sonne, karges Hügelland und die reizvollste Küche

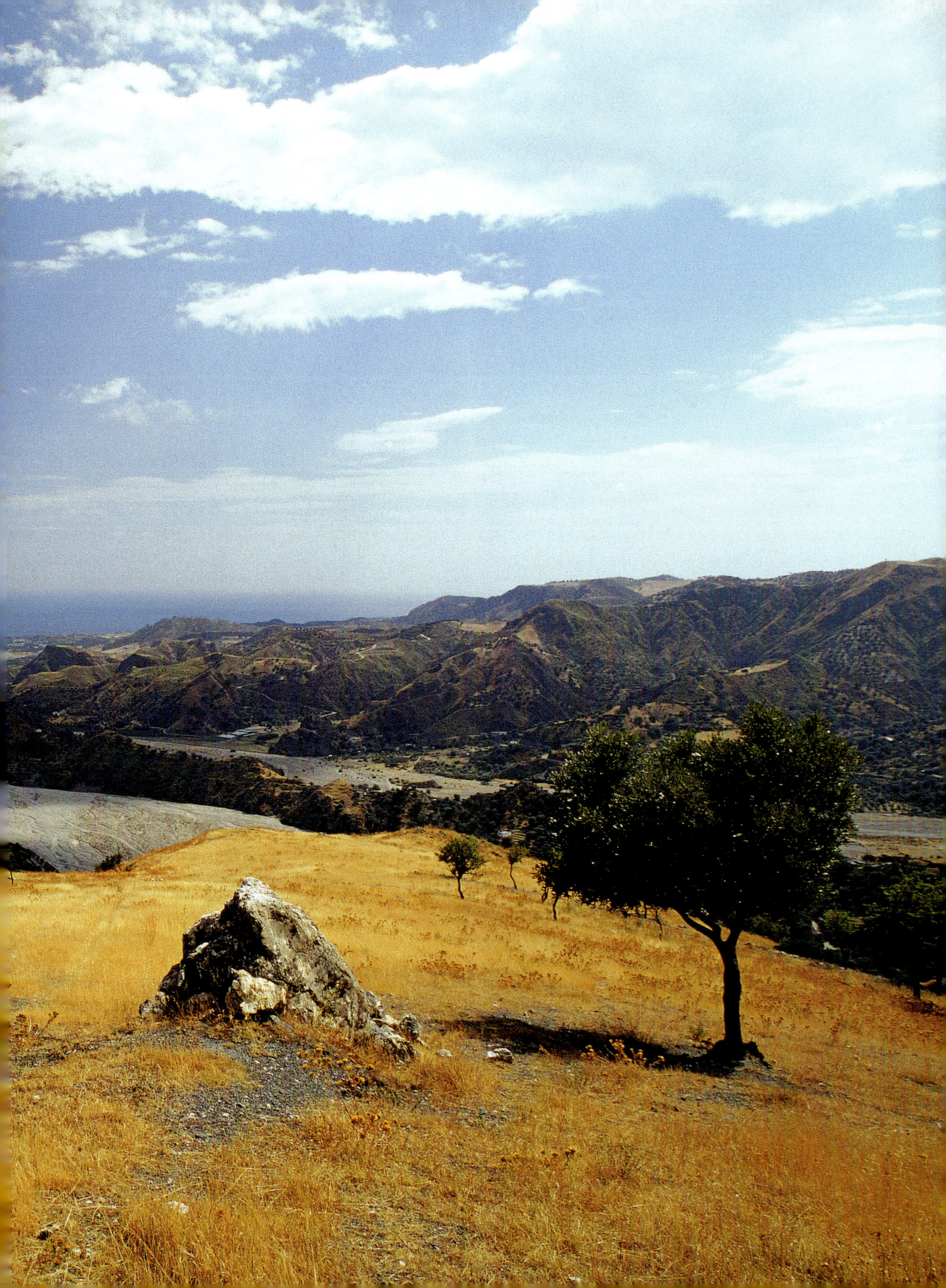

Basilikata und Kalabrien

Das Land und seine Produkte
Frische Meeresfrüchte aller Art, Hartweizen für die Pasta und Schweine für die Wurst

Denkt man sich den Süden Italiens als Fuß, so wäre Kalabrien die Spitze und die Basilikata der Knöchel. Während Kalabrien fast rundum von Meer umgeben ist, hat die Basilikata, das alte Lukanien, nur wenige Kilometer Küste, dafür viele Berge und Hügel. Fisch auf der einen, Weizen und Gemüse auf der anderen Seite.

Wilde Bergwelt. Ein Großteil der Basilikata besteht aus kargem, steilem Bergland. Auf kleinen Feldern bauen die Bewohner rundliche Auberginen, Bohnen, Tomaten und Paprikaschoten, vor allem aber scharfe Peperoncini an. Inmitten des Landes, an den Hängen des erloschenen Vulkans Monte Vulture mit fruchtbaren Böden, gedeihen Weizen, Weinreben für den *Aglianico*, Oliven, Gemüse und Obst und aus dem Norden des Landes kommen im Herbst Kastanien. Was die Menschen nicht anbauen, sammeln sie. Besonders Pilze wie die *cardoncelli* (Kräuterseitlinge, ähnlich den Austernpilzen) und die *ovuli* (Kaiserlinge) sind neben Steinpilzen und Pfifferlingen sehr beliebt. Wilde Zichorie (Wegwarte), Wildspargel und Wildkohl *(cime di rapa)* sowie die kleinen wilden *lampascioni*-Zwiebeln werden ebenfalls nicht verschmäht. Von wilden Kräutern, Gräsern und Beeren ernähren sich auch die berühmten Podolica-Kühe, die halbwild in den Provinzen Potenza und Matera gehalten werden. Aus ihrer Milch wird der beste *caciocavallo*-Käse produziert. Auch Ziegen und Schafe geben Milch für die Käseherstellung und Fleisch für den Sonntagsbraten.

Die Schweine sind in der Basilikata und in Kalabrien die wichtigsten Fleischlieferanten. Vor allem für Wurstwaren wie die *luganiga* oder die *lucanica*, traditionelle lukanische Schweinswürstchen (teilweise mit Kräutern gewürzt), die schon bei den alten Römern geschätzt waren.

Lange Küste. Meer gibt es genug rund um Kalabrien. Tunfisch und Schwertfisch sind hier ebenso beliebt wie auf Sizilien, das ja nur einen Steinwurf weit entfernt liegt. Aber auch Meeresfrüchte aller Art, Seeigel und sogar die winzig kleinen Jungfische, die *rosamarina*, finden ihre Liebhaber. Um Tropea und am Capo Vaticano werden dicke rote Zwiebeln angebaut, die so mild sind, dass sie hier vorwiegend roh gegessen werden. Auf den kargen, kalkarmen Böden reifen besonders würzige Auberginen, die die Grundlage vieler Gerichte sind. Gemüse spielt hier ohnehin eine wichtigere Rolle als Fleisch, und Dicke Bohnen, aus dem eigenen Garten frisch aus der Haut gepellt, gelten als Delikatesse, die man seinen Freunden zu einem Glas Wein serviert. Die Oliven, die hier geerntet werden, ergeben ein ganz besonders fruchtiges und würziges Öl, das intensiv nach wildem Fenchel schmeckt. Und was wäre Kalabrien ohne den Hartweizen, der mit seinem kleberreichen Mehl die vielen handgemachten Nudelsorten ohne Eizugabe gelingen lässt. Und schließlich wachsen hier noch Zitrusfrüchte in Hülle und Fülle. Nicht zu vergessen die Feigen aus den Hügeln des Cosentino, die an der Sonne getrocknet und im Ofen gebacken oder gegrillt werden.

In der Basilikata, in den Provinzen Potenza und Matera, wird die alte Rasse der Podolica-Rinder gezüchtet. Sie sollen ursprünglich aus der Türkei stammen. Die Tiere leben heute halbwild auf den freien Flächen des südlichen Apennins und ernähren sich von Gräsern, Wildkräutern und Beeren. Ihre Milch ist außergewöhnlich würzig und wird für den besten Käse der Region, den *caciocavallo podolico,* einen gebrühten Knetkäse ähnlich dem *provolone,* verwendet.

Basilikata und Kalabrien

Die roten Zwiebeln, die hier vor einem Laden in Tropea hängen, können fast als Wahrzeichen Kalabriens gelten. Sie sind besonders mild und werden nicht nur in Gerichten mitgeschmort, sondern gerne auch roh gegessen.

Steilküsten und Buchten mit herrlich feinem Sandstrand – das Capo Vaticano im Westen Kalabriens ist ein beliebtes Urlaubsziel. Im Hinterland werden die milden roten Zwiebeln, Weizen, würzige Auberginen, Kartoffeln und aromatische Tomaten angebaut.

Für die Ricotta, die »Wiedergekochte«, wird die Molke, die bei der Käseherstellung verbleibt, erneut mit Vollmilch versetzt und erhitzt. So entsteht ein etwas krümeliger, feuchter und quarkähnlicher Frischkäse.

Die Basilikata ist immer noch ein Urlaubsziel für Individualisten. Die kleinste Region Italiens hat zwar keinen Flughafen, dafür aber eine faszinierende Landschaft und reizende Städtchen wie Maratea Superiore, das seinen Gästen auch kulinarisch etwas zu bieten hat.

Wie im benachbarten Sizilien gehört der riesige Schwertfisch in Kalabrien zu den beliebtesten Fischsorten. Geräucherter Schwertfisch wird hier sogar ähnlich wie Speck zum Würzen verwendet.

Basilikata und Kalabrien

Die Küche
Die Kunst, aus einfachen Zutaten das Beste zu machen

Neben Fisch, der an den endlosen Küsten Kalabriens täglich auf den Tisch kommt, gehören Hülsenfrüchte zu den Favoriten dieser Region und der Basilikata. Ob rote Bohnen *(fagioli rossi),* Kichererbsen *(ceci)* oder die Dicken Bohnen *(fave),* die am liebsten frisch verzehrt werden. Auberginen, Tomaten, rote Zwiebeln und vor allem scharfe Peperoncini sind die Grundlage einer einfachen, aber würzigen und raffinierten Kochkunst, die in ihrer klassischen Art so modern wirkt, dass sie nur wieder neu entdeckt werden muss.

Rot und scharf. Gerichte, in denen keine Peperoncini vorkommen, gibt es im *mezzogiorno,* wie der Süden auch genannt wird, kaum. Frisch oder getrocknet, ganz oder zu Pulver zermahlen, die roten Schoten sind allgegenwärtig. Eine Zutat etwa, ohne die die kalabrische Küche nie auskommt, ist *n'duja,* eine Art höllisch scharfer Streichwurst, für die Schweinefleisch mit Peperoncini durch den Fleischwolf gedreht, mit Knoblauch und Kreuzkümmel gewürzt, in Schweinemägen gefüllt und dann geräuchert wird. *N'duja* wird auf Brot gestrichen, in Pastasaucen gerührt oder als Würze für Eintöpfe und Hülsenfrüchte verwendet.

Gemüse satt. In keiner anderen Region gibt es so vielfältige Zubereitungen für Auberginen wie in Kalabrien und der Basilikata. Dabei hat es ziemlich lange gedauert, bis sie sich hier ihren festen Platz in der Küche sichern konnten. Daneben sind Artischocken, Fenchel, Paprikaschoten, Wildgemüse und Pilze immer wieder gut für neue Ideen und ergänzen die hausgemachte Pasta mit originellen Saucen.

Schwein muss man haben. Fleischgerichte sind besonders in der küstenarmen Basilikata beliebt, vor allem Schweinefleisch als Ragout, daneben auch Lamm- und Ziegenfleisch, mit buntem Gemüse geschmort und mit Wildkräutern gewürzt. Zum Abschluss gibt es dann frische Schaf- oder Ziegenkäse mit hausgemachten Konfitüren, Blätterteiggebäck oder frisch gesammelte Waldbeeren.

Die exotischen Früchte aus Südamerika, die Tomaten, fanden hier im Süden die besten klimatischen Bedingungen und eroberten erst später das übrige Italien. Um sie das ganze Jahr über verfügbar zu haben, halbiert man sie, bestreut sie mit grobem Salz und lässt sie in der Sonne trocknen. Werden diese *pomodori secchi* kurz eingeweicht und in Olivenöl eingelegt, schmecken sie als *antipasti,* würzen Saucen, Brot und Pizzen.

Auberginen sind das Nationalgemüse von Kalabrien – vielseitig und unendlich abwandelbar. Die dicken, runden Sorten, die auf der Schale weiße Streifen haben, stehen hier an erster Stelle auf der Beliebtheitsskala. Da die ursprünglichen Sorten herb und bitter schmeckten, wurden sie erst vor etwa 100 Jahren für die Küche entdeckt: Erst als man herausfand, dass sie ihre Bitterkeit durch Einsalzen und späteres Abspülen verlieren, konnten sie ihren Siegeszug als *melanzane* antreten.

Frisch aus dem Meer in die Pfanne, so bekommt man in den einfachen Strandrestaurants am Capo Vaticano noch den Fisch. Winziger Schwertfisch *(spatola),* verschiedene Brassen *(mormore, occhiate)* und Wolfsbarsch *(spigola)* gehören zu den bevorzugten Fischsorten.

Was wie ein Meer von Blumen aussieht, sind die Blüten der roten Zwiebeln, die rund um Tropea und am Capo Vaticano, an der Westküste Kalabriens, auf riesigen Feldern angebaut werden. Da die Zwiebeln sehr mild sind, werden sie sehr gern roh gegessen, aber gleichermaßen auch als Gemüsegericht geschmort.

Der Gang zum Markt gehört zum täglichen Ritual. Beim Einkauf von Zwiebeln, Auberginen, Tomaten, Paprikaschoten, Fenchelknollen, Staudensellerie, Kartoffeln aus den Hochebenen der Sila wie auch von eingelegtem Gemüse, Oliven und Peperoncini werden Rezepte ausgetauscht und die aktuellen Tagesgeschehnisse diskutiert.

Auch die Ernte und das Putzen der Zwiebeln auf dem Feld ist für die Frauen eher ein geselliges Ereignis als harte Arbeit. Der Mann dabei hat die Aufgabe, ständig die Messer zu schärfen, damit die Zwiebeln beim Putzen keinen Saft verlieren. Hier wird die runde *tonda* geerntet, es gibt auch noch eine länglichere Sorte, die *lunga* genannt wird. Beide schmecken einmalig süß und würzig, sind außen fast lila, innen aber weiß.

Basilikata und Kalabrien

Die Weine
Aufbruchstimmung am Vulkan und die Entdeckung alter Rebsorten

Die Basilikata scheint aus nur einem Weinberg zu bestehen: dem erloschenen Vulkan Vulture, an dessen staubbedeckten Hängen die Aglianico-Rebe herausragende Rotweine hervorbringt. Kalabrien war einmal nur für seinen *Cirò*, einen einfachen, etwas hölzernen Wein, den es in Rot, Rosé und Weiß *(rosso, rosato* und *bianco)* gibt, bekannt. Inzwischen lassen die Bemühungen engagierter Kellereien die Hoffnung wachsen, dass auch hier eine durchaus erfreuliche Entwicklung geschieht.

Aglianico del Vulture. Zwei, die gut zueinander passen: der alte Vulkan Vulture und die rote Rebsorte Aglianico, die spät reift und empfindlich gegen Regen und zu wenig Sonne ist. So hat hier in den letzten Jahren eine beachtliche Ausweitung der Rebflächen und eine Steigerung der Qualität stattgefunden, die die Basilikata gut gebrauchen kann. Denn es wohnen fast nur noch ältere Leute hier, die Jugend ist in andere Gegenden ausgewandert, wo sie Arbeit findet. Der *Aglianico del Vulture* ist ein warmer, voller und üppiger Wein mit Kraft und Fülle, der gut zu dunklem Fleisch, aber auch zu den scharf-würzigen Gemüsegerichten des Südens passt.

Daneben gibt es in der Basilikata noch die DOC-Region Matera, die mit Rotweinen aus Primitivo-Trauben und einem Spumante aus Malvasia-Trauben glänzt.

Cirò & Co. Kalabrien galt lange Zeit als Schlusslicht des italienischen Weinbaus. Dabei sind die Bedingungen günstig: Weinberge in steilen Hanglagen, kühle Bergtäler und eigenständige Rebsorten, die das Zeug haben, interessante Weine hervorzubringen. Den Hauptanteil bestritt immer der *Cirò,* der vor allem aus der Rebsorte Gaglioppo als Rotwein auf Flaschen gefüllt wird, den es aber auch als Weiß- und Roséwein gibt. Der rote *Savuto,* ebenfalls aus Gaglioppo mit regionalen Rebsorten wie Greco nero, Nerello Cappuccio und anderen vermischt, ist schon weniger bekannt, ebenso die Weine *Melissa* und *Scavigna,* die es sowohl als Weiß- wie auch als Rotweine gibt.

Hoffnungsvoll schaut man in der DOC-Region Lamezia in die Zukunft. Rotweine aus Nerello Mascalese, Cappuccio, Gaglioppo, Magliocco sowie die Weißweine aus Greco bianco, Trebbiano und auch Malvasia konnten schon etliche Auszeichnungen erringen.

Noch ein echter Geheimtipp ist der *Moscato di Saracena,* der in der Nähe des Pollino-Nationalparks schon seit Urzeiten erzeugt wird, aber erst in den letzten Jahren wieder zu Ehren kommt. Der nach süßen Zitrusfrüchten und Kräutern schmeckende Wein entsteht aus Malvasia, Guarnaccia und auf Rosten getrockneten Moscatello-di-Saracena-Trauben.

Links: Greco-bianco-Trauben ergeben mit Trebbiano und Malvasia die weißen Lamezia-Weine.
Oben: Berühmte Beispiele der Region (von links nach rechts) – *Vignali, Efesto, Aglianico del Vulture, Venosa.*

Rezepte der Region
Die Schätze der Küche wieder entdeckt und neu interpretiert

ANTIPASTI

- 244 **Cianfotta primavera**
  Frühlingsgemüse
- 246 **Uova con crema di tonno**
  Eier auf Tunfischcreme
- 246 **Funghi impanati**
  Panierte Austernpilze
- 247 **Involtini di melanzane**
  Gratinierte Auberginenröllchen
- 250 **Friselle**
  Zwieback-Kringel
- 250 **Friselle al pomodoro**
  Zwieback-Kringel mit Tomaten
- 251 **N'duja**
  Scharfes Schweinemett
- 251 **Cipolle in agrodolce**
  Rote Zwiebeln mit Minze

PRIMI PIATTI

- 252 **Filei alla ricotta casalinga**
  Gerollte Nudeln mit frischer Ricotta
- 254 **Linguine al paparul crusc**
  Nudeln mit getrockneter Paprika
- 255 **Fusilli con le sarde**
  Nudeln mit Sardellen und Knusperbröseln

SECONDI PIATTI

- 258 **Brodetto di pesce**
  Gemischter Fischtopf
- 260 **Baccalà alla molinara**
  Stockfisch mit Oliven und Kapern
- 261 **Alici in padella**
  Sardellen aus der Pfanne
- 262 **Lepre alla cacciatora e maiotica**
  Geschmorter Hase mit Holunderblüten
- 263 **Maiale alla cirotana**
  Schweineragout mit Kalbsklößchen
- 264 **Lombo d'agnello alle olive**
  Lammlende mit Oliven

CONTORNI

- 266 **Pomodori alla lucana**
  Gefüllte Tomaten
- 266 **Romanesco con le alici**
  Romanesco mit Sardellen
- 267 **Surijaca**
  Borlotti-Bohnen mit N'duja und Zwiebeln

DOLCI

- 268 **Fichi al carbone**
  Feigen vom Grill
- 268 **Mustazzuoli**
  Honiggebäck
- 269 **Sorbetto di mandarino**
  Mandarinen-Sorbet

Der *mezzogiorno* ist eine Fundgrube für die junge Küche Italiens. Frische, sonnenverwöhnte Gemüse und Früchte, würzige Kräuter und Zubereitungsarten, die den Eigengeschmack nicht nur betonen, sondern erweitern. Dazu die pikante Schärfe der Peperoncini, die fast alle Gerichte zu einem feurigen Geschmackserlebnis werden lassen.

Basilikata und Kalabrien

Cianfotta primavera
Frühlingsgemüse (Basilikata)

ZUTATEN für 4–6 Personen:
2 kleine Auberginen (je 200 g)
2 Zucchini
2 Zwiebeln
4 Knoblauchzehen
2 Stangen Staudensellerie
500 g Dicke Bohnen in der Hülse (in italienischen und türkischen Gemüseläden, ersatzweise 300 g TK-Dicke-Bohnen)
300 g grüner Spargel
600 g Tomaten
6 EL Olivenöl
150 ml Rotwein
je 1 kleiner Zweig Oregano, Thymian und Rosmarin
2 Salbeiblätter
2 getrocknete Peperoncini
Salz | Pfeffer aus der Mühle
1/2 TL gemahlenes Piment
2–3 Stängel Petersilie

ZUBEREITUNGSZEIT: 40 Min.
SCHMORZEIT: 20 Min.
PRO PORTION (BEI 6 PERSONEN): ca. 325 kcal

Nicht nur in der Basilikata, auch in Kampanien ist ein Gemüsegericht mit Auberginen und Tomaten unter diesem Namen oder als *ciambotta* bekannt. Die Verwandtschaft mit der Ratatouille aus Südfrankreich ist nicht zu übersehen, dort wird allerdings kräftiger gewürzt, während das Charakteristische der *cianfotta* der Eigengeschmack der Gemüsesorten ist, der nicht durch Gewürze überdeckt werden soll.

Ganz puristisch wird eine *cianfotta* in Kampanien aus breiten grünen Bohnen, Zucchini, Zwiebeln und Kartoffeln mit Tomaten geschmort, als Würze dient nur Meersalz, erstklassiges Olivenöl und ein wenig Peperoncino – gehackter Staudensellerie wäre schon zu viel. Bei solch einfachen Gerichten sind aus der Tradition heraus die Aromen der Gemüse so aufeinander abgestimmt, dass sie unverfälscht zur Geltung kommen.

Weinempfehlung:
trockener Weißwein, etwa ein Moscato aus der Basilikata.

1 Die Auberginen und die Zucchini waschen, putzen und in 1 cm dicke, 2 cm lange Stifte schneiden. Die Zwiebeln und den Knoblauch schälen und sehr fein hacken. Den Staudensellerie waschen, putzen und die Stangen ganz klein würfeln.

2 Die Dicken Bohnen aus den Hülsen palen, die harten Häute abziehen (mit dem Daumennagel anritzen, dann lässt sich die Haut leicht ablösen). Den Spargel waschen, nur das untere Drittel der Stangen schälen, holzige Enden abschneiden. Die Stangen in 3 cm lange Stücke schneiden.

3 Die Tomaten mit kochendem Wasser überbrühen, häuten, halbieren und entkernen. Das Fruchtfleisch klein würfeln, dabei die Stielansätze entfernen. In einer Schmorpfanne das Öl erhitzen. Die Auberginen bei starker Hitze in etwa 5 Min. rundum anbräunen, aus der Pfanne heben und auf Küchenpapier abtropfen lassen.

Basilikata und Kalabrien

4 Im verbliebenen Öl in der Pfanne die Zucchini wie die Auberginenstifte anbräunen, herausheben und auf Küchenpapier abtropfen lassen. Die Hitze zurückschalten, Zwiebeln, Knoblauch und Sellerie im Öl bei schwacher bis mittlerer Hitze ganz sanft goldbraun braten.

5 Die Bohnenkerne und die Spargelstücke zugeben und kurz anschmoren, sie sollen nicht bräunen, sondern nur Aroma entwickeln. Die Tomaten unterrühren und offen so lange dünsten, bis sie zerfallen. Mit dem Rotwein ablöschen, aufkochen lassen.

6 Auberginen und Zucchini zurück in die Pfanne geben. Oregano, Thymian und Rosmarin waschen, trockenschütteln und die ganzen Zweige und die Salbeiblätter zum Gemüse geben. Peperoncini darüber zerbröseln, das Gemüse mit Salz, Pfeffer und Piment würzen.

7 Die *cianfotta* bei schwacher Hitze zugedeckt 20 Min. sanft schmoren lassen. Kräuterzweige und Salbeiblätter entfernen, das Gemüse abschmecken. Petersilie waschen, trockenschütteln, fein hacken und über das Gemüse streuen. Lauwarm oder abgekühlt mit frischem Weißbrot servieren.

Basilikata und Kalabrien

Uova con crema di tonno
Eier auf Tunfischcreme (Kalabrien)

ZUTATEN für 4 Personen:
150 g Tunfisch naturell (aus der Dose)
1 EL Kapern (in Salz)
1 ganz frisches Eigelb (Größe M)
1 EL Zitronensaft
75 ml Olivenöl
1 TL Weißweinessig
1–3 EL Weißwein
Salz | Pfeffer aus der Mühle
125 g Rucola
4 hart gekochte Eier (Größe M)

ZUBEREITUNGSZEIT: 30 Min.
PRO PORTION: ca. 315 kcal

1 Den Tunfisch in ein Sieb geben und abtropfen lassen. Die Kapern abbrausen und auf Küchenpapier legen. Den Tunfisch zerpflücken und im Mixer kurz pürieren. Eigelb mit Zitronensaft zugeben und bei laufendem Gerät langsam das Olivenöl zugießen. Essig und so viel Wein darunter mixen, bis eine cremige Sauce entstanden ist. Kapern zugeben und nochmals kurz durchmixen. Die Creme mit Salz und Pfeffer abschmecken, kühl stellen.

2 Die Rucola verlesen und grobe Stiele abknipsen, Blätter waschen und trockenschleudern. Die Eier pellen und in dünne Scheiben schneiden. Beides auf kleinen Tellern anrichten, die Tunfischcreme darüber verteilen. Gleich mit knusprigem Weißbrot servieren.

Die Creme wird gerne auch aus pochiertem Wolfsbarsch zubereitet – und heißt dann *tartaro di branzino*.

Funghi impanati
Panierte Austernpilze (Basilikata)

ZUTATEN für 4 Personen:
700 g Tomaten
2 Knoblauchzehen
etwa 6 EL Olivenöl
Salz | Pfeffer aus der Mühle
1 gute Prise Zucker
1 Msp. gemahlener Peperoncino
2–3 Stängel Basilikum
250 g Austernpilze oder Kräuterseitlinge (aus dem Bio-Laden)
1 Ei (Größe M)
Mehl und Semmelbrösel zum Panieren
Zitronenspalten zum Garnieren

ZUBEREITUNGSZEIT: 45 Min.
PRO PORTION: ca. 260 kcal

1 Tomaten mit kochendem Wasser überbrühen, abschrecken, häuten und entkernen. Fruchtfleisch klein würfeln, dabei die Stielansätze entfernen. Den Knoblauch schälen und fein hacken.

2 2 EL Olivenöl erhitzen, den Knoblauch bei mittlerer Hitze andünsten. Tomaten zugeben und etwa 20 Min. dünsten, dabei öfter umrühren. Sauce mit Salz, Pfeffer, Zucker und Peperoncino pikant abschmecken. Basilikumblätter fein schneiden und unter die Sauce rühren, warm halten.

3 Die Pilze trocken säubern, harte Stielenden abschneiden, größere Pilze längs in Scheiben schneiden, salzen und pfeffern. Das Ei verquirlen. Pilze erst in Mehl, dann im Ei und zuletzt in den Semmelbröseln wenden.

4 In einer Pfanne restliches Öl erhitzen. Die Pilze bei mittlerer Hitze pro Seite etwa 5 Min. braten, bis sie leicht gebräunt sind. Dann sofort mit der Tomatensauce und den Zitronenspalten servieren.

Basilikata und Kalabrien

Involtini di melanzane
Gratinierte Auberginenröllchen (Kalabrien)

ZUTATEN für 4 Personen:
2 große Auberginen (700 g)
Salz | Pfeffer aus der Mühle
1 kg Tomaten
1 Zwiebel
etwa 8 EL Olivenöl
1 getrockneter Peperoncino
40 g gekochter Schinken (in dünnen Scheiben)
40 g junger Pecorino oder Parmesan
70 g grob geraspelte Provola (kugelförmiger milder halbfester Schnittkäse aus Büffel- oder/und Kuhmilch, ersatzweise Butterkäse)
Zahnstocher zum Feststecken

ZUBEREITUNGSZEIT: 45 Min.
GRATINIERZEIT: 15 Min.
PRO PORTION: ca. 335 kcal

1 Die Auberginen waschen, putzen und sehr schräg in etwa 1/2 cm dicke Scheiben schneiden. Mit etwas Salz (am besten aus der Mühle) bestreuen und etwa 30 Min. Saft ziehen lassen.

2 Inzwischen die Tomaten mit kochendem Wasser überbrühen, abschrecken, häuten und entkernen. Das Fruchtfleisch fein hacken, dabei die Stielansätze entfernen. Die Zwiebel schälen und klein würfeln. 2 EL Olivenöl erhitzen und die Zwiebel bei schwacher Hitze andünsten. Den Peperoncino dazubröseln und die Tomaten einrühren, 20 Min. einköcheln lassen.

3 Schinkenscheiben in grobe Stücke schneiden, Pecorino oder Parmesan in feine Scheiben schneiden oder in Späne hobeln.

4 Die Auberginenscheiben mit Wasser abbrausen und mit Küchenpapier trockentupfen. Dann nach und nach in einer Pfanne bei mittlerer Hitze in jeweils etwas Olivenöl kurz anbraten, sodass sie gerade weich werden.

5 Auberginenscheiben auf der Arbeitsfläche auslegen. Schinken und Pecorino oder Parmesan auf den Auberginenscheiben verteilen und aufrollen, die Enden mit Zahnstochern feststecken.

6 Backofen auf 200° (Umluft 180°) vorheizen. Die Tomatensauce mit Salz und Pfeffer abschmecken. Eine hitzebeständige Form mit etwas Öl ausstreichen und mit der Tomatensauce ausgießen. Die Röllchen auf die Sauce setzen, mit der geraspelten Provola bestreuen und im Ofen (Mitte) etwa 15 Min. gratinieren, bis der Käse gerade geschmolzen ist. Lauwarm oder kalt servieren.

In der Basilikata werden für dieses Gericht wild wachsende Kräuterseitlinge *(cardoncelli)* gesammelt, die bei uns als Zuchtpilze im Handel zu bekommen sind.

Reportage

Feine Schätze unter Olivenöl
In Öl eingelegtes Gemüse erfreut sich besonders als Antipasti großer Beliebtheit

Wie die reichen Gaben des Sommers für die gemüsearmen Zeiten haltbar gemacht werden können, dafür haben die Italiener schon sehr früh kreative Lösungen gefunden. Die beliebteste Methode ist, vor allem im Süden, das Einlegen in kaltgepresstes Öl. *Sott'olio*, übersetzt »unter Öl« – womit selbstverständlich Olivenöl gemeint ist –, werden die fertigen Zubereitungen genannt.

Schnelle *antipasti*. Das Problem kennt so gut wie jeder Gartenbesitzer: Ist das angebaute Gemüse erst mal erntereif, so ist die unsagbare Fülle kaum sofort zu verwenden. Also wird eingekocht oder tiefgekühlt. In Italien schätzt man noch immer das Konservieren mit Olivenöl, das den Vorteil hat, dass die Ergebnisse sofort verzehrfertig sind. Zum Beispiel braucht man es als *antipasti* nur noch aus dem Glas zu nehmen. Aus dieser recht einfachen Methode sind in vielen Regionen ganz spezielle Delikatessen entstanden, die oft aufwändig in der Herstellung sind. Zunächst braucht man aromatische, voll ausgereifte Gemüsesorten, die gleich nach der Ernte verarbeitet werden müssen, damit sie ihr Aroma behalten.

Essig und Salz. Zuerst müssen die Gemüse geputzt und zerkleinert, besser gesagt in dekorative Stücke geschnitten werden, sie sollen ja als Vorspeisen auch das Auge erfreuen. Dann folgt ein Bad in kochendem Salzwasser mit Essig oder Zitronensaft, das für die Farbe, den Geschmack und die bessere Haltbarkeit sorgt. Aber nur so kurz, dass das Einlegegut danach noch knackig bissfest ist. Nun muss das Gemüse trocknen, es wird auf Tüchern ausgebreitet und dörrt an luftigen Orten, bis es so viel Flüssigkeit verloren hat, dass es im Öl nicht mehr verderben oder schimmeln kann. Den richtigen Zeitpunkt zu erwischen, dazu gehört eine gute Portion Erfahrung.

Bestes Olivenöl. Manche Gemüsesorten wie Tomaten oder Peperoncini können genauso ohne Vorbehandlung getrocknet werden. Die dick mit Salz bestreuten Tomatenhälften lassen sich nach dem Dörren auch so gut aufbewahren, entwickeln allerdings erst nach einer kurzen Auffrischung in Essigwasser und dem anschließenden Einlegen in Öl ihr würziges Aroma. Anderes Gemüse wird nach der Vorbereitung mit Kräutern und Gewürzen kunstvoll in Gläser geschichtet, mit extra nativem Olivenöl übergossen und luftdicht verschlossen. Das kaltgepresste Öl sorgt für vollständigen Luftabschluss und wirkt durch seine antioxidativen Eigenschaften so konservierend, dass die *sott'olio*-Zubereitungen viele Monate haltbar sind, sofern die Gläser kühl und dunkel gelagert werden.

Regionale Raffinessen. Für *involtini di melanzane sott'olio* werden in Kalabrien Auberginenscheiben roh mariniert, dann mit getrockneten Tomaten und Käse als Füllung zu Röllchen gewickelt und in Öl eingelegt. Kleine zarte Artischocken – geputzt, geviertelt und blanchiert – kommen als *carciofini* ins Öl. *Peperoni sott'olio* aus der Toskana sind rote und gelbe Paprikaschoten, die man gehäutet und getrocknet mit Knoblauch, Salbei, Rosmarin und Öl ins Glas füllt. Aus der Maremma und aus den Abruzzen kommt grüner Spargel, in Stücken blanchiert und mit Kräutern eingelegt. *Funghi muschio*, eine Spezialität der Toskana und Kalabriens, sind Dunkelstreifige Scheidlinge, kleinere Lamellenpilze, die in einem Kräuter-Essig-Sud kurz blanchiert, dann gut getrocknet in Olivenöl eingelegt werden. Und die *peperoncini ripieni* Siziliens sind in Olivenöl »gepackte«, runde Kirschchilis, ausgehöhlt und mit Salzsardellen und Kapern gefüllt.

a Für *pomodori secchi sott'olio* etwa 75 g getrocknete Tomaten waschen. 1 l Wasser mit 4–5 EL Essig aufkochen, über die Tomaten gießen, 20 Min. quellen lassen, bis diese gerade weich sind. Abtropfen lassen, auf einem Tuch auslegen, 2 Std. bei Zimmertemperatur antrocknen lassen. Mit gehacktem Knoblauch und zerbröselten Peperoncini nach Belieben ins Glas schichten, mit rund 50 ml Olivenöl bedecken. 1 Woche ruhen lassen. Geöffnet haltbar: mind. 1 Woche.

Reportage

b   Überall in Mittel- und Süditalien werden bunte Gemüse als Vorrat und schnelle Antipasti in Olivenöl eingelegt. Meist sind es kleine Familienbetriebe, die ihre Produkte dann auch selbst vermarkten. Wenn Sie sich diese Schätze aus dem Urlaub mitbringen: dunkel und kühl, aber nicht im Kühlschrank aufbewahren, sonst flockt das Olivenöl aus. Einmal angebrochen, bald verbrauchen.   c   Erst müssen die Tomaten richtig trocknen, damit sie ihre intensive Würze entwickeln. Dann erst werden sie in Öl eingelegt. Auch Tomatenpüree, das in südlicher Sonne bald zu konzentriertem Tomatenmark wird, gehört zu den wichtigen Vorräten für den Winter.   d   Vor allem Fruchtgemüse wie Zucchini und Auberginen eignen sich, in Scheiben geschnitten und kurz mit Salz-Essig-Wasser überbrüht, gut zum Trocknen und späteren Einlegen.

Basilikata und Kalabrien

Friselle
Zwieback-Kringel (Kalabrien)

ZUTATEN für 4 Brote:
500 g Weizenmehl (Type 1050) + Mehl zum Arbeiten
1 Würfel frische Hefe (42 g)
1 1/2 TL Salz

ZUBEREITUNGSZEIT: 20 Min.
RUHEZEIT: 6 3/4 Std.
BACKZEIT: 1 Std. 10 Min.
PRO BROT: ca. 465 kcal

1 Mehl in eine Schüssel füllen, eine Mulde formen. Die Hefe mit 300 ml lauwarmem Wasser anrühren, in die Mulde gießen. Salzen, zu einem glatten Teig verkneten. Zugedeckt an einem warmen Ort 4–6 Std. gehen lassen.

2 Den Teig auf der leicht bemehlten Arbeitsfläche nochmals durchkneten, zu vier runden, dicken Fladen (18 cm Ø) formen, in der Mitte jeweils ein etwa 5 cm großes Loch ausstechen. Die Teigringe auf ein Backblech mit Backpapier legen, mit einem leicht feuchten Tuch bedecken und 45 Min. gut aufgehen lassen.

3 Den Backofen auf 225° (Umluft 200°) vorheizen, eine hitzebeständige Schale mit Wasser auf den Ofenboden stellen. Die Teigringe mit Wasser bestreichen und im Ofen (Mitte) etwa 25 Min. backen, bis sie leicht gebräunt sind. Aus dem Ofen nehmen und auf einem Kuchengitter etwas abkühlen lassen. Den Ofen auf 150° zurückschalten.

4 Die Ringbrote waagerecht durchschneiden und die Hälften im Ofen (Mitte) in etwa 45 Min. trocknen lassen. Wieder auf das Kuchengitter setzen und vollständig auskühlen lassen. Luftig und trocken aufbewahren.

Friselle al pomodoro
Zwieback-Kringel mit Tomaten (Basilikata)

ZUTATEN für 4 Personen:
4 kleine Tomaten
1 Knoblauchzehe
Salz | Pfeffer aus der Mühle
3 EL Olivenöl
2 EL Weißweinessig
4 Friselle-Hälften (Zwieback-Kringel)

ZUBEREITUNGSZEIT: 20 Min.
PRO PORTION: ca. 295 kcal

1 Tomaten kurz mit kochendem Wasser überbrühen, abschrecken, häuten und entkernen. Fruchtfleisch in kleine Würfel schneiden, dabei die Stielansätze entfernen. Tomatenwürfel in eine Schüssel geben. Den Knoblauch schälen und sehr fein hacken. Mit Salz, Pfeffer und 1 EL Olivenöl unter die Tomaten mischen.

2 In einer zweiten Schüssel 1/4 l Wasser mit dem Essig vermischen. Die Friselle ganz kurz eintauchen, abtropfen lassen und auf kleine Teller legen. Tomatenwürfel gleichmäßig auf die Friselle verteilen, mit dem restlichen Öl beträufeln und servieren.

In der Basilikata gehören wie auch in Kalabrien und Apulien die Zwieback-Kringel zu den beliebten Vorspeisen. Da sie sehr hart sind, müssen sie vor dem Verzehr nur kurz eingeweicht werden, dann schmecken sie wie frisch gebacken. Oft reibt man sie zum Aufweichen auch einfach mit Knoblauch und halbierten Tomaten kräftig ein und belegt sie dann mit Schinken, Käse oder Sardinen. Oder sie werden auch mit *n'duja* (siehe rechts) bestrichen.

N'duja
Scharfes Schweinemett (Kalabrien)

ZUTATEN für 6 Personen (250 g):
100 g trocken gesalzener, geräucherter Bauchspeck ohne Schwarte (z. B. Gelderländer Bauchspeck)
125 g rote Peperoncini
1 1/2 Knollen Knoblauch
1/2 TL gemahlener Kreuzkümmel

ZUBEREITUNGSZEIT: 30 Min.
PRO PORTION: ca. 120 kcal

1 Den Bauchspeck in grobe Stücke schneiden, dabei eventuell Knorpel entfernen. Peperoncini waschen und die Stiele entfernen. Die Schoten längs aufschlitzen und die Kerne herauskratzen. Die Schoten grob hacken. Den Knoblauch schälen und grob zerschneiden.

2 Alle vorbereiteten Zutaten durch den Fleischwolf (feine Scheibe) drehen oder im Blitzhacker nicht zu fein pürieren. Mit Kreuzkümmel würzen (Salz ist nicht nötig, der Speck ist genug gesalzen). Das Mett gleich verwenden oder in ein Glas füllen und im Kühlschrank höchstens 3 Tage aufheben.

N'duja ist eine der wichtigsten Würzzutaten der kalabrischen Küche und wird original aus eingesalzenem fettem Schweinefleisch mit ganz viel Peperoncini und Knoblauch hergestellt, in Schweinemägen gefüllt und kalt geräuchert. Diese vereinfachte Version hier schmeckt aber fast genauso gut.

Cipolle in agrodolce
Rote Zwiebeln mit Minze (Kalabrien)

Zutaten für 4 Personen:
400 g große rote Zwiebeln (möglichst mild, wie etwa die Cipolle di Capo Vaticano)
Salz | Pfeffer aus der Mühle
2 TL Zucker
2 EL Weißweinessig
4 kleine Stängel Minze

ZUBEREITUNGSZEIT: 25 Min.
PRO PORTION: ca. 35 kcal

1 Die Zwiebeln schälen, längs halbieren und der Länge nach in feine Spalten schneiden. In einen Topf geben, etwa 75 ml Wasser angießen. Mit Salz, Pfeffer, Zucker und Essig würzen.

2 Die Minzestängel waschen, trockenschütteln und zugeben. Alles aufkochen und bei mittlerer Hitze ganz kurz dünsten, bis die Zwiebelstreifen gerade gar sind. Die Zwiebeln mit dem Garsud und der Minze auf Schüsselchen verteilen. Zu anderen Vorspeisen mit Zwieback-Kringeln (siehe links) oder Weißbrot servieren.

Die Zwiebeln vom Capo Vaticano sind so groß wie unsere Gemüsezwiebeln, von tiefstem Dunkelrot und sehr mild. Die bekannteren *tropea*-Zwiebeln, die nur wenige Kilometer davon entfernt wachsen, sehen zwar fast genauso aus, sind aber schärfer im Geschmack.

Filei alla ricotta casalinga
Gerollte Nudeln mit frischer Ricotta (Kalabrien)

ZUTATEN für 6 Personen:
Für die Ricotta:
1/2 l Natur-Molke (Kurmolke, aus dem Reformhaus oder Bio-Laden)
1 l Vollmilch
Salz | Pfeffer aus der Mühle
Für die Nudeln:
300 g Mehl + Mehl zum Arbeiten
100 g Hartweizengrieß
2 Eier (Größe S)
Salz
Zum Servieren:
100 g frisch geraspelter Räucherkäse (Provola affumicata oder Scamorza)

ZUBEREITUNGSZEIT: 45 Min.
RUHEZEIT: 4 Std.
PRO PORTION: ca. 465 kcal

Ein uraltes, fast vergessenes Rezept aus Kalabrien. Die Molke, die bei der Käseherstellung (dort vor allem von Schafkäse) anfällt, wird mit frischer Vollmilch erhitzt. Dabei gerinnt das Eiweiß zu kleinen Quarkflöckchen und wird dann durch ein Tuch abgefiltert. Abgetropft ergibt das die echte Ricotta, die »Wiedergekochte«. Die Molke schüttet man nicht weg, sondern die handgerollten Nudeln werden in ihr gekocht, dann mit der frischen Ricotta vermischt und nur mit Salz und Pfeffer gewürzt. Ein ebenso sparsames wie köstliches Rezept.

Filei oder *fileia* heißen die *maccheroni*-ähnlichen, handgemachten Nudeln, die es in unterschiedlichen Formen und Längen gibt. Sollen sie mit Sauce serviert werden, so müssen sie länger sein, kommen sie mit Hülsenfrüchten (vor allem mit roten Bohnen) auf den Teller, sind sie kürzer in der Form.

Die Verwendung von Eiern für diesen Nudelteig ist eine moderne Notwendigkeit – ursprünglich wurden die Röllchen aus kleberreichem Bergweizenmehl hergestellt, sodass außer dem Mehl nur Wasser und Salz nötig waren.

Weinempfehlung:
milder, nicht zu säurereicher Weißwein, etwa ein *Cirò bianco*.

1 Für die Ricotta die Molke in einen Topf gießen und auf etwa 90° erhitzen (am besten mit dem Küchenthermometer messen). Dann die Vollmilch zugießen und warten, bis sich Flocken bilden (die Mischung aber nicht kochen lassen). Topf vom Herd nehmen und etwa 1 Std. stehen lassen.

2 Ein Sieb auf einen großen Topf setzen. Ein Leinentuch oder doppeltes Mulltuch anfeuchten und das Sieb damit auslegen. Den Molkequark vorsichtig in das Sieb gießen, dabei die Molke im Topf auffangen. Die Ricotta etwa 3 Std. abtropfen lassen.

3 Für die Nudeln das Mehl mit dem Hartweizengrieß mischen. Eier, 4–6 EL Wasser (wer mit einer Nudelmaschine arbeitet, nimmt etwas weniger Wasser) und etwa 1 TL Salz zugeben. Alles kurz verkneten und in Folie wickeln, 1 Std. ruhen lassen.

Basilikata und Kalabrien

4 Jetzt Teig kräftig durchkneten, mit wenig Mehl bestäuben und portionsweise ganz dünn ausrollen (bei der Nudelmaschine mit dem kleinsten Walzenabstand). Teigplatten in etwa 7 cm breite Streifen schneiden, nebeneinander legen und mit einem leicht feuchten Tuch abdecken.

5 Einen Teigstreifen nehmen, ein rundes Holzstäbchen (z. B. eine dicke Stricknadel) an den schmalen Rand legen und etwa 1 1/2 Umdrehungen Teig aufwickeln, übrigen Teig abschneiden, das Stäbchen herausziehen. Den Teig Stück für Stück zu Hohlnudeln drehen, fertige auf ein leicht bemehltes Tuch legen.

6 Die Ricotta aus dem Tuch in eine Schüssel füllen, mit Salz und Pfeffer würzen. Die Molke in dem großen Topf mit 3 l Wasser verdünnen, aufkochen und kräftig salzen. Die Nudeln einstreuen und in 6–7 Min. al dente garen. 1 Tasse Nudelwasser abschöpfen.

7 Die Nudeln in ein Sieb abgießen und nur kurz abtropfen lassen. Unter die Ricotta mischen, nach Bedarf noch etwas Nudelkochwasser zum Verdünnen dazugeben. Auf Teller verteilen und servieren. Geraspelten Räucherkäse extra dazu reichen.

Basilikata und Kalabrien

Linguine al paparul crusc
Nudeln mit getrockneter Paprika (Basilikata)

ZUTATEN für 4 Personen:

4 große sonnengetrocknete rote Paprikaschoten (siehe Tipp, ersatzweise getrocknete milde Peperoncini)

6 Knoblauchzehen

400 g Linguine oder andere schmale Bandnudeln

Salz | Pfeffer aus der Mühle

1 Bund Petersilie

4 EL Olivenöl

ZUBEREITUNGSZEIT: 30 Min.
PRO PORTION: ca. 515 kcal

1 Die getrockneten Paprikaschoten zerbröseln, dabei die Kerne und Stielansätze entfernen. Die Hälfte der Brösel im Blitzhacker oder Mixer zu einem mittelfeinen Pulver zerkleinern.

2 Knoblauch schälen und längs vierteln. Reichlich Wasser für die Nudeln aufsetzen. Wenn es kocht, salzen und die Nudeln nach Packungsangabe al dente kochen. Die Petersilie waschen, trockenschütteln und hacken.

3 Die gegarten Nudeln in ein Sieb abgießen, dabei 1 Tasse Kochwasser auffangen. Im Nudeltopf das Olivenöl erhitzen und bei schwacher bis mittlerer Hitze den Knoblauch in etwa 5 Min. ganz leicht bräunen.

4 Die Paprikabrösel zugeben und kurz anbraten. Mit dem aufgefangenen Nudelkochwasser ablöschen, die Nudeln zugeben und kurz in der Sauce schwenken. Mit Salz und Pfeffer würzen, mit Paprikapulver und Petersilie bestreuen, kurz umrühren und auf Teller verteilen. Sofort servieren.

Das Rezept erinnert sehr an die *spaghetti aglio e olio* aus den Abruzzen, ist aber weniger scharf. Auch dazu wird kein Käse serviert! Wenn Sie die getrockneten Paprikaschoten (heißen auch *paparul*) nicht im italienischen Spezialitätengeschäft finden, können Sie auch im spanischen Feinkostladen nach getrockneten *pimienta picante* »fahnden«. Oder Sie dörren ganze rote ungarische Spitzpaprikaschoten so lange im etwa 80° heißen Backofen, bis die Kerne beim Schütteln darin rascheln. Wenn diese Schoten nicht scharf genug sind (eine leicht pikante Schärfe sollte spürbar sein), mit etwas Chilipulver oder Cayennepfeffer nachhelfen.

Weinempfehlung: fruchtiger-duftiger, voller Rotwein, etwa ein *Basilicata Rosso*.

Basilikata und Kalabrien

Fusilli con le sarde
Nudeln mit Sardellen und Knusperbröseln (Basilikata)

ZUTATEN für 4 Personen:
25 g Sardellenfilets (in Salz)
2 Friselle (Zwieback-Kringel, siehe Seite 250)
400 g Fusilli
Salz | Pfeffer aus der Mühle
4 EL Olivenöl
2 Knoblauchzehen
2–3 Stängel Petersilie

ZUBEREITUNGSZEIT: 30 Min.
PRO PORTION: ca. 705 kcal

1 Sardellenfilets unter fließendem kaltem Wasser abbrausen, mit Küchenpapier trockentupfen und die Gräten nach Belieben mit einem Messer wegschaben. Sardellen in kleine Stücke schneiden.

2 Die Friselle in grobe Stücke brechen und mit einer Nussmühle oder im Blitzhacker grob zerkleinern.

3 Für die Nudeln in einem großen Topf reichlich Wasser zum Kochen bringen. Salzen und die Nudeln im Wasser nach Packungsangabe bissfest kochen.

4 In einer großen Pfanne, in der die Nudeln später Platz haben, 2 EL Olivenöl erhitzen. Knoblauch schälen und durch die Presse dazudrücken. Die Sardellen einrühren und alles bei schwacher Hitze unter gelegentlichem Rühren dünsten, bis die Sardellen zerfallen.

5 In einem Pfännchen das übrige Öl erhitzen und die Zwieback-Brösel darin in etwa 5 Min. bei mittlerer Hitze knusprig rösten, aber nicht braun werden lassen. Die Petersilie waschen, trockenschütteln und die Blättchen fein hacken.

6 Von den Nudeln etwa 100 ml Kochwasser abschöpfen und zu den Sardellen gießen, aufkochen lassen. Die Nudeln in ein Sieb abgießen und kurz abtropfen lassen, dann in die Pfanne zur Sardellensauce geben und untermischen. Mit wenig Salz und reichlich Pfeffer abschmecken.

7 Die Nudeln auf Teller verteilen und mit den gerösteten Bröseln bestreuen. Die Petersilie darüber geben. Sofort servieren.

Dieses sehr aromatische Nudelgericht wird traditionell immer am Tag des Heiligen Josef am 19. März serviert.

Weinempfehlung: würzig-aromatischer, kräftiger Weißwein, etwa ein Chardonnay aus der Basilikata.

Reportage

Kleine rote Chili-Teufelchen
Je südlicher und heißer das Land, desto schärfer die Würze

Die scharfen bis höllisch scharfen Chilischoten, die Verwandten der Paprikaschoten, heißen auf italienisch *peperoncini*. Oft werden sie auch liebevoll *diavoletti,* Teufelchen, genannt. Sowohl frisch als auch getrocknet verleihen sie den Gerichten ihre feurige Note. Vor allem in den südlichen Regionen werden sie häufiger verwendet als Pfeffer.

Scharfer Schutz. Dass in heißen Regionen schärfer gegessen wird als in kühleren hat durchaus Methode. Bei höheren Temperaturen vermehren sich in den Lebensmitteln die Erreger, die Magen- und Darmbeschwerden auslösen können, weitaus schneller. Nun sorgen die Inhaltsstoffe, die die scharf schmeckenden Würzfrüchte vor feindlichen Mikroorganismen schützen, auch beim Essen dafür, dass es nicht so leicht verdirbt. Diese Inhaltsstoffe sind vor allem in Knoblauch, in Zwiebeln und eben in den *peperoncini* enthalten.

Pfefferersatz. Christoph Kolumbus war es, der die *peperoncini* aus Südamerika mit nach Europa und nach Italien brachte. Zunächst waren die Italiener gar nicht so begeistert von den scharfen Schoten, denn der Pfeffer, das teure Importprodukt aus Indien, genoss schon bei den alten Römern einen hohen Stellenwert. Da aber die Pfeffer-Preise immer weiter stiegen, wurden die günstigen *peperoncini* als Pfeffer-Ersatz stetig populärer. Ihr entscheidender Vorteil: der Eigenanbau im Land war möglich. Die Pflanzen ließen sich leicht aus den Samen ziehen und sie gediehen überall, es musste nur warm sein. Je heißer das Klima, desto mehr Aromastoffe entwickeln die Früchte neben ihrer Schärfe, die von Ungeübten zunächst nur als entsetzlich brennend empfunden wird.

Von Grün nach Rot. Die Beerenfrüchte der *peperoncini*-Pflanzen, auch als Kapseln oder Schoten bezeichnet, sind zunächst einmal grün und werden erst mit der Reife leuchtend rot bis dunkelrot. Sie sind aber in jedem Stadium zu verwenden, wobei die Farbe nichts darüber aussagt, wie intensiv das Feuer auf der Zunge brennt. Die Schärfe ist abhängig von der Sorte und dem enthaltenen Scharfstoff Capsaicin, der selbst in ein und derselben Pflanze unterschiedlich verteilt sein kann: eine Schote ist milder, die andere schärfer. In Italien werden eher mittelscharfe Sorten bevorzugt, etwa die kurzen, stämmigen *veneti*, die grün eingelegt oder gebraten als Antipasti serviert werden. Oder die länglichen, schmalen *lombardi*, ebenfalls grün zum Einlegen in Essig, vor allem aber rot und reif zum Würzen und zum Trocknen als Vorrat.

Eine Spezialität der Basilikata ist *puparul crusch* oder *paparul crusc*, dunkelrote Gewürzpaprikaschoten, die im Herbst von der Sonne getrocknet und dann im Ganzen frittiert als Vorspeise serviert oder zu grobem Pulver (ähnlich dem türkischen *pulbiber*) gemahlen werden. Als Gewürz werden sie auch in Stücke gebrochen und in Olivenöl angebraten oder in Gerichten mitgeschmort. Sie sind nur mittelscharf, dafür sehr paprika-aromatisch. Bei uns sind sie leider äußerst selten zu bekommen.

Feuer für Süßes. Die Liebe der Süditaliener für ihre *peperoncini* schreckt auch vor Süßigkeiten nicht zurück. So werden herbe Schokolade und Pralinen mit den feurigen Schoten raffiniert gewürzt, es gibt Konfitüren aus *peperoncini,* die man zum Käse reicht oder auch zum Bestreichen von Mürbeteigtorten (*crostate*) verwendet.

a Für höllisch scharfes *peperoncini*-Öl, in den Abruzzen *olio santo,* heiliges Öl genannt, 5–6 getrocknete rote Peperoncini mit 1/4 l Olivenöl in eine Flasche geben und an einem warmen Platz rund 2 Wochen ziehen lassen, dabei jeden Tag einmal schütteln. Von diesem Öl reichen schon ein paar Tropfen, um Salate, Pasta, Pizzen, Bohnen- oder Schmorgerichte mit Fleisch zu würzen.

Reportage

b Wenn die *peperoncini* gerade rot und reif sind, aber noch nicht zu schrumpeln beginnen, werden sie auf Fäden aufgereiht und zum Trocknen aufgehängt. So schmücken sie auch die Gemüsestände in Süditalien. Sind sie gut gedörrt, können die Schoten die Zeit bis zur nächsten Ernte überbrücken, denn sie behalten auch beim Trocknen ihre Schärfe.   **c** Schokolade mit der aromatischen Schärfe getrockneter *peperoncini* ist eine Spezialität, die auch in anderen Ländern immer mehr Freunde findet.   **d** Zum Putzen der Schoten benötigt man nicht nur Geduld, sondern auch eine Lederhaut an den Fingern. Und wehe dem, der nicht aufpasst und sich hinterher die Augen reibt.   **e** Nicht nur zur Dekoration hängen die frischen *peperoncini* aufgereiht vorm Haus. Sie gehören als feurige Zutat zu fast allen Gerichten, schärfen Pastasaucen ebenso wie Schmorgerichte.

Basilikata und Kalabrien

Brodetto di pesce
Gemischter Fischtopf (Kalabrien)

ZUTATEN für 4 Personen:
- 750 g Tomaten
- 2 Zwiebeln
- 5 Knoblauchzehen
- 3 Stängel vom Gewürzfenchel (ersatzweise das Grün von 1 Fenchelknolle)
- 1 Peperoncino
- 5 EL Olivenöl
- 1 kg gemischte küchenfertige Fische (z. B. Knurrhahn, Seeaal, Drachenkopf, Meeräsche und Cernia, auch Zahnbrasse)
- 250 g ungeschälte rohe Riesengarnelen
- Salz | Pfeffer aus der Mühle
- 8 kleine Weißbrotscheiben
- 3–4 Stängel Petersilie
- 1 Zweig Thymian

ZUBEREITUNGSZEIT: 20 Min.
GARZEIT: 1 Std. 10 Min.
PRO PORTION: ca. 400 kcal

Fischeintöpfe kocht man an allen Küsten Italiens und überall sind die Zutaten ähnlich – nicht die Filets von Edelfischen wandern in den Topf, sondern die preiswerten »Suppenfische«, der Beifang der Fischer, der nicht an Restaurants verkauft wird. Diese Fische geben der Brühe den kräftigen Geschmack, so wie der hässliche *scorfano*, der Drachenkopf (Vorsicht, seine Stacheln können giftig sein!), kleine Brassen oder auch weniger schöne Stücke vom Seeteufel (der mit seiner knorpeligen Mittelgräte für eine leichte Bindung der Brühe sorgt), aber auch beliebige Weißfische. Nur fettreiche Fische wie Heringe oder Makrelen sind weniger geeignet, sie würden den Eintopf leicht tranig schmecken lassen.

Weinempfehlung:
fülliger, frischer Weißwein, etwa ein *Scavigna Bianco* aus Kalabrien.

1 Die Tomaten mit kochendem Wasser überbrühen, abschrecken, häuten und klein schneiden, dabei die Stielansätze entfernen. Zwiebeln und Knoblauch schälen, fein hacken. Die Fenchelstängel waschen und klein schneiden. Den Peperoncino waschen, entstielen und entkernen, die Schote klein schneiden.

2 In einem großen Topf 3 EL Olivenöl erhitzen, Zwiebeln und Knoblauch bei mittlerer Hitze goldgelb andünsten. Tomaten, Peperoncino und Fenchel dazugeben, 1/4 l Wasser angießen, alles zugedeckt 30 Min. köcheln lassen.

3 Die Fische unter fließendem kaltem Wasser kurz waschen (vor allem innen), dabei dunkle Stellen an der Rückengräte mit dem Daumennagel abschaben, sie würden dem Eintopf einen leicht bitteren Geschmack geben. Garnelen ebenfalls kurz abspülen.

Basilikata und Kalabrien

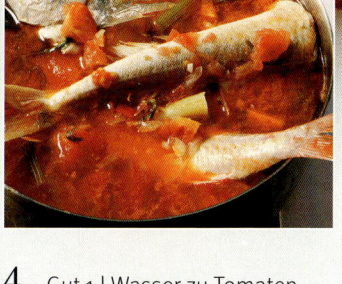

4 Gut 1 l Wasser zu Tomaten und Fenchel gießen, salzen und pfeffern und bei starker Hitze aufkochen. Hitze reduzieren, die Fische (Garnelen noch nicht) in die Brühe geben und offen bei schwacher Hitze 15–20 Min. ziehen lassen. Den Backofen auf 75° (Umluft 60°) vorheizen, tiefe Suppenteller darin vorwärmen.

5 Die Fische aus der Brühe heben, die Haut abziehen und die Fischfilets vorsichtig ablösen, Filets warm halten. Gräten und Fischköpfe wieder in die Brühe geben und noch 15 Min. leise köcheln lassen. Die Brotscheiben in einer Pfanne im übrigen Öl auf beiden Seiten hellbraun rösten.

6 Die Kräuter waschen, trockenschütteln und hacken. Die Brühe durch ein feines Sieb gießen, zurück in den Topf geben, erhitzen und abschmecken. Die Garnelen darin etwa 5 Min. garen. Die gerösteten Brotscheiben in die vorgewärmten Teller legen, die Fischfilets darauf verteilen. Die Garnelen aus der Brühe heben und zu den Fischfilets geben. Alles gleichmäßig mit der heißen Brühe übergießen. Mit den Kräutern bestreuen. Den Fischtopf sofort und sehr heiß servieren.

Baccalà alla molinara

Stockfisch mit Oliven und Kapern (Kalabrien)

ZUTATEN für 4 Personen:

500 g Baccalà (getrockneter und gesalzener Kabeljau, beim Fischhändler vorbestellen)
1 Lorbeerblatt
200 g Tomaten
500 g fest kochende Kartoffeln
3 Stangen Staudensellerie (mit Grün)
3 rote Zwiebeln
1 EL Kapern (in Salz)
5 EL Olivenöl
Mehl zum Wenden
50 g kleine schwarze Oliven
Salz | Pfeffer aus der Mühle
1 Prise zerbröselter Peperoncino
150 ml Weißwein
2–3 Stängel Petersilie
1–2 TL Zitronensaft

ZUBEREITUNGSZEIT: 1 1/2 Std.
EINWEICHZEIT: 1 Tag
PRO PORTION: ca. 730 kcal

1 Den Stockfisch in reichlich kaltem Wasser etwa 24 Std. einweichen, dabei ab und zu das Wasser erneuern.

2 Frisches Wasser mit dem Lorbeerblatt aufkochen. Den Stockfisch darin 3 Min. sprudelnd kochen lassen. Herausheben, abtropfen lassen und in 3–4 cm große Stücke schneiden, dabei Haut und Gräten entfernen.

3 Die Tomaten mit kochendem Wasser überbrühen, abschrecken, häuten und entkernen. Fruchtfleisch in kleine Würfel schneiden, dabei die Stielansätze entfernen. Die Kartoffeln schälen, waschen und längs vierteln. Den Sellerie waschen, putzen und in dünne Scheiben schneiden, das Grün hacken. Zwiebeln schälen und klein würfeln. Kapern abbrausen und abtropfen lassen.

4 In einem großen Schmortopf Olivenöl erhitzen. Die Fischstücke in wenig Mehl wenden und im Öl bei mittlerer Hitze 1–2 Min. pro Seite anbraten, herausheben. Zwiebeln in den Topf geben und hellgelb braten. Kartoffeln, den Sellerie samt Grün, die Oliven und die Kapern zugeben, etwa 1/4 l Wasser angießen. Mit Salz, Pfeffer und Peperoncino scharf-pikant würzen. Zugedeckt bei schwacher Hitze 15 Min. leise köcheln lassen.

5 Den Deckel abnehmen, den Wein dazugießen und bei starker bis mittlerer Hitze offen etwa 5 Min. einkochen lassen. Die Fischstücke und die Tomatenwürfel in den Topf geben, bei schwacher Hitze zugedeckt noch 5–7 Min. ziehen lassen. Die Petersilie waschen, trockenschütteln und die Blättchen fein hacken.

6 Den Stockfisch und das Gemüse mit Salz und Zitronensaft abschmecken. Mit der Petersilie bestreuen und mit knusprigem Weißbrot servieren.

Basilikata und Kalabrien

Alici in padella
Sardellen aus der Pfanne (Kalabrien)

ZUTATEN für 4 Personen:

750 g Sardellen
Salz | Pfeffer aus der Mühle
4 Knoblauchzehen
2 Stängel Oregano (ersatzweise 2 TL gerebelter Oregano)
1 Peperoncino
4 EL Olivenöl
Mehl zum Wenden
2 Lorbeerblätter
150 ml Weißwein
2 EL milder Weißweinessig

ZUBEREITUNGSZEIT: 45 Min.
GARZEIT: 15 Min.
PRO PORTION: ca. 400 kcal

1 Die Sardellen waschen und mit einer Küchenschere entlang der Bauchseite einen schmalen Streifen abschneiden. Mit dem Daumen vorsichtig die Bauchhöhle öffnen, die Innereien entfernen und die Mittelgräte freilegen. Mit der Scherenspitze am Schwanzende die Mittelgräte abheben und kurz vor der Schwanzflosse abschneiden. Die Gräte vorsichtig zum Kopf hin abziehen, sodass die feinen Gräten mit entfernt werden, Kopf abschneiden.

2 Die Sardellen innen waschen, mit Küchenpapier trockentupfen, salzen und zur ursprünglichen Form zusammenklappen. Den Knoblauch schälen und hacken. Den Oregano waschen, trockenschütteln und die Blättchen grob hacken oder ganz lassen. Peperoncino waschen, entstielen, entkernen und sehr fein schneiden.

3 In einer großen Pfanne das Olivenöl erhitzen, darin den Knoblauch und den Peperoncino bei schwacher bis mittlerer Hitze glasig dünsten. Sardellen in wenig Mehl wenden, nebeneinander in die Pfanne legen, kurz anbraten, dann wenden. Salzen, mit Pfeffer und der Hälfte des Oreganos bestreuen, die Lorbeerblätter dazwischen legen.

4 Den Wein und den Essig angießen, die Fische zugedeckt bei schwacher Hitze 10–15 Min. schmoren lassen, die Pfanne ab und zu leicht rütteln. Die Fische mit übrigem Oregano bestreuen und in der Pfanne servieren – am besten mit Salzkartoffeln oder knusprigem Weißbrot.

Lepre alla cacciatora e maiotica

Geschmorter Hase mit Holunderblüten (Kalabrien)

ZUTATEN für 4 Personen:

Für das Ragout:
1 kg Hasenfleisch mit Knochen (in Stücken)
1 Zweig Rosmarin
3 EL Weißweinessig
200 ml kräftiger Rotwein
4 EL Olivenöl | 2 rote Zwiebeln
4 Knoblauchzehen
3 Stangen Staudensellerie
2 Möhren | 300 g Cocktailtomaten
1 Lorbeerblatt
Salz | Pfeffer aus der Mühle
2–3 Stängel Petersilie

Für die Holunderblüten:
1/2 Würfel frische Hefe (21 g)
200 g Mehl | Salz | 1 Ei (Größe M)
8 Holunderblütendolden
Öl zum Frittieren

ZUBEREITUNGSZEIT: 45 Min.
MARINIERZEIT: über Nacht
GARZEIT: 2 Std.
PRO PORTION: ca. 730 kcal

1 Für das Ragout das Hasenfleisch von allen Sehnen befreien, kurz waschen, trockentupfen und in eine Schüssel legen. Rosmarin waschen und dazugeben. Alles mit Essig und Wein übergießen und zugedeckt im Kühlschrank über Nacht marinieren.

2 Am nächsten Tag das Fleisch aus der Marinade heben und gut trockentupfen. In einem breiten Schmortopf Olivenöl erhitzen, das Fleisch bei mittlerer Hitze rundum 10 Min. anbraten. Inzwischen Zwiebeln und Knoblauch schälen, grob hacken und dazugeben. Weitere 10 Min. braten.

3 Sellerie und Möhren waschen und putzen oder schälen, in 1 cm große Stücke schneiden. Unter das Fleisch mischen und etwa 5 Min. braten. Tomaten waschen, halbieren und dazugeben.

4 Die Marinade samt dem Rosmarinzweig angießen, das Lorbeerblatt dazugeben, mit Salz und Pfeffer würzen. Zugedeckt bei schwacher Hitze 2 Std. garen.

5 Die Hefe zerbröckeln und mit gut 300 ml lauwarmem Wasser anrühren. Mit Mehl, Salz und dem Ei zu einem Teig verrühren, etwa 30 Min. gehen lassen. Holunderblüten nur leicht schütteln, nicht waschen.

6 Petersilie waschen, trockenschütteln und die Blättchen fein hacken. Reichlich Öl zum Frittieren erhitzen. Wenn an einem eingetauchten Holzlöffelstiel sofort kleine Bläschen aufsteigen, ist die richtige Temperatur erreicht. Die Holunderblüten in den Hefeteig tauchen und im Öl in 2–3 Min. knusprig ausbacken. Auf Küchenpapier abtropfen lassen.

7 Das Hasenragout mit Salz und Pfeffer abschmecken. Mit der Petersilie bestreuen und mit den Holunderblüten servieren.

Den Hasen »alla cacciatora« (nach Art der Jägerin) gibt es in vielen Regionen Italiens, aber nur in Kalabrien wird er mit den ausgebackenen Holunderblüten serviert.

Basilikata und Kalabrien

Maiale alla cirotana
Schweineragout mit Kalbsklößchen (Kalabrien)

ZUTATEN für 4 Personen:
Für das Ragout:
600 g mageres Schweinefleisch (z. B. aus der Keule)
2 rote Zwiebeln
4 Knoblauchzehen
50 g fetter Speck
200 ml trockener Weißwein
1 Zweig Rosmarin | 1 Lorbeerblatt
1/2 TL gemahlener Fenchel
Salz | Pfeffer aus der Mühle
350 g Tomaten (möglichst Eiertomaten)
1 EL Zitronensaft
1–2 Stängel Basilikum

Für die Kalbsklößchen:
250 g mageres Kalbfleisch (z. B. Schnitzelfleisch)
1 kleine weiße Zwiebel
1 Scheibe altbackenes Weißbrot (vom Vortag)
1 kleines Ei (Größe S)
Salz | Pfeffer aus der Mühle
1/2 TL fein abgeriebene Bio-Zitronenschale

ZUBEREITUNGSZEIT: 30 Min.
GARZEIT: 1 Std. 10 Min.
PRO PORTION: ca. 1150 kcal

1 Für das Ragout Schweinefleisch trockentupfen, in ca. 3 cm große Würfel schneiden. Zwiebeln und Knoblauch schälen, Zwiebeln in feine Streifen schneiden, den Knoblauch hacken.

2 Speck sehr klein würfeln und in einem Schmortopf erhitzen, bis das Fett ausbrät und die Grieben hellgelb werden. Grieben herausheben und die Fleischwürfel im Fett bei mittlerer Hitze hell anbraten. Zwiebeln und Knoblauch zugeben, goldgelb bräunen.

3 Wein aufgießen, Rosmarin waschen und mit Lorbeerblatt einlegen. Mit Fenchel, Salz, Pfeffer würzen. Ragout bei schwacher Hitze zugedeckt 30 Min. schmoren.

4 Die Tomaten mit kochendem Wasser überbrühen, häuten, entkernen und klein würfeln, dabei die Stielansätze entfernen. Die Tomaten zum Ragout geben, bei Bedarf etwas Wasser angießen, weitere 20 Min. schmoren.

5 Für die Klößchen Kalbfleisch trockentupfen, in grobe Stücke schneiden. Zwiebel schälen und grob hacken. Brot entrinden und grob würfeln. Alles im Blitzhacker pürieren. Mit dem Ei vermischen, mit Salz, Pfeffer und Zitronenschale würzen. Aus der Masse 3 cm große Klößchen formen, in das Ragout legen, 20 Min. mitgaren.

6 Rosmarin und Lorbeerblatt aus dem Ragout nehmen, die Sauce mit Zitronensaft, Salz und Pfeffer abschmecken. Basilikumblättchen grob schneiden und übers Ragout streuen, servieren.

Mit kleiner gewürfeltem Fleisch und winzigen Klößchen wird das Ragout auch auf *cavatelli* (kleinen Nudeln) serviert.

Basilikata und Kalabrien

Lombo d'agnello alle olive
Lammlende mit Oliven (Basilikata)

ZUTATEN für 4 Personen:

500 g Lammlende (ausgelöster Lammrücken ohne Fett, etwa 4 Stücke)

Salz | Pfeffer aus der Mühle

1 EL grob gemahlene, getrocknete Gewürzpaprikaschoten (paparul crusc, siehe rechts, ersatzweise 1 TL zerbröselte Peperoncini)

4 kleine Zweige Rosmarin

50 g getrocknete Tomaten (nicht in Öl eingelegt!)

150 g Kaiserlinge (ersatzweise Pfifferlinge oder Shiitake-Pilze)

50 g kleine schwarze Oliven

1 Zwiebel

2 Knoblauchzehen

2 EL Olivenöl

350 ml trockener Rotwein (z. B. Aglianico del Vulture)

2 Stängel Oregano

Küchengarn zum Festbinden

ZUBEREITUNGSZEIT: 1 Std.
PRO PORTION: ca. 665 kcal

Neben Schweinefleisch wird in der Basilikata auch Lammfleisch hoch geschätzt, wobei die weniger edlen Teile im Ofen mit Gemüse, Pilzen und Kräutern schmoren, die feineren kommen auf den Grill oder in die Pfanne.

Als Pilze liebt man die *ovuli*, die Kaiserlinge, ganz besonders. Sie wachsen zwar auch bei uns im Wald, sind aber so selten, dass Sie wohl auf Pfifferlinge oder Shiitake-Pilze zurückgreifen müssen.

Immer dabei sind Kräuter, vor allem Rosmarin, Thymian, Salbei, Oregano und wilde Minze. Dazu darf *paparul crusc*, gedörrte und grob gemahlene Gewürzpaprikaschoten (siehe auch Seite 256), nicht fehlen. Für eine würzige Schärfe können Sie auch getrocknete Peperoncini im Mörser grob zerstoßen, dann aber weniger nehmen. Oder reines *pulbiber* (rote Paprikaflocken aus dem türkischen Lebensmittelgeschäft) verwenden.

Weinempfehlung:
frischer, beerenduftiger Rotwein, etwa ein *Aglianico del Vulture* aus der Basilikata.

1 Von den Lammlendenstücken alle Häute und Sehnen entfernen. Das Fleisch mit Küchenpapier trockentupfen und mit Salz und Gewürzpaprika einreiben. Den Rosmarin waschen und trockenschütteln, jeweils 1 Zweig auf ein Fleischstück legen, mit Küchengarn festbinden.

2 Die getrockneten Tomaten mit etwas kochendem Wasser übergießen, kurz quellen lassen. Die Pilze trocken mit einem Küchenpinsel und einem kleinen Messer säubern. Nicht waschen, sonst saugen sie sich voll Wasser. Kleine Pilze ganz lassen, größere längs halbieren.

3 Das Fleisch der Oliven in feinen Streifen von den Steinen schneiden. Die Zwiebel und den Knoblauch schälen und sehr fein würfeln. Den Backofen auf 75° (Umluft 60°) vorheizen, Teller darin anwärmen.

Basilikata und Kalabrien

4 Tomaten abtropfen lassen und das Fruchtfleisch von den Häuten schaben, klein hacken. In einer Pfanne Olivenöl erhitzen und die Lammlenden auf beiden Seiten je 4–5 Min. bei mittlerer Hitze kräftig anbraten. Aus der Pfanne heben und im Ofen (Mitte) etwa 15 Min. nachziehen lassen.

5 Die Zwiebel- und Knoblauchwürfel in die Pfanne geben und in 3–4 Min. goldbraun braten. Pilze zugeben und braten, bis die austretende Flüssigkeit verdampft ist. Tomaten und Olivenstreifen unterrühren, kurz anschmoren, dann den Wein angießen und offen etwa 10 Min. einkochen lassen.

6 Oregano waschen, trockenschütteln, hacken. Sauce salzen und pfeffern. Das Fleisch aus dem Ofen nehmen, Garn und Rosmarin entfernen. Fleisch schräg in 2 cm dicke Scheiben schneiden und auf den vorgewärmten Tellern anrichten. Mit der Sauce übergießen und mit dem Oregano bestreuen.

Pomodori alla lucana
Gefüllte Tomaten (Basilikata)

ZUTATEN für 4 Personen:
8 feste Tomaten
Salz | Pfeffer aus der Mühle
30 g Sardellenfilets (in Salz)
100 g altbackenes Weißbrot (vom Vortag)
2 Knoblauchzehen
2–3 Stängel Petersilie
4 EL Olivenöl + Öl für die Form
30 g Pinienkerne
30 g Rosinen

ZUBEREITUNGSZEIT: 20 Min.
GARZEIT: 20–25 Min.
PRO PORTION: ca. 270 kcal

1 Tomaten waschen und einen kleinen Deckel abschneiden. Die Tomaten aushöhlen, das ausgehöhlte Fruchtfleisch beiseite legen. Die Tomaten innen salzen und mit der Öffnung nach unten abtropfen lassen. Die Sardellen abbrausen, trockentupfen und klein hacken. Backofen auf 190° (Umluft 175°) vorheizen. Das Weißbrot entrinden und zuerst in Würfel schneiden, dann mit dem Messer zu Bröseln hacken (etwas gröber als Semmelbrösel).

2 Knoblauch schälen und fein hacken. Die Petersilie abbrausen, trockenschütteln und fein hacken. Öl erhitzen, Knoblauch und Brösel darin bei mittlerer Hitze hellbraun braten, zum Schluss Pinienkerne und Rosinen zugeben. Alles aus der Pfanne nehmen, mit Sardellen und Petersilie vermischen. Mit Salz und Pfeffer würzen. In die Tomaten füllen.

3 Eine Gratinform ölen, die Tomaten hineinsetzen. Beiseite gelegtes Fruchtfleisch mit in die Form geben, etwa 100 ml Wasser angießen. Die Tomaten im Ofen (Mitte) 20–25 Min. garen.

Romanesco con le alici
Romanesco mit Sardellen (Kalabrien)

ZUTATEN für 4 Personen:
1 Romanesco (etwa 600 g)
Salz | Pfeffer aus der Mühle
4 Sardellenfilets (in Salz)
1 Kugel Büffelmozzarella (125–150 g)
1 roter Peperoncino
2 hart gekochte Eier (Größe M)
2 Knoblauchzehen
4 EL Olivenöl
8 kleine schwarze Oliven
3–4 EL Zitronensaft

ZUBEREITUNGSZEIT: 30 Min.
PRO PORTION: ca. 270 kcal

1 Den Romanesco waschen, putzen und in Röschen zerteilen. Salzwasser aufkochen und den Romanesco darin in knapp 7 Min. bissfest garen.

2 Inzwischen die Sardellen abbrausen, trockentupfen und fein hacken. Die Mozzarella in kleine Würfel schneiden. Den Peperoncino waschen, putzen, entkernen und sehr fein hacken. Eier pellen und hacken. Den Knoblauch schälen und in dünne Scheiben schneiden. Olivenöl erhitzen und darin den Knoblauch bei schwacher bis mittlerer Hitze glasig dünsten.

3 Den Romanesco abgießen, kurz abschrecken, abtropfen lassen und auf Tellern oder einer Platte anrichten. Mit Salz und Pfeffer würzen. Oliven, Sardellen, Mozzarella, Peperoncino und Eier darüber streuen. Mit dem Knoblauchöl übergießen und mit dem Zitronensaft beträufeln. Lauwarm servieren.

Surijaca

Borlotti-Bohnen mit N'duja und Zwiebeln (Kalabrien)

ZUTATEN für 4 Personen:

300 g getrocknete Borlotti-Bohnen (ersatzweise Wachtelbohnen)
2 Knoblauchzehen
2 Lorbeerblätter
2 TL Pimentkörner
Salz | Pfeffer aus der Mühle
60 g fetter Speck (ersatzweise 2 EL Schweineschmalz)
2 EL Mehl
2 große milde rote Zwiebeln
150 g N'duja (scharfes Schweinemett, siehe Seite 251)

ZUBEREITUNGSZEIT: 20 Min.
EINWEICHZEIT: über Nacht
GARZEIT: 1 1/2 Std.
PRO PORTION: ca. 495 kcal

1 Die Bohnen in einem Sieb waschen und verlesen. Dann in reichlich kaltem Wasser über Nacht einweichen.

2 Am nächsten Tag Bohnen in gut 1 1/2 l frischem Wasser aufsetzen, aufkochen und abschäumen. Knoblauch schälen und im Ganzen mit den Lorbeerblättern und den Pimentkörnern zugeben, bei schwacher Hitze zugedeckt in 1–1 1/2 Std. gar kochen. Wenn die Bohnen fast gar sind, mit Salz und Pfeffer würzen.

3 Den fetten Speck in kleine Würfel schneiden. In einem Pfännchen bei mittlerer Hitze braten, bis das Fett ausgelassen ist und die Grieben goldbraun sind. Die Grieben herausheben, das Mehl in das Fett rühren und hellbraun rösten. Mit etwas Bohnenkochwasser ablöschen und aufkochen lassen. Diese dicke Sauce unter die Bohnen rühren und den Eintopf noch 5 Min. köcheln lassen.

4 Die Zwiebeln schälen und vierteln. Die Bohnen in kleine Schüsseln (am besten aus Ton) füllen, die N'duja löffelweise darauf verteilen und die Zwiebelviertel extra dazu servieren. Zum Essen wird die N'duja dann unter die Bohnen gerührt und der Eintopf mit den »aufgeblätterten« Zwiebeln ausgelöffelt. Dazu knuspriges Weißbrot oder Friselle (siehe Seite 250) mit auf den Tisch stellen. Die Zwiebel-Löffel zum Schluss aufessen.

Das einfache, bäuerliche Gericht vom Capo Vaticano wurde früher noch mit Wildkräutern gewürzt, etwa mit wilder Zichorie, auch Wegwarte genannt. Sie finden diese bei uns an Wegrändern und auf Magerwiesen. Ehe sie ihre hellblauen Blüten öffnet, können Sie die Blätter verwenden.

Weinempfehlung: würziger Rotwein, etwa ein *Cirò Classico Superiore Riserva.*

Basilikata und Kalabrien

Fichi al carbone
Feigen vom Grill (Kalabrien)

ZUTATEN für 4 Personen:
50 g Mandeln
250 g getrocknete, nicht zu harte Feigen
1 TL Fenchelsamen
150 g Zartbitter-Kuvertüre
Holz- oder Bambusspieße
Öl für den Rost

ZUBEREITUNGSZEIT: 45 Min.
PRO PORTION: ca. 430 kcal

1 Holzspieße kurz in Wasser legen. Die Mandeln in einem Pfännchen ohne Fett rösten, bis sie nussig duften. Die Feigen seitlich aufschlitzen und mit jeweils 2 Mandeln und etwas Fenchelsamen füllen. Die Feigen wieder zudrücken und auf die Spieße stecken.

2 Den Holzkohle- oder den Elektrogrill (mittlere Hitze) anheizen. Die Feigenspieße auf dem geölten Rost mit etwa 10 cm Abstand zur Hitzequelle rundum etwa 10 Min. rösten. Dann abkühlen lassen.

3 Die Kuvertüre fein hacken, in eine Schüssel geben und über dem heißen Wasserbad sanft schmelzen lassen. Die Feigenspieße auf zwei Seiten so in die Kuvertüre tauchen, dass in der Mitte noch ein Streifen Feige unverhüllt bleibt. Die Spieße auf ein Kuchengitter legen und die Kuvertüre fest werden lassen.

Mustazzuoli
Honiggebäck (Kalabrien)

ZUTATEN für 60 Honigkuchen:
50 g gehackte Mandeln
1 TL Gewürznelken
100 g Zucker
1 Bio-Orange
300 g würziger Honig
400 g Mehl + Mehl zum Arbeiten
2 Eier (Größe M)

ZUBEREITUNGSZEIT: 30 Min.
BACKZEIT (PRO BLECH): 10–15 Min.
PRO STÜCK: ca. 55 kcal

1 Die Mandeln in einem Pfännchen ohne Fett leicht anrösten, abkühlen lassen. Nelken in einem Mörser mit 1 Prise Zucker fein zerstoßen. Die Orange heiß waschen und etwa 1 EL Schale fein abreiben.

2 Den Honig mit dem Mehl mit den Knethaken des Handrührgeräts verarbeiten. Die Eier, die Mandeln, gemörserte Nelken, übrigen Zucker und die Orangenschale zugeben, alles verkneten.

3 Den Backofen auf 220° (Umluft 200°) vorheizen. Den Teig auf wenig Mehl 5 mm dünn ausrollen und in kleine Rechtecke (3 x 5 cm) schneiden. Nach und nach auf ein Backblech mit Backpapier legen und im Ofen (Mitte) in 10–15 Min. goldbraun backen. Auf einem Kuchengitter abkühlen lassen.

In Kalabrien wird dieses Honiggebäck gern zum *Greco di Bianco*, einem Dessertwein, geknabbert.

Basilikata und Kalabrien

Sorbetto di mandarino
Mandarinen-Sorbet (Basilikata)

ZUTATEN für 4 Personen:

4 große Mandarinen (wenn möglich Bio-Mandarinen)
135 g Zucker
2 sehr frische Eiweiße (Größe M)
Puderzucker zum Bestäuben

ZUBEREITUNGSZEIT: 30 Min.
GEFRIERZEIT: 3 Std.
PRO PORTION: ca. 170 kcal

1 Mandarinen heiß waschen und einen kleinen Deckel abschneiden. Über einer Schüssel mit einem Kugelausstecher, einem scharfkantigen Teelöffel oder einem Grapefruitschneider das Fruchtfleisch vorsichtig herauslösen, ohne die Schale zu verletzen. Dabei ablaufenden Saft in der Schüssel auffangen.

2 Das Fruchtfleisch in ein Küchentuch geben und den Saft auspressen. Die ausgehöhlten Mandarinen und die Deckel in den Gefrierschrank stellen.

3 In einem Topf 350 ml Wasser mit 100 g Zucker aufkochen. Bei starker Hitze 5 Min. sprudelnd kochen lassen, dann den ausgepressten und aufgefangenen Mandarinensaft dazugeben, etwa 1 Min. mitkochen. Dann den Sirup abkühlen lassen und durch ein Sieb gießen. In eine flache Metallschüssel füllen und für etwa 1 Std. in den Gefrierschrank stellen.

4 Die Eiweiße mit dem restlichen Zucker sehr steif schlagen, unter das halbgefrorene Sorbet rühren und nochmals etwa 2 Std. gefrieren lassen, dabei alle 30 Min. mit einer Gabel kräftig durchrühren.

5 Zum Servieren das Sorbet aus der Schüssel schaben und mit dem Pürierstab geschmeidig mixen. In die gefrorenen Mandarinenschalen füllen, die Deckel wieder aufsetzen (wer mag, kann sie auch weglassen). Auf Teller oder eine Platte setzen, mit dem Puderzucker überstäuben. Wer mag, garniert das Dessert noch mit Mandarinenblüten und -blättern.

In ganz Süditalien liebt man im Sommer die erfrischenden Sorbets aus dem Saft von Zitrusfrüchten. Als Kugel in ein Sektglas gegeben, mit Likör und Prosecco aufgegossen, wird ein erfrischender Aperitif daraus.

Sizilien

Inselwelt: heißer Wind von Afrika, genügsame Schafe und die Früchte des Meeres

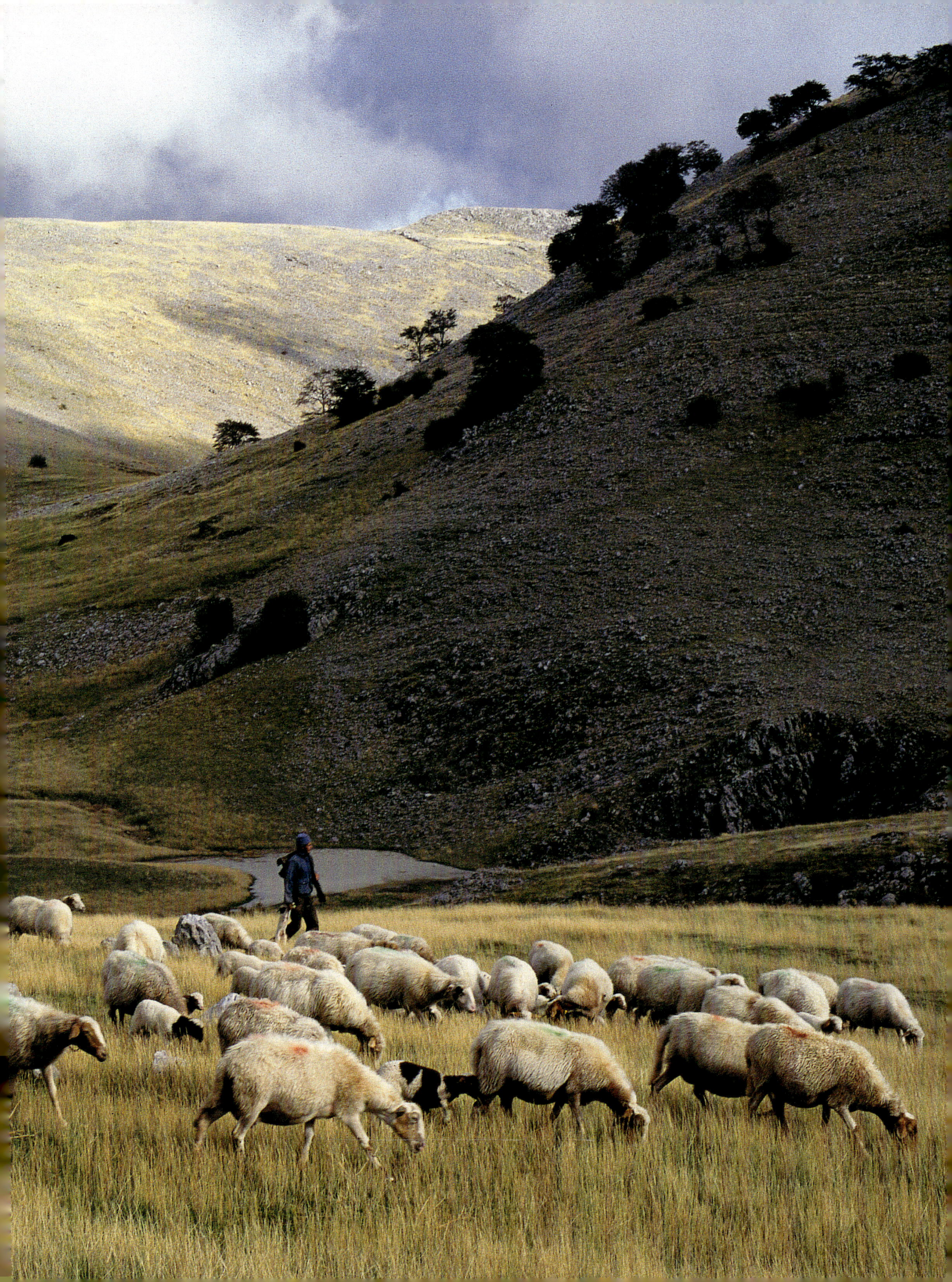

Sizilien

Das Land und seine Produkte
Sizilien – die Brücke zwischen Italien und Afrika, von Meeren und Inseln umgeben

Die mächtigste Insel des Mittelmeers ist nicht nur von eben diesem, sondern auch noch vom Ionischen und vom Tyrrhenischen Meer umgeben. Um die Insel herum gruppieren sich drei Inselgruppen: im Norden die Äolische oder auch Liparische Gruppe mit Lipari als größter Insel, im Westen die Ägadische mit Favignana und im Süden die Pelagische mit Lampedusa. Westlichste Spitze ist die Insel Pantelleria, auch die »schwarze Perle« genannt. Aber am überragendsten im wahrsten Sinn des Wortes ist der Ätna, italienisch Monte Etna, der höchste noch tätige Vulkan Europas, der sich 3350 m über das Meer erhebt.

Ein rauchender Riese mit Hut. Allgegenwärtig ist auf Sizilien der Ätna, der mächtige Vulkan, der Verderben und Zerstörung bringen kann. Doch meist ist seine Spitze unter einem »Wolkenhut« verborgen. Andererseits haben seine Lavaströme die Grundlage für fruchtbare Böden geschaffen, auf denen Hartweizen wie in der Provinz Enna, alle Arten von Zitrusfrüchten, Mandel- und Pistazienbäume ebenso gut gedeihen wie Obst, Gemüse und Wein.

Getreide, Oliven und Mandeln sind die traditionellen Produkte des Landesinneren. Dazu gesellen sich Gemüse und Salate, die überall in kleinen Gärten gezogen werden – vor allem Auberginen, Zucchini und Fenchel. Selbst die Küstenbewohner hegen ihre kleinen Gemüsegärtchen mit Hingabe. Schaf-, Schwein- und Wildfleisch sowie vor allem die Pilze, die in den Eichenwäldern und dem Gestrüpp der Macchia am Fuß des Ätna vom Juni bis in den November hinein gedeihen, sorgen für Abwechslung im Speiseplan. Mairitterlinge, Kaiserlinge und Steinpilze kennt dort jedes Kind, inzwischen sind aber auch Zuchtpilze wie Champignons und Austernpilze sehr geschätzt. Als Würze dienen Kräuter und natürlich der Knoblauch, der gerne und reichlich verwendet wird.

Fisch und Meeresfrüchte prägen die Küstenküche.
Auch wenn der Fischfang nicht mehr so fette Beute bringt wie früher, als das Mittelmeer noch reich an Meeresgetier war, die Früchte der See sind immer noch Hauptnahrungsmittel der Inselbewohner. Vor allem Schwertfisch und der Rote Tunfisch, der im Frühjahr zum Laichen in die warmen Gewässer um Sizilien zieht. Sonst sind vor allem Sardinen und Sardellen beliebt, von den Fischhändlern bereits küchenfertig vorbereitet. Und die Tintenfische, vom Oktopus bis zu den kleinen Kalmaren, sowie Miesmuscheln *(cozze)*, Venusmuscheln *(vongole)* und die Felsmuscheln *(patelle),* die am liebsten wie Austern roh gegessen werden. Eine Garnelenart, die es nur hier gibt, hat den Namen *gamberetti di nassa* (*nassa* heißt die Reuse, mit der sie gefangen werden) erhalten. Die Tiere haben papierdünne, orangerote Schalen und tragen einen leuchtend blauen Rogen. Da diese zarten Garnelen leicht verderblich sind, werden sie nur an den Küsten frisch angeboten.

Eine Freude fürs Auge ist ein Bummel über den Markt von Catania. Dort findet man die aromatischsten Tomaten, denn auf Sizilien bekommen sie genügend Sonne, um Geschmack und Farbe zu entwickeln. Rund um den Ätna, auf mineralstoffreichen Böden, werden vor allem die länglichen *San-Marzano*-Tomaten angebaut, die als *pelati*, als geschälte Tomaten in Dosen, die Zeit bis zur nächsten Ernte überbrücken. Neben den leuchtend roten Sorten, die sich besonders für Saucen eignen, sind auf den Märkten auch festfleischige, »faltige« Tomaten mit grünen oder gelben Stellen zu finden. Sie sind nicht etwa unreif, es ist eine Eigenart der Sorte. Diese Tomaten sind ideal für Salate oder bestens zum Füllen geeignet. Auch intensiv duftende und schmeckende Orangen werden auf Sizilien für einen erfrischenden Salat mit Zwiebeln verwendet.

Sizilien

Direkt vom Boot kaufen die Inselbewohner ihren Fisch am liebsten. Am Flusshafen von Mazzara del Vallo lässt sich der Fang noch bei den Fischern ersteigern und wenig später in der Pfanne brutzeln.

Die sizilianische Sonne macht es möglich: Verdunstet das Meerwasser in flachen Becken, bleibt körniges Salz zurück. Zwischen Marsala und Trapani wird heute noch das Salz auf diese traditionelle Art gewonnen.

So viel Zeit muss sein, ohne ein ausgiebiges Schwätzchen geht es nicht. Der tägliche Einkauf beim nächsten Lebensmittellädchen wird auch immer dazu genutzt, die letzten Neuigkeiten aus dem Dorf auszutauschen.

Wenn Ende Januar die Mandelbäume zu blühen beginnen, wird auf Sizilien in Agrigent ein Blütenfest gefeiert. Schließlich sind die Mandeln die wichtigste Zutat für Saucen, süßes Gebäck und die *pasta reale,* die zuckerreiche Version des Marzipans.

Im Benediktinerkloster Palermos, von Eloisa Martorana gegründet, soll die *Frutta Martorana* zum ersten Mal aus Marzipan geformt worden sein. Heute kann man in jeder *pasticceria* diese naturgetreuen Kunstwerke nicht nur bewundern, sondern auch kaufen.

273

Sizilien

Die Küche
Viele Völker haben hier Spuren für eine ganz eigenständige Küche hinterlassen

Die Küche Siziliens und der benachbarten Inseln ist außergewöhnlich vielfältig und abwechslungsreich. Griechen und Römer, Spanier und Franzosen hinterließen ihre Spuren und Rezepte, vor allem aber die Araber, die über 200 Jahre die Insel regierten. Die Vorliebe für Süßsaures stammt von ihnen wie auch der Couscous, der gedämpfte Weizengrieß, der auf Sizilien *cuscusu* heißt und mit Fisch und nicht mit Fleisch zubereitet wird.

Täglich Pasta. Ein Erbe der arabischen Herrschaft sind die *maccheroni,* für deren Herstellung früher aus Mehl, Eiweiß und Rosenwasser ein Teig geknetet, zu dünnen Streifen gerollt und um einen Eisendraht gewickelt wurde. Nudeln gehören auch heute zu jeder Mahlzeit, einfach mit Ricotta oder raffiniert mit Fisch, Meeresfrüchten und natürlich Tomaten. Schließlich waren es sizilianische Seefahrer, die Tomaten, Auberginen, Peperoncini und Kartoffeln aus der Neuen Welt ins Land brachten. Reis ist dagegen nicht sehr verbreitet, er wird vor allem für *arancini,* gefüllte Reisbällchen verwendet, die es in Espressobars als Imbiss gibt.

Tunfisch, Schwertfisch und die kleinen Sardinen und Sardellen sind die Lieblingsfische der Küstenbewohner. Die einfachste Zubereitungsart ist immer die beste: mit feinem Olivenöl, frischen Kräutern und Gemüsen der Saison. Die *sarde beccafico* (gefüllte Sardinen) sind unverkennbar von arabischer Kochkunst beeinflusst und so beliebt, dass sie in jedem Küstenrestaurant nach eigenem Rezept zubereitet werden.

Fleisch von Rindern war früher so zäh, dass es nur gehackt verwendet werden konnte. So sind auch heute noch Hackfleischgerichte verbreiteter als kurzgebratene Steaks. Geschätzt wird aber das Fleisch von Schweinen, vor allem das würzige der schwarzen Schweine.

Wenn es ein »Leitgemüse« der Inseln gibt, dann sind es die Auberginen, *milinciani* genannt. Sie gehörten schon immer zu den Zutaten, die die Fantasie der Köche am meisten anregen. Mariniert und auf dem Grill geröstet, in Scheiben oder Würfeln frittiert, mit Nudeln gefüllt und überbacken oder mit Rosinen in Tomatensauce geschmort wie bei der klassischen *caponata* – so werden sie zubereitet.

Orientalische Desserts. Weltberühmt ist das sizilianische *sorbetto* oder die *granita,* aromatisiertes Wassereis, das die Araber *sciarbat* nannten und aus Schnee vom Ätna mit Früchten und Blüten bereiteten. Heute ist es aus Zuckersirup, der vor allem mit Zitrus-, Wassermelonen- oder Maulbeersaft sowie Orangen- und Jasminblüten verfeinert wird. Aus der Zeit der spanischen Herrschaft stammt das *pan di Spagna,* spanisches Brot, ein Biskuitkuchen, der die Grundlage der echten *cassata* aus Ricotta und kandierten Früchten ist. Auch hier ist der Name wieder dem Arabischen entlehnt: *Qas'at* heißt dort eine runde Schüssel.

Silzilien

a Auberginen und Paprikaschoten sind aus der Küche Siziliens nicht wegzudenken. Kaum ein Gericht, in dem sie nicht auftauchen.

b Auf den Märkten von Palermo werden Obst und Gemüse nicht nur frisch verkauft, sondern – wie hier auf dem *mercato della Vucciria* – auch gekocht und gebrutzelt, damit niemand beim Einkaufen Hunger leiden muss.

c Die Furcht erregenden Schwertfische sind neben Tunfischen die beliebtesten Fische der Inseln. Geschmort, gegrillt oder in der Pfanne gebraten erinnert ihr Fleisch fast an Kalbfleisch. Besonders angenehm: Schwertfischfleisch hat keine lästigen Gräten!

d Die kleinen Garnelen mit dem leuchtend blauen Rogen, *gamberetti di nassa* genannt, können roh gegessen oder (am liebsten mit Zucchiniblüten kombiniert) für Pastasaucen verwendet werden.

e *Granita*, ein körniges Wassereis, das mit dem Saft von Zitronen, Blutorangen oder Beeren aromatisiert wird, ist die Spezialität von Sizilien und den Liparischen Inseln.

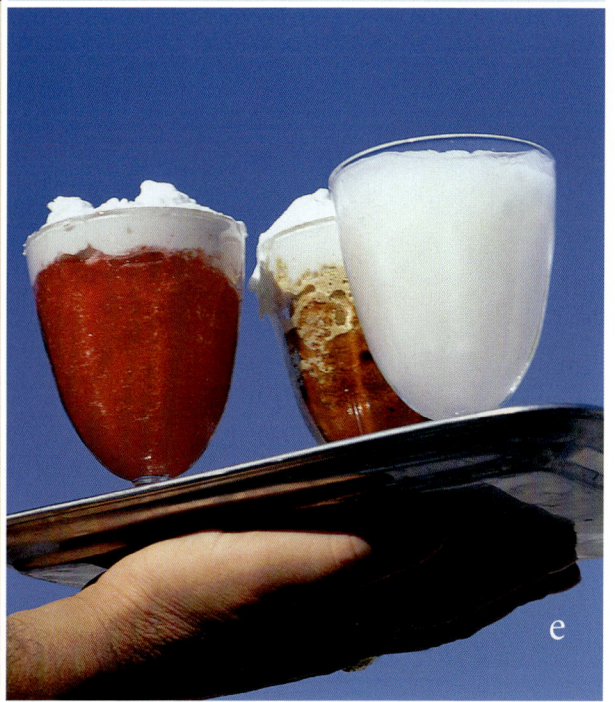

Sizilien

Die Weine
Alte Rebsorten und kometenhafte Aufsteiger

Kaum zu glauben, dass auf einer Insel, die wenige hundert Kilometer lang ist, so viele unterschiedliche Weintypen entstehen. Und das aus Rebsorten wie Nero d'Avola oder Cataratto, die vor wenigen Jahren noch niemand kannte. Selbst internationale Rebsorten wie Cabernet Sauvignon oder Chardonnay entwickeln sich hier zu höchst eigenständigen Weinen.

Vulkanweine. Die Landschaft Siziliens wird überragt vom Vulkan Ätna, eine der besten Anbauregionen mit einem besonderen Kleinklima: Die Weinreben, die bis auf 1000 Meter Höhe klettern, profitieren von den großen Temperaturunterschieden zwischen Tag und Nacht, sodass auch in den heißen Sommern die Trauben in der Nacht genügend abkühlen, um Aroma zu gewinnen. Allerdings ist die Zahl der Weingüter, die hier herausragende Rotweine aus Nerello- und Cappuccio-Trauben oder apfelduftige Weißweine aus Catarrato und Carricante herstellen, noch nicht allzu groß.

Roter Süden. Die wichtigsten Anbaugebiete der einheimischen Rebe Nero d'Avola, die in fast allen Rot- und Roséweinen steckt, liegen im Süden, in der Provinz Agrigento und um die Stadt Vittoria. Vor nicht allzu langer Zeit war diese Rebsorte fast unbekannt, heute hat sie schon Kultstatus. Bei sorgfältiger Pflege der Reben und einem Ausbau in kleinen Holzfässern erreicht sie ungeahnte Höhen und ergibt einen herb-fruchtigen, fein-rauchigen Wein, der das Zeug zum Älterwerden hat. Daneben haben auch internationale Reben wie Cabernet Sauvignon und Syrah einen festen Platz in dieser Region und liefern trotzdem echt sizilianische Weine, die sich nicht nur beim weltweit bekanntesten sizilianischen Weingut »Planeta« durch ein zartes Aroma nach kandierten Orangen zu erkennen geben. Die weißen Rebsorten der Insel wie Cataratto, Fiano, Grillo und Inzolia werden teils reinsortig, teils gemischt zu eher milden, süffigen Weinen ausgebaut.

Neues im Westen. Die alte Weinbauregion Marsala im Westen der Insel hat es nicht geschafft, von ihrem »Kochwein-Image« wegzukommen – obwohl es ausgezeichneten *Marsala Superiore* gibt. Aber inzwischen werden aus der Rebsorte Grillo nicht nur gehaltvolle Dessertweine, sondern auch spritzig-duftige Weißweine gekeltert. Um Trapani werden aus Nero-d'Avola-Trauben auch kräftige, erdig-gewürzhafte Rotweine ausgebaut. Zwei andere Dessertweine bieten dem Marsala-Wein ernste Konkurrenz: der *Malvasia delle Lipari Passito* aus getrockneten Malvasia-Trauben mit dem Duft nach Zitronat und Orangenblüten sowie der *Passito di Pantelleria* aus Zibibbo-Trauben mit dem Aroma von Orangeat und Aprikosen.

Links: Weinrebenerziehung auf Sizilien – an Bambusstangen werden die Rebentriebe angebunden.
Oben: Berühmte Beispiele der Region (von links nach rechts) – die roten *Nero d'Avola* und *Monreale Syrah*, die weißen *Grillo Parlante* und *Don Pietro*.

Rezepte der Region
Die Küche Siziliens lebt von der Frische und dem Aroma ihrer Zutaten

ANTIPASTI

- 278 **Sfincione di Caltanisetta**
  Kleine Pizzen mit Tomaten und Käse
- 280 **Muffolette**
  Fenchelbrötchen
- 280 **Pomodori nel panino**
  Tomatensalat im Brötchen
- 281 **Tonno su insalata di patate**
  Tunfisch auf Kartoffel-Zwiebel-Salat mit Minze
- 282 **Carciofi gratinati**
  Überbackene Artischocken

PRIMI PIATTI

- 286 **Orecchiette con spigola**
  Öhrchennudeln mit Wolfsbarsch
- 286 **Spaghetti alla diavola**
  Spaghetti mit Pfefferschoten
- 287 **Melanzane ripiene di spaghetti**
  Spaghetti in Auberginen
- 288 **Linguine al cartoccio**
  Linguine mit Meeresfrüchten in der Folie

SECONDI PIATTI

- 290 **Sarde a beccafico**
  Sardinenröllchen gefüllt und gratiniert
- 291 **Tonno alla messinese**
  Tunfisch nach Messina-Art
- 292 **Bistecche alla palermitana**
  Lendensteaks nach Palermo-Art
- 294 **Spiedini di carne**
  Hackspießchen mit Mozzarella
- 294 **Pollo alla liparota**
  Hähnchen mit Zwiebelsauce
- 295 **Fegato di vitello su caponata**
  Kalbsleber auf Auberginengemüse

CONTORNI

- 298 **Melanzane ripiene**
  Gefüllte Auberginen
- 300 **Insalata di pane**
  Brotsalat
- 300 **Bietole con uvetta**
  Mangold mit Rosinen
- 301 **Involtini di peperoni**
  Gefüllte Paprikaröllchen
- 302 **Funghi porcini grigliati**
  Gebratene Steinpilze mit Verbene
- 302 **Patate al forno**
  Kartoffel-Oliven-Gemüse
- 303 **Scarola ripiena**
  Gefüllter Salat

DOLCI

- 304 **Babà all' amaretto**
  Hefegebäck mit Mandelsirup
- 306 **Macedonia**
  Bunter Obstsalat
- 306 **Tortine di pasta frolla**
  Mürbeteigkuchen als Dessert
- 307 **Frittelle di arance con fichi d'india**
  Orangenküchlein mit Kaktusfeigen

Rund um Sizilien und das ägadische Archipel leuchtet das traumhafte Meer, und was sich in den Netzen der Fischer verfängt, kommt kurz danach auf den Tisch. Am liebsten mit Pasta aus der Folie, eine Zubereitungsart, die hier erfunden wurde. Und auch das Füllen von Gemüsen ist sehr beliebt. Außerdem immer dabei: die Semmelbrösel – auf Nudeln, in Füllungen und sogar auf Lendensteaks.

Sizilien

Sfincione di Caltanisetta
Kleine Pizzen mit Tomaten und Käse (Sizilien)

ZUTATEN für 4 Personen:
Für den Teig:
250 g Mehl (Type 550)
50 g Hartweizengrieß
1 TL Salz
1/4 Würfel frische Hefe (etwa 10 g)
Fett für das Blech
Für den Belag:
250 g Tomaten (möglichst Flaschentomaten)
1 kleine Zwiebel
2 EL Olivenöl
1–2 Stängel Basilikum
Salz | Pfeffer aus der Mühle
1 Prise gemahlener Peperoncino
2 Knoblauchzehen
3 Sardellenfilets (in Salz)
12 entsteinte grüne Oliven
75 g Ziegen- oder Schaffrischkäse
30 g mittelalter Pecorino

ZUBEREITUNGSZEIT: 30 Min.
RUHEZEIT: 2 Std.
BACKZEIT: 20 Min.
PRO PORTION: ca. 415 kcal

Die kleinen, eher dicken Pizzen mit Oliven, Sardellen und zwei Sorten Käse gibt es auf Sizilien nicht in Pizzerien, sondern in Bäckereien und Imbissbuden (fritterie), die in Palermo an jeder Ecke zu finden sind – früher nur am Freitag, dem allgemeinen Brotbacktag. Um die Resthitze der Backöfen auszunutzen, wurden nach den großen Broten kleine Teigstücke eingeschoben und noch warm mit Oliven, Käse und Olivenöl gegessen.

Tipp:
Damit der Hefeteig geschmeidiger wird, knetet man in Sizilien gern etwas Schweineschmalz unter. Sie können aber auch einen Teil der Wassermenge durch Milch ersetzen, was die Krume weicher werden lässt.

1 Mehl mit Grieß und Salz in eine Schüssel geben. Die Hefe in knapp 200 ml lauwarmem Wasser auflösen und zur Mehlmischung gießen, vermischen. Alles kräftig zu einem glatten, elastischen Teig verkneten. Zugedeckt an einem warmen Ort etwa 2 Std. ruhen lassen.

2 Für den Belag Tomaten mit kochendem Wasser überbrühen, abschrecken, häuten und entkernen. Fruchtfleisch klein würfeln, dabei die Stielansätze entfernen. Die Zwiebel schälen und fein schneiden. 1/2 EL Öl erhitzen, die Zwiebel glasig dünsten. Tomaten zugeben, 15 Min. köcheln lassen.

3 Basilikumblätter von den Stängeln zupfen, hacken. Die Tomatensauce mit Salz, Pfeffer, Peperoncino und Basilikum würzen, etwas abkühlen lassen. Knoblauch schälen und grob hacken. Die Sardellen abbrausen, trockentupfen und entgräten, in Stücke schneiden.

Sizilien

4 Wenn der Teig zu doppelter Größe aufgegangen ist, den Backofen auf 225° (Umluft 200°) vorheizen. Backblech fetten. Den Teig in vier Stücke teilen und mit der Hand zu dicken, runden Fladen (etwa 10 cm Ø) formen. Auf das Blech legen und die Oberfläche mit etwas Olivenöl bestreichen.

5 Mit den Fingerspitzen gleichmäßig tiefe Mulden in die Teigoberfläche drücken und jeweils ein Stückchen Sardellenfilet, etwas Knoblauch oder 1 Olive in jede Vertiefung legen.

6 Den Frischkäse zerbröckeln und über die gefüllten Vertiefungen streuen. Die Tomatensauce darüber löffeln, dabei die Teigränder aussparen.

7 Den Pecorino grob raspeln und über die Sauce streuen, alles mit dem restlichen Olivenöl beträufeln. Die Sfincione im Ofen (Mitte) in etwa 20 Min. goldbraun backen. Nach Belieben heiß aus dem Ofen oder kalt servieren.

Sizilien

Muffolette
Fenchelbrötchen (Sizilien)

ZUTATEN für 4 Personen:
500 g Mehl (Type 550) +
  Mehl zum Arbeiten
2 TL Salz
2 TL Fenchelsamen
1/2 Würfel frische Hefe (21 g)

ZUBEREITUNGSZEIT: 15 Min.
RUHEZEIT: 4 Std.
BACKZEIT: 15–20 Min.
PRO PORTION: ca. 455 kcal

1 Das Mehl in einer Schüssel mit Salz und Fenchel vermischen. Hefe in etwa 270 ml lauwarmem Wasser auflösen, zum Mehl gießen und alles vermischen.

2 Den Teig kräftig kneten, zu einer Kugel formen und mit etwas Mehl bestreuen. Zugedeckt an einem warmen Ort 3 Std. gehen lassen, bis der Teig zur doppelten Größe aufgegangen ist.

3 Den Teig nochmals durchkneten und zu vier großen runden Brötchen formen. Auf ein Backblech mit Backpapier legen, mit einem leicht angefeuchteten Tuch abdecken und nochmals 1 Std. gehen lassen.

4 Den Backofen auf 250° (Umluft 230°) vorheizen. Die Brötchen kreuzweise einschneiden und im Ofen (Mitte) 15–20 Min. backen, bis sie leicht gebräunt sind. Kurz vor Ende der Backzeit mit heißem Wasser bestreichen, damit sie eine glänzende Oberfläche bekommen. Auf einem Kuchengitter abkühlen lassen.

Die Muffolette werden auf Sizilien traditionell am Martinstag gebacken und mit Käse oder Wurst zum jungen Wein gegessen.

Pomodori nel panino
Tomatensalat im Brötchen (Sizilien)

ZUTATEN für 4 Personen:
300 g feste Tomaten
1 kleine Salatgurke
Salz | Pfeffer aus der Mühle
1 milde weiße Zwiebel
1 roter Peperoncino
3 Stängel Basilikum
2 EL Weißweinessig
3 EL Olivenöl
4 große längliche oder
  runde Brötchen (Panini)

ZUBEREITUNGSZEIT: 35 Min.
PRO PORTION: ca. 245 kcal

1 Tomaten waschen und in dünne Spalten schneiden, dabei die Stielansätze entfernen. Die Gurke waschen, putzen und in kleine Stücke schneiden. Mit etwas Salz vermischen und in einem Sieb etwa 15 Min. abtropfen lassen.

2 Die Zwiebel schälen und fein würfeln. Peperoncino waschen, entstielen, entkernen und fein hacken. Basilikumblättchen von den Stängeln zupfen und klein schneiden.

3 Tomaten, Gurke, Zwiebel, Peperoncino und Basilikum mit Essig, Pfeffer und Olivenöl vermischen, bei Bedarf noch salzen.

4 Von den Brötchen einen Deckel abschneiden und die Krume entfernen, stattdessen den Salat in die Brötchen füllen und gleich servieren.

Ursprünglich wurde der Salat in ausgehöhlte kleine Brote gefüllt, mit dem Deckel verschlossen und zur Feldarbeit als Vesper mitgenommen.

Sizilien

Tonno su insalata di patate
Tunfisch auf Kartoffel-Zwiebel-Salat mit Minze (Sizilien)

ZUTATEN für 4 Personen:
400 g dünn geschnittene Tunfischsteaks
2 Knoblauchzehen
Salz | Pfeffer aus der Mühle
4 EL trockener Weißwein
500 g fest kochende Kartoffeln
2 Bio-Zitronen
2 große rote Zwiebeln
4 Stängel Minze
6 EL Olivenöl

ZUBEREITUNGSZEIT: 1 Std.
PRO PORTION: ca. 470 kcal

1 Tunfischsteaks mit Küchenpapier trockentupfen und in eine flache Schale legen. Knoblauch schälen und in einem Mörser mit 1 Prise Salz zerdrücken. Mit Weißwein verrühren und über den Tunfisch gießen. Mit Klarsichtfolie abdecken und im Kühlschrank 30 Min. marinieren.

2 Die Kartoffeln waschen und in Salzwasser aufsetzen, zugedeckt je nach Größe in 25–35 Min. gar kochen.

3 Die Zitronen heiß waschen und halbieren. Eine Hälfte in dünne Scheiben oder Spalten schneiden und zur Seite legen, die restlichen Hälften auspressen. Die Zwiebeln schälen und grob hacken. Minze waschen, trockenschütteln und die Spitzen abzupfen und beiseite legen. Die übrigen Blättchen fein schneiden.

4 Die Kartoffeln abgießen und ausdampfen lassen. Noch warm pellen und in grobe Würfel schneiden. Mit Zwiebeln, Minze, Zitronensaft und 4 EL Olivenöl vermischen, kräftig mit Salz und Pfeffer würzen.

5 Die Tunfischsteaks aus der Marinade heben und mit Küchenpapier gut trockentupfen. In einer Pfanne das restliche Olivenöl erhitzen und den Tunfisch bei mittlerer Hitze auf beiden Seiten jeweils knapp 1 Min. braten. Die Pfanne vom Herd nehmen und den Tunfisch ganz kurz nachziehen lassen.

6 Den lauwarmen Salat auf Teller verteilen und den Tunfisch darauf anrichten. Mit Minzespitzen und Zitronenscheiben oder -spalten garnieren. Mit knusprigem Weißbrot servieren.

Weinempfehlung:
Dazu schmeckt am besten ein cremig-fülliger, aber trotzdem »knackig« frischer Weißwein, etwa ein Cataratto aus Sizilien aus einer nur dort heimischen Rebsorte, aus der würzige, säurebetonte, aber nicht saure Weine gekeltert werden.

Sizilien

Carciofi gratinati
Überbackene Artischocken (Sizilien)

ZUTATEN für 4 Personen:

6 kleine längliche Artischocken
1 EL Zitronensaft
Salz | Pfeffer aus der Mühle
75 g frisch geriebener Pecorino (ersatzweise Parmesan)
5 EL Semmelbrösel
6 EL Sahne
1 Knoblauchzehe
3 EL Butter + Butter für die Form
2 Stängel Oregano (ersatzweise 1 TL getrockneter Oregano)
2 EL Marsala (sizilianischer Dessertwein)
300 g Tomatenpüree
2 kleine getrocknete Peperoncini
1/2 Lorbeerblatt

ZUBEREITUNGSZEIT: 45 Min.
BACKZEIT: 15 Min.
PRO PORTION: ca. 265 kcal

Solche Gemüsegerichte wurden früher nicht als Antipasto gegessen, sondern – wie spanische Tapas – zwischendurch bei einem Glas Wein genossen. Oder sie wurden als *contorni* nach dem Hauptgericht oder anstelle des Fisch- oder Fleischganges verspeist.

Heute findet man in vielen kleinen Läden fertige *antipasti* dieser Art zum gleich essen oder zum Mitnehmen.

Tipp:
Statt der Artischocken können Sie auch dünne Zucchini nehmen, längs halbieren und quer in 7 cm große Stücke schneiden. Mit einem Kugelausstecher schiffchenartig aushöhlen und wie die Artischocken füllen und überbacken.

1 Die Artischocken waschen und mit einer Schere die Blätter rundum bis zum fleischigen Teil abschneiden. Die Stängel auf 4–5 cm Länge kürzen und schälen. Einen Topf mit kaltem Wasser und dem Zitronensaft bereit stellen.

2 Artischocken durch den Stiel längs halbieren und das »Heu« entfernen. Die Hälften sofort in den Topf mit Zitronenwasser legen, damit sie sich nicht braun verfärben. Wenn alle Artischocken geputzt sind, das Wasser salzen und aufkochen.

3 Die Artischocken zugedeckt 15–20 Min. garen. Den Backofen auf 225° (Umluft 200°) vorheizen. Den Pecorino mit 2 EL Semmelbröseln und der Sahne vermischen. Knoblauch schälen und durch die Presse dazudrücken, die Mischung mit Pfeffer würzen.

Sizilien

4 Die Artischocken abgießen und abtropfen lassen. Mit der Käsemischung füllen und in eine gefettete hitzebeständige Form legen. Mit den übrigen Semmelbröseln gleichmäßig bestreuen, die Butter in dünnen Scheiben darauf verteilen.

5 Oregano waschen, trockenschütteln, hacken und mit Marsala und Tomatenpüree vermischen. Peperoncini und das Lorbeerblatt im Mörser zerreiben und zum Püree geben. Mit Salz und Pfeffer abschmecken und um die Artischocken herumgießen.

6 Die Form in den Ofen (oben) schieben und die Artischocken etwa 15 Min. überbacken, bis die Butterbrösel leicht gebräunt sind. Brutzelnd heiß in der Form servieren und knuspriges Weißbrot dazu reichen.

283

Reportage

Vielseitig und grätenfrei – Tintenfische
Die feinen Unterschiede zwischen Sepien, Kalmaren und Kraken

Dass Tintenfische die beliebtesten Meeresfrüchte sind, hängt mit ihrem einfachen Körperbau zusammen – sie haben keine Panzer, keine Schuppen und keine Gräten. Dazu sind sie noch preiswert und lassen sich besonders vielseitig zubereiten.

Tintenwolken. Diese Meeresbewohner gehören trotz ihres Namens nicht zu den Fischen, sondern sind Weichtiere, die den Schnecken näher stehen. Außerdem sitzen bei ihnen die Füße oder Arme am Kopf, weswegen sie auch Kopffüßler genannt werden. Und zu guter Letzt besitzen fast alle eine Drüse mit einem dunklen, tintenähnlichen Farbstoff, dem Tintenbeutel. Diese Tinte stoßen die Tiere ins Wasser aus, wenn sie sich bedroht fühlen und machen sich hinter der dunklen Wolke aus dem Staub. Diese natürliche Tinte ist sehr begehrt: mit ihr lassen sich Nudeln oder Risotti schwarz färben oder auch Tuschezeichnungen anfertigen. Deshalb findet man fast nie einen Tintenfisch mit Tintenbeutel im Handel, die »Farbe« gibt es meist nur auf Vorbestellung beim Fischhändler in kleinen Beuteln zu kaufen.

Dick und rund. Der eigentliche »Tintenfisch« heißt Sepia (italienisch *seppia*), hat einen runden, dicken Körper mit acht kurzen Armen und zwei langen Fangarmen und trägt im Inneren eine harte Kalkschale, den »Schulp«. Der 7 bis 30 cm große Körper ist dickfleischig und lässt sich gut füllen und schmoren. Für die Füllung werden die Arme fein gehackt mitverwendet. Falls Sie Sepien nicht küchenfertig kaufen: den Kopf samt Innereien mit einem kräftigen Ruck aus dem runden Körper ziehen, den Körper auf der dunkleren Rückenseite aufschneiden und die harte Kalkschale auslösen. Dahinter liegt das Tintensäckchen, dieses auch entfernen. Dann die Haut vom Körper abziehen. Vom Kopf die Eingeweide abschneiden und wegwerfen. Den Kopf putzen und die harten Beißwerkzeuge, die am Armansatz liegen, kräftig herausdrücken.

Mini-Sepien. Die winzigen runden Zwerg-Sepien, italienisch *seppiola* oder *seppiolina*, sind nicht etwa sehr junge Tintenfische, sondern eine eigene Art, die fast ausschließlich im Mittelmeer vorkommt. Bei uns gibt es sie in der Fischtheke nur küchenfertig tiefgekühlt und bereits wieder aufgetaut, da sie wegen ihrer geringen Größe rasch verderben können.

Lang und schlank. Sie waren es, die die Tintenfische bei uns bekannt gemacht haben: die langen, schlanken Kalmare (italienisch *calamari*), die in Ringe geschnitten und in einer Teighülle frittiert auch heute noch Kinderherzen erfreuen. Frisch vom Fischhändler werden sie vorbereitet wie die Sepien, tiefgekühlt sind sie meist fertig geputzt und ohne Kopf zu bekommen. Eine besonders kleine Art wird *calamaretti* genannt und vor allem für Salate verwendet oder in Tomaten- oder Pastasaucen geschmort.

Acht Arme. Die letzte Tintenfischart, der Krake oder Oktopus (italienisch *polpo*), besteht fast nur aus acht dicken Fangarmen mit jeweils zwei Reihen ausgeprägten Saugnäpfen daran. Die Kraken haben das festeste Fleisch unter den Tintenfischen, sie müssen vor dem Garen geklopft oder so lange auf Steine geworfen werden, bis sie weich sind. Bei tiefgekühlten Kraken ist das nicht nötig, hier hat das Einfrieren eine vergleichbare Wirkung gehabt. Trotzdem braucht ein Oktopus 1 bis 2 Stunden Garzeit. Weitaus schneller gar sind die *moscardini*, Mini-Kraken, die wie kleine Sepien mit langen Fangarmen aussehen und in 30 bis 45 Min. weich werden.

a Für *polpo in insalata* 500 g Oktopus in 3/4 l Wasser mit 200 ml Weißwein und 2 TL Meersalz aufkochen, bei ganz kleiner Hitze zugedeckt 45 Min. ziehen lassen. Topf vom Herd nehmen, den Oktopus 30 Min. im Sud abkühlen lassen. Im Sieb abtropfen lassen, in mundgerechte Stücke schneiden. Mit 4 EL Weißweinessig, 5 EL Olivenöl, Salz, Pfeffer und reichlich gehackter Petersilie vermischen. Bis zum Servieren etwas durchziehen lassen.

Reportage

b Der Oktopus, *polpo* genannt, gilt als besondere Delikatesse. **c** Das Fleisch des Oktopusses sitzt vor allem in den dicken Fangarmen, die zwei Reihen von Saugnäpfen tragen. Der Körper besteht nur aus einem kleinen runden Hautsack. **d** Wer auf einem Markt Appetit auf Meeresfrüchte hat, findet sicher einen Stand mit fertig gekochten *polpi* oder kleinen *moscardini*. **e** Das Fleisch der *polpi* ist besonders hart, deshalb werden sie vor der Zubereitung kräftig mit Holzschlegeln geklopft oder so lange auf Steine geworfen, bis sie zart genug sind. Moderner ist das Tiefgefrieren, das eine ähnliche Wirkung hat. Das Gerücht, ein Weinkorken im Kochwasser würde das Krakenfleisch zarter machen, hält sich zumindest hartnäckig. **f** Die einfach Tintenfische genannten *calamari* haben einen langen, tubenförmigen Körper und werden gern frittiert.

285

Sizilien

Orecchiette con spigola
Öhrchennudeln mit Wolfsbarsch (Sizilien)

ZUTATEN für 4 Personen:

300 g Wolfsbarschfilet (auch Seebarsch oder Loup de mer, ohne Haut)
2 TL Zitronensaft
400 g Orecchiette (Öhrchennudeln)
Salz | Pfeffer aus der Mühle
2 Knoblauchzehen
2–3 Stängel Petersilie
3 EL Olivenöl
100 ml Fischfond (aus dem Glas)
100 ml trockener Weißwein
4 EL geriebene Bottarga (getrockneter Fischrogen, ersatzweise kleinkörniger roter Kaviar oder geröstete Semmelbrösel)

ZUBEREITUNGSZEIT: 30 Min.
PRO PORTION: ca. 575 kcal

1 Das Fischfilet mit Küchenpapier trockentupfen, in 1 cm breite Streifen schneiden und mit dem Zitronensaft beträufeln.

2 Für die Orecchiette reichlich Wasser zum Kochen bringen, salzen. Die Nudeln darin nach Packungsangabe al dente kochen.

3 Den Knoblauch schälen. Die Petersilie waschen und trockenschütteln, fein hacken. In einem Topf das Olivenöl erhitzen, den Knoblauch durch die Presse dazudrücken. Die Fischstreifen bei mittlerer Hitze 1 Min. im Öl schwenken. Den Fischfond und den Wein aufgießen, einmal aufkochen lassen. Salzen und pfeffern, die Petersilie einrühren und den Topf vom Herd nehmen.

4 Die Nudeln abgießen, ganz kurz abtropfen lassen und auf Teller verteilen. Mit der Sauce übergießen und mit der Bottarga bestreuen. Sofort servieren.

Spaghetti alla diavola
Spaghetti mit Pfefferschoten (Lipari)

ZUTATEN für 4 Personen:

je 2 kleine rote und grüne Peperoncini
6 Knoblauchzehen
500 g Cocktailtomaten
400 g Spaghetti
Salz | 4 EL Olivenöl
1–2 EL Peperoncini-Paste (aus dem italienischen Feinkostladen oder aus dem Bio-Laden, ersatzweise Chiliöl)
4 Stängel Basilikum
60 g frisch geriebener Pecorino (ersatzweise Parmesan)

ZUBEREITUNGSZEIT: 30 Min.
PRO PORTION: ca. 525 kcal

1 Die Peperoncini waschen, entstielen, entkernen und in feine Streifen schneiden. Den Knoblauch schälen und grob hacken. Tomaten waschen und halbieren oder vierteln.

2 Für die Spaghetti reichlich Wasser zum Kochen bringen, salzen. Die Nudeln darin nach Packungsangabe al dente kochen.

3 In einem Topf das Öl erhitzen, bei schwacher Hitze Knoblauch und Peperoncini andünsten. Die Peperoncini-Paste unterrühren. Die Tomaten dazugeben und 1–2 Min. erhitzen (sie sollen nicht zerfallen).

4 Basilikumblätter von den Stängeln zupfen und unter die Sauce rühren, mit Salz würzen.

5 Die Nudeln abgießen, ganz kurz abtropfen lassen und auf Teller verteilen. Den Käse darüber streuen, dann erst die Sauce obenauf geben. Sofort servieren.

Sizilien

Melanzane ripiene di spaghetti
Spaghetti in Auberginen (Sizilien)

ZUTATEN für 4 Personen:

2 große Auberginen
Salz | Pfeffer aus der Mühle
4 EL Olivenöl
50 g Pancetta (geräucherter gewürzter Bauchspeck, in Scheiben, ersatzweise Schinkenspeck)
2 Knoblauchzehen
1 Zweig Thymian
2–3 Stängel Petersilie
200 ml Kalbsfond
400 g Spaghetti
100 g grob geraspelte Ricotta salata (gereifte Ricotta, ersatzweise milder Pecorino)

ZUBEREITUNGSZEIT: 45 Min.
PRO PORTION: ca. 640 kcal

1 Auberginen waschen, putzen, längs halbieren. Das Fruchtfleisch mit einem Messer im Abstand von 1 cm kreuzweise einschneiden, ohne die Schale zu verletzen.

2 Auberginen mit etwas Salz einreiben, 15 Min. ziehen lassen. Den Backofen auf 75° (Umluft 60°) vorheizen, Teller darin anwärmen.

3 In einer großen Pfanne 2 EL Olivenöl erhitzen. Die Auberginen mit Küchenpapier trockentupfen und die Schnittflächen im Öl bei mittlerer Hitze etwa 10 Min. braten, bis sie gut gebräunt sind. Auberginen aus der Pfanne heben und etwas abkühlen lassen.

4 Pancetta in feine Streifen schneiden, Knoblauch schälen. Kräuter waschen und trockenschütteln, Thymianblättchen abzupfen, Petersilienblättchen fein hacken. Das Auberginenfruchtfleisch so auslöffeln, dass ein etwa 1 cm dicker Rand stehen bleibt. Das Fruchtfleisch klein hacken. Auberginenhälften auf den Tellern im Ofen warm halten.

5 In der Pfanne, in der die Auberginen gebraten wurden, das restliche Öl erhitzen, die Speckstreifen 2–3 Min. bei mittlerer Hitze anbraten. Gehacktes Auberginenfleisch dazugeben, Knoblauch dazupressen und unter Rühren braten, bis alles gleichmäßig gebräunt ist. Den Kalbsfond aufgießen, mit Thymian, wenig Salz und Pfeffer würzen und alles offen etwa 10 Min. dünsten, bis die Sauce gut gebunden ist.

6 Für die Spaghetti reichlich Wasser zum Kochen bringen, salzen. Die Nudeln darin nach Packungsangabe al dente kochen. Abgießen, ganz kurz abtropfen lassen und in der Pfanne mit der Sauce und der Petersilie vermischen, mit Salz und Pfeffer abschmecken. Die Nudeln in die Auberginenhälften füllen, mit dem Käse bestreuen und servieren.

Auf Sizilien gibt es unendlich viele feine Nudel-Auberginen-Kombinationen. Neben der hier beschriebenen etwa noch die bekannte *pasta alla norma,* bei der die Spaghetti mit einer einfachen Tomatensauce vermischt und mit frittierten Auberginenwürfeln und Käse bestreut serviert werden.

Linguine al cartoccio

Linguine mit Meeresfrüchten in der Folie (Sizilien)

ZUTATEN für 4 Personen:

500 g gemischte Meeresfrüchte (kleine Garnelen in der Schale, Venusmuscheln, Miesmuscheln, ganz kleine küchenfertige Tintenfische)

Salz | Pfeffer aus der Mühle

500 g Tomaten

3 Knoblauchzehen

2 TL kleine Kapern (in Salz)

1 roter Peperoncino

1 kleines Bund Petersilie

3 EL Olivenöl + Öl für die Folie

100 ml Weißwein

400 g Linguine (schmale Bandnudeln, ersatzweise Spaghetti)

4 große Stücke Alufolie

ZUBEREITUNGSZEIT: 1 Std.
PRO PORTION: ca. 515 kcal

Die Pasta mit Meeresfrüchten in ein Stück Folie zu packen und noch einmal im Ofen ziehen zu lassen, ist nicht nur optisch ein »Aha«-Effekt. Bei dieser Zubereitungsart verbinden sich die »Würze des Meeres« mit dem Aroma der Nudeln zu einer herrlich duftenden Einheit. Wichtig: Unbedingt ganz kleine Tintenfische nehmen – größere müssten länger gegart werden, sonst blieben sie hart.

Kein Wunder, dass auch die Römer (die gerne auf Sizilien Urlaub machen) diese Zubereitungsart begeistert aufgegriffen haben und dieses Gericht als *spaghetti al cartoccio* ihren Gästen anbieten.

Weinempfehlung:
frisch-fruchtiger, leicht prickelnder Weißwein mit nicht zu markanter Säure, etwa ein Bianco Alcamo aus West-Sizilien.

1 Alle Meeresfrüchte waschen, die Muscheln dabei gründlich bürsten und die Bärte abziehen. Garnelenpanzer am Rücken mit einer Schere aufschneiden und das Garnelenfleisch auslösen. Die Garnelen am Rücken der Länge nach leicht einschneiden, Darm mit der Messerspitze entfernen.

2 Garnelen nochmals kurz waschen, dann mit Küchenpapier trocknen. Die Tintenfische in Streifen schneiden, in kochendem Salzwasser 1 Min. garen, dann abtropfen lassen. Tomaten überbrühen, häuten und entkernen. Fruchtfleisch klein würfeln, dabei die Stielansätze entfernen.

3 Den Knoblauch schälen und klein hacken. Kapern abbrausen und abtropfen lassen. Den Peperoncino waschen, entstielen, entkernen und klein hacken. Die Petersilie waschen und trockenschütteln, die Blätter abzupfen und fein hacken. Backofen auf 200° (Umluft 180°) vorheizen.

4 Olivenöl erhitzen und den Knoblauch andünsten. Petersilie zugeben, den Wein angießen und bei starker Hitze 5 Min. einkochen. Die Tomaten und den Peperoncino zugeben, etwa 10 Min. bei schwacher Hitze ziehen lassen. Reichlich Wasser für die Nudeln zum Kochen bringen, salzen.

5 Die Nudeln im Salzwasser sehr bissfest garen. Die Meeresfrüchte in die Sauce rühren und zugedeckt 5 Min. garen, bis sich die Muscheln öffnen. Die Sauce mit Salz und Pfeffer würzen. Alufolienstücke mit etwas Olivenöl bepinseln. Die Nudeln abgießen und mit der Sauce vermischen.

6 Die Nudeln samt Sauce gleichmäßig auf die Folienstücke verteilen. Die Folienseiten fest zusammenfalten und die Enden zu Zipfeln zusammendrehen. Die Pakete im Ofen (Mitte) etwa 10 Min. erhitzen, bis sich die Aromen verbunden haben.

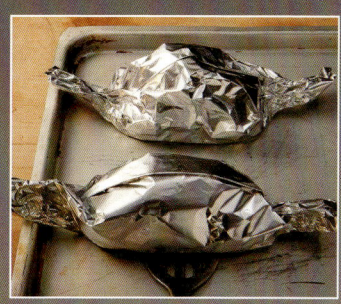

7 Die Folienpakete auf Teller setzen und sofort servieren. Jeder öffnet sein Päckchen selbst am Tisch und genießt den herausströmenden Duft. Zu Pasta mit Meeresfrüchten keinen Käse mit auf den Tisch stellen!

Sarde a beccafico
Sardinenröllchen gefüllt und gratiniert (Lipari)

ZUTATEN für 4 Personen:

- 16 kleine Sardinen (etwa 12 cm lang, insgesamt 750 g)
- 2 EL Rosinen
- 2 Sardellenfilets (in Salz)
- 2 EL Pinienkerne
- 2–3 Stängel Petersilie
- 75 g Semmelbrösel
- 6 EL Olivenöl + Öl für die Form
- 1 EL Limoncello (Zitronenlikör, ersatzweise Grand Marnier)
- Salz | Pfeffer aus der Mühle
- 1/2 TL Zimtpulver
- 4 große (frische) Lorbeerblätter
- 2 große Bio-Zitronen
- 2 TL Zucker

ZUBEREITUNGSZEIT: 1 1/4 Std.
GARZEIT: 22–25 Min.
PRO PORTION: ca. 445 kcal

1 Sardinen unter fließendem Wasser schuppen. Den Kopf vom Rücken her zur Hälfte so abschneiden, dass gerade die Mittelgräte durchtrennt wird. Den Kopf samt anhängenden Eingeweiden wegziehen. Sardinen am Bauch aufschneiden, restliche Innereien entfernen. Die Bauchhöhle unter fließendem Wasser ausspülen. Die Mittelgräte am Schwanzende abschneiden und zum Kopfende hin langsam wegziehen. Bauchlappen und Rückenflossen entfernen. Sardinen mit Küchenpapier trockentupfen und mit der Fleischseite nach oben auslegen.

2 Die Rosinen in warmem Wasser einweichen. Die Sardellen waschen, trockentupfen und mit den Pinienkernen fein hacken. Rosinen abtropfen lassen, ebenfalls hacken. Petersilie waschen, trockenschütteln und fein hacken.

3 Die Hälfte der Semmelbrösel in 3 EL Olivenöl bei mittlerer Hitze leicht anrösten. In eine Schüssel füllen und mit den Sardellen, Pinienkernen, Rosinen, Petersilie und Zitronenlikör vermischen. Kräftig mit Salz, Pfeffer und Zimt würzen. Den Backofen auf 220° (Umluft 200°) vorheizen.

4 Eine hitzebeständige flache Form (etwa 20 cm Ø) ölen. Die Sardinen salzen und pfeffern, auf die Kopfseite der Filets jeweils etwas Bröselmasse drücken und die Sardinen zum Schwanzende hin fest aufrollen. Mit den Schwanzflossen nach oben dicht nebeneinander in die Form legen. Die Lorbeerblätter längs halbieren und zwischen die Fischröllchen stecken. Mit übrigen Semmelbröseln bestreuen und restliches Olivenöl darüber träufeln. Die Form in den Ofen (Mitte) schieben und die Röllchen 15 Min. backen.

5 Inzwischen 1 Zitrone heiß waschen und in dünne Scheiben oder Spalten schneiden. Übrige Zitrone auspressen und den Saft mit dem Zucker verrühren. Den Saft über die Brösel träufeln und die Röllchen noch 7–10 Min. backen. In der Form servieren und mit Zitronenscheiben oder -spalten garnieren.

Beccafico heißen die Grasmücken, kleine Vögel, die gern über reife Feigen herfallen und sich damit den Magen vollstopfen. Die Sardinenröllchen sehen nicht nur aus wie fette kleine Vögel, sondern sie schmecken auch so gut, dass man nicht genug davon bekommen kann.

Tonno alla messinese
Tunfisch nach Messina-Art (Sizilien)

ZUTATEN für 4 Personen:
4 Scheiben Tunfisch (je 125 g)
1 EL Zitronensaft
600 g Tomaten
1 Zwiebel
2 Knoblauchzehen
2 EL kleine Kapern (in Salz)
2–3 Stängel Petersilie
3 EL Olivenöl
60 g entsteinte grüne Oliven
Salz | Pfeffer aus der Mühle

ZUBEREITUNGSZEIT: 20 Min.
GARZEIT: 20–25 Min.
PRO PORTION: ca. 395 kcal

1 Die Tunfischsteaks mit Küchenpapier trockentupfen und mit dem Zitronensaft beträufeln.

2 Von den Tomaten die Stielansätze entfernen. Die Tomaten mit kochendem Wasser überbrühen, häuten, entkernen und in kleine Stücke schneiden. Die Zwiebel und die Knoblauchzehen schälen, die Zwiebel in Streifen schneiden, den Knoblauch hacken. Kapern kurz abbrausen und abtropfen lassen. Petersilie waschen, trockenschütteln und die Blättchen fein hacken.

3 In einer großen Schmorpfanne das Olivenöl erhitzen. Die Zwiebel bei mittlerer Hitze darin hellgelb anbraten. Knoblauch, Tomaten, Kapern und Oliven dazugeben. Mit Salz und Pfeffer würzen und zugedeckt bei schwacher Hitze 15 Min. leise köcheln lassen.

4 Die Tunfischsteaks in die Tomatensauce legen und ebenfalls zugedeckt 5–10 Min. darin ziehen lassen. Die Sauce mit Salz und Pfeffer abschmecken, mit der Petersilie bestreuen. Sofort servieren. Dazu knuspriges Weißbrot servieren.

Statt tonno wird der Tunfisch auf Sizilien *tunnu* genannt und ist so beliebt wie der Schwertfisch, der *piscispata*, den Sie auch für dieses Gericht verwenden können. Allerdings neigen beide bei zu langem Garen zum Trockenwerden. Also immer nur kurz und nicht zu stark erhitzen, das Fleisch soll innen noch einen rosigen Kern behalten.

Sizilien

Bistecche alla palermitana
Lendensteaks nach Palermo-Art (Sizilien)

ZUTATEN für 4 Personen:

4 gut abgehangene Rinderlendensteaks (Roastbeef, je 175 g)
4 EL Olivenöl
500 g Cocktailtomaten
2 Zweige Thymian
Salz | Pfeffer aus der Mühle
2 Sardellenfilets (in Salz)
2 EL Kapern (in Salz)
2 EL Semmelbrösel
2 EL frisch geriebener Pecorino (ersatzweise Parmesan)
2 Knoblauchzehen
75 ml trockener Weißwein

ZUBEREITUNGSZEIT: 30 Min.
GARZEIT: 20 Min.
PRO PORTION: ca. 405 kcal

Sizilianer mögen Fleisch am liebsten vom Grill. Außer Rindersteaks wandern Lammkoteletts, Schweinefleisch oder Kaninchen, Wachteln und kräftig gewürzte Bratwürste auf den heißen Rost. Bei diesem Gericht werden die Steaks nicht nur in der Pfanne gegrillt, sondern zudem im Ofen geschmort, wobei sie neben einer Sauce gleich noch eine Beilage erhalten.

Kaufen Sie die Steaks bei einem vertrauenswürdigen Metzger ein. Dann können Sie ziemlich sicher sein, dass das Fleisch gleichmäßig von Fettadern durchzogen und gut abgehangen ist.

Weinempfehlung:
üppiger, vielschichtiger Rotwein mit Waldbeeren-Aromen, etwa ein Cabernet Sauvignon aus Sizilien.

1 Die Steaks mit Küchenpapier trockentupfen, den Fettrand mit einem scharfen Messer mehrmals einschneiden. Steaks mit 1 EL Olivenöl bestreichen, das Öl sanft in das Fleisch einmassieren. Abgedeckt beiseite (aber nicht in den Kühlschrank) stellen.

2 Backofen auf 230° (Umluft 210°) vorheizen. Eine flache hitzebeständige Form mit 1/2 EL Öl ausstreichen. Tomaten waschen, und halbieren. Thymian waschen und trockenschütteln, Blättchen abzupfen und mit den Tomaten mischen, in der Form ausbreiten.

3 Tomaten leicht salzen und pfeffern. Die Sardellen und die Kapern kurz abbrausen und mit Küchenpapier trockentupfen, nach Belieben grob hacken. Beides in eine Schüssel geben.

Sizilien

4 Die Semmelbrösel und den Käse zu der Sardellen-Kapern-Mischung geben. Knoblauch schälen und durch die Presse dazudrücken, übriges Olivenöl untermischen. Vorsichtig salzen und pfeffern.

5 Die Tomaten in der Form mit Weißwein beträufeln, im Ofen (Mitte) etwa 10 Min. garen. Eine schwere Grillpfanne trocken erhitzen. Die Steaks darin bei starker Hitze 1 Min. pro Seite braten. Salzen und pfeffern, auf die Tomaten in der Form legen.

6 Die Bröselmischung auf den Steaks verteilen, die Form wieder in den Ofen schieben und alles noch weitere 10 Min. überbacken, bis die Bröselmischung leicht gebräunt ist. Sofort servieren.

Sizilien

Spiedini di carne
Hackspießchen mit Mozzarella (Sizilien)

ZUTATEN für 4 Personen:
500 g Schweinehackfleisch
1 Bund Petersilie
1 Stängel Basilikum
Salz | Pfeffer aus der Mühle
4 dicke altbackene Scheiben Weißbrot (vom Vortag)
250 g Mini-Mozzarella
2 Eier (Größe M)
Semmelbrösel zum Panieren
lange Holzspieße
Olivenöl für die Spieße und zum Braten

ZUBEREITUNGSZEIT: 45 Min.
PRO PORTION: ca. 580 kcal

1 Hackfleisch in eine Schüssel geben. Die Petersilie waschen, trockenschütteln und die Blättchen fein hacken. Die Basilikumblätter fein schneiden und mit der Petersilie zum Hackfleisch geben. Mit Salz und Pfeffer gründlich vermischen. Etwa 3 cm große Klößchen daraus formen.

2 Das Brot entrinden und in ebenso große Würfel schneiden. Die Spieße ölen und abwechselnd Hackbällchen, Mozzarellakugeln und Brotwürfel darauf stecken.

3 Die Eier in einem Teller mit etwas Salz verquirlen, in einen zweiten Teller die Semmelbrösel streuen. In einer tiefen Pfanne etwa 2 cm hoch Olivenöl erhitzen.

4 Die Spieße erst in den Eiern, dann in den Bröseln wenden und die Panade leicht andrücken. Anschließend bei mittlerer Hitze im Öl in 2–3 Min. rundum braun und knusprig braten. Die Spieße herausheben, auf Küchenpapier entfetten und sofort servieren.

Pollo alla liparota
Hähnchen mit Zwiebelsauce (Lipari)

ZUTATEN für 4 Personen:
4 Hähnchenschenkel (je 200 g)
2 große Zwiebeln
4 Knoblauchzehen
1 Stange Staudensellerie
2 EL kleine Kapern (in Salz)
4 EL Olivenöl
Salz | Pfeffer aus der Mühle
1 EL Mehl
1 EL Zucker
300 ml Weißwein
1 EL Weißweinessig
2 Stängel Petersilie

ZUBEREITUNGSZEIT: 30 Min.
GARZEIT: 30 Min.
PRO PORTION: ca. 465 kcal

1 Hähnchenschenkel waschen und trockentupfen. Die Zwiebeln und den Knoblauch schälen, Zwiebeln in Streifen schneiden, Knoblauch nicht zu fein hacken. Den Staudensellerie waschen, putzen und in ganz kleine Würfel schneiden. Die Kapern kurz abbrausen und abtropfen lassen.

2 In einer großen Schmorpfanne das Olivenöl erhitzen. Die Hähnchenschenkel salzen, pfeffern und fein mit Mehl bestreuen. Im Öl bei mittlerer Hitze in etwa 10 Min. auf beiden Seiten braun anbraten. Die Hähnchenschenkel aus der Pfanne heben.

3 In dem verbliebenen Öl die Zwiebelstreifen und die Selleriewürfel goldgelb andünsten. Den Knoblauch zugeben, alles mit Zucker bestreuen und leicht karamellisieren lassen. Den Weißwein und den Essig angießen und aufkochen lassen.

Sizilien

Fegato di vitello su caponata
Kalbsleber auf Auberginengemüse (Sizilien)

ZUTATEN für 4 Personen:
1 große Aubergine (etwa 350 g)
Salz | Pfeffer aus der Mühle
1 EL Rosinen
2 EL Brandy (Weinbrand)
650 g Tomaten
2 Schalotten
2 Knoblauchzehen
50 g violette Oliven
1 EL Kapern (in Salz)
1 ganz kleiner Zweig Rosmarin
4 Scheiben Kalbsleber (je 100 g)
6 EL Olivenöl
1 getrockneter Peperoncino
2 EL Pinienkerne
1 TL Weißweinessig

ZUBEREITUNGSZEIT: 45 Min.
PRO PORTION: ca. 400 kcal

1 Aubergine waschen, putzen und in etwa 1 1/2 cm große Würfel schneiden. In ein Sieb geben, mit etwas Salz vermischen und etwa 20 Min. abtropfen lassen.

2 Inzwischen Rosinen im Weinbrand einweichen. Die Tomaten mit kochendem Wasser überbrühen, häuten und in Achtel schneiden, dabei die Stielansätze entfernen. Schalotten und Knoblauch schälen und fein würfeln. Das Olivenfleisch von den Kernen schneiden. Kapern abbrausen und abtropfen lassen. Den Rosmarin waschen, trockenschütteln und die Nadeln fein hacken. Lebern mit Küchenpapier trockentupfen und mit 2 EL Olivenöl bestreichen.

3 In einer Schmorpfanne restliches Olivenöl erhitzen. Die Auberginenwürfel trockentupfen und im Öl 7–10 Min. bei mittlerer Hitze braten, dabei öfter wenden. Schalotten und Knoblauch untermischen, kurz mitbraten. Dann die Rosinen samt Brandy, Tomaten, Oliven und Kapern dazugeben, den Peperoncino dazubröseln. Alles zugedeckt bei schwacher Hitze 10 Min. leise köcheln lassen. Die Pinienkerne in einem Pfännchen ohne Fett leicht anbräunen.

4 Eine Grillpfanne (oder eine schwere Eisenpfanne) stark erhitzen. Leberscheiben auf jeder Seite 2–3 Min. grillen. Mit Salz, Pfeffer und Rosmarin würzen.

5 Auberginengemüse mit Salz, Pfeffer und Essig abschmecken, auf Teller verteilen. Die gegrillten Leberscheiben darauf legen, mit Pinienkernen bestreuen und sofort servieren. Als Beilage passen Salzkartoffeln oder auch knuspriges Weißbrot sehr gut.

4 Die Hähnchenschenkel in die Sauce legen, die Kapern dazugeben und alles zugedeckt bei schwacher Hitze gut 30 Min. schmoren lassen. Die Petersilie waschen, trockenschütteln und fein hacken.

5 Sauce mit Salz und Pfeffer abschmecken. Hähnchenschenkel auf Tellern anrichten, die Zwiebelsauce darüber verteilen. Mit der Petersilie bestreuen und mit knusprigem Weißbrot servieren.

Weinempfehlung:
frisch-fruchtiger, weicher und spritziger Weißwein, etwa ein Bianco Alcamo aus West-Sizilien.

Sizilien

Kapern – kostbare Knospen
Die feinsten Kapern kommen von der Insel Pantelleria, aber auch von Salina und Lipari

Die dornigen, niedrig wachsenden Sträucher findet man rund ums ganze Mittelmeer, aber deren Knospen, die Kapern, werden vor allem auf den Inseln rund um Sizilien mit großer Sorgfalt geerntet und konserviert. Das Besondere: Sie werden nicht in Salzlake oder Essig eingelegt, sondern sie reifen in trockenem Meersalz.

Wunderschön blüht die Pflanze. Aber die Blüten ärgern die Bauern. Sie zeigen, dass bei der Ernte eine Knospe übersehen wurde. Dann kann er nur wieder warten, bis aus den Blüten kleine, birnenförmige Früchte geworden sind, die Kaperbeeren, italienisch *cucunci*, die aber längst nicht so beliebt sind. Sie sind härter und tragen viele kleine Kerne im Inneren, werden in Essig eingelegt und zu *antipasti* serviert. Echte Kapern sind also nicht die Früchte der intensiv grünen Pflanzen, sondern die fest geschlossenen Knospen. Den ganzen Sommer über können die rundlichen Sprößlinge geerntet werden. Alle 3 bis 4 Tage muss der Bauer über die Felder gehen und die Kapern abernten, was aber nicht einfach ist, denn die Pflanzen wehren sich mit spitzen Dornen gegen jeden, der ihnen zu nahe kommen will. Vor allem die gefräßigen Ziegen knabbern mit Vorliebe die zarten, würzigen Blätter von den Sträuchern. Und wo viele Ziegen weiden, gibt es bald keine Kapernsträucher mehr.

Je kleiner, je feiner. Je kleiner die abgenommenen Knospen sind, umso wertvoller und teurer sind sie, denn davon müssen viele gesammelt werden, bis einmal ein Glas voll ist. Jede Größe hat einen speziellen Namen: die kleinsten werden *puntina* genannt, die mittelgroßen heißen *capperi* und die dicksten *capperoni*. Von kräftigen Pflanzen können bis zu 5 Kilo Kapern pro Jahr gelesen werden. Aber nach etwa 15 Jahren müssen die Pflanzen ausgerissen und erneuert werden, weil dann die Erträge zurückgehen.

Das Salz macht's. Die frischen grünen Kapern schmecken erst einmal würzig, aber auch bitter. Um ihnen das Herbe zu nehmen, werden sie entweder in Salzlake oder Essig eingelegt oder, wie auf den Inseln um Sizilien, mit trockenem Meersalz bedeckt. Das Salz zieht Wasser und damit zugleich die Bitterstoffe aus den Knospen, sodass nach etwa 8 Tagen die Kapern abtropfen müssen, um dann erneut eingesalzen zu werden. Dieser Vorgang wird noch ein- oder zweimal wiederholt, dann haben sich Duft und Geschmack richtig entwickelt. Das typische Aroma der Kapern stammt von Senfölen, die sich aber erst bei der Reifung durch die Wirkung eines knospeneigenen Enzyms bilden. Der Reifevorgang mit Salz ist zwar am aufwändigsten, hat aber den großen Vorteil, dass dabei der Eigenschmack am besten zur Geltung kommt und nicht durch andere Aromen wie beim Einlegen in Essig überdeckt wird.

Nur kurz wässern. Da die eingesalzenen Kapern vor allem als Würze dienen, brauchen sie nur kurz in einem Sieb abgespült werden, bis die Salzkristalle entfernt sind. Vor allem die winzig kleinen Kapern von den sizilianischen Inseln sind so mild, dass sie kein längeres Wässern benötigen. Und sie sollten nicht lange mitgaren, sonst verfliegt zum Schluss doch noch ihr feiner Duft.

a Feurig-pikant ist der Kapernsalat der Insel Lipari: 1 Hand voll Kapern (in Salz) kurz abbrausen und abtropfen lassen. 1 Hand voll rote und grüne Peperoncini waschen, entstielen, entkernen und klein würfeln. 1 Hand voll Knoblauchzehen schälen und fein hacken. Alles mit 3 EL Weißweinessig und 6 EL Olivenöl vermischen, bei Zimmertemperatur einige Stunden ziehen lassen, mit Salz abschmecken. *Antipasti* damit verfeinern.

Sizilien

b Zart und zerbrechlich sehen sie aus, die weiß-rosafarbenen Blüten des Kapernstrauchs, aber leider ist mit jeder Blüte eine Kaper der Ernte entgangen. c Nur die kleinen, fest geschlossenen Knospen an den dünnen Stielen werden für die Kapernproduktion geerntet. Da an einem Zweig unterschiedlich große Knospen sind, muss der Bauer mehrmals in der Woche von Pflanze zu Pflanze gehen. d Die Ernte eines Tages ist auf einem Tuch ausgebreitet und wartet aufs Einlegen in Salz. e Der niedrige Kapernstrauch mit seinen leuchtend grünen, rundlichen Blättern stellt ähnliche Ansprüche an Boden und Klima wie die Malvasia-Weinrebe auf der Insel Salina. f Am feinsten sind die Kleinsten, die *puntina*, die Mittleren werden *capperi*, die Größten *capperoni* genannt. g Die Früchte des Kapernstrauchs, die *cucunci*, werden vorwiegend in Essig eingelegt und als Appetitanreger verzehrt.

Sizilien

Melanzane ripiene
Gefüllte Auberginen (Sizilien)

ZUTATEN für 4 Personen:

4 kleine, möglichst rundliche Auberginen (je 200 g)
Salz | Pfeffer aus der Mühle
750 g Tomaten (am besten Eiertomaten)
1 große Zwiebel
1/2 Bund Petersilie
4 EL Olivenöl
2 Knoblauchzehen
75 g Semmelbrösel
1 Ei (Größe M)
50 g frisch geriebener Pecorino (möglichst sizilianischer Pfeffer-Pecorino, ersatzweise Parmesan)
2 EL Marsala (Dessertwein) oder Weißwein
1 Prise Zucker
1 Prise gemahlener Peperoncino

ZUBEREITUNGSZEIT: 30 Min.
GARZEIT: 30–45 Min.
PRO PORTION: ca. 270 kcal

Wie kleine, gefüllte Tabakbeutel sehen die Auberginen aus, wenn sie fertig geschmort sind. Darum werden sie auf Sizilien auch entsprechend *tabacchiere* genannt. Allerdings sind die runden, hell-lilafarbenen Auberginen mit weißen Streifen, die eigentlich für dieses Gericht am besten geeignet wären, bei uns nur selten auf den Märkten zu finden. Um dem Originalrezept möglichst nahe zu kommen, hier eine etwas »materialverschwendende« Zubereitungsart. Die Endstücke lassen sich aber anderweitig verwenden, etwa für eine Pastasauce.

Weinempfehlung:
nicht zu schwerer, frischer, kirschfruchtiger Roséwein, etwa ein Rosato di Sicilia aus Nero d'Avola-Trauben, kühl serviert.

1 Die Auberginen waschen, an der Stielseite so viel abschneiden, dass das rundliche Ende etwa 10 cm lang ist (die Stielseitenstücke anderweitig verwenden). Die runden Stücke in Salzwasser bei schwacher Hitze etwa 15 Min. zugedeckt leise kochen lassen, ab und zu umdrehen.

2 Inzwischen von den Tomaten die Stielansätze entfernen. Die Tomaten mit kochendem Wasser überbrühen, häuten und entkernen. Tomatenfruchtfleisch in Stücke schneiden. Die Zwiebel schälen und halbieren. Eine Hälfte in feine Streifen schneiden, die andere Hälfte klein würfeln.

3 Petersilie waschen, trockenschütteln und die Blättchen fein hacken. In einem Topf 3 EL Olivenöl erhitzen, die Zwiebelwürfel in etwa 5 Min. glasig braten. Knoblauch schälen und durch die Presse dazudrücken. Topf vom Herd nehmen, Semmelbrösel einrühren, abkühlen lassen.

Sizilien

4 Das Ei, die Petersilie und den Käse unter die Bröselmischung rühren, mit Salz und Pfeffer kräftig würzen. Etwas quellen lassen. Die Auberginen abtropfen lassen und mit einem Messer das Innere etwa 1/2 cm vom Rand rundum einschneiden.

5 Das Fruchtfleisch der Auberginen mit einem Teelöffel aushöhlen (auch anderweitig verwenden). Die ausgehöhlten Auberginen mit der Bröselmischung füllen, die Füllung recht fest andrücken und an den Öffnungen glatt streichen.

6 In einer Schmorpfanne restliches Olivenöl erhitzen, die Zwiebelstreifen goldgelb anbraten. Tomatenstücke dazugeben und bei schwacher Hitze 10 Min. leise köcheln lassen, bis sie zerfallen. Marsala oder Weißwein angießen, mit Salz, Pfeffer, Zucker und Peperoncino würzen.

7 Die Auberginen in die Sauce setzen und zugedeckt 30–45 Min. bei schwacher Hitze schmoren lassen, bis sie weich sind. Sauce abschmecken und die Auberginen in der Sauce servieren. Als Beilage passt knuspriges Weißbrot am besten dazu.

Insalata di pane
Brotsalat (Lipari)

ZUTATEN für 4 Personen:
- 1 kleiner Romanasalat (etwa 200 g)
- 250 g Cocktailtomaten
- 2 kleine rote Zwiebeln
- 2 EL kleine Kapern (in Salz)
- 50 g schwarze Oliven
- 2 Friselle (Zwieback-Kringel, siehe Seite 250, ersatzweise 4 gesalzene Zwieback-Brötli)
- 2 EL Weißweinessig
- Salz | Pfeffer aus der Mühle
- 4 EL Olivenöl

ZUBEREITUNGSZEIT: 30 Min.
PRO PORTION: ca. 355 kcal

1 Den Romanasalat aufblättern, waschen, trockenschütteln, putzen und im Ganzen in etwa 1 cm breite Streifen schneiden. Die Tomaten waschen und vierteln. Zwiebeln schälen und in Streifen schneiden. Kapern kurz abbrausen und abtropfen lassen. Alles mit den Oliven in eine Schüssel füllen.

2 Die Friselle in kleine Stücke brechen, kurz in kaltes Wasser tauchen, abtropfen lassen und unter den Salat mischen.

3 Den Essig mit Salz und Pfeffer verrühren, bis das Salz aufgelöst ist. Das Olivenöl mit einer Gabel unterschlagen. Die cremige Sauce über dem Salat verteilen und vorsichtig untermischen. Den Salat rasch servieren, solange die Brotbröckchen noch knusprig sind.

Statt friselle werden auf der Insel Lipari auch kalte, gewürfelte Pellkartoffeln unter den Salat gemischt.

Bietole con uvetta
Mangold mit Rosinen (Sizilien)

ZUTATEN für 4 Personen:
- 2 kleine Stauden Mangold (etwa 700 g)
- Salz | Pfeffer aus der Mühle
- 3 EL Olivenöl
- 2 Knoblauchzehen
- 3 EL Rosinen
- 2 EL Weißweinessig

ZUBEREITUNGSZEIT: 30 Min.
PRO PORTION: ca. 150 kcal

1 Den Mangold waschen, trockenschütteln und putzen. Die Stängel und die Blätter in etwa 3 cm breite Streifen schneiden. Reichlich Salzwasser aufkochen, den Mangold darin in 3–5 Min. sehr bissfest kochen. In ein Sieb abgießen, abschrecken und gut abtropfen lassen.

2 In einer Pfanne 1 1/2 EL Olivenöl erhitzen. Den Knoblauch schälen und durch die Presse in die Pfanne drücken. Die Rosinen einstreuen und bei mittlerer Hitze ganz kurz anbraten, bis sie sich »aufblähen«. Den Mangold dazugeben und kurz dünsten, bis er gerade heiß ist. Mit Salz und Pfeffer würzen.

3 Den Mangold auf eine Platte geben, mit dem restlichen Öl und dem Weißweinessig beträufeln. Lauwarm servieren.

Auf Sizilien bereitet man auf diese Weise auch Stängel der Karden zu, einem staudensellerieähnlichen Gemüse, das aber sehr stachelig ist und eher wie Artischocken schmeckt.

Sizilien

Involtini di peperoni
Gefüllte Paprikaröllchen (Sizilien | Lipari)

ZUTATEN für 4 Personen:

6 rote Paprikaschoten
130 g Semmelbrösel
60 g Butter
2 Knoblauchzehen
1/2 kleines Bund gemischte Kräuter (z. B. möglichst wilder Fenchel, ersatzweise Fenchelgrün und Dill, Petersilie)
75 g frisch geriebener Pecorino (ersatzweise Parmesan)
1 Ei (Größe L)
3–4 EL trockener Weißwein
Salz | Pfeffer aus der Mühle
3 EL Olivenöl + Öl für das Blech und die Form

ZUBEREITUNGSZEIT: 20 Min.
GARZEIT: 42–50 Min.
PRO PORTION: ca. 435 kcal

1 Den Backofen auf höchster Stufe vorheizen (möglichst mit Grill). Paprikaschoten waschen, längs halbieren und putzen, an den Enden etwas einschneiden. Schoten mit den Schnittflächen nach unten auf ein geöltes Backblech legen und flach drücken. Im Ofen (oben) 7–10 Min. grillen oder 10–15 Min. backen, bis die Haut fast schwarz ist und Blasen wirft.

2 Die Schoten aus dem Ofen nehmen, etwas abkühlen lassen. Dann die Haut abziehen, Schotenhälften längs halbieren und auf der Arbeitsplatte auslegen. Den Backofen auf 160° (Umluft 150°) zurückschalten.

3 Die Semmelbrösel in einem Pfännchen mit 1 EL Butter etwa 3 Min. leicht anrösten. Den Knoblauch schälen und durch die Presse dazudrücken. Vom Herd nehmen und abkühlen lassen. Die Kräuter waschen, trockenschütteln und fein hacken.

4 Die abgekühlten Brösel mit der restlichen Butter, der Hälfte des geriebenen Käses und den Kräutern vermischen. Das Ei und so viel Wein dazugeben, dass eine formbare Masse entsteht. Mit Salz und Pfeffer würzen.

5 Eine flache Auflaufform fetten. Jeweils etwas Füllung auf einen Paprikastreifen geben, aufrollen und die Röllchen mit der Nahtstelle nach unten dicht nebeneinander in die Form setzen.

6 Die Paprikaröllchen mit dem restlichen Käse bestreuen und das Olivenöl darüber träufeln. Im Ofen (Mitte) etwa 35 Min. gratinieren, bis der Käse leicht gebräunt ist. Heiß oder lauwarm mit Weißbrot servieren.

Weinempfehlung:
Rotwein mit schwarzer Beerennote, leicht rauchig, fruchtig mit nicht zu strenger Gerbstoffnote, etwa ein roter Corvo aus Sizilien.

Sizilien

Funghi porcini grigliati
Gebratene Steinpilze mit Verbene (Sizilien)

ZUTATEN für 4 Personen:
- 2–3 Stängel Petersilie
- 2 Stängel Oregano (ersatzweise 1 TL getrockneter Oregano)
- 4–6 kleine Stängel Zitronen-Verbene (ersatzweise 1 EL Verbene-Tee aus dem Reformhaus)
- 2 Knoblauchzehen
- Salz | Pfeffer aus der Mühle
- 2 EL Zitronensaft
- 8 EL Olivenöl
- 400 g Steinpilze

ZUBEREITUNGSZEIT: 30 Min.
PRO PORTION: ca. 240 kcal

1 Die Kräuter waschen und trockenschütteln, Petersilie und Oregano fein hacken, Verbene-Blättchen grob schneiden. Den Knoblauch schälen und durch die Presse in einen Mixbecher drücken. Petersilie, Oregano, Salz, Pfeffer und Zitronensaft dazugeben. Kräftig schütteln, bis sich das Salz aufgelöst hat. 4 EL Olivenöl zugießen und nochmals kräftig schütteln, bis eine cremige Sauce entstanden ist.

2 Die Pilze putzen und in etwa 1 cm dicke Scheiben schneiden. In einer großen Pfanne das übrige Öl erhitzen. Die Steinpilze auf beiden Seiten bei schwacher Hitze jeweils 5–7 Min. braten, dabei salzen und pfeffern. Beim Wenden die Verbeneblätter dazugeben.

3 Die Steinpilze samt Öl und Verbene auf Teller verteilen, mit der Kräutersauce beträufeln und warm servieren.

Patate al forno
Kartoffel-Oliven-Gemüse (Sizilien)

ZUTATEN für 4 Personen:
- 750 g fest kochende Kartoffeln
- 1 roter Peperoncino
- 1 große Zwiebel
- 2 EL Kapern (in Salz)
- 50 g entsteinte grüne Oliven
- 4 EL Olivenöl
- Salz | Pfeffer aus der Mühle
- etwa 300 ml Fleisch- oder Gemüsebrühe

ZUBEREITUNGSZEIT: 25 Min.
GARZEIT: 30–35 Min.
PRO PORTION: ca. 250 kcal

1 Die Kartoffeln waschen, schälen und in 2 cm große Stücke schneiden. Den Peperoncino waschen, entstielen, entkernen und fein hacken. Die Zwiebel schälen und klein würfeln. Die Kapern kurz abbrausen und abtropfen lassen. Die Oliven halbieren.

2 Backofen auf 225° (Umluft 200°) vorheizen. In einer Pfanne das Olivenöl erhitzen, die Zwiebel- und Kartoffelwürfel bei schwacher Hitze anbraten, bis die Zwiebel goldgelb ist. Peperoncino, Kapern und die Oliven untermischen, vorsichtig mit Salz und Pfeffer würzen.

3 Die Mischung in eine flache Auflaufform füllen, 100 ml Brühe darüber gießen und alles im Ofen (Mitte) 30–35 Min. garen, bis die Kartoffeln weich sind. Ab und zu mit weiterer Brühe übergießen, aber zum Schluss soll die meiste Flüssigkeit verdampft sein. Als Beilage zu gebratenem Fisch oder zu Tintenfischen servieren.

Sizilien

Scarola ripiena
Gefüllter Salat (Lipari)

ZUTATEN für 4 Personen:
- 4 kleine Salatköpfe (Mini-Endivie oder Romana-Salatherzen)
- Salz | Pfeffer aus der Mühle
- 4 Sardellenfilets (in Salz)
- 1 EL kleine Kapern (in Salz)
- 4 Knoblauchzehen
- 35 g entsteinte grüne Oliven
- 2–3 Stängel Petersilie
- 100 ml Olivenöl
- 60 g Semmelbrösel (möglichst frisch gerieben)

ZUBEREITUNGSZEIT: 30 Min.
GARZEIT: 30 Min.
PRO PORTION: ca. 245 kcal

1 Die Salatköpfe im Ganzen putzen und in stehendem Wasser gründlich waschen, trockenschütteln. Reichlich Salzwasser aufkochen und die Salate darin 4–5 Min. überbrühen, bis die Blätter weich und biegsam sind. Dann die Salatköpfe in eiskaltes Wasser tauchen und gründlich abtropfen lassen.

2 Die Sardellen abspülen und mit Küchenpapier trockentupfen. Die Gräten mit einem Messer abschaben. Die Kapern überbrausen, abtropfen lassen und hacken. Den Knoblauch schälen und fein hacken, die Oliven grob hacken. Die Petersilie waschen, trockenschütteln und fein hacken. Den Backofen auf 180° (Umluft 160°) vorheizen.

3 In einem Topf 60 ml Olivenöl erhitzen, den Knoblauch darin bei mittlerer Hitze goldgelb anbraten. Die Sardellen und die Hälfte der Semmelbrösel, die Kapern, die Oliven und die Petersilie zugeben. Kurz anbraten, dann den Topf vom Herd nehmen und die Mischung mit Salz und Pfeffer abschmecken.

4 Die Salatköpfe vorsichtig aufblättern und mit der Bröselmischung füllen, die Blätter über die Füllung decken. Eine nicht zu hohe Auflaufform mit etwas Olivenöl ausstreichen. Die Salate in die Form legen, mit restlichen Semmelbröseln bestreuen und mit übrigem Olivenöl beträufeln.

5 Die Salatköpfe mit Alufolie abdecken und im Ofen (Mitte) 20 Min. backen. Dann die Folie abnehmen und die Salate noch etwa 10 Min. backen, bis die Brösel hell gebräunt sind. Die Form aus dem Ofen nehmen und den gefüllten Salat auf Zimmertemperatur abkühlen lassen. Dann lauwarm servieren.

Original werden für dieses Gericht kleine Köpfe des glattblättrigen Endiviensalates *escariol* verwendet, der aber bei uns nur im Großformat angeboten wird. Der beste Ersatz sind Romana-Salatherzen und Mini-Endivie, aber auch Radicchio oder große Mangoldblätter, die überbrüht, gefüllt und zu Röllchen aufgewickelt werden.

Sizilien

Babà all' amaretto
Hefegebäck mit Mandelsirup (Sizilien)

ZUTATEN für 4 Personen:

Für das Hefegebäck:

300 g Mehl +
   Mehl für die Förmchen
1/2 Würfel frische Hefe (21 g)
100 ml lauwarme Milch
1 EL Zucker
100 g Butter +
   Butter für die Förmchen
2 Eier (Größe L)
1 Prise Salz
3 EL Aprikosenkonfitüre

Für den Sirup:

150 g Zucker
75 ml Amaretto (Mandellikör)

Für die Garnitur:

1 Hand voll gemischte Beeren
   (z. B. kleine Erdbeeren,
   Heidelbeeren, Himbeeren,
   Johannisbeeren)
1 EL Zucker
100 g Sahne
2 TL Vanillezucker
1 Prise Zimtpulver

ZUBEREITUNGSZEIT: 35 Min.
RUHEZEIT: 1 3/4–2 3/4 Std.
BACKZEIT: 20–25 Min.
PRO PORTION: ca. 860 kcal

Die kleinen Teilchen aus Hefeteig, die heute in vielen Regionen Italiens beliebt sind, sollen aus Sizilien stammen. Der Sirup, mit dem das Gebäck getränkt wird, deutet aber auf einen arabischen Ursprung hin, was bei sizilianischen Desserts nicht weiter verwunderlich wäre.

Auf jeden Fall sind sie ein dekoratives Dessert, mit dem Sie Gäste beeindrucken können. Und außerdem ganz praktisch, weil sich die *babà* gut vorbereiten lassen.

Weinempfehlung:
kräuterwürziger, nach Orangenblüten duftender Dessertwein, etwa ein Malvasia delle Lipari Passito.

1 Für die Baba das Mehl in eine Schüssel füllen, eine Mulde eindrücken und die Hefe hineinbröckeln. Milch mit Zucker verrühren, in die Mulde gießen und mit wenig Mehl anrühren. Zugedeckt an einem warmen Ort 15 Min. gehen lassen.

2 Die Butter schmelzen und wieder abkühlen lassen. Mit den Eiern und dem Salz zum Mehl geben, alles zu einem glatten, geschmeidigen Teig verkneten. Mit einem leicht feuchten Tuch abdecken, 1–2 Std. gehen lassen, bis der Teig doppeltes Volumen angenommen hat.

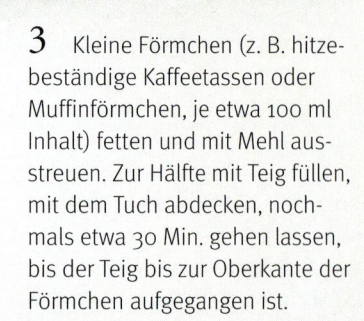

3 Kleine Förmchen (z. B. hitzebeständige Kaffeetassen oder Muffinförmchen, je etwa 100 ml Inhalt) fetten und mit Mehl ausstreuen. Zur Hälfte mit Teig füllen, mit dem Tuch abdecken, nochmals etwa 30 Min. gehen lassen, bis der Teig bis zur Oberkante der Förmchen aufgegangen ist.

Sizilien

4 Den Backofen auf 200° (Umluft 180°) vorheizen. Für den Sirup Zucker mit 300 ml Wasser aufkochen, dann 2–3 Min. bei starker Hitze kochen lassen, bis der Sirup klar ist. Vom Herd nehmen. Die Hefeteilchen im Ofen (Mitte) 20–25 Min. backen, herausnehmen, kurz ruhen lassen.

5 Den Zuckersirup mit dem Amaretto verrühren, die Baba hineinlegen und mehrmals darin wenden. Auf einem Kuchengitter abtropfen lassen. Die Konfitüre erwärmen, bis sie flüssig ist. Die Baba rundum damit bestreichen.

6 Zum Garnieren die Beeren vorsichtig waschen und abtropfen lassen, in dem Zucker wenden. Die Sahne mit dem Vanillezucker steif schlagen, in einen Spritzbeutel füllen. Dessertteller mit etwas von dem übrigen Mandelsirup ausgießen.

7 Die Baba auf den Tellern anrichten, mit den gezuckerten Beeren garnieren. Jeweils einen dicken Tupfen Sahne daneben setzen und hauchdünn mit Zimtpulver überpudern.

Sizilien

Macedonia
Bunter Obstsalat (Sizilien)

ZUTATEN für 4 Personen:
200 g kleine Erdbeeren
200 g süße Kirschen
250 g kleine Aprikosen
1 große, saftige Bio-Orange
4 EL Marsala (Dessertwein)
3 EL Zucker
1 TL Vanillezucker
35 g Pistazienkerne

ZUBEREITUNGSZEIT: 30 Min.
MARINIERZEIT: 1 Std.
PRO PORTION: ca. 190 kcal

1 Die Erdbeeren kurz waschen, Stiele und Blättchen entfernen, die Beeren halbieren. Kirschen waschen, entstielen und entsteinen. Die Aprikosen waschen, entsteinen und in dünne Spalten schneiden. Das vorbereitete Obst locker vermischen.

2 Die Orange heiß waschen und etwa 1 TL Schale fein abreiben. Die Orange auspressen, den Saft mit abgeriebener Schale, Marsala, Zucker und Vanillezucker verrühren, bis sich der Zucker aufgelöst hat.

3 Das Obst mit der Marsalasauce übergießen und vorsichtig vermischen. Den Salat zugedeckt etwa 1 Std. bei Zimmertemperatur marinieren lassen.

4 Die Pistazienkerne kurz in einem Pfännchen ohne Fett leicht anrösten, über den Obstsalat streuen und servieren.

Tortine di pasta frolla
Mürbeteigkuchen als Dessert (Sizilien)

ZUTATEN für 6–8 Personen:
200 g Mehl + Mehl für die Form
100 g Zucker
1 Päckchen Vanillezucker
1 Ei (Größe M)
1 EL Weißwein
1/2 TL Backpulver
1 Prise Salz
100 g kalte Butter + Butter für die Form
Puderzucker zum Bestreuen

ZUBEREITUNGSZEIT: 20 Min.
BACKZEIT: 50 Min.
PRO PORTION (BEI 8 PERSONEN): ca. 260 kcal

1 Den Backofen auf 150° vorheizen. Das Mehl auf die Arbeitsfläche häufen, eine Mulde eindrücken. Zucker, Vanillezucker, das Ei, Weißwein, Backpulver und das Salz in die Mulde geben. Die Butter in kleinen Flöckchen auf den Teigrand setzen und alles rasch zu einem glatten Teig verkneten.

2 Eine flache Tarteform (etwa 26 cm Ø) mit Butter ausfetten und dünn mit Mehl bestäuben. Den Teig in der Form zu einem Boden flachdrücken. Im Ofen (Mitte, Umluft 140°) etwa 50 Min. backen, bis der Teig knusprig ist. In der Form abkühlen lassen.

3 Den abgekühlten Mürbeteig auf eine Platte stürzen und in Stücke brechen, mit Puderzucker überstäuben. Als Dessert mit Grappa, einem Süßwein oder auch mit Espresso servieren – jeder nimmt sich ein Stück »Kuchen« und tränkt es mit der Flüssigkeit.

Frittelle di arance con fichi d'india

Orangenküchlein mit Kaktusfeigen (Sizilien)

ZUTATEN für 4 Personen:
120 g Mehl
etwa 50 ml kohlensäurehaltiges Mineralwasser
5 EL Zucker | 2 Eier (Größe M)
1 Prise Salz | 4 kernlose Orangen
1 TL Zitronensaft
2 Kaktusfeigen (siehe Tipp)
3 EL Butter
Zitronenmelisse zum Garnieren

ZUBEREITUNGSZEIT: 45 Min.
PRO PORTION: ca. 335 kcal

1 Das Mehl mit dem Mineralwasser, 3 EL Zucker, den Eiern und dem Salz zu einem dicken Pfannkuchenteig verrühren, etwa 30 Min. quellen lassen.

2 Inzwischen 2 Orangen so schälen, dass auch die weiße Haut mit entfernt wird, dabei den austretenden Saft auffangen. Die Früchte quer in knapp 1 cm dicke Scheiben schneiden. Auf Küchenpapier abtropfen lassen. Die übrigen 2 Orangen auspressen, den Saft zu dem aufgefangenen geben und mit dem Zitronensaft durch ein Sieb gießen.

3 Den übrigen Zucker in einen kleinen Topf streuen, mit einigen Tropfen Wasser beträufeln und bei mittlerer Hitze karamellisieren lassen. Orangensaft angießen (Vorsicht, es zischt ziemlich!) und den Karamell unter Rühren loskochen. Topf vom Herd nehmen.

4 Die Kaktusfeigen schälen (unbedingt mit Gummihandschuhen – es können noch feine Stacheln darauf sitzen) und das Fruchtfleisch in kleine Stücke schneiden. Unter die Sauce mischen, beiseite stellen.

5 In einer Pfanne die Butter aufschäumen lassen. Die abgetropften Orangenscheiben mit einer Gabel durch den Teig ziehen und die Küchlein in der Butter bei mittlerer Hitze auf beiden Seiten in je 4–5 Min. goldbraun braten.

6 Die heißen Frittelle auf Tellern anrichten, die Sauce daneben verteilen. Mit den Melisseblättchen garnieren und servieren.

Kaktusfeigen säumen die dickfleischigen Blätter der wild wachsenden Feigenkakteen und sind auf Sizilien, wo sie »indische Feigen« heißen, ein alltägliches Dessert. Bei uns sind sie vom Sommer bis in den Winter in gut sortierten Obstabteilungen zu finden. Ihr süßes, mildes Fruchtfleisch ist mit vielen kleinen Kernchen gespickt, die mitgegessen werden. Beim Schälen der Früchte müssen Sie aufpassen, es können noch kleine, sehr unangenehm pieksende Stachelreste darauf sitzen.

Sizilien

Duftende Blüten und goldene Früchte
Die Geschmäcker sind verschieden, vor allem bei Zitronen und Orangen

Grün, gelb oder orange, süß oder herb – die Welt der Zitrusfrüchte ist bunt und vielfältig. Vor allem auf Sizilien hat der Anbau eine lange Tradition. Zuerst waren es bittere Früchte, die Araber mitbrachten und kultivierten. Im Laufe der Zeit wurden daraus die süßen Früchte gezüchtet, doch auch die bitteren werden nicht vernachlässigt.

Gelbe Zitronen. Im zeitigen Frühjahr ist ganz Sizilien, aber auch Kalabrien und Kampanien, wo ebenfalls viele Zitrusfrüchte angebaut werden, vom betörenden Duft der Zitronenblüten erfüllt. Im Herbst blühen die Bäume ein zweites Mal, wenn sie nach längerer Zeit völliger Trockenheit kräftig bewässert werden. Und da die Bäume gleichzeitig Blüten, unreife und reife Früchte tragen, steht der ganzjährigen Versorgung nichts im Wege. Je nach Blüte- und Erntezeit werden die Zitronen unterschiedlich benannt: *Primofiori* sind die Früchte der ersten Blüte, die man noch grün ab November ernten kann. Die von Dezember bis Juni ausreifenden sind die *limoni*, gelb, dünnschalig und sehr saftig. *Verdelli*, die Grünlichen, heißen die Früchte der zweiten Blüte, die von Juni bis September des Folgejahres grün geerntet und in kühlen Räumen nachgereift werden. Wenig Fleisch, aber viel Schale liefern die Zedrat-Zitronen, die *cedri*, deren Saft schön süß, aber gleichzeitig etwas bitter ist. Ihre Schale wird zum Aromatisieren des *limoncello*, eines Zitronenlikörs, und für die Herstellung von Zitronat verwendet.

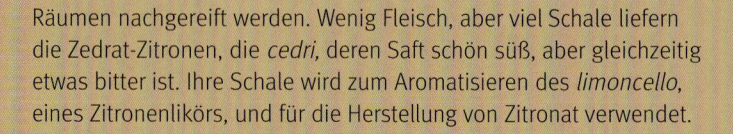

Blond oder rot. Die Orangen, auch Apfelsinen genannt, reifen vor allem in den Wintermonaten bis ins späte Frühjahr hinein. Die Vielfalt der Formen und Farben ist unüberschaubar, sodass sie nach der Farbe ihrer Schale und des Fruchtfleischs in Blondorangen (Navel-Orangen) und Blutorangen (*sanguinello-* und *moro-*Orangen) unterteilt werden. Die Blutorangen haben eine dunkelgelbe bis rötliche Schale und rot gefärbtes Fruchtfleisch. Sie schmecken herber und kräftiger als die Blondorangen, die auf Sizilien keine so große Rolle spielen. Außerdem gibt es noch die Bitterorangen (Pomeranzen), die für Marmelade und Likör, Orangeat und *arancini* (kandierte runde Scheiben aus der Schale) verwendet werden. Ihr kernreiches, saftarmes Fruchtfleisch schmeckt herb-aromatisch, die Schalen intensiv würzig. Aus den Schalen wird das Pomeranzenöl, aus den Blüten das wertvolle Neroliöl für die Parfumherstellung gewonnen. Selbst die Blätter sind so wohlduftend, dass man sie gerne als Würzmittel verwendet. Ebenfalls eine Bitterorange ist die Bergamotte, die auch in Kalabrien angebaut wird. Ihre Schale liefert ein balsamisch duftendes Öl, mit dem Desserts, Liköre und der Earl-Grey-Tee aromatisiert werden.

Klein und süß. Die Mandarinen und ihre Verwandten sind kleiner als die Orangen und reifen früher als diese. Typisch ist ihre abgeflachte Form und ihre »lose« sitzende Schale. Ihr Fruchtfleisch schmeckt sehr süß und aromatisch, doch leider enthält es so viele Kerne, dass die kleinen Zitrusfrüchte selbst in Italien immer weniger geschätzt werden. Ihre fast kernlose Verwandte, die Clementine, wird etwas früher reif, ist angenehm süß und mild, also säureärmer und damit weniger charaktervoll im Geschmack als die echte Mandarine. Immer beliebter werden auf Sizilien die *tangelos,* orangengroße Früchte, die leicht zu schälen, saftreich, erfrischend und süß sind. Und sie haben kaum Kerne.

a Für *limoncello,* den sizilianischen Zitronenlikör: 5 sehr große Zedratoder Bio-Zitronen heiß waschen, Schale hauchdünn abschälen, mit 1/2 l reinem Alkohol (96 %, Apotheke) übergießen. 14 Tage an einem dunklen Ort ruhen lassen. Extrakt durch eine Kaffeefiltertüte gießen. 200 g Zucker mit 700 ml Wasser aufkochen, abgekühlt unter den Schalenextrakt mischen, in Flaschen füllen und kühl lagern. Eiskalt in gefrosteten Gläsern servieren.

Sizilien

b Zitronenbäume sind sehr eigenwillig – neben reifen Früchten bringen sie immer wieder Blüten hervor. Nur wenn die Bäume in Plantagen gezielt bewässert werden, lassen sie sich zu einer gemeinsamen Blüte bringen.   **c** An der Costa dei Cedri, dem Küstengebiet von Tortora bis Paola, wachsen die Zedrat-Zitronen, aus denen das Zitronat gewonnen wird.   **d** Auf den Märkten Siziliens wie hier in Catania leuchten im Frühjahr die Orangen in Hülle und Fülle. Die *tarocco* ist eine Halbblut-Orange mit hellrotem Fruchtfleisch, die sich gut zum »So«-Essen eignet. Blutorangen wie die *sanguinello* oder die *moro* taugen vor allem für die Saftgewinnung.   **e** An der Amalfi-Küste wachsen neben Tomaten die unterschiedlichsten Zitronensorten, zum Beispiel auch die *sfusato*, deren Schale auch für die Gewinnung des Zitronenlikörs *limoncello* verwendet wird.

Register von A bis Z

Hier finden Sie die deutschen und italienischen Rezepttitel einmal in alphabetischer Reihenfolge und noch einmal unter den Zutaten, die im Titel vorkommen.

Ebenso sind Fachbegriffe, Zutaten, Rezepte und wichtige Weine mit aufgelistet – in deutsch und italienisch –, die auf den Seiten erklärt oder erwähnt werden oder auf einem Foto abgebildet sind, deren Seitenzahlen hier **fett hervorgehobenen** sind.

A

Aaldo-Reis 58
Aglianico 168, 208, 238, 242
Agnello
  Agnello ai carciofi 148
  Agnello al formaggio 148
  Agnello al pesto di menta 188
Alici in padella 261
All'abruzzese 204
Alla molisana 206
Amarone 50
Äpfel
  Apfel-Risotto mit Gorgonzola 60
  Lauwarme Apfeltorte mit Mascarponecreme 82
  Oktopussalat mit Äpfeln und Sellerie 170
  Warme Apfel-Blätterteig-Törtchen 42
Arborio-Reis 58, 59
Arista al Vin Santo 146
Arrosto di cinghiale, castagne e mosto 149
Artischocken 15, 46, 48, 128, 164, 204, 240, 248
  Artischocken mit Bottarga 172
  Gratinierte Artischocken 192
  Kräuterlamm mit Artischocken 148
  Überbackene Artischocken 282
Asiago 48
Asparagi con midollo 116
Asti Spumante 92
Auberginen
  Auberginen aus dem Tontopf 230
  Gefüllte Auberginen 298
  Gratinierte Auberginenröllchen 247
  Kalbsleber auf Auberginengemüse 295
  Nudeln mit Auberginenragout 216
  Spaghetti in Auberginen 287

Austernpilze: Panierte Austernpilze 246
Avorio-Reis 58

B

Babà all'amaretto 304
Baccalà 13
  Baccalà alla molinara 260
  Baccalà mantecato con verdure 52
Balsamico: Zwiebeln in Balsamico 80
Bandnudeln
  Bandnudeln mit Lamm-Safran-Sugo 217
  Bandnudeln mit Ragout 64
  Bandnudeln mit Speck 110
  Bandnudeln mit Wildschweinsauce und Steinpilz-Pesto 141
Barbaresco 92
Barbera 92
Bardolino 50
Bärlauch 32
Barolo 89, 92
Basilikum: Graupensuppe mit Basilikum 26
Bianchetto-Trüffel 96, 98
Bianco di Custoza 50
Bianco di Pitigliano 16
Bietole con uvetta 300
Bigoli in salsa d'acciughe 64
Birnen
  Birnen in Wein mit Mandelsauce 43
  Nudeln mit Birnen und Pecorino 140
Bistecche alla palermitana 292
Bitto 88
Blätterteig: Warme Apfel-Blätterteig-Törtchen 42
Blumenkohl: Gratinierte Blumenkohlröschen 195
Bohnen 12, 14, 136, 206, 238, 240
  Bohnensalat mit Speckpflaumen 102
  Bohnensuppe mit Muscheln 27
  Borlotti-Bohnen mit N'duja und Zwiebeln 267
  Borlotti-Bohnen-Salat 136
  Crostini mit Bohnen 134
  Dicke Bohnen mit Fenchel 156
  Dicke-Bohnen-Püree mit Gemüse 218
  Geschmorte Bohnen mit Steinpilzen 81
  Grüne Bohnen mit Kartoffeln 40
  Grüne Bohnen mit Sellerie 156
  Oktopus mit Bohnenpüree 94
  Tintenfischchen in Tomatenragout mit Bohnenklößchen 220

  Törtchen mit Dicken Bohnen und Löwenzahn 211
Bolgheri Superiore 16
Bollito misto 74, 90
Borlotti-Bohnen 46, 136, 137
  Borlotti-Bohnen mit N'duja und Zwiebeln 267
  Borlotti-Bohnen-Salat 136
Borretsch 12, 32
Bottarga 186, 187
  Artischocken mit Bottarga 172
  Bottarga di muggine 186, 187
  Bottarga di tonno 186, 187
Branzino crudo ai peperoni 133
Bresàola 97
Brennnesseln 32
  Nudeln mit Brennnesseln 110
Bresàola 97
Brodetto di pesce 258
Brösel: Nudeln mit Sardellen und Knusperbröseln 255
Brot
  Brot-Käse-Suppe 180
  Brotsalat 300
  Brotsalat mit Gemüse 132
  Brot-Tomaten-Püree 138
  Forellenfilets mit Brotkruste 145
  Gemischte Gemüse mit Grillbrot 181
  Ricotta-Brot-Bällchen 210
Brötchen
  Fenchelbrötchen 280
  Tomatensalat im Brötchen 280
Brunello 130
Brunnenkresse 32
Bruschette agli sgombri 135
Bruschette al pecorino 135
Brutti ma buoni 127
Bruzzu 12
Büffelmilch-Mozzarella 174
Bündner-Fleisch-Röllchen 97
Bunter Obstsalat 306

C

Caciocavallo 166, 174, 238
Caffè in forchetta 160
Calamari ripieni 184
Capretto agli agrumi 225
Carciofi 232
  Carciofi al forno 192
  Carciofi alla bottarga 172
  Carciofi gratinati 282
Cardi 232
Carnaroli-Reis 58, 59
Carne salada 100
Carpasina 18
Cartizze 50
Casatella 48
Casera 88

Cassola di pesce 182
Castagne alla ricotta 161
Castelmagno 88, 91
Castraure 46
Catalogna 32, 232
Cauraro 180
Cavolfiore gratinato 195
Cavolini di bruxelles con castagne 117
Ceci 136, 240
Ceci al finocchio 194
Chianina-Rind 126
Chianti 126, 130, 142, 143
Chianti Classico 130, 142, 143
Cianfotta primavera 244
Cicerchie 136
Cicoria 204, 232
Cima di coniglio 34
Cimaroli 15
Cime di rapa 167, 232, 238
Cinghiale in agrodolce 37
Cinta senese 126, 146
Cipolle fritte al balsamico 80
Cipolle in agrodolce 251
Cirò 242, 252, 267
Colonnata-Speck 105
Condiggion 40
Coniglio all'etrusca 153
Coniglio allo zafferano 224
Consorzio del Gallo Nero 142
Coppa 104
Cozze e verdure 222
Cozze in porchetta 144
Crema
  Crema al limone 234
  Crema di ceci con gamberi 139
  Crema di cioccolato 161
Crostata al limone 198
Crostata di mele alla crema di mascarpone 82
Crostatina alle mele 42
Crostini
  Crostini ai fagioli 134
  Crostini al tonno 134
  Crostini con tartufo 96
  Crostini mit Bohnen 134
  Crostini mit Tunfischcreme 134
  Crostini Trüffel-Crostini 96

D

Dicke Bohnen 136, 238
  Dicke Bohnen mit Fenchel 156
  Dicke-Bohnen-Püree mit Gemüse 218
  Törtchen mit Dicken Bohnen und Löwenzahn 211
Donnas 92
Donnaz 92

Register von A bis Z

E

Eier auf Tunfischcreme 246
Eier-Käse-Bällchen mit Tomatensauce 219
Eintopf
  Gemischter Fischtopf 258
  Tintenfischeintopf 26
Eis
  Halbgefrorenes mit Haselnüssen 234
  Mandarinen-Sorbet 269
  Mascarpone-Halbgefrorenes mit Kirschen 85
  Nuss-Honig-Halbgefrorenes 84
Emmer 22, 23, 126
  Emmer-Salat 22
  Hülsenfrüchtesalat mit Emmer 20
  Tunfisch in Emmerkruste 222
Entenbrust mit Orangensauce 152
Erdbeerkuchen 200
Escariol 303
Essig: Zwiebeln in Balsamico 80
Essigtomaten 77
Esskastanien 88, 89

F

Fagioli 136, 240
  Fagioli ai porcini 81
  Fagioli borlotti in insalata 136
  Fagiolini al sedano 156
  Fagiolini e patate 40
Faraona alla ligure 36
Farro 22, 23, 126
Fave 136, 232, 240
Fegato di vitello su caponata 295
Feigen
  Feigen vom Grill 268
  Feigen»wurst« 160
  Frittierte Ricotta mit eingekochten Feigen 235
  Hefeteigfladen mit Feigen 158
  Orangenküchlein mit Kaktusfeigen 307
Fenchel 32, 68, 128, 136, 238, 240, 272
  Dicke Bohnen mit Fenchel 156
  Fenchelbrötchen 280
  Kalbslende mit Fenchel 114
  Kichererbsen mit Fenchel 194
  Muscheln in Fenchelsud 144
  Salat mit Fenchel und Granatapfel 77
Fichi al carbone 268
Filei alla ricotta casalinga 252
Filetti di branzino in mantello di patate 31
Filetti di trota in crosta 145
Finocchiona 68, 128
Fiori di zucca al forno 192

Fisch
  Crostini mit Tunfischcreme 134
  Eier auf Tunfischcreme 246
  Fisch auf Rotkohl 54
  Fische in scharfem Tomatensugo 182
  Fisch-Gemüse-Salat 18
  Forellen mit grüner Sauce 112
  Forellenfilets mit Brotkruste 145
  Gebackene Sardinen auf Mangold 28
  Gebratener Saibling 70
  Gemischter Fischtopf 258
  Goldbrasse in Salz 30
  Hecht in Sauce 71
  Kartoffeltörtchen mit Sardellen auf Tomatenpüree 21
  Kleine Nudeln mit Schwertfisch 177
  Nudeln mit Sardellen und Knusperbröseln 255
  Nudeln mit Sardellensauce 64
  Öhrchennudeln mit Wolfsbarsch 286
  Risotto mit Schleie 60
  Romanesco mit Sardellen 266
  Röstbrote mit Makrele 135
  Rotbarben-Saltimbocca mit pikantem Spinat 183
  Sardellen aus der Pfanne 261
  Sardinen-Kartoffel-Auflauf 182
  Sardinenröllchen gefüllt und gratiniert 290
  Schwertfisch auf pikantem Gemüse aus dem Ofen 223
  Seebarschfilets in Kartoffelkruste 31
  Stockfisch mit Oliven und Kapern 260
  Stockfischpüree mit Gemüse 52
  Tunfisch auf Elba-Art 30
  Tunfisch auf Kartoffel-Zwiebel-Salat mit Minze 281
  Tunfisch in Emmerkruste 222
  Tunfisch nach Messina-Art 291
  Tunfischscheiben mit Spargel 144
  Wolfsbarsch-Tatar mit Paprikastreifen 133
  Zucchiniauflauf mit Sardellen und Mozzarella 193
Fladen: Gefüllter Fladen 56
Flan di ricotta 132
Fleisch
  Bandnudeln mit Lamm-Safran-Sugo 217
  Gekochtes Fleisch 74
  Geschmorte Lammhaxenscheiben 73
  Hackspießchen mit Mozzarella 294
  Kalbsbrust frittiert und geschmort 36
  Kalbslende mit Fenchel 114
  Kräuterlamm mit Artischocken 148
  Lamm mit Käse 148
  Lammkoteletts mit Minze-Pesto 188
  Lammlende mit Oliven 264
  Lendensteaks nach Palermo-Art 292
  Mariniertes geschmortes Rindfleisch 147
  Mariniertes Schweinefleisch 188
  Meeresfrüchte und Fleisch frittiert 38
  Pikantes Schweinefleisch 224
  Rinderbraten mit Rotweinlinsen 190
  Roher Rindfleischsalat mit Pilzen 100
  Schweinebraten mit Vin Santo 146
  Schweinefleischrouladen in Ragout 189
  Schweineragout mit Kalbsklößchen 263
  Spanferkelhaxen mit Honig glasiert 113
  Wildschweinbraten mit Kastanien und Traubenmost 149
  Zicklein in Zitrussauce 225
Focaccia 22, 206
Fontina 88
Forellen mit grüner Sauce 112
Forellenfilets mit Brotkruste 145
Franciacorta 92
Frascati 168
Friselle 206
  Friselle 250
  Friselle al pomodoro 250
Frittelle di arance con fichi d'india 307
Frittierte Ricotta mit eingekochten Feigen 235
Frittierte Zucchini mit Nüssen 103
Fritto misto mare e monti 38
Frühlingsgemüse 244
Frühlingssuppe 180
Frühlingszwiebeln aus dem Ofen 230
Funghi
  Funghi alla paesana 41
  Funghi impanati 246
  Funghi muschio **248**
  Funghi porcini grigliati 302
  Porcini gratinati con crema da polenta 111
Fusilli
  Fusilli alla pancetta 176
  Fusilli con le sarde 255
  Fusilli mit Speckröllchen 176

G

Gamberetti di nassa 272, 275
Gänsesuppe 108
Garnelen: Kichererbsencremesuppe mit Garnelen 139
Garnelensalat mit Rucola und Äpfeln 170
Gattinara 92
Gebackene Sardinen auf Mangold 28
Gebackener Radicchio 76
Gebratene Steinpilze mit Verbene 302
Gebratener Saibling 70

Geflügel
  Entenbrust mit Orangensauce 152
  Gänsesuppe 108
  Geschmortes Huhn 152
  Hähnchen mit Zwiebelsauce 294
  Hühnerleberterrine mit Spargel 55
  Perlhuhn mit Rosinen 36
  Truthahn mit Trauben 72
  Wachteln auf Winzerart 112
Gefüllte Auberginen 298
Gefüllte Paprikaröllchen 301
Gefüllte rote Gnocchi mit Pfifferlingsragout 106
Gefüllte Tintenfische 184
Gefüllte Tomaten 266
Gefüllter Fladen 56
Gefüllter Salat 303
Gefülltes Kaninchen 34
Gegrillte marinierte Schweinebacke 171
Gekochtes Fleisch 74
Gelatina di pesche su salsa al moscato 123
Gemischte Gemüse mit Grillbrot 181
Gemischter Fischtopf 258
Gemüse
  Brotsalat mit Gemüse 132
  Dicke-Bohnen-Püree mit Gemüse 218
  Fisch-Gemüse-Salat 18
  Frühlingsgemüse 244
  Gemischte Gemüse mit Grillbrot 181
  Gemüsesalat 40
  Kartoffel-Oliven-Gemüse 302
  Käse und Gemüse vom Grill 228
  Miesmuscheln mit Gemüse 222
  Rucola-Gemüse-Lasagne 66
  Schwarze Nudeln mit Gemüse 25
  Schwertfisch auf pikantem Gemüse aus dem Ofen 223
  Stockfischpüree mit Gemüse 52
Gerollte Nudeln mit frischer Ricotta 252
Geschmorte Bohnen mit Steinpilzen 81
Geschmorte Catalogna 232
Geschmorte Lammhaxenscheiben 73
Geschmorter Hase mit Holunderblüten 262
Geschmortes Huhn 152
Gnocchetti al pesce spada 177
Gnocchetti sardi 177
Gnocchi 14, 46, 90
  Gefüllte rote Gnocchi mit Pfifferlingsragout 106
  Gnocchi mortadella e ricotta con spinaci 67
  Gnocchi ripieni con ragù di finferli 106
  Ricotta-Mortadella-Gnocchi mit Spinat 67

Register von A bis Z

Gnudi di ricotta 67
Goldbrasse in Salz 30
Gorgonzola 48, 88
    Apfel-Risotto mit Gorgonzola 60
    Gorgonzola-Mascarpone-Creme 97
Gotu 21
Grana del Trentino 88
Granatapfel: Salat mit Fenchel und Granatapfel 77
Granita 274, 275
Grappa 47, 90
Gratin di zabaione 122
Gratinierte Artischocken 192
Gratinierte Auberginenröllchen 247
Gratinierte Blumenkohlröschen 195
Graupen-Risotto mit Safran 116
Graupensuppe mit Basilikum 26
Grieß: Maisgrießbrei 118
Grumello 92
Grüne Bohnen
    Grüne Bohnen mit Kartoffeln 40
    Grüne Bohnen mit Sellerie 156
Grüne Sauce: Forellen mit grüner Sauce 112
Guada al Tasso 16
Guanciale alla griglia 171

H

Hackspießchen mit Mozzarella 294
Hähnchen mit Zwiebelsauce 294
Halbgefrorenes
    Halbgefrorenes mit Haselnüssen 234
    Mascarpone-Halbgefrorenes mit Kirschen 85
    Nuss-Honig-Halbgefrorenes 84
Hase: Geschmorter Hase mit Holunderblüten 262
Haselnüsse
    Halbgefrorenes mit Haselnüssen 234
    Nuss-Honig-Halbgefrorenes 84
Hecht in Sauce 71
Hefeteig
    Hefegebäck mit Mandelsirup 304
    Hefeteigfladen mit Feigen 158
    Kleine Hefeteilchen 42
Holunder
    Geschmorter Hase mit Holunderblüten 262
    Rucola-Wildkräuter-Salat mit Holunderblüten 155
Honig
    Honiggebäck 268
    Nuss-Honig-Halbgefrorenes 84
    Pecorino-Ravioli mit Honigsauce 201
    Spanferkelhaxen mit Honig glasiert 113
Huhn
    Geschmortes Huhn 152
    Hühnerleberterrine mit Spargel 55
Hülsenfrüchtesalat mit Emmer 20

I

Insalata
    Insalata al pecorino 154
    Insalata con melagrana 77
    Insalata di erbette con fiori di sambuco 155
    Insalata di fagioli con prugne valligiane 102
    Insalata di gamberi, rucola e mele 170
    Insalata di pane 300
    Insalata di zucchine crude 194
    Insalatina di farro e legumi 20
Involtini
    Involtini di bresàola 97
    Involtini di cotiche al ragù 189
    Involtini di melanzane 247
    involtini di melanzane sott'olio 248
    Involtini di peperoni 301

J

Jakobsmuscheln: Kürbispüree mit Jakobsmuscheln 54

K

Kaffeecreme 160
Kaktusfeigen 307
    Orangenküchlein mit Kaktusfeigen 307
Kalb
    Kalbsbrust frittiert und geschmort 36
    Kalbsleber auf Auberginengemüse 295
    Kalbslende mit Fenchel 114
    Schweineragout mit Kalbsklößchen 263
Kalmare 284
Kaninchen
    Gefülltes Kaninchen 34
    Kaninchen mit Oliven und Pinienkernen 153
    Kaninchen mit Safran 224
Kapern 296
    Kapernsalat 296
    Stockfisch mit Oliven und Kapern 260
Kartoffeln
    Grüne Bohnen mit Kartoffeln 40
    Kartoffeln und Löwenzahn aus dem Ofen 231
    Kartoffel-Oliven-Gemüse 302
    Kartoffeltörtchen mit Sardellen auf Tomatenpüree 21
    Ofenkartoffeln mit Speck 157
    Sardinen-Kartoffel-Auflauf 182
    Seebarschfilets in Kartoffelkruste 31
    Tortelloni mit Kartoffel-Speck-Füllung 62
    Tunfisch auf Kartoffel-Zwiebel-Salat mit Minze 281
Käse
    Apfel-Risotto mit Gorgonzola 60
    Brot-Käse-Suppe 180
    Eier-Käse-Bällchen mit Tomatensauce 219
    Frittierte Ricotta mit eingekochten Feigen 235
    Gerollte Nudeln mit frischer Ricotta 252
    Gorgonzola-Mascarpone-Creme 96
    Hackspießchen mit Mozzarella 294
    Käse mit nussiger Obstsauce 122
    Käse und Gemüse vom Grill 228
    Käse-Polenta 80
    Kastanien mit Ricottacreme 161
    Kleine Pizzen mit Tomaten und Käse 278
    Knoblauchspinat mit Pecorino 172
    Lamm mit Käse 148
    Lauwarme Apfeltorte mit Mascarponecreme 82
    Mascarpone-Halbgefrorenes mit Kirschen 85
    Mozzarella mit Tomatendressing 173
    Mozzarella-Tomaten-Nudeln 176
    Nudeln mit Birnen und Pecorino 140
    Pecorino 150
    Pecorino-Ravioli mit Honigsauce 201
    Ricotta im Teig 210
    Ricotta-Brot-Bällchen 210
    Ricotta-Mortadella-Gnocchi mit Spinat 67
    Ricottatörtchen mit Olivensauce 132
    Röstbrote mit Pecorino 135
    Salat mit Pecorino 154
    Torte mit Ricotta und Kürbisblüten 178
    Wurst-Käse-Risotto 61
    Zucchiniauflauf mit Sardellen und Mozzarella 193
Kastanien 12, 14, 89, 128, 238
    Kastanien mit Ricottacreme 161
    Kichererbsensuppe mit Maronen 218
    Meraner Rosenkohl mit Kastanien 117
    Wildschweinbraten mit Kastanien und Traubenmost 149
Keschde 88, 89

Kichererbsen 14, 136, 206, 240
    Kichererbsen mit Fenchel 194
    Kichererbsencremesuppe mit Garnelen 139
    Kichererbsensuppe mit Maronen 218
Kirschen: Mascarpone-Halbgefrorenes mit Kirschen 85
Kleine Hefeteilchen 42
Kleine Nudeln mit Schwertfisch 177
Kleine Pizzen mit Tomaten und Käse 278
Knoblauchspinat mit Pecorino 172
Knoblauchsuppe mit Kräutern 109
Krake 284
Kräuter
    Gebratene Steinpilze mit Verbene 302
    Graupensuppe mit Basilikum 26
    Kartoffeln und Löwenzahn aus dem Ofen 231
    Knoblauchsuppe mit Kräutern 109
    Kräuterlamm mit Artischocken 148
    Lammkoteletts mit Minze-Pesto 188
    Minzenudeln mit Meeresfrüchten 214
    Nudeln mit Brennnesseln 110
    Rote Zwiebeln mit Minze 251
    Rucola-Wildkräuter-Salat mit Holunderblüten 155
    Tunfisch auf Kartoffel-Zwiebel-Salat mit Minze 281
Kürbis 46, 48, 55
    Kürbisblüten aus dem Ofen 192
    Kürbispüree mit Jakobsmuscheln 54
    Ravioli mit Kürbis und Reis 24
    Torte mit Ricotta und Kürbisblüten 178

L

Lambrusco 50
Lamm
    Bandnudeln mit Lamm-Safran-Sugo 217
    Geschmorte Lammhaxenscheiben 73
    Kräuterlamm mit Artischocken 148
    Lamm mit Käse 148
    Lammkoteletts mit Minze-Pesto 188
    Lammlende mit Oliven 264
Lamon-Bohnen 81, 136
Lampascioni-Zwiebeln 238
Lardo
    Lardo di Arnad 104
    Lardo di Camaiore 104
    Lardo di Colonnata 104
Lasagne
    Lasagne alla bolognese 66
    Lasagne verdi 66
    Rucola-Gemüse-Lasagne 66
Latte di neve 120

Lauwarme Apfeltorte mit Mascarponecreme 82
Leber
 Hühnerleberterrine mit Spargel 55
 Kalbsleber auf Auberginengemüse 295
Lendensteaks nach Palermo-Art 292
Lenticchie 136, 137
Lepre alla cacciatora e maiotica 262
Limoncello 165, 308, **309**
Linguine
 Linguine al cartoccio 288
 Linguine al paparul crusc 254
 Linguine mit Meeresfrüchten in der Folie 288
Linsen 48, 126, 136, 137, 204
 Linsensuppe 138
 Rinderbraten mit Rotweinlinsen 190
Liptauer 97
Lombatina di vitello al finocchio 114
Lombo d'agnello alle olive 264
Lonzino di fico 160
Löwenzahn 32, 204, 232
 Kartoffeln und Löwenzahn aus dem Ofen 231
 Törtchen mit Dicken Bohnen und Löwenzahn 211
Luccio in salsa 71
Lugana 50, 71

M

Maccheroni alla chitarra 206, 217
Macedonia 306
Maiale alla cirotana 263
Maisgrießbrei 118
Makrele: Röstbrote mit Makrele 135
Maltagliati alle ortiche 110
Mandarinen-Sorbet 269
Mandeln: Birnen in Wein mit Mandelsauce 43
Mandelsirup: Hefegebäck mit Mandelsirup 304
Mangold
 Gebackene Sardinen auf Mangold 28
 Mangold mit Rosinen 300
 Panierte Mangoldstiele 41
Manzo arrotolato con lenticchie 190
Maremma-Rinder 12
Mariniertes geschmortes Rindfleisch 147
Mariniertes Schweinefleisch 188
Mark: Spargel mit Mark 116
Maroni 89
Marsala Superiore 276
Mascarpone 48, 49
 Gorgonzola-Mascarpone-Creme 96
 Lauwarme Apfeltorte mit Mascarponecreme 82
 Mascarpone-Halbgefrorenes mit Kirschen 85

Meeresfrüchte
 Bohnensuppe mit Muscheln 27
 Gefüllte Tintenfische 184
 Kichererbsencremesuppe mit Garnelen 139
 Kürbispüree mit Jakobsmuscheln 54
 Linguine mit Meeresfrüchten in der Folie 288
 Meeresfrüchte und Fleisch frittiert 38
 Miesmuscheln mit Gemüse 222
 Minzenudeln mit Meeresfrüchten 214
 Muscheln in Fenchelsud 144
 Oktopus mit Bohnenpüree 94
 Oktopussalat mit Äpfeln und Sellerie 170
 Schwarze Tintenfische 70
 Tintenfischchen in Tomatenragout mit Bohnenklößchen 220
 Tintenfischeintopf 26
Melanzane
 Melanzane al coppo 230
 Melanzane ripiene 298
 Melanzane ripiene di spaghetti 287
Meraner Rosenkohl mit Kastanien 117
Mett: Scharfes Schweinemett 251
Michetta 42
Miesmuscheln mit Gemüse 222
Minestra aglio ed erbette 109
Minestra d'orzo al basilico 26
Minze
 Lammkoteletts mit Minze-Pesto 188
 Minzenudeln mit Meeresfrüchten 214
 Rote Zwiebeln mit Minze 251
 Tunfisch auf Kartoffel-Zwiebel-Salat mit Minze 281
Mirto 33
Montasio 88
Montepulciano 130, 168, 208
Morellino di Scansano 16
Mortadella
 Mortadella classica **68**
 Mortadella di Bologna **68**
 Ricotta-Mortadella-Gnocchi mit Spinat 67
Moscato
 Moscato d'Asti **92**
 Moscato di Saracena 242
 Pfirsichgelee auf Moscato-Sauce 123
Most: Wildschweinbraten mit Kastanien und Traubenmost 149
Mostarda 74
Mousse: Schoko-Pfeffer-Mousse 161
Mozzarella 164, 166, 174, 175, 190
 Hackspießchen mit Mozzarella 294
 Mozzarella con salsa di pomodori 173
 Mozzarella di bufala **174, 190**
 Mozzarella mit Tomatendressing 173
 Mozzarella-Tomaten-Nudeln 176
 Zucchiniauflauf mit Sardellen und Mozzarella 193

Muffolette 280
Mürbeteigkuchen als Dessert 306
Muscheln
 Bohnensuppe mit Muscheln 27
 Kürbispüree mit Jakobsmuscheln 54
 Miesmuscheln mit Gemüse 222
 Muscheln in Fenchelsud 144
Mustazzuoli 268

N

N'duja 240
 Borlotti-Bohnen mit N'duja und Zwiebeln 267
 N'duja 251
Nebbiolo 89, 92
Nudeln
 Bandnudeln mit Lamm-Safran-Sugo 217
 Bandnudeln mit Ragout 64
 Bandnudeln mit Speck 110
 Bandnudeln mit Wildschweinsauce und Steinpilz-Pesto 141
 Fusilli mit Speckröllchen 176
 Gerollte Nudeln mit frischer Ricotta 252
 Kleine Nudeln mit Schwertfisch 177
 Linguine mit Meeresfrüchten in der Folie 288
 Minzenudeln mit Meeresfrüchten 214
 Mozzarella-Tomaten-Nudeln 176
 Nudeln mit Auberginenragout 216
 Nudeln mit Birnen und Pecorino 140
 Nudeln mit Brennnesseln 110
 Nudeln mit getrockneter Paprika 254
 Nudeln mit Sardellen und Knusperbröseln 255
 Nudeln mit Sardellensauce 64
 Nudeln mit Spargel 65
 Öhrchennudeln mit Pilzen 216
 Öhrchennudeln mit Wolfsbarsch 286
 Pecorino-Ravioli mit Honigsauce 201
 Ravioli mit Kürbis und Reis 24
 Rucola-Gemüse-Lasagne 66
 Schwarze Nudeln mit Gemüse 25
 Spaghetti in Auberginen 287
 Spaghetti mit Pfefferschoten 286
 Tortelloni mit Kartoffel-Speck-Füllung 62
 Trenette mit Nüssen und Orangen 24
Nüsse
 Birnen in Wein mit Mandelsauce 43
 Frittierte Zucchini mit Nüssen 103
 Halbgefrorenes mit Haselnüssen 234
 Kaninchen mit Oliven und Pinienkernen 153
 Käse mit nussiger Obstsauce 122
 Nuss-Honig-Halbgefrorenes 84
 Schäumchen auf Pistaziensauce 43
 Trenette mit Nüssen und Orangen 24

O

Obst
 Bunter Obstsalat 306
 Käse mit nussiger Obstsauce 122
Ofenkartoffeln mit Speck 157
Öhrchennudeln
 Öhrchennudeln mit Pilzen 216
 Öhrchennudeln mit Wolfsbarsch 286
Oktopus 272, 284, 285
 Oktopus mit Bohnenpüree 94
 Oktopussalat mit Äpfeln und Sellerie 170
 Oktupussalat 284
Olio di oliva extravergine 196
Olio santo 256
Oliven
 Kaninchen mit Oliven und Pinienkernen 153
 Kartoffel-Oliven-Gemüse 302
 Lammlende mit Oliven 264
 Oliva tenera **133**
 Ricottatörtchen mit Olivensauce 132
 Stockfisch mit Oliven und Kapern 260
Olivenöl 196, 248
Orangen
 Entenbrust mit Orangensauce 152
 Orangenküchlein mit Kaktusfeigen 307
 Trenette mit Nüssen und Orangen 24
 Zicklein in Zitrussauce 225
Orata al sale 30
Orecchiette 206, 207
 Orecchiette ai funghi 216
 Orecchiette con spigola 286
Ornellaia 16
Orvieto 130
Orzotto allo zafferano 116
Ossobuco 73
 Ossobuco di agnello 73

P

Pallotte cacio e uova sugo 219
Pampanella 224
Pancetta 104, 105
Panierte Austernpilze 246
Panierte Mangoldstiele 41
Panzanella alle verdure 132
Paparul 256
Pappa al pomodoro 138
Pappardelle al sugo di cinghiale con pesto di porcini 141
Paprika
 Gefüllte Paprikaröllchen 301
 Nudeln mit getrockneter Paprika 254
 Wolfsbarsch-Tatar mit Paprikastreifen 133

Register von A bis Z

Parmaschinken 46, 47
Parmesan 46, 47, 48
Parmigiana di zucchine e acciughe 193
Pasta 212
   Pasta al sugo d'agnello e zafferano 217
   Pasta all'uovo **212, 213**
   Pasta alla menta con frutti di mare 214
   Pasta alle melanzane 216
   Pasta alle pere e pecorino 140
   Pasta caprese 176
   Pasta mit Trüffeln 98
   Pasta secca **212**
Pasticciata alla Cagliostro 147
Patate al forno 302
Patate al lardo di Colonnata 157
Pavoni-Bohnen 81
Pecorino 14, 126, 128, 150, 151, 166, 167
   Knoblauchspinat mit Pecorino 172
   Nudeln mit Birnen und Pecorino 140
   Pecorino-Ravioli mit Honigsauce 201
   Röstbrote mit Pecorino 135
   Salat mit Pecorino 154
Peperoncini-Öl 256
Peperoncini 256
Peperoni sott'olio 248
Peposo 147
Pera cotta con salsa 43
Perlhuhn mit Rosinen 36
Pesce
   Pesce di montagna 41
   Pesce spada al forno 223
   Pesce su un letto di insalata 54
Pestarda 104
Pesto 12, **14**, **15**
   Bandnudeln mit Wildschweinsauce und Steinpilz-Pesto 141
   Lammkoteletts mit Minze-Pesto 188
Petto d'anatra all'arancia 152
Petto di vitello au zemin 36
Pfeffer: Schoko-Pfeffer-Mousse 161
Pfefferschoten: Spaghetti mit Pfefferschoten 286
Pfifferlinge: Gefüllte rote Gnocchi mit Pfifferlingsragout 106
Pfirsichgelee auf Moscato-Sauce 123
Pfirsich-Tiramisù 84
Pflaumen: Bohnensalat mit Speckpflaumen 102
Piadina ripiena 56
Piccolo cappone magro 18
Pici 140
Pikantes Schweinefleisch 224
Pilze
   Bandnudeln mit Wildschweinsauce und Steinpilz-Pesto 141
   Gebratene Steinpilze mit Verbene 302

   Gefüllte rote Gnocchi mit Pfifferlingsragout 106
   Geschmorte Bohnen mit Steinpilzen 81
   Öhrchennudeln mit Pilzen 216
   Panierte Austernpilze 246
   Roher Rindfleischsalat mit Pilzen 100
   Steinpilze mit cremiger Polenta überbacken 111
   Steinpilze nach Art der Bauern 41
Pinienkerne: Kaninchen mit Oliven und Pinienkernen 153
Pistazien: Schäumchen auf Pistaziensauce 43
Pizza
   Kleine Pizzen mit Tomaten und Käse 278
   Pizza mit geschmortem Salat und Wurst 179
   Pizza scarola e salsiccia 179
Platterbsen 136
Podolica-Rinder 238
Polenta
   Käse-Polenta 80
   Polenta 118
   Polenta al gorgonzola 80
   Polenta bianca **118**
   Steinpilze mit cremiger Polenta überbacken 111
Pollo alla liparota 294
Pollo in padella 152
Polpette di ricotta 210
Polpo 284, 285
   Polpo con fagioli 94
   Polpo in insalata 284
   Polpo in insalata con mele e sedano 170
Pomodori
   Pomodori al balsamico 77
   Pomodori alla lucana 266
   Pomodori e cipolle 154
   Pomodori nel panino 280
   Pomodori secchi **240, 248**
   Pomodori secchi sott'olio 248
Prosecco 50
Provolone 174, 238
Purea di fave 218
Purpugia 188

Q

Quaglie al vignaiolo 112

R

Radicchio 46, 48, 78, 79, 88
   Gebackener Radicchio 76
   Radicchio al forno 76
   Radicchio allo speck 76

   Radicchio rosso precoce di Treviso 78
   Radicchio tardivo 78
   Radicchio variegato di Castelfranco 78
   Radicchiokuchen 57
   Radicchiosalat mit Speck 76
   Torta di radicchio 57
Ragù alla bolognese 48
Ravioli
   Pecorino-Ravioli mit Honigsauce 201
   Ravioli con zucca e riso 24
   Ravioli mit Kürbis und Reis 24
Reis: Ravioli mit Kürbis und Reis 24
Ricciarelli 129
Ricotta 12, 49, 166, 239, 274
   Flan di ricotta 132
   Frittierte Ricotta mit eingekochten Feigen 235
   Gerollte Nudeln mit frischer Ricotta 252
   Gnocchi mortadella e ricotta con spinachi 67
   Kastanien mit Ricottacreme 161
   Polpette di ricotta 210
   Ricotta al forno 210
   Ricotta fritta con composta di fichi 235
   Ricotta im Teig 210
   Ricotta-Brot-Bällchen 210
   Ricotta-Mortadella-Gnocchi mit Spinat 67
   Ricottatörtchen mit Olivensauce 132
   Torte mit Ricotta und Kürbisblüten 178
Rind
   Lendensteaks nach Palermo-Art 292
   Mariniertes geschmortes Rindfleisch 147
   Rinderbraten mit Rotweinlinsen 190
   Roher Rindfleischsalat mit Pilzen 100
Riso
   Riso commune 59
   Riso fino 59
   Riso semifino 59
   Riso Superfino 59
   Riso vialone 46
Risotto
   Apfel-Risotto mit Gorgonzola 60
   Graupen-Risotto mit Safran 116
   Risotto al limone 178
   Risotto alla milanese 58
   Risotto alla pilota 61
   Risotto alla tinca 60
   Risotto gorgonzola e mele 60
   Risotto mit Schleie 60
   Risotto-Reis **46, 58**
   Wurst-Käse-Risotto 61
   Zitronen-Risotto 178
Robiola 68
Roher Rindfleischsalat mit Pilzen 100
Romagnola 49

Romanesco
   Romanesco con le alici 266
   Romanesco mit Sardellen 266
Rosenkohl: Meraner Rosenkohl mit Kastanien 117
Rosinen
   Mangold mit Rosinen 300
   Perlhuhn mit Rosinen 36
Rossese di Dolceacqua 16
Röstbrote
   Röstbrote mit Makrele 135
   Röstbrote mit Pecorino 135
Rotbarben-Saltimbocca mit pikantem Spinat 183
Rote Zwiebeln mit Minze 251
Rotkohl: Fisch auf Rotkohl 54
Rotwein: Rinderbraten mit Rotweinlinsen 190
Rucola-Gemüse-Lasagne 66
Rucola-Wildkräuter-Salat mit Holunderblüten 155

S

Safran 226, 227
   Bandnudeln mit Lamm-Safran-Sugo 217
   Graupen-Risotto mit Safran 116
   Kaninchen mit Safran 224
Saibling 46, 145
   Gebratener Saibling 70
Salamella di Mantova 61, 68
Salat
   Bohnensalat mit Speckpflaumen 102
   Borlotti-Bohnen-Salat 136
   Brotsalat 300
   Brotsalat mit Gemüse 132
   Bunter Obstsalat 306
   Emmer-Salat 22
   Fisch-Gemüse-Salat 18
   Gefüllter Salat 303
   Gemüsesalat 40
   Hülsenfrüchtesalat mit Emmer 20
   Kapernsalat 296
   Oktopussalat mit Äpfeln 170
   Pizza mit geschmortem Salat und Wurst 179
   Radicchiosalat mit Speck 76
   Roher Rindfleischsalat mit Pilzen 100
   Rucola-Wildkräuter-Salat mit Holunderblüten 155
   Salat mit Fenchel und Granatapfel 77
   Salat mit Pecorino 154
   Tomatensalat im Brötchen 280
   Tomaten-Zwiebel-Salat 154
   Tunfisch auf Kartoffel-Zwiebel-Salat mit Minze 281
Salmerino in padella 70
Salsicce 68, 69, 126
   Salsiccia di Bra **68**
   Salsiccia di Calabria DOP **69**

Saltimbocca
  Rotbarben-Saltimbocca mit pikantem Spinat 183
  Saltimbocca di triglie con spinaci 183
Salz: Goldbrasse in Salz 30
San-Marzano-Tomaten 272
Sarde
  Sarde a beccafico 290
  Sarde in tortiera 182
  Sarde su bietole 28
Sardellen
  Kartoffeltörtchen mit Sardellen auf Tomatenpüree 21
  Nudeln mit Sardellen und Knusperbröseln 255
  Nudeln mit Sardellensauce 64
  Romanesco mit Sardellen 266
  Sardellen aus der Pfanne 261
  Zucchiniauflauf mit Sardellen und Mozzarella 193
Sardinen
  Gebackene Sardinen auf Mangold 28
  Sardinen-Kartoffel-Auflauf 182
  Sardinenröllchen gefüllt und gratiniert 290
Sassella 92
Sassicaia 16
Scafata 156
Scamorza 228
  Scamorza e verdure alla griglia 228
Scarola ripiena 303
Schafgarbe 32
Scharfes Schweinemett 251
Schäumchen auf Pistaziensauce 43
Schiacciata ai fichi 158
Schleie: Risotto mit Schleie 60
Schnalstaler »Schneemilch« 120
Schoko-Pfeffer-Mousse 161
Schwarze Nudeln mit Gemüse 25
Schwarze Tintenfische 70
Schwarzkohl 14, 233
Schwein
  Gegrillte marinierte Schweinebacke 171
  Mariniertes Schweinefleisch 188
  Pikantes Schweinefleisch 224
  Scharfes Schweinemett 251
  Schweinebraten mit Vin Santo 146
  Schweinefleischrouladen in Ragout 189
  Schweineragout mit Kalbsklößchen 263
  Spanferkelhaxen mit Honig glasiert 113
Schwertfisch
  Kleine Nudeln mit Schwertfisch 177
  Schwertfisch auf pikantem Gemüse aus dem Ofen 223
Sciacchetrà 13, 16
Sciumette 43
Scorzone-Trüffeln 98, 99
Seadas 201

Seebarschfilets in Kartoffelkruste 31
Seespinne 46
Sellerie
  Grüne Bohnen mit Sellerie 156
  Oktopussalat mit Äpfeln und Sellerie 170
Semifreddo
  Semifreddo al mascarpone 85
  Semifreddo al torrone 84
  Semifreddo alla nocciola 234
Sepia 284
  Seppie al nero 70
  Seppioline in salsa con frittelle di fagioli 220
Sfincione di Caltanisetta 278
Soave 50, 73
Sommertrüffel 98, 99
Soppressa 46, 68
Soppressata 69
Sorbet: Mandarinen-Sorbet 269
Sorbetto di mandarino 269
Spaghetti
  Melanzane ripiene di spaghetti 287
  Spaghetti al cartoccio 288
  Spaghetti alla diavola 286
  Spaghetti in Auberginen 287
  Spaghetti mit Pfefferschoten 286
Spanferkelhaxen mit Honig glasiert 113
Spargel 32, 46, 48, 88, 232, 233, 248
  Hühnerleberterrine mit Spargel 55
  Nudeln mit Spargel 65
  Spargel mit Mark 116
  Tunfischscheiben mit Spargel 144
Speck
  Bandnudeln mit Speck 110
  Bohnensalat mit Speckpflaumen 102
  Fusilli mit Speckröllchen 176
  Ofenkartoffeln mit Speck 157
  Radicchiosalat mit Speck 76
  Tortelloni mit Kartoffel-Speck-Füllung 62
Spezzatino di seppioline 26
Spiedini di carne 294
Spinaci al pecorino 172
Spinat
  Knoblauchspinat mit Pecorino 172
  Ricotta-Mortadella-Gnocchi mit Spinat 67
  Rotbarben-Saltimbocca mit pikantem Spinat 183
Sponsali al forno 230
Steinpilze 14, 89, 272
  Bandnudeln mit Wildschweinsauce und Steinpilz-Pesto 141
  Gebratene Steinpilze mit Verbene 302
  Geschmorte Bohnen mit Steinpilzen 81
  Steinpilze mit cremiger Polenta überbacken 111
  Steinpilze nach Art der Bauern 41

Stinco di porchetta glassato 113
Stoccafisso 13, 52
Stockfisch 13
  Stockfisch mit Oliven und Kapern 260
  Stockfischpüree mit Gemüse 52
Stracchino 48
Stregoni-Bohnen 81
Strichetti agli asparagi 65
Suca baruca 55
Südtiroler Speck 104, 105
Super Tuscans 16, 130
Super-Toskaner 16, 130
Suppe
  Bohnensuppe mit Muscheln 27
  Brot-Käse-Suppe 180
  Brot-Tomaten-Püree 138
  Frühlingssuppe 180
  Gänsesuppe 108
  Graupensuppe mit Basilikum 26
  Kichererbsencremesuppe mit Garnelen 139
  Kichererbsensuppe mit Maronen 218
  Knoblauchsuppe mit Kräutern 109
  Linsensuppe 138
Surijaca 267

T

Tacchino all'uva 72
Taggiasche-Oliven 12, 15
Tagliata di tonno 144
Tagliatelle con ragù 64
Tagliatelle con speck 110
Taralli 206
Tartufo bianco pregiato 98
Tartufo nero pregiato 98, 99
Tatar: Wolfsbarsch-Tatar mit Paprikastreifen 133
Terrina di fegatini con asparagi 55
Terrine: Hühnerleberterrine mit Spargel 55
Tiella di patate e catalogna 231
Tigella 56
Tintenfische 284
  Gefüllte Tintenfische 184
  Schwarze Tintenfische 70
  Tintenfischchen in Tomatenragout mit Bohnenklößchen 220
  Tintenfischeintopf 26
Tiramisù alle pesche 84
Tiramisu: Pfirsich-Tiramisu 84
Toast: Traminer Vinschgerl-Toast 96
Toma 91, 122
  Toma con cugnà 122
Tomaten
  Brot-Tomaten-Püree 138
  Eier-Käse-Bällchen mit Tomatensauce 219
  Essigtomaten 77

  Fische in scharfem Tomatensugo 182
  Gefüllte Tomaten 266
  Kartoffeltörtchen mit Sardellen auf Tomatenpüree 21
  Kleine Pizzen mit Tomaten und Käse 278
  Mozzarella mit Tomatendressing 173
  Mozzarella-Tomaten-Nudeln 176
  Tintenfischchen in Tomatenragout mit Bohnenklößchen 220
  Tomatensalat im Brötchen 280
  Tomaten-Zwiebel-Salat 154
  Zwieback-Kringel mit Tomaten 250
Tonno
  Tonno alla contadina 30
  Tonno alla messinese 291
  Tonno in crosta di farro 222
  Tonno su insalata di patate 281
Torrone 84
Torta
  Torta di fragole 200
  Torta di radicchio 57
  Torta rustica 178
Törtchen
  Ricottatörtchen mit Olivensauce 132
  Törtchen mit Dicken Bohnen und Löwenzahn 211
  Warme Apfel-Blätterteig-Törtchen 42
Torte mit Ricotta und Kürbisblüten 178
Tortelli sulla diastra 62
Tortelloni
  Tortelloni alle patate e speck 62
  Tortelloni mit Kartoffel-Speck-Füllung 62
Tortine di pasta frolla 306
Tortino di patate e acciughe 21
Tortino di verdure 211
Traminer Vinschgerl-Toast 96
Trauben
  Truthahn mit Trauben 72
  Wildschweinbraten mit Kastanien und Traubenmost 149
Trebbiano 16, 50, 130, 142, 168, 208, 214, 228, 242
Trenette
  Trenette con noci e arance 24
  Trenette mit Nüssen und Orangen 24
Treviso-Radicchio 46, 78, 79
Trofie nere primavera 25
Tropea-Zwiebeln 251
Trote con salsa verde 112
Trüffel 90, 98
  Trüffel-Crostini 96
Truthahn mit Trauben 72
Tunfisch
  Crostini mit Tunfischcreme 134
  Eier auf Tunfischcreme 246
  Tunfisch auf Elba-Art 30
  Tunfisch auf Kartoffel-Zwiebel-Salat mit Minze 281

Register von A bis Z

Tunfisch in Emmerkruste 222
Tunfisch nach Messina-Art 291
Tunfischscheiben mit Spargel 144

U

Überbackene Artischocken 282
Uncinato-Trüffeln 98
Uova con crema di tonno 246

V

Valpolicella 50
Verbene: Gebratene Steinpilze mit Verbene 302
Verdicchio 50, 130
Vermentino 16, 168
Vialone nano 58
Vin Santo: Schweinebraten mit Vin Santo 146
Vino Nobile 130
Vinschger tostato 96
Vinschgerl: Traminer Vinschgerl-Toast 96

W

Wachteln auf Winzerart 112
Warme Apfel-Blätterteig-Törtchen 42
Wein
  Birnen in Wein mit Mandelsauce 43
  Rinderbraten mit Rotweinlinsen 190
  Weinschaum-Gratin 122
Weintrauben
  Truthahn mit Trauben 72
  Wildschweinbraten mit Kastanien und Traubenmost 149
Weiße Polenta 46
Wild
  Bandnudeln mit Wildschweinsauce und Steinpilz-Pesto 141
  Gefülltes Kaninchen 34
  Geschmorter Hase mit Holunderblüten 262
  Kaninchen mit Oliven und Pinienkernen 153
  Kaninchen mit Safran 224
Wilder Rucola 32
Wilder Fenchel 32
Wilder Spargel 32
Wildkräuter 32
  Gebratene Steinpilze mit Verbene 302
  Kartoffeln und Löwenzahn aus dem Ofen 231

Nudeln mit Brennnesseln 110
Rucola-Wildkräuter-Salat mit Holunderblüten 155
Törtchen mit Dicken Bohnen und Löwenzahn 211
Wildschwein in süßsaurer Sauce 37
Wildschweinbraten mit Kastanien und Traubenmost 149
Wintertrüffel 98, 99
Wolfsbarsch
  Öhrchennudeln mit Wolfsbarsch 286
  Wolfsbarsch-Tatar mit Paprikastreifen 133
Würste 68, 126, 127
  Pizza mit geschmortem Salat und Wurst 179
  Wurst-Käse-Risotto 61

Z

Zampone 48
Zavardella 181
Zicklein in Zitrussauce 225
Zitronen
  Zicklein in Zitrussauce 225
  Zitronencreme 234
  Zitronenkuchen 198
  Zitronenlikör 308
  Zitronen-Risotto 178
Zucca con capesante 54
Zucchini
  Insalata di zucchine crude 194
  Parmigiana di zucchine e acciughe 193
  Frittierte Zucchini mit Nüssen 103
  Zucchini fritti con noci 103
  Zucchiniauflauf mit Sardellen und Mozzarella 193
  Zucchinirohkost 194
Zuppa
  Zuppa d'oca 108
  Zuppa di ceci e castagne 218
  Zuppa di fagioli e vongole 27
  Zuppa di lenticchie 138
  Zuppa sarda 180
Zwieback-Kringel 250
Zwieback-Kringel mit Tomaten 250
Zwiebeln
  Borlotti-Bohnen mit N'duja und Zwiebeln 267
  Frühlingszwiebeln aus dem Ofen 230
  Hähnchen mit Zwiebelsauce 294
  Rote Zwiebeln mit Minze 251
  Tomaten-Zwiebel-Salat 154
  Tunfisch auf Kartoffel-Zwiebel-Salat mit Minze 281
  Zwiebeln in Balsamico 80

Rezepte von Antipasti bis Dolci

Hier finden Sie die Rezepte aus allen Regionen nach der Menüabfolge geordnet: zuerst alle italienischen Titel in alphabetischer Reihenfolge, danach alle deutschen.

Antipasti | Vorspeisen

Baccalà mantecato con verdure 52
Branzino crudo ai peperoni 133
Bruschette agli sgombri 135
Bruschette al pecorino 135
Carciofi alla bottarga 172
Carciofi gratinati 282
Carne salada 100
Cianfotta primavera 244
Cipolle in agrodolce 251
Crostini ai fagioli 134
Crostini al tonno 134
Crostini con tartufo 96
Flan di ricotta 132
Friselle 250
Friselle al pomodoro 250
Funghi impanati 246
Guanciale alla griglia 171
Insalata di fagioli con prugne valligiane 102
Insalatina di farro e legumi 20
Involtini di bresàola 97
Involtini di melanzane 247
Liptauer 97
Mozzarella con salsa di pomodori 173
Muffolette 280
N'duja 251
Panzanella alle verdure 132
Pesce su un letto di insalata 54
Piadina ripiena 56
Piccolo cappone magro 18
Polpette di ricotta 210
Polpo con fagioli 94
Polpo in insalata con mele e sedano 170
Pomodori nel panino 280
Ricotta al forno 210
Sfincione di Caltanisetta 278
Spinaci al pecorino 172
Terrina di fegatini con asparagi 55
Tonno su insalata di patate 281

Torta di radicchio 57
Tortino di patate e acciughe 21
Tortino di verdure 211
Uova con crema di tonno 246
Vinschger tostato 96
Zucca con capesante 54
Zucchini fritti con noci 103

Artischocken mit Bottarga 172
Bohnensalat mit Speckpflaumen 102
Brotsalat mit Gemüse 132
Bündner-Fleisch-Röllchen 97
Crostini mit Bohnen 134
Crostini mit Tunfischcreme 134
Eier auf Tunfischcreme 246
Fenchelbrötchen 280
Fisch auf Rotkohl 54
Fisch-Gemüse-Salat 18
Frittierte Zucchini mit Nüssen 103
Frühlingsgemüse 244
Gefüllter Fladen 56
Gegrillte marinierte Schweinebacke 171
Gorgonzola-Mascarpone-Creme 97
Gratinierte Auberginenröllchen 247
Hühnerleberterrine mit Spargel 55
Hülsenfrüchtesalat mit Emmer 20
Kartoffeltörtchen mit Sardellen auf Tomatenpüree 21
Kleine Pizzen mit Tomaten und Käse 278
Knoblauchspinat mit Pecorino 172
Kürbispüree mit Jakobsmuscheln 54
Mozzarella mit Tomatendressing 173
Oktopus mit Bohnenpüree 94
Oktopussalat mit Äpfeln und Sellerie 170
Panierte Austernpilze 246
Radicchiokuchen 57
Ricotta im Teig 210
Ricotta-Brot-Bällchen 210
Ricottatörtchen mit Olivensauce 132
Roher Rindfleischsalat mit Pilzen 100
Röstbrote mit Makrele 135
Röstbrote mit Pecorino 135
Rote Zwiebeln mit Minze 251
Scharfes Schweinemett 251
Stockfischpüree mit Gemüse 52
Tomatensalat im Brötchen 280
Törtchen mit Dicken Bohnen und Löwenzahn 211
Traminer Vinschgerl-Toast 96
Trüffel-Crostini 96
Tunfisch auf Kartoffel-Zwiebel-Salat mit Minze 281
Überbackene Artischocken 282

316

Rezepte von Antipasti bis Dolci

Wolfsbarsch-Tatar mit Paprikastreifen 133
Zwieback-Kringel 250
Zwieback-Kringel mit Tomaten 250

Primi Piatti

Bigoli in salsa d'acciughe 64
Cauraro 180
Crema di ceci con gamberi 139
Filei alla ricotta casalinga 252
Fusilli alla pancetta 176
Fusilli con le sarde 255
Gnocchetti al pesce spada 177
Gnocchi mortadella e ricotta con spinaci 67
Gnocchi ripieni con ragù di finferli 106
Lasagne verdi 66
Linguine al cartoccio 288
Linguine al paparul crusc 254
Maltagliati alle ortiche 110
Melanzane ripiene di spaghetti 287
Minestra aglio ed erbette 109
Minestra d'orzo al basilico 26
Orecchiette ai funghi 216
Orecchiette con spigola 286
Pallotte cacio e uova al sugo 219
Pappa al pomodoro 138
Pappardelle al sugo di cinghiale con pesto di porcini 141
Pasta al sugo d'agnello e zafferano 217
Pasta alla menta con frutti di mare 214
Pasta alle melanzane 216
Pasta alle pere e pecorino 140
Pasta caprese 176
Pizza scarola e salsiccia 179
Porcini gratinati con creme di polenta 111
Purea di fave 218
Ravioli con zucca e riso 24
Risotto al limone 178
Risotto alla pilota 61
Risotto alla tinca 60
Risotto gorgonzola e mele 60
Spaghetti alla diavola 286
Spezzatino di seppioline 26
Strichetti agli asparagi 65
Tagliatelle con ragù 64
Tagliatelle con speck 110
Torta rustica 178
Tortelloni alle patate e speck 62
Trenette con noci e arance 24
Trofie nere primavera 25
Zavardella 181
Zuppa d'oca 108
Zuppa di ceci e castagne 218
Zuppa di fagioli e vongole 27
Zuppa di lenticchie 138
Zuppa sarda 180

Apfel-Risotto mit Gorgonzola 60
Bandnudeln mit Lamm-Safran-Sugo 217
Bandnudeln mit Ragout 64
Bandnudeln mit Speck 110
Bandnudeln mit Wildschweinsauce und Steinpilz-Pesto 141
Bohnensuppe mit Muscheln 27
Brot-Käse-Suppe 180
Brot-Tomaten-Suppe 138
Dicke-Bohnen-Püree mit Gemüse 218
Eier-Käse-Bällchen mit Tomatensauce 219
Frühlingssuppe 180
Fusilli mit Speckröllchen 176
Gänsesuppe 108
Gefüllte rote Gnocchi mit Pfifferlingsragout 106
Gemischte Gemüse mit Grillbrot 181
Gerollte Nudeln mit frischer Ricotta 252
Graupensuppe mit Basilikum 26
Kichererbsencremesuppe mit Garnelen 139
Kichererbsensuppe mit Maronen 218
Kleine Nudeln mit Schwertfisch 177
Knoblauchsuppe mit Kräutern 109
Linguine mit Meeresfrüchten in der Folie 288
Linsensuppe 138
Minzenudeln mit Meeresfrüchten 214
Mozzarella-Tomaten-Nudeln 176
Nudeln mit Auberginenragout 216
Nudeln mit Birnen und Pecorino 140
Nudeln mit Brennnesseln 110
Nudeln mit getrockneter Paprika 254
Nudeln mit Sardellen und Knusperbröseln 255
Nudeln mit Sardellensauce 64
Nudeln mit Spargel 65
Öhrchennudeln mit Pilzen 216
Öhrchennudeln mit Wolfsbarsch 286
Pizza mit geschmortem Salat und Wurst 179
Ravioli mit Kürbis und Reis 24
Ricotta-Mortadella-Gnocchi mit Spinat 67
Risotto mit Schleie 60
Rucola-Gemüse-Lasagne 66
Schwarze Nudeln mit Gemüse 25
Spaghetti in Auberginen 287
Spaghetti mit Pfefferschoten 286
Steinpilze mit cremiger Polenta überbacken 111
Tintenfischeintopf 26
Torte mit Ricotta und Kürbisblüten 178
Tortelloni mit Kartoffel-Speck-Füllung 62
Trenette mit Nüssen und Orangen 24
Wurst-Käse-Risotto 61
Zitronen-Risotto 178

Secondi Piatti

Agnello ai carciofi 148
Agnello al formaggio 148
Agnello al pesto di menta 188
Alici in padella 261
Arista al Vin Santo 146
Arrosto di cinghiale, castagne e mosto 149
Baccalà alla molinara 260
Bistecche alla palermitana 292
Bollito misto 74
Brodetto di pesce 258
Calamari ripieni 184
Capretto agli agrumi 225
Cassola di pesce 182
Cima di coniglio 34
Cinghiale in agrodolce 37
Coniglio all'etrusca 153
Coniglio allo zafferano 224
Cozze e verdure 222
Cozze in porchetta 144
Faraona alla ligure 36
Fegato di vitello su caponata 295
Filetti di branzino in mantello di patate 31
Filetti di trota in crosta 145
Fritto misto mare e monti 38
Involtini di cotiche al ragù 189
Lepre alla cacciatora e maiotica 262
Lombatina di vitello al finocchio 114
Lombo d'agnello alle olive 264
Luccio in salsa 71
Maiale alla cirotana 263
Manzo arrotolato con lenticchie 190
Orata al sale 30
Ossobuco di agnello 73
Pampanella 224
Pasticciata alla Cagliostro 147
Pesce spada al forno 223
Petto d'anatra all'arancia 152
Petto di vitello au zemin 36
Pollo alla liparota 294
Pollo in padella 152
Purpuglia 188
Quaglie al vignaiolo 112
Salmerino in padella 70
Saltimbocca di triglie con spinaci 183
Sarde a beccafico 290
Sarde in tortiera 182
Sarde su bietole 28
Scamorza e verdure alla griglia 228
Seppie al nero 70
Seppioline in salsa con frittelle di fagioli 220
Spiedini di carne 294
Stinco di porchetta glassato 113
Tacchino all'uva 72
Tagliata di tonno 144
Tonno alla contadina 30
Tonno alla messinese 291

Tonno in crosta di farro 222
Trote con salsa verde 112

Entenbrust mit Orangensauce 152
Fische in scharfem Tomatensugo 182
Forellen mit grüner Sauce 112
Forellenfilets mit Brotkruste 145
Gebackene Sardinen auf Mangold 28
Gebratener Saibling 70
Gefüllte Tintenfische 184
Gefülltes Kaninchen 34
Gekochtes Fleisch 74
Gemischter Fischtopf 258
Geschmorte Lammhaxenscheiben 73
Geschmorter Hase mit Holunderblüten 262
Geschmortes Huhn 152
Goldbrasse in Salz 30
Hackspießchen mit Mozzarella 294
Hähnchen mit Zwiebelsauce 294
Hecht in Sauce 71
Kalbsbrust frittiert und geschmort 36
Kalbsleber auf Auberginengemüse 295
Kalbslende mit Fenchel 114
Kaninchen mit Oliven und Pinienkernen 153
Kaninchen mit Safran 224
Käse und Gemüse vom Grill 228
Kräuterlamm mit Artischocken 148
Lamm mit Käse 148
Lammkoteletts mit Minze-Pesto 188
Lammlende mit Oliven 264
Lendensteaks nach Palermo-Art 292
Mariniertes geschmortes Rindfleisch 147
Mariniertes Schweinefleisch 188
Meeresfrüchte und Fleisch frittiert 38
Miesmuscheln mit Gemüse 222
Muscheln in Fenchelsud 144
Perlhuhn mit Rosinen 36
Pikantes Schweinefleisch 224
Rinderbraten mit Rotweinlinsen 190
Rotbarben-Saltimbocca mit pikantem Spinat 183
Sardellen aus der Pfanne 261
Sardinen-Kartoffel-Auflauf 182
Sardinenröllchen gefüllt und gratiniert 290
Schwarze Tintenfische 70
Schweinebraten mit Vin Santo 146
Schweinefleischrouladen in Ragout 189
Schweineragout mit Kalbsklößchen 263
Schwertfisch auf pikantem Gemüse aus dem Ofen 223
Seebarschfilets in Kartoffelkruste 31
Spanferkelhaxen mit Honig glasiert 113
Stockfisch mit Oliven und Kapern 260

317

Rezepte von Antipasti bis Dolci

Tintenfischchen in Tomatenragout mit Bohnenklößchen 220
Truthahn mit Trauben 72
Tunfisch auf Elba-Art 30
Tunfisch in Emmerkruste 222
Tunfisch nach Messina-Art 291
Tunfischscheiben mit Spargel 144
Wachteln auf Winzerart 112
Wildschwein in süßsaurer Sauce 37
Wildschweinbraten mit Kastanien und Traubenmost 149
Zicklein in Zitrussauce 225

Contorni | Beilagen

Asparagi con midollo 116
Bietole con uvetta 300
Carciofi al forno 192
Cavolfiore gratinato 195
Cavolini di bruxelles con castagne 117
Ceci al finocchio 194
Cipolle fritte al balsamico 80
Condiggion 40
Fagioli ai porcini 81
Fagiolini al sedano 156
Fagiolini e patate 40
Fiori di zucca al forno 192
Funghi alla paesana 41
Funghi porcini grigliati 302
Insalata al pecorino 154
Insalata con melagrana 77
Insalata di erbette con fiori di sambuco 155
Insalata di pane 300
Insalata di zucchine crude 194
Involtini di peperoni 301
Melanzane al coppo 230
Melanzane ripiene 298
Orzotto allo zafferano 116
Parmigiana di zucchine e acciughe 193
Patate al forno 302
Patate al lardo di Colonnata 157
Pesce di montagna 41
Polenta 118
Polenta al gorgonzola 80
Pomodori al balsamico 77
Pomodori alla lucana 266
Pomodori e cipolle 154
Radicchio al forno 76
Radicchio allo speck 76
Romanesco con le alici 266
Scafata 156
Scarola ripiena 303
Sponsali al forno 230
Surijaca 267
Tiella di patate e catalogna 231

Auberginen aus dem Tontopf 230
Borlotti-Bohnen mit N'duja und Zwiebeln 267
Brotsalat 300
Dicke Bohnen mit Fenchel 156
Essigtomaten 77
Frühlingszwiebeln aus dem Ofen 230
Gebackener Radicchio 76
Gebratene Steinpilze mit Verbene 302
Gefüllte Auberginen 298
Gefüllte Paprikaröllchen 301
Gefüllte Tomaten 266
Gefüllter Salat 303
Gemüsesalat 40
Geschmorte Bohnen mit Steinpilzen 81
Gratinierte Artischocken 192
Gratinierte Blumenkohlröschen 195
Graupen-Risotto mit Safran 116
Grüne Bohnen mit Kartoffeln 40
Grüne Bohnen mit Sellerie 156
Kartoffeln und Löwenzahn aus dem Ofen 231
Kartoffel-Oliven-Gemüse 302
Käse-Polenta 80
Kichererbsen mit Fenchel 194
Kürbisblüten aus dem Ofen 192
Maisgrießbrei 118
Mangold mit Rosinen 300
Meraner Rosenkohl mit Kastanien 117
Ofenkartoffeln mit Speck 157
Paniere Mangoldstiele 41
Radicchiosalat mit Speck 76
Romanesco mit Sardellen 266
Rucola-Wildkräuter-Salat mit Holunderblüten 155
Salat mit Fenchel und Granatapfel 77
Salat mit Pecorino 154
Spargel mit Mark 116
Steinpilze nach Art der Bauern 41
Tomaten-Zwiebel-Salat 154
Zucchiniauflauf mit Sardellen und Mozzarella 193
Zucchinirohkost 194
Zwiebeln in Balsamico 80

Dolci | Desserts

Babà all' amaretto 304
Caffè in forchetta 160
Castagne alla ricotta 161
Crema al limone 234
Crema di cioccolato 161
Crostata al limone 198
Crostata di mele alla crema di mascarpone 82
Crostatina alle mele 42
Fichi al carbone 268
Frittelle di arance con fichi d'india 307
Gelatina di pesche su salsa al moscato 123

Gratin di zabaione 122
Latte di neve 120
Lonzino di fico 160
Macedonia 306
Michetta 42
Mustazzuoli 268
Pera cotta con salsa 43
Ricotta fritta con composta di fichi 235
Schiacciata ai fichi 158
Sciumette 43
Seadas 201
Semifreddo al mascarpone 85
Semifreddo al torrone 84
Semifreddo alla nocciola 234
Sorbetto di mandarino 269
Tiramisù alle pesche 84
Toma con cugnà 122
Torta di fragole 200
Tortine di pasta frolla 306

Birnen in Wein mit Mandelsauce 43
Bunter Obstsalat 306
Erdbeerkuchen 200
Feigen vom Grill 268
Feigen»wurst« 160
Frittierte Ricotta mit eingekochten Feigen 235
Halbgefrorenes mit Haselnüssen 234
Hefegebäck mit Mandelsirup 304
Hefeteigfladen mit Feigen 158
Honiggebäck 268
Kaffeecreme 160
Käse mit nussiger Obstsauce 122
Kastanien mit Ricottacreme 161
Kleine Hefeteilchen 42
Lauwarme Apfeltorte mit Mascarponecreme 82
Mandarinen-Sorbet 269
Mascarpone-Halbgefrorenes mit Kirschen 85
Mürbeteigkuchen als Dessert 306
Nuss-Honig-Halbgefrorenes 84
Orangenküchlein mit Kaktusfeigen 307
Pecorino-Ravioli mit Honigsauce 201
Pfirsichgelee auf Moscato-Sauce 123
Pfirsich-Tiramisu 84
Schäumchen auf Pistaziensauce 43
Schnalstaler »Schneemilch« 120
Schoko-Pfeffer-Mousse 161
Warme Apfel-Blätterteig-Törtchen 42
Weinschaum-Gratin 122
Zitronencreme 234
Zitronenkuchen 198

Glossar

abbacchio: Milchlamm
acciughe: kleine Sardellen (auch alici)
aceto: Essig
aceto balsamico: dunkler, würziger Essig aus Modena
aglio: Knoblauch
agnello: Lamm
al dente: bissfest gegarte Nudeln, die noch einen festen Kern haben; auch für Gemüse gebraucht
al forno: im Ofen gebacken
alici: kleine Sardellen (auch acciughe)
alla griglia: vom Grill
anguilla: Aal
anatra: Ente
anguria: Wassermelone (auch cocomero)
arrosto: gebraten
arancia: Orange
arista: Schweinerücken
asparagi: Spargel

baccalà: Stockfisch (Klippfisch)
barbabietola: Rote Bete
besciamella: Béchamelsauce
bietola: Mangold
biscotti: Kekse
bistecca: Steak
bollito: gekochtes Fleisch
brasato: Schmorbraten
branzino: Seebarsch (Wolfsbarsch, Loup de mer)
brodetto: Suppe
brodo: Brühe
budino: Pudding
burro: Butter

calamari: Tintenfische (mit langgestrecktem Körper)
cantarelli: Pfifferlinge (auch finferli)
capesante: Jakobsmuscheln
capperi: Kapern
capra: Ziege, **capretto:** Zicklein
caprino: Ziegenkäse
capriolo: Reh, Rehbock
carciofi: Artischocken
cardo: Karde
carne: Fleisch
carote: Möhren
cartoccio: kegelförmig gerolltes Papier
casalingo/a: hausgemacht
castagna: Kastanie
caviale: Kaviar
cavolfiore: Blumenkohl
cavolo: Kohl
ceci: Kichererbsen

Glossar

cedronella: Melissenkraut
cervo: Hirsch
ciabatta: längliches Weißbrot (wörtl. »Hausschuh«)
cime di rapa: Stängelkohl
cinghiale: Wildschwein
cipolla: Zwiebel
cocomero: Wassermelone (auch anguria)
coniglio: Kaninchen
contadino: bäuerlich, Bauer
cosciotto: Keule
costoletta: Kotelett
cotto: gekocht
cozze: Muscheln
crudo: roh

dente di leone: Löwenzahn
di magro: mager (ohne Fleisch)

erbe: Kräuter
erba orsina: Bärlauch

fagiano: Fasan
fagioli: weiße Bohnen
fagiolini: grüne Bohnen
faraona: Perlhuhn
fave: Dicke Bohnen (Ackerbohnen, Saubohnen)
fegato: Leber
fichi: Feigen
filetto di manzo: Rinderfilet
finferli: Pfifferlinge (auch cantarelli)
finocchio: Fenchel
formaggio: Käse
fragole: Erdbeeren
frittata: Omelett
fritto: fritiert
frutti di mare: Meeresfrüchte
funghi: Pilze

gamberi, gamberoni, gamberetti: Riesengarnelen, Garnelen, Shrimps
gelato: Eiscreme
gnocchi: Kartoffelnocken, -klößchen
gratinato: überbacken, gratiniert

in agro: säuerlich eingelegt
in agrodolce: süßsauer
in brodo: in Brühe
in padella: aus der Pfanne
in umido: in Sauce geschmort (Ragouts)
insalata: Salat
involtini: gefüllte Röllchen

lardo: fetter Speck
latte: Milch
lenticchie: Linsen
lepre: Hase

limone: Zitrone
lingua: Zunge
lombata: Lendenstück
lombo: Lende

maiale: Schweinefleisch
mandorle: Mandeln
manzo: Rindfleisch
marrone: Kastanie
marinato: eingelegt, mariniert
mela: Apfel
melanzane: Auberginen
melone: Melone
merluzzo: Kabeljau, Dorsch
miele: Honig
minestre: Suppen (mitteldick)
minestrina: leichte Brühe mit kleinen Nudeln
minestrone: Gemüsesuppe
moscardini: winzige Kraken
muggine: Meeräsche
murena: Muräne

nasello: Seehecht (jung)
noci: Walnüsse

olio: Öl
orata: Goldbrasse
ortolano: Gemüsegärtner
orzo: Gerste
ostrica: Auster
ovuli: Kaiserlinge (ähnlich den Pfifferlingen)

pan melato: Honigkuchen
pane: Brot
panini: Brötchen
panna: Sahne
papavero: Mohn
parmigiano: Parmesankäse (auch Einwohner von Parma)
patate: Kartoffeln
pepato: gepfeffert, scharf
pepe: Pfeffer
peperoncini: scharfe Pfefferschoten, Chilis
peperoni: Paprikaschoten
pera: Birne
pernici: Rebhühner
pesce spada: Schwertfisch
pesche: Pfirsiche
pesci: Fische
pinocchi, pinoli: Pinienkerne
piselli: Erbsen
pollame: Geflügel
pollo: Hähnchen, Huhn
polpi: Oktopus, Krake
pomodori: Tomaten
pomodorini: Kirschtomaten
porchetta: Spanferkel

porcini: Steinpilze
porro, porri: Lauch
prataioli: Pilze, Champignons
prezzemolo: Petersilie
prosciutto: Schinken

quaglie: Wachteln

rafano: Rettich (auch für Hederich, Wildform)
rapa: Rübe
ricotta: Frischkäse
ripieno: gefüllt
riso: Reis
rosmarino: Rosmarin

salmerino: Saibling
salsiccia: Wurst
salvia: Salbei
sarde: Sardinen
scalogno: Schalotte
scaloppine: dünne Schnitzel
scampi: Kaisergranate, Langustinen
scorfano: Drachenfisch
sebaste: Rotbarsch
sedano: Staudensellerie
selvaggina: Wild, Wildbret
senape: Senf
seppia: runde Tintenfische (Sepien)
seppioline: kleine Sepia-Art
sgombri: Makrelen
sott'olio: unter Öl konserviertes Gemüse
spinaci: Spinat
spugnoli: Morchel, Morcheln
strutto: Schmalz
stufato: geschmort, Schmorbraten

tagliata: Lende (vom Rind)
tartufo: Trüffel
teglia: Form
timo: Thymian
tonno: Tunfisch
triglie: Meerbarben
trifolato: mit Knoblauch, Öl, Petersilie und Salz
trippa: Kutteln, Kaldaunen
trote: Forellen

uova: Eier, Eiergerichte

verdure: Gemüse
vitello: Kalbfleisch
vongole: Venusmuscheln

zafferano: Safran
zucca: Kürbis

Bildmotiv des Innentitels (Seite 2/3)

Lago di Orta, Isola San Giulio

Bildmotive der Kapitelaufmacher

Ligurien und Toskana-Küste:
Elba / Wetterstation

Po-Ebene:
Canal Grande in Venedig

Alpengebiete:
Alm am Speckboden, Südtirol

Toskana, Umbrien und die Marken:
Wein, Oliven und Zypressen im Chianti Classico

Latium, Kampanien und Sardinien:
Kampanien / Procida, La Coricella

Abruzzen, Molise und Apulien:
»Trabocchi«– Fischfang nach Abruzzen-Art

Basilikata und Kalabrien:
Kalabrien, Prov. Reggio, Parco Nazionale dell'Aspromonte

Sizilien:
Madonien, Piano Battaglioa

Impressum

Die Autoren

Reinhardt Hess – langjähriger und mehrfach prämierter GU-Autor, war auch einer der Autoren des Klassikers »Die echte italienische Küche« und maßgeblich beteiligt am Konzept der gesamten Buchreihe. Der Münchner Food- und Weinjournalist liebt die Küche des Südens, der Inseln und der versteckten Bergdörfer.

Cornelia Schinharl, bei GU seit langem die Spezialistin fürs italienische Kochen – und für andere unvergleichliche Kreationen. Ihre Bücher aus der Reihe »Für die Sinne« (z.B. auch »Süditalien«) wurden mehrfach prämiert. Vom Münchner Süden aus bereist die erfolgreiche Autorin regelmäßig Bella Italia, um kulinarisches Neuland rund um Wein und Küche zu entdecken.

Sabine Sälzer, seit 1988 bei GRÄFE UND UNZER mit dem Entwickeln schöner Kochbuchreihen beschäftigt. Ihr erstes GU-Buch als Autorin: »Die echte italienische Küche« (1990). Ein weiterer Bestseller aus ihrer Feder: »Basic cooking« (1999), zusammen mit Sebastian Dickhaut.

Das Fotostudio

EISING FOODPHOTOGRAPHY mit Studios in München und Kennebunkort (Maine) ist eines der führenden Fotostudios für Lebensmittelfotografie. Zum Kundenkreis gehören renommierte Redaktionen aus dem Foodbereich sowie internationale Kunden aus Werbung und Design. Die Fotos in diesem Buch wurden von Martina Görlach gemacht, die seit vielen Jahren zum Team der Eising-Studios gehört. Sandra Eckhardt stand ihr dabei als Assistentin hilfreich zur Seite. Für das Foodstyling war Michael Koch zuständig und Ulla Krause stellte die Requisiten zusammen.

Das Fotostudio bedankt sich für die wunderschönen Keramiken bei **Barbara Butz** (Am Weingarten 15, 83646 Bad Tölz) und **Petra Fischer** (Sedanstraße 27, 81667 München),

Ein Dank für die Unterstützung bei den Fotoproduktionen geht außerdem an:

La Cantinetta in München (www.lacantinetta-shop.de)

Ingo Keul von Fischer + Trezza in Stuttgart

Wein Wolf Import in Bonn, Weinland Ariane Abayan in Hamburg

BioHof Salmsein in Südtirol, zum Thema Südtiroler Speck (www.salmsein-biohof.com)

Bildnachweis

Titelfoto (nach einer Idee von Martina Görlach): foodartfactory OHG Klaus-Maria Einwanger, Michael Pannewitz

EISING FOODPHOTOGRAPHY, Martina Görlach: alle Fotos im Rezeptteil; Kurzrezepte auf S. 16 rechts, 22, 50 rechts, 58, 92 rechts, 130 rechts, 136, 156, 157, 168 rechts, 186, 208 rechts, 232, 242 rechts, 248, 256, 276 rechts

Fotos im Reportageteil:

Peter Amann: S. 4 links, 5 rechts, 6 oben rechts, Mitte rechts, unten links u. rechts, 32, 69 unten (2), 137 oben, 162/163, 165 oben, 165 unten links u. Mitte (2), 166, 167 oben rechts, 167 unten links, 187 oben links, 204 unten, 205 unten (3), 206 links, 207 oben rechts, 233 ganz oben links, 233 oben rechts, 233 unten links, 236/237, 238, 239 oben Mitte, 239 unten (2), 241 oben rechts, 249 oben, 249 unten rechts, 257 oben, 257 unten rechts, 270/271, 272, 273, 274, 275 oben links u. unten rechts, 276 links, 285 oben links u. Mitte, 285 oben rechts, 309

Michael Schinharl: S. 2/3, 4 rechts, 5 links, 6 oben links, Mitte links, 12, 13 unten (3), 14, 15, 16 links, 23, 33 unten Mitte, 59, 68, 69 oben, 88, 89, 90 rechts, 91 oben (2), 99, 104, 105, 124/125, 126, 127, 128, 129, 130 links, 137 unten (2), 142, 143, 165 unten rechts, 174, 175, 187 oben rechts, 187 unten links u. unten Mitte, 196, 197, 202/203, 204 oben, 205 oben, 207 oben links, 207 unten, 208 links, 212, 213, 226, 227, 233 oben links Mitte, 233 unten Mitte u. unten rechts

Ulrich Sanberger: S. 10/11, 44/45, 46, 47, 48, 49, 50, 257 unten links, 284

Klaus Neumann: S. 6 unten Mitte, 13 oben, 92 links, 187 unten rechts, 206 rechts, 239 oben rechts, 240 rechts, 249 unten links, 285 unten links

Reinhardt Hess: S. 33 oben, unten links u. rechts (2), 86/87, 90 links, 91 unten, 98, 164, 167 oben links, 167 unten rechts, 168 links, 239 oben links, 240 links, 241 oben links, 241 unten (2), 242 links, 275 oben rechts

Tiziano Scaffai: S. 78, 79

Martin Hofbauer: 257 unten Mitte, 285 unten rechts

Der Verlag

© 2006
GRÄFE UND UNZER VERLAG GmbH, München

Alle Rechte vorbehalten. Nachdruck, auch auszugsweise, sowie die Verbreitung durch Film, Funk, Fernsehen und Internet, durch fotomechanische Wiedergabe, Tonträger und Datenverarbeitungssysteme jeglicher Art nur mit schriftlicher Genehmigung des Verlages.

Programmleitung: Doris Birk

Redaktionsleitung: Birgit Rademacker

Redaktion: Sabine Sälzer

Lektorat/Satz/DTP: Redaktionsbüro Christina Kempe, München

Layout, Typografie und Umschlaggestaltung Independent Medien Design, München

Kartografie: MERIAN-Kartographie by iPUBLISH GmbH, E-Mail: merianmapbase@ipublish.de

Schlusskorrektur: Petra Bachmann

Korrekturlesen Italienisch: Michela Bertolo

Kalorienberechnung: Karin Kerber

Herstellung: Petra Roth

Reproduktion: Fotolito Longo, Bozen

Druck: Appl, Wemding

Bindung: Conzella, Pfarrkirchen

ISBN (10) 3-8338-0240-5
ISBN (13) 978-3-8338-0240-9

Auflage	5.	4.	3.	2.
Jahr	2010	09	08	07 06

Das Original mit Garantie

Ihre Meinung ist uns wichtig. Deshalb möchten wir Ihre Kritik, aber auch Ihr Lob erfahren, um als führender Ratgeberverlag noch besser zu werden. Darum schreiben Sie uns! Wir freuen uns auf Ihre Post und wünschen Ihnen viel Spaß mit Ihrem GU-Ratgeber.

Unsere Garantie: Sollte ein GU-Ratgeber einmal einen Fehler enthalten, schicken Sie uns das Buch mit einem kleinen Hinweis und der Quittung innerhalb von sechs Monaten nach dem Kauf zurück. Wir tauschen Ihnen den GU-Ratgeber gegen einen anderen zum selben oder ähnlichen Thema um.

GRÄFE UND UNZER VERLAG

Redaktion Kochen & Verwöhnen

Postfach 86 03 13
81630 München
Fax: 089/41981-113

oder schreiben Sie uns eine E-Mail an:
leserservice@graefe-und-unzer.de

GRÄFE UND UNZER

Ein Unternehmen der
GANSKE VERLAGSGRUPPE